国家社科基金
GUOJIA SHEKE JIJIN HOUQI ZIZHU XIANGMU
后期资助项目

书写与追问

争论中的当代法国哲学

Writing and Questioning
Modern French Philosophy in Controversy

马元龙　著

中国人民大学出版社
· 北京 ·

国家社科基金后期资助项目
出版说明

后期资助项目是国家社科基金设立的一类重要项目，旨在鼓励广大社科研究者潜心治学，支持基础研究多出优秀成果。它是经过严格评审，从接近完成的科研成果中遴选立项的。为扩大后期资助项目的影响，更好地推动学术发展，促进成果转化，全国哲学社会科学工作办公室按照"统一设计、统一标识、统一版式、形成系列"的总体要求，组织出版国家社科基金后期资助项目成果。

全国哲学社会科学工作办公室

目　录

导论：争论中的当代法国哲学

"二战"之后，法国哲学迎来了一个前所未有的爆发期，不仅产生了一批具有世界影响的大哲学家，而且哲学思想本身也呈现出百家争鸣的繁荣景象。当代法国哲学的繁荣有三个方面的原因：首先，法国哲学一直处于古希腊罗马思想传承之中，具有深厚的哲学积淀。其次，法国哲学受到德国哲学为代表的其他哲学的深刻影响，尤其是受到康德的认识论、黑格尔的精神现象学、马克思的政治经济学、尼采的权力哲学、弗洛伊德的精神分析学、胡塞尔的现象学和海德格尔的存在论的影响。康德、黑格尔、胡塞尔和海德格尔对当代法国现象学产生了深远的影响，这在列维纳斯（E. Levinas）以他者（other）为核心的伦理学、梅洛-庞蒂（M. Merleau-Ponty）以身体（body）为核心的知觉现象学、德里达（J. Derrida）以延异（differance）为核心的解构主义以及马里翁（Jean-Luc Marion）以给予性（givenness）为核心的给予现象学中尤为明显；马克思的影响则主要表现在萨特（J.-P. Satre）、阿尔都塞（L. Althusser）和朗西埃（J. Rancière）等人的哲学中；福柯（M. Foucault）、德勒兹（G. Deleuze）和与此二者密切相关的意大利哲学家阿甘本（G. Agamben）主要受尼采和马克思的影响；弗洛伊德的精神分析学，则直接影响了拉康（J. Lacan）及其众多的门徒，比如拉普朗什（J. Laplanche）、彭塔力斯（J.-B. Pontalis）、勒克莱尔（S. Leclaire）和米勒（A. Milller）等；至于萨特和巴迪欧（A. Badiou），来自海德格尔和马克思的影响同样重要。当代法国哲学繁荣发展的最后一个原因则是"二战"之后随着资本主义大发展而来的身体的普遍解放。虽然当代法国哲学深受德国哲学影响，但它不仅与德国哲学具有十分明显的区别，还因为这种区别超越了德国哲学。当代法国哲学与德国哲学最大的区别就是它对身体和感性经验的高度关注；德国哲学的典型特征在于其思辨性非常强，以至于过于强调精神和意识，在不知不觉中压抑了身体和感性经验，甚至德国哲学中最反对形而上学的海德格尔的存在论在某种程度上也未能幸免。当代法国哲学非常重视身体和感性经验，但并未肤浅地沉湎于身体和感性经验，而是把主体、语言、权力、欲望、时间、空间——总之，把人在世界中的存在——与人的身体和感性经验密切结合起来思考。当代法国哲学告诉我们，人在世界中的存在绝不仅仅是一种思维的存在或精神的存在，而首先是一种身体性的存在。身体和感性经验，以及与此密切相关的他者，是当代法国哲学发现的"新大陆"，这一发现为它提供了一个广阔的天地，正是在这片"新大陆"上，法国哲学发现一切既往的哲学都值得怀疑和批判。

虽然任何时代的哲学都是在对既有哲学思想的质疑与批判中前进的，但当代法国哲学的争论特征尤其明显。当代法国哲学中的思想家不仅与一切远近前贤对话和争鸣，他们也与国内国外的同时代哲学家争论，彼此之间充满了针锋相对的论辩和互不相让的斗争。本书无意也没有能力探究所有这些争论，况且有些争论虽然十分重要，但已经有中外学者做了十分深刻的剖析，比如梅洛-庞蒂和萨特关于马克思主义的争论，德里达与福柯关于笛卡儿《沉思录》中疯癫与理性的争论，福柯与哈贝马斯关于交往理性的争论，德里达与伽达默尔（Hans-Georg Gadamer）关于理解与对话的争论，德里达就语音中心主义对柏拉图的批判，南希对海德格尔的批判，等等。出于笔者个人的兴趣与有限的知识储备和批判能力，本书拟就当代法国哲学中以下或隐或显的争论和辩难做一些初步探索：拉康在精神分析学领域内对弗洛伊德无意识概念的推进，就凝视对萨特的批评和对福柯的启发，就安提戈涅对黑格尔的批判；列维纳斯就他者对胡塞尔和海德格尔的批判，就负于存在（otherwise than being）对海德格尔存在论的批判，以及以他者为核心对海德格尔的时间哲学的批判；梅洛-庞蒂以身体为核心对经验主义和理性主义空间论的批判，以及以身体为核心对时间所做的反海德格尔思考；德里达就凡·高的《农鞋》对海德格尔的批判，就《绘画中的真理》对康德的批判，就爱伦·坡的《被窃的信》（又译《窃信案》）与拉康的争辩；福柯就委拉斯开兹（D. Velázquez）的《宫娥》（又译《宫中侍女》）对再现的反思；齐泽克（S. Žižek）就主体与权力对福柯的批评；最后是巴迪欧以数学集合论为方法对海德格尔存在论的否定，以及他对作为真理之生产者的艺术的非美学理解。

第一部分的四篇文章与精神分析密切相关，之所以将其汇集在"无意识的权力游戏"这一标题之下，是因为无意识不仅仅是一个精神分析学的概念，从更加宏观的视野看，无意识始终与社会权力密切相关。第二部分的三篇文章讨论的都是列维纳斯"面向他者"的伦理学。"他者"是当代法国哲学中非常重要的概念之一，在精神分析学、存在主义、女性主义和后殖民主义等话语中，"他者"具有至关重要的地位。列维纳斯对"他者"的全新阐释，将伦理学推进到了一个前所未有的新高度。第三部分的四篇文章以一种略微松散的形式被置于"身体与存在"之下，尽管看似勉强，但也不无道理。其中两篇文章讨论的是梅洛-庞蒂如何探究身体在世界中的存在是如何激发出了时间与空间的，另外两篇讨论的是巴迪欧的存在论与非美学。尽管这四篇文章的论域与主题都相距遥远，但它们都与"存在"和"真理"有关。当代法国哲学的基本导向是取消真理的解构主义，但梅洛-庞蒂和巴迪欧仍然执着于"回到事物本身"——不过完全是以一种迥异于从前的方式。第四部分的四篇文章以"不可能的真理"汇集在一起。其中三篇文章与德里达有关，分别探讨他对康德、海德格尔和拉康的抨击；另一篇探讨福柯对三个画家及其作品的哲学解读，正是从这些绘画作品中，福柯发现了颠覆再现的解构主义思想。无论如何，解构主义绝对是当代法国哲学的主流，而解构主义最痛恨的概念当属"真理"无疑。

当代法国哲学在争论中书写，在书写中追问。深入探究这些争论的焦点问题、争论双方的理论前提以及批评者的论证逻辑，不仅可以帮助我们理解各个哲学家独特的思想，而且有助于我们了解当代法国哲学的总体面向。这些文字是笔者近年来学术研究的小结，体现了我对当代法国哲学有限的一点探究心得，希望学界方家不吝指正。

2023 年 7 月 12 日

一　无意识的权力游戏

在精神分析学的众多概念中，无意识是最为重要的一个。自弗洛伊德之后，不同的精神分析学家对无意识有不同的理解。然而就无意识这个概念而言，最为重要的两个人物就是弗洛伊德和拉康。弗洛伊德虽然曾经提出过三种认识无意识的观点——地形学的、动力学的、经济学的，但他最终未能揭示无意识的性质。借助现代语言学的启发，拉康为无意识提供了一种语言学的解释：无意识就是大他者（Other）的话语。拉康不仅不认为这个解释与弗洛伊德的观点对立，而且有力地证明了语言学的观点早就以实践形态存在于弗洛伊德的文本中。

在当代法国哲学中，凝视是一个非常重要的概念，因为它与权力的运作机制密切相关。对萨特来说，正是他者的凝视使得主体认识到他者也是一个主体，因为"我"永远具有被他者凝视的可能性。也是由于萨特，我们得知凝视不必与眼睛有关。福柯对凝视的思考主要体现在他对圆形监狱或全景敞视（panopticism）的讨论之中。全景敞视是现代社会规训机制的核心内容，认为每个人都处于大他者的监视之下，都被一种不可见的权力组织到隔离、分割的空间之中。但是，凝视与权力的关系，只有在拉康的精神分析学中才能得到最精深的揭示。在精神分析学的语境中，"凝视"与无意识密切相关，而且其中浸透了权力的逻辑，因为凝视与眼睛无关，始终而且只能来自大他者。凝视乃是大他者的权力运作机制，拉康第一次真正揭示了它。洞察凝视与权力之间隐秘的共谋关系，可以帮助我们理解一般的权力机制，从而深入理解后殖民主义与女性主义的困境。

主体的悖论深刻地隐含了权力、主体和反抗之间的棘手关系。阿尔都塞最先深入探讨了主体的生产与意识形态国家机器之间的密切关系。作为马克思主义的批判者，福柯更加强调权力的生产性和无主体性，反对将主体的生产与国家和统治阶级的意识形态联系在一起加以考察。但二者都是从外在的权力方面来思考主体的辩证法，没有充分考虑到权力机制在建构主体时所遭到的反抗。如果权力已经深深浸透到了无意识和凝视之中，还能有真正意义上的反抗吗？如果没有真实有效的反抗，我们又将如何保持希望？

作为一出伟大的悲剧，索福克勒斯的《安提戈涅》历来对哲学家具有强大的吸引力，这出悲剧的核心就是权力与反抗。拉康从精神分析学的伦理学这一独特论域出发，对以下几个问题做出了完全不同于亚里士多德和黑格尔的回答：（1）为什么安提戈涅宁死也要为波吕涅克斯举行葬礼？（2）果真像黑格尔所说的那样，这出悲剧只是神的法律与人的法律这两种有限理性的冲突吗？（3）安提戈涅饱受摧残，但每次出场都光彩夺目，她那不可摧毁的美是来自她的神性，还是因为她仅仅作为一个表示美的能指（signifier）而存在？

1. 作为大他者之话语的无意识

精神分析学是一门庞大的话语，拥有数量庞大的专门概念。在这些概念之中，毫无疑问，无意识（the unconscious）是最为基本的概念，精神分析学就是关于无意识的科学。自弗洛伊德创建精神分析学以来，精神分析学家对无意识的理解都与弗洛伊德不尽相同，比如分析心理学派的荣格（C. Jung），社会文化学派的沙利文（H. S. Sullivan）和弗洛姆（E. Fromm），自我心理学派的哈特曼（H. Hartmann）和埃里克森（E. H. Erikson），对象关系学派的克莱因（M. Klein），拉康学派的雅克·拉康，等等。其中，以荣格为代表的分析心理学派和以沙利文与弗洛姆为代表的社会文化学派最为背离弗洛伊德的理论，因为他们剥除了无意识的内核性本能。最为忠实于弗洛伊德的则是拉康，因为他创造性地重新阐释了无意识，从而复兴了精神分析学。因此，本文将着重阐述弗洛伊德的无意识概念以及拉康借助现代语言学对这个概念的重新阐释，他们二人对无意识的解释至今仍然是理解这一概念最为重要的资源。

弗洛伊德的三个视角

在弗洛伊德漫长的学术生涯中，无论他探讨的是梦、症状、失误动作，还是欲望、自我和人格，抑或是艺术、宗教和文化，无意识始终是他的事业核心。为了探索无意识，弗洛伊德先后提出过三种观点，即地形学的、动力学的、经济学的观点，这三种观点构成了他的元心理学（metapsychology）的枢轴。然而，无意识既是精神分析学大厦的基石，也是弗洛伊德毕生拼搏但又最终未能圆满解决的难题。

作为元心理学的三大枢轴之一，地形学观点（the topographical point of view）是弗洛伊德最早提出的观点。根据这种观点，弗洛伊德认为精神机器（the mental apparatus）由不同的心灵区域构成，不同的心灵区域受不同程序支配。早在《科学心理学方案》（Project for a Scientific Psychology，1895）中，弗洛伊德就已经初步形成了一种心理地形学理论。在此，他将精神机器区分为意识（the conscious）、前意识（the preconscious）和无意识（the unconscious）三个区域。处于意识区域之内的乃是各种能够直接为主体所觉知的观念，处于前意识区域之内的乃是那些虽然暂时不在意识区域之内，但随时可以被主体感知的观念，而处于无意识区域之内的则是那些因为受到压抑而不可能被主体感知的观念。弗洛伊德提醒我们，这三个区域不是存在于人的身体结构之中，而是存在于人的心理结构之中。这就是人们熟知的第一个地形学观点。

随着精神分析学的发展，弗洛伊德发现这一地形学不足以对付病态的自恋，因为它无法把自我安置到任何一个心灵区域，因为自我既是意识的，也是无意识的；它也无法安置主体在个体发展过程中内化的那些社会价值与道德法则，因为主体虽能明确意识到这些法则的存在，但对这些法则的服从又是无意识的。因此，在《自我与本我》（The Ego and the Id，1923）中，弗洛伊德提出了第二个地形学观点，把精神机器分为本我（id）、自我（ego）和超我（superego）。根据这个观点，无意识不再被当作精神机器中一个单独的区域，甚至在性质上也不尽相同，因为无意识不仅存在于本我之中，同时也存在于自我和超我之中。第二个地形学观点充分考虑到了无意识的复杂性，尤其有助于心理人格的分析。但是，它在一定程度上削弱了无意识的核心地位，不利于精神分析的深化。此外值得指出的是，第二个地形学观点并未取代第一个地形学观点，而是与之构成一种相互补充的辩证关系。

作为元心理学的枢轴之二，动力学观点（the dynamic point of view）研究的是运行于精神机器之中的各种力量对抗、结合和相互影响的方式。其实，这种研究无意识的观点从弗洛伊德开创精神分析学之初就存在，并贯穿其学术生涯，只是到他写作《压抑》（Repression，1915）时这一观点才得到集中表述。动力学观点建立在这样一种观念的基础之上：心灵之中运行着各种不同的力量，心灵就是这些不同力量相互冲突的场所。为了减少或者消除这些冲突引发的不快，精神机器使用了一些不同的机制，而压抑（repression）就是所有机制中的原型。借助压抑，精神机器改变了各种驱力（drive）的观念代表所处的地形学位置。由此，通过使某些驱力或者驱力的某些方面（驱力总是包含三种要素：驱力、驱力的观念代表、与驱力相应的情感）成为无意识，它保护主体不因一些相互冲突的欲望而感到痛苦。除了压抑之外，与动力学观点密切相关的还有投射（projection）、否认（disavowal）和排斥（foreclosure）等许多概念。

投射原本是光学和几何学中的一个术语，意指将某一影像投射到一个屏幕上，或者将某一形状投射到另一个平面上。在精神分析学中，投射主要指驱力的观念代表在主体内部世界与外在世界之间的位移，比如在恐惧症中，主体将引发恐惧的内部的力比多冲动投射到外在的马、公鸡或者广场、集市之上；还有一种心理投射表现为主动与被动之间的位移，主体将自己的欲望、思想或者感情投射到另外一个主体身上，比如，一个对伴侣不忠的人通过指控其伴侣不忠来保护自己免受背叛伴侣所引发的道德谴责。否认是另一种防御机制，它是一种心理行为，其特征在于拒绝接受某种知觉到的现实，因为这一现实会对主体产生一种创伤性效果。比如，幼儿发现女孩没有阴茎但拒不承认，相反，他会认为女孩和男孩一样具有阴茎。否认就是对阉割的否认，性变态与否认密切相关。值得指出的是，弗洛伊德在探索狼人病例时提醒我们，否认阉割与承认阉割是密切相关的，或者说任何否认都伴随着承认。主体一方面在自我的意识区域中接受象征阉割和性别差异，另一方面在自我的无意识区域中却拒不接受象征阉割和性别差异。这两种对立的态度互不干扰，对自我几乎没有影响。对阉割的否认之所以能在性变态中发挥重要作用，就是因为它伴随着承认。与动力学观点密切相关的另一个概念是排斥，詹姆斯·斯特雷奇（James Strachey）和安娜·弗洛伊德（Anna Freud）共同主编的英文版《标准版西格蒙德·弗洛伊德心理学著作全集》将 Verwerfung 翻译为 repudiation，但拉康将其译为 forclusion，与后者对应的英语则是 foreclosure。这个词语的本义是指因逾期而丧失权利，就精神分析学而言，就是指主体因为没有按期接受"父亲的名字"（name-of-the-Father），从而彻底丧失了进入象征秩序（symbolic order）的能力。弗洛伊德在研究防御时提出了这个概念，但并没有详细阐述它，只是扼要地解释道："自我拒绝了某个不兼容的观念及情感，表现得就像这个观念根本没有被自我想到过一样。"[1]
弗洛伊德后来在研究施瑞伯（Schreber）的病例时认为，施瑞伯的症结在
于他拒不接受父亲的权威，甚至决不接受父亲的存在。"排斥"这一概念
后来获得它在精神分析学中的分量，要感谢拉康的改造。拉康认为，排斥
不是对某种知觉现实或者某种外在事物的拒绝认可，而是对"父亲的名
字"这个能指的彻底排斥。也就是说，"父亲的名字"从未被引进主体的
象征秩序，从一开始它就被排斥了。排斥是一种原始的防御机制，因为被
排斥的能指并不是先被铭刻进了能指链或象征秩序，然后才被排斥出去
的；排斥是对这种铭刻本身的排斥，因此"父亲的名字"这个能指从未进
入主体的象征秩序。[2] 正如否认是性变态的核心机制，排斥是精神病的核
心机制。精神病的本质就在于"父亲的名字"被排斥了，以致能指链进入
了一条德里达所谓的无尽的延异之路，意义彻底失去了可能性。

　　经济学观点在弗洛伊德的元心理学中同样出现得很早，至少在《性学
三论》（*Three Essays on the Theory of Sexuality*，1905）中就已经基本
形成，十年之后在《本能及其变迁》（Instincts and Their Vicissitudes，
1915）[3] 中趋于成熟。无意识的经济学观点根据贯穿并激发心理事件的那
些力量（forces）的强度来对付这些事件。这种观点基于这样一种假设：
精神机器被投资了一些为驱力所特有的力量，这些力量在强度上或者天生
不同，或者因为驱力的变迁而受到不同的投资。弗洛伊德提出这种观点既
是为了根据运行于心理事件之中并激发心理事件的那些能量的强度，以对
付个体成长过程中具有重大意义的一些心理事件，也是为了描述原始能量
之间的相互影响，以及这些能量由此而改变的强度。1920 年以后，经济
学观点在弗洛伊德的思想中占据越来越重要的地位。与经济学观点密切相
关的概念是快乐原则（pleasure principle）和现实原则（reality princi-
ple），以及贯注（cathexis）、取消贯注（decathexis）、反贯注（anticathe-
xis）、超级贯注（hypercathexis）和宣泄（discharge）等。

　　鉴于人们对快乐原则和现实原则已有一定程度的认识（尽管掺杂着许

[1]　Sigmund Freud, "The Neuro-Psychoses of Defence", in *The Standard Edition of the Complete Psychological Works of Sigmund Freud*, Vol. 3, London: Hogarth Press, 1981, p. 58.

[2]　Jacques Lacan, *Écrits*, trans. Bruce Fink, New York: W. W. Norton & Company, 2007, pp. 386 – 387.

[3]　拉康认为，斯特雷奇在此将 trieb 翻译为 instinct（本能）是一个错误，应该译为 drive（驱力）。

多误解），这里姑且只简单介绍一下贯注、取消贯注、反贯注和超级贯注这几个概念。贯注这个概念最早出现在《癔症研究》（*Studies on Hysteria*，1895）和《科学心理学方案》中。贯注指的是精神机器将精神能量（主要是力比多）投注到某一对象身上，这个对象可能是一个人，也可能是一个身体部分，或者甚至是某种精神元素。精神冲动（impulses）的组织、症状和退化之间的相互作用都与贯注有关。观念的产生必然是能量贯注的结果，没有贯注就不会有观念。同样，情感如果不能得到能量贯注，或者只得到很少的能量贯注，就不会被固定在意识之中。取消贯注指精神能量从贯注对象撤回或者撤回的结果。在《哀悼与忧郁症》（*Mourning and Melancholia*，1917）中，弗洛伊德认为忧郁症的基本原因就在于主体不能正常地将力比多能量从一个业已失去的对象身上撤回来。因此，取消贯注主要是一种自我保护措施。反贯注最早出现在《释梦》（*The Interpretation Of Dreams*，1900）中，后来在《无意识》（The Unconscious，1915）和《抑制、症状和焦虑》（*Inhibitions，Symptoms，and Anxiety*，1926）中得到更为深入的阐释。反贯注是一个非常容易引起误解的概念，主要是因为弗洛伊德给出的解释过于含蓄和简略，非常容易让人将其视为一种防御机制。受到反贯注的对象自然是与社会法则不兼容的观念，但实施反贯注的代理是谁？如果把反贯注与防御混同，那就会让人认为实施反贯注的代理就是自我。果真如此，那么反贯注和压抑就无法区分了。事实上，反贯注的动力不是来自自我，而是来自原始压抑形成的无意识内核。如果说贯注的目的是将本能的某些观念代表（思想、形象、记忆）努力向外推进到意识之中，那么反贯注的目的则是由于原始压抑而形成的无意识内核将这些观念代表重新向内吸引回来。至于超级贯注，弗洛伊德在《无意识》中明确指出，它是意识得以形成的机制，其基本特征就是物表象（thing-presentation）被赋予了与之匹配的词表象（word-presentation）。

纵观这三种解释无意识的观点，地形学的观点有助于确认无意识的存在及其在精神机器中的位置，但不能解释无意识的运作机制；动力学的观点有助于解释无意识的运作动力，但不能解释其运作机制；经济学的观点有助于解释驱力之变迁以及原始能量之间的相互作用，但不免有堕入生物学主义的危险。也许是因为这三种观点各有利弊，所以弗洛伊德从来不曾认为它们可以彼此替代，而是将其当作探索无意识的三种共存的视角。正因如此，弗洛伊德指出，当我们在地形学方面、动力学方面和经济学方面成功描述了一个精神过程时，我们才能说这样的描述够得上是一种元心理学的表达。这三种观点在弗洛伊德思想中产生的时刻并没有可以清晰分别的先后顺序，这一事实也可以证明它们的确不存在互不相容的关系。

在弗洛伊德的精神分析学中，无论是地形学的观点、动力学的观点，还是经济学的观点，都和压抑密切相关，不理解压抑，就不可能理解无意识。这就不难理解，虽然弗洛伊德有一篇名曰《压抑》的单篇论文，但他对压抑所做的最深刻的探索却出现在同年写作的论文《无意识》中。所谓压抑，就是指主体将一些令人不快的观念代表（思想、形象、记忆）驱逐并使之与意识保持一定的距离，因为这些观念代表与自我不相容。一般而言，人们认为无意识源于压抑，起初弗洛伊德也是持这种观点；但随着研究逐渐深入，他发现事情绝非如此简单。弗洛伊德认为，本能的唯一使命就是得到满足，因此单纯依靠压抑是不可能将那些与自我不相容的观念代表排除出意识的；为了完成这个任务，在主体的心灵深处还必须要有一个原始内核，这个内核不是为本能的观念代表提供冲进意识的动力，而是将这些观念代表吸引回无意识中来。如果没有这个发挥内吸作用的内核，压抑根本不可能实现其目的，让主体获得基本的宁静。因此他说："我们有理由假定，存在着一种原始压抑（primal repression），它是压抑的第一阶段，表现为本能的某种精神（观念）代表不能进入意识。由此就形成了固定（fixation）；这个精神（观念）代表从此就不再改变，本能一直隶属于它。"[1] 主体为了避免痛苦，实现与现实的和解与平衡，必须将与自我不相容的那些本能的观念代表驱逐出去，然而尽管他为此调动了原始压抑和正常压抑，但是被压抑者依然会竭尽全力回到意识中来。正是被压抑者的回归导致了梦、各种神经症和失误动作。因此，压抑在结构上分为三个阶段：固定（原始压抑）—压抑—被压抑者的回归（the return of the repressed）。

尽管弗洛伊德就无意识提出了地形学的、动力学的和经济学的观点，并探索了压抑和原始压抑与无意识发生的密切关系，让它们共同为解释无意识服务，但他终其一生仍然未能对无意识做出一个令人满意的解释，因为这三种观点都不能揭示无意识的存在论身份，也就是说，不能告诉我们无意识究竟是什么。这三种观点无疑对揭示无意识的存在、运作动力和运作机制具有至关重要而且不可或缺的作用，但它们无一能够揭示无意识的

---

① Sigmund Freud, "The Unconscious", in *The Standard Edition of the Complete Psycho-logical Works of Sigmund Freud*, Vol. 14, London: Hogarth Press, 1981, p. 148.

本质。完成这个艰巨的任务需要另一种新的方法，一种语言学的方法。事实上，在弗洛伊德开创其精神分析事业的全部历程中，他一直都在和语言打交道。他独辟蹊径开创的自由联想诉诸的是语言，他不辞辛苦地解释梦的内涵以及梦的工作诉诸的也是语言，他研究诙谐与无意识的关系诉诸的还是语言，他探索日常生活中的心理病理学诉诸的更是语言。

如果说语言学的观点早已以一种实践形态存在于弗洛伊德的事业中，那么除了上述理由之外，下面两个事实与此更为相关。其一，早在《释梦》中，弗洛伊德就已经指出，无意识系统的运作机制是两种基本程序（primary processes），即压缩（condensation）和移置（displacement）；而意识系统的运作机制则是次要程序（secondary processes），即普通语言采用的隐喻（metaphor）和换喻（metonymy）。基本程序和次要程序的区别在于，精神机器在无意识系统中受快乐原则的支配，将承载力比多的观念代表随意进行压缩和移置；而在意识系统中，精神机器受现实原则的支配，只能按照约定俗成的语言符号来表达自己。在无意识系统中，观念和观念代表之间的关系完全是偶然的、任意的、临时的、个人的，力比多与任何观念代表之间没有约定的关系。需要特别指出的是，压缩和移置不是自我为了逃避稽查而采取的策略，它们是无意识系统固有的运作机制。在意识系统中，所指（signified）和能指之间的关系只是在初始时刻才是任意的，此后便确立了一种约定俗成的稳定关系，力比多在进入这个系统或进入这种语言时，必然会受到约束和限制。其二，在 1915 年完成的论文《无意识》中，弗洛伊德甚至确信自己发现了区分意识与无意识的标准："我们现在似乎突然知道了意识表象和无意识表象的区别。不像我们以前想的那样，二者并不是相同的内容被各不相同地登记到了不同的心理位置，也不是贯注在同一个地方有两种不同的功能状态；而是意识表象包含了物表象和属于这一物的词表象，而无意识表象只有物表象。无意识系统包含了对对象的物-贯注，这是最初且真实的对象-贯注；意识系统则来自这一物表象因为和与之对应的词表象被联系在一起而被过度贯注。"① 虽然弗洛伊德在此明确将无意识排除出语言，但他借助物表象与词表象的离合来区分无意识与意识的思路深刻地启发了拉康根据语言学来思考无意识的性质。

---

① Sigmund Freud, "The Unconscious", in *The Standard Edition of the Complete Psychological Works of Sigmund Freud*, Vol. 14, London: Hogarth Press, 1981, pp. 201 - 202.

无意识的语言结构

由于历史局限，弗洛伊德未能明确指出，压缩其实就是隐喻，移置其实就是换喻，无意识的运作机制已然是语言学的机制了。拉康认为，压缩之于隐喻，正如移置之于换喻，它们都是话语的基本运作机制，因此无意识本质上就是一种话语，只不过是一种不同于一般话语的话语。拉康能够更进一步，要感谢罗曼·雅克布森（Roman Jakobson）。雅克布森发现，任何语言符号都涉及组合和选择两种结构模式："组合：任何符号都是由一些（更小的）构成性符号构成的，并且/或者只有与其他符号结合在一起时才能出现。这就意味着任何一个语言单位都既是更简单的语言单位的语境，同时又在一些更加复杂的语言单位中寻找自己的语境。因此，语言单位的真实聚合把它们结合为一个更高级的语言单位——组合和编织是同一种运作机制的两个方面。选择：选项之间的选择意味着存在用一个选项代替其他选项的可能性，各选项在某一方面等值，在另一方面则不同。因此，选择和替代是同一种运作机制的两个方面。"① 的确，正如雅克布森承认的那样，索绪尔（F. de Saussure）对这两种活动在语言中发挥的基本作用具有清楚的认识，但由于屈从于传统观念，索绪尔只注意到了语言的线性特征，因此只有时间序列上展开的组合原则得到了他的认可。雅克布森将针对共时而不在场符号的选择原则和针对历时而在场符号的组合原则相提并论，这是一个至关重要的成就，因为语言的结构法则正是由这二者共同构成的，缺一不可。

拉康立刻发现，雅克布森的组合和选择正好对应了语言最为根本的两种结构法则，即换喻和隐喻；而弗洛伊德发现的梦的两种最为根本的运作机制——移置和压缩，从语言学上说，其实也就是换喻和隐喻。拉康指出，换喻的基础就是从词语到词语的连接。就精神分析学来说，换喻不仅只是一种避开社会稽查的力量，它本身就是无意识的运作机制。但这种给无意识提供领地的机制同时也让解读无意识变得不可能，因为在从能指到能指的移置过程中，所指（无意识）最终消失得无影无踪。拉康为换喻给出的公式是：

$$f(S \dots S')S \cong S(-)s$$

---

① Roman Jakobson, "Two Aspects of Language and Two Types of Aphasic Disturbances", in *Selected Writings : Word and Language*, Berlin: De Gruyter Mouton, 1971, p. 243.

在这个公式中，括号中的"—"表示的是，在从能指到能指的移置过程中，隔离能指与所指（无意识）的栅栏始终没有被穿越。这个公式表明："正是能指到能指的连接使那种省略得以存在，凭借这种省略能指将存在之欠缺安置到了对象-关系之中，并利用意义的指引作用为它（能指）赋予了针对这一欠缺的欲望，而这个欠缺是由能指支撑的。"①

与换喻不同，隐喻的创造性火花并不来自两个形象的并列，也就是说，并不来自将两个同等实现的能指并列起来。所指（无意识）闪现在两个能指之间，但其中只有一个能指显现，另一个能指并不出现在能指链中，这个被隐藏的能指以其与能指链中其他能指的联系而存在。一个词语取代另一个词语，这就是隐喻的公式：

$$f\left(\frac{S'}{S}\right) \cong S(+)s$$

在隐喻的公式中，括号中的"+"表示隔离能指和所指（无意识）的栅栏被穿越了，破译隐喻就可以揭示能指的无意识内涵。这个公式表明："正是在能指对能指的替代中，某种诗意的、创造性的意义效果被生产出来了，换句话说，这种替代使得当前谈论的意义现身存在了。"②

但是，当拉康言简意赅地断言"无意识就是大他者的话语"③ 时，他的这一箴言似乎与弗洛伊德的论断直接对立，因为根据弗洛伊德的观点，本能的观念代表被意识拒绝，是因为它只有物表象，而没有与之相应的词表象。如果拉康真的如其所说，要让精神分析"回到弗洛伊德"，如果"无意识就是大他者的话语"，那么如何理解无意识只有物表象？一言以蔽之，我们应该如何理解能指？

拉康并不认为自己背叛了弗洛伊德的教导，在他看来，无意识中的物表象本身就是一种能指。在弗洛伊德积极建设精神分析学的时代，索绪尔的现代语言学的成果还没有辐射进语言学之外的哲学和其他社会科学，弗洛伊德似乎也只是把语言笼统地当作指示事物或者观念的符号。而当拉康着手改造精神分析学的事业时，索绪尔的语言学已经渗透进了几乎每一个人文学科，精神分析学更不例外。拉康不仅借鉴了索绪尔的语言学，还改造了它。首先，拉康认为，语言不是一个由符号（symbols）构成的系统，

---

① Jacques Lacan, "The Instance of the Letter in the Unconscious", in *Écrits*, trans. Bruce Fink, New York: W. W. Norton & Company, 2007, p. 428.

② Jacques Lacan, "The Instance of the Letter in the Unconscious", in *Écrits*, p. 429.

③ Jacques Lacan, "The Instance of the Letter in the Unconscious", in *Écrits*, p. 436.

而是一个由能指构成的系统。其次，他颠倒了能指和所指的关系，将能指放到优先地位，因为所指只是能指相互区分的产物（这一点其实已经是索绪尔的题中应有之义）。最后，拉康改造了能指这个概念本身的含义。在索绪尔那里，能指就是符号的音响或形象所造成的心理效果，与所指构成对应关系。拉康的能指不再与所指构成对应关系，而且能指表达的也不是所指；拉康认为，能指就是"替另一个能指表征主体的东西"①。也就是说，虽然所有能指都指向主体，但能指表达的只是另一个能指。最为重要的是，拉康完全超出了一般语言符号的范畴去理解能指，认为自然和社会中的一切事物都可以作为能指对主体起作用。也许正因如此，他说："每一个真实的能指就是什么也不表示的能指。能指越是什么也不表示，它就越是不可摧毁。"② 基于这种认识，拉康认为，一切事物，只要它开始按照语言的基本法则（隐喻和换喻，也就是压缩和移置）运转，它就已经是一个能指了，就此而言，弗洛伊德所谓的物表象本身已经就是能指了。拉康认为，弗洛伊德早就肯定了"梦的运作遵从的是能指的法则"，可惜"从一开始，人们就忽视了在弗洛伊德以最精确、最明白的方式立刻为无意识指派的身份中，能指的建构作用"③。

　　无意识话语与意识话语的区别不仅在于一者服从快乐原则，一者服从现实原则，还在于二者使用的能指大为不同。作为一种话语，无意识使用的能指看似是一般能指，其实不然。在无意识系统中，精神机器凭借压缩和移置，随意地把一些基本能指（观念代表或记忆痕迹，比如音响和形象）整合进普通语言既有的一般能指中，但其所指已经完全不同了。拉康认为，无意识不是只有物表象，没有词表象；恰好相反，构成无意识的物表象本身就是能指。无意识借以表达自己的能指当然包括一般意义上的能指，也就是约定俗成的词语；但是，无意识还有一些更为基本的能指，一些在字典里面查询不到的能指——因为这些能指不是约定俗成的，也不具有特定的所指与之对应。无意识的基本能指是一些音响和形象，是物表象本身，也就是拉康所说的最不具有能指特性的东西。

---

① Jacques Lacan, *The Seminar of Jacques Lacan： The Four Fundamental Concepts of Psychoanalysis*, trans. Alan Sheridan, New York： W. W. Norton & Company, 1998, p. 20.

② Jacques Lacan, *The Seminar of Jacques Lacan： The Psychoses： 1955－1956*, trans. Russell Grigg, New York： W. W. Nordon & Company, 1993, p. 185.

③ Jacques Lacan, "The Instance of the Letter in the Unconscious", in *Écrits*, p. 426.

无意识的基本能指

1960 年在博纳瓦尔（Bonneval）召开的关于无意识的研讨会上，拉康的第一代学生拉普朗什和勒克莱尔提交了他们合写的论文《无意识：精神分析学研究》。拉普朗什和勒克莱尔写作此文原本是为了阐发拉康的学说，但拉康并不领情，因为他明显感到两位作者对无意识的理解与自己并不一致。究其原因，就是因为二者对语言和能指的理解仍然没有达到拉康的高度，以致最后竟然得出了一个与拉康直接对立的结论："无意识是语言的前提。"① 而拉康认为，无意识具有语言的结构，是语言作用于主体的效果。尽管事与愿违，但拉康的另一个学生安妮卡·勒迈尔（Anika Lemaire）认为，拉普朗什和勒克莱尔在论文中分析的菲利普（Philippe）的梦，对我们理解拉康所说的能指，也就是无意识的基本能指，仍然具有非常适切的启发意义。② 菲利普是一个 30 岁左右的神经症患者，下面就是他的"独角兽的梦"：

> 在一个小镇荒凉的广场（place）上，很奇怪，我在寻找某种东西。莉莉安（Liliane）——这个人我并不认识——出现了，她光着脚，对我说："我好久没有看见这么好的沙滩（plage）了。"我们在森林里，那些树木的颜色看上去很奇怪，带有鲜艳而简单的阴影。我想森林里一定会有很多动物，正当我想说出这个想法时，一只独角兽（licorne）越过了我们的小路；我们三个一起，向一块林中空地走去，我们觉得空地就在下面不远处。（梦醒后，我口渴难耐。——菲利普叙述这个梦时所做的补充）③

根据弗洛伊德的教导，我们知道，梦的材料有两个来源：最近的生活细节和幼年的愿望。与菲利普的梦有关的最近的生活细节是：菲利普曾和他的侄女安妮（Anne）在森林里步行。当时他们做了一个跟踪游戏，并在一个山谷的底部发现了鹿和雌羚的踪迹，山谷里有一条小溪，表明有动物曾在某处饮水。当时安妮说："我好久没有看到这么鲜艳的石南花

① Jean Laplanche, Serge Leclaire, "The Unconscious: A Psychoanalytic Study", trans. Patrick Coleman, in *Yale French Studies*, 1972, No. 48, p. 151.

② Anika Lemaire, *Jacques Lacan*, trans. David Macey, London: Routledge & Kegan Paul, 1981, pp. 139–152.

③ Jean Laplanche, Serge Leclaire, "The Unconscious: A Psychoanalytic Study", in *Yale French Studies*, p. 136.

(bruyère）了。"借助自由联想，菲利普提供了与这个梦有关的三个童年记忆：（1）大约三岁时，菲利普曾经在一个外省小镇度过了一个夏天，那个小镇的广场上有一处独角兽喷泉。当时，他曾用双手从翻涌的泉水中掬水喝。（2）他曾在瑞士山中行走，那里森林茂密，到处是鲜艳的石南花。当时他曾努力模仿一个比他大的孩子，将双手合成海螺形状吹口哨。（3）三岁时，他曾和母亲的表姐妹莉莉（Lili）在大西洋的海滩（plage）上玩耍。整整有一个月，他都在用一种严肃而且坚持不懈的语气对她说"我渴"，以致莉莉戏称他为"菲利普-我-渴"（Philippe j'ai-soif）。

仅凭这个梦本身，其含义不易理解。但菲利普在讲述完这个梦后立刻补充说，梦醒之后，他感到口渴难耐。当我们把这一细节和他在自由联想时回忆起的上述三个童年事件联系起来时，这个梦与指向莉莉的口腔驱力之间的关系就一目了然了。不仅如此，如果我们再把这种口腔驱力与梦中出现的独角兽联系起来，也许这个梦的深层含义就得到了揭示：拒绝阉割。如果这个梦表达的是菲利普追求口腔驱力的满足和拒绝阉割，那么这个话语是如何表达出来的呢？或者更准确地说，它是使用何种方法又借助何种能指来表达的呢？

无意识话语使用的不是一般意义上的能指，不是普通的语言符号。就菲利普的这个梦而言，我们仅凭这个梦的明显内容（the manifest content），也就是构成这个梦的文本，是不可能把握到它的潜在内容（the latent content），即无意识含义的。甚至即使我们求助于围绕这个梦的自由联想，也不可能达此目的。因为无论是小镇广场上的独角兽喷泉，还是瑞士山中鲜艳的石南花，抑或是小镇荒凉的广场；无论是从泉池中合手掬水畅饮，还是在瑞士山中学吹口哨，抑或是追着莉莉说"我渴"——这些都不可能将我们最终指引向这个梦的无意识话语本身。总之，仅凭由这些普通语言符号构成的能指链或者话语，我们终将一无所获。不是因为我们不够博学、不够敏锐，不能发现这些词语（普通能指）的深层含义，而是因为梦的潜在内容根本不在其明显内容之中，它根本不是由通常意义上的普通能指来表达的，而是由一些迥异于普通语言符号的特殊能指来表达的。就能指的一般定义来说，这些特殊能指根本就不被我们视为能指。比如，梦中出现的陌生女子莉莉安，菲利普之所以不认识她，是因为梦者将莉莉和安妮这两个人压缩成了一个人。莉莉安本身是无解的，因为菲利普的生活中根本没有这样一个人。梦中的独角兽（licorne）也是压缩的产物，这个词语的第一个音节"li"不仅来自莉莉（Lili），还来自他自己的

名字 *Philippe*。至于"独角兽"这个词语的第二个音节 *corne*，不仅表示动物的角，对年幼的菲利普来说，它也是阳具的代表。这个梦同样使用了移置。比如，梦中荒凉的广场（*place*）其实是对与莉莉安密切相关的沙滩（*plage*）的替换，而森林中颜色奇怪的树木则是瑞士山谷中鲜艳的石南花的替代，而在鲜艳的石南花背后，则是将双手握成海螺状吹口哨，而这一动作又是口欲的隐喻表达。从以上分析可知，无意识话语的能指并不是一般意义上的语言符号，而是一些以音响或形象出现的记忆痕迹；就这个梦而言，这里的音响就是［li］和［plas］，其形象则是荒凉的广场、喷水的独角兽、赤脚的莉莉安、美丽的沙滩、颜色奇怪的树木和独角兽。值得指出的是，在梦中，这些形象纯粹是视觉性的存在，它们只是在菲利普对梦的叙述中才获得语言描述。这些音响或者形象按照压缩和移置法则被随意组装起来，以便让主体的无意识话语得到表达。即使无意识话语中的能指以一般能指的形式出现，比如广场、沙滩、独角兽和石南花，它们的意义也完全不是这些词语的普通意义所能表达的。也就是说，在语文学的层面上追溯这些词语的无意识含义，永远都不会有任何结果。

无意识的基本能指绝非一般意义上的词语，而是一些记忆痕迹，这些痕迹或者表现为一些音响，或者表现为一些纯粹的视觉形象。作为实在之物，这些音响和形象本身毫无意义，但是，因为它们和主体的某种本能建立了非常偶然的关系，于是主体根据压缩和移置两种基本程序对其加以利用。一旦这些音响和形象开始服从压缩和移置的法则，它们就获得了能指的性质。虽然主体在构筑各种无意识文本（梦、症状和失误动作）时也会利用一般意义上的词语，但无意识的基本能指永远都是这些记忆痕迹。所以安妮卡·勒迈尔说："词语在其最根本或者最基本的无意识中没有任何地位。**构成基本无意识的毋宁说是一些音素**或者音素群，这些音素或者音素群后来会进入词语的构成中，然后再进入**无意识幻想**的构成中，这些无意识幻想的综合结构建构了那些更加容易分析的无意识地层。基本无意识本身根本上是不可抵达的。"①

其实弗洛伊德已经发现了无意识借以表达自己或者构建自己的能指不是普通的词语，而是一些特殊的能指，因为他在《释梦》中已经指出："（潜在的）梦-思想（the dream-thoughts）与（明显的）梦-内容（the dream-content）就像同一个主题用两种不同语言写成的两种版本。或者

---

① Anika Lemaire, *Jacques Lacan*, p. 142. 黑体强调形式为原文所有。

说得更准确一些，梦-内容就像以另一种表达模式出现的梦-思想的抄本，通过比较原文与译本去发现这个抄本使用的字符和句法正是我们要做的事情。"① 在此，弗洛伊德明确指出了无意识和意识是用两种不同的语言写成的，这两种语言有不同的文字和句法。这至少已经暗示我们，一般的意识文本就其本身而言，无论如何解读，都无法解读出其无意识含义。普通文本当然会有言外之意，会有象征意义，但这些象征意义仍然是相应的词语在象征秩序或文化传统里的含义，而无意识能指的含义却绝不是由象征秩序建构的，而是由个别主体自由建构的，虽然并非与象征秩序绝对无关。一个梦文本的无意识含义必须被翻译成另外一种语言才能被揭示。

　　因此，无意识不是一个由一般意义上的词语构成的文本的言外之意或者加密信息，而是另外一个由特殊能指写成的特殊文本。这个特殊文本之所以难以释读，不仅是因为它使用了一些特殊能指，还因为这个文本已经被抹除了、擦掉了。拉康说，无意识是为了书写意识文本而被擦掉的文本，就像古人把羊皮纸上原有的文字擦掉书写新的内容；但这个文本没有被彻底擦除干净，而是留下了痕迹，然而我们只有透过意识文本的空白、节点和裂缝，才能发现和辨认这些残留的痕迹。无意识是双重铭刻的结果，是一种双重铭文（double inscriptions）。为了辨认无意识，我们只能依赖由一般意义上的词语书写的文本，但无意识并不在这种文本之中；让无意识得以表达的文本从一开始就被抹除了，我们所能做的就是透过普通文本的空白、节点和裂缝，去努力辨认那些依稀残留的痕迹。如果我们只停留在普通文本上，那么无论我们如何博学多识，无论我们如何洞幽烛微、钩沉索隐，即使对文本的每一个词语都做穷形尽相的语义学分析，也不可能捕捉无意识的蛛丝马迹。只有当我们从普通文本的空白、节点和裂缝中发现另一个文本残留的只鳞片甲时，在精神分析学的指导下，才有可能捕捉无意识。正因如此，拉康说无意识是一种双重铭文，释读无意识不是在一个印版（上面印有一棵树，树中暗藏拿破仑的头像）上寻找拿破仑的头像的问题。如果无意识是一则铭文，那么这则铭文就来自知识（意识）的印版对真相（无意识）的印版之抹除。关于无意识，拉康自己给出了最为精确的描述：

---

① Sigmund Freud, *The Interpretation of Dreams*, trans. James Strachey, New York: Basic Books, 2010, p. 295. 本文参阅了孙名之的中译本（弗洛伊德. 释梦. 孙名之，译. 北京：商务印书馆，1996：277），但英译本似乎更加彰显了无意识和意识是两种不同的符号这一意思。

无意识是我的历史的一章，以空白标示的一章，或者被谎言占据的一章：它是被查禁的一章。但真相可以被重新发现；通常它已经被写在了另一个地方。即：

在一些遗迹之中：这些遗迹就是我的身体，换句话说，就是神经症的癔症内核，在这个内核中，癔症显示了语言的结构，并且像一则铭文那样被破译；一旦这则铭文被复原，就可以被轻松摧毁；

也在一些档案文件之中：这些文件就是我的童年记忆，它们和那些我不知道其出处的文件一样难以理解；

在语义演变中：与此对应的是由我自己的特殊词语构成的词汇及其意义，正如它对应了我的生活风格和性格；

也在一些传统之中，甚至在一些传说之中：这些传说以一种夸张的形式表达了我的历史；

最后，在一些痕迹之中：这些痕迹不可避免地被保存在一些歪曲之中，这些歪曲是必需的，因为要把那被掺假的一章插入周围的章节之中，但是其意义可以被我的解释重建。①

拉康的上述论断自然非常深刻，但不无晦涩，对此我们不妨借鉴勒克莱尔的阐释来帮助理解：

无意识不是用来为某幅图画增加光芒和深度而准备的底色：它是被抹除的早先的素描，因为这张画布后来要用来画另一张画。

如果我们用音乐来做比喻，那么无意识并不是赋格曲的对位乐曲，或者一个旋律的和声：它是人们在听海顿的四重奏时听到的爵士乐——可能因为收音机的调频出了问题或者调频不准确。

无意识不是一个信息，甚至不是写在一张古老的羊皮纸上需要人们费力破译的奇怪信息或者加密的信息：它是写在表层之下的另一个文本，要想解读这个文本，必须将这张羊皮纸对着光然后从背面去看，或者借助显像剂去看。②

因为无意识是主体历史中被查禁的一章，是写在另一个场景中的话语，因此拉康说，无意识不是我们所不知道的东西，而是我们不可能知道

---

① Jacques Lacan, "The Function and Field of Speech and Language in Psychoanalysis", in *Écrits*, p. 215.

② Serge Lecalire, "La réalité du désir", in *Écrits pour la psychanalyse*, Paris: Editions du Seuil, 1998, p. 143.

的东西，这就意味着无意识只在被分析的时候才存在。要理解这一点非常困难，因为有一个长期而且普遍存在的误解，那就是认为无意识是一种被压抑的观念——似乎主体先有某种观念，然后发现这种观念违背一般的道德法则，于是将其压抑下去。在某种程度上，弗洛伊德要为这种无解负责，因为在他的第一个地形学观点中，他把无意识比喻为海面下的冰山。事实上，并不存在这样一种事先存在的无意识，等待着精神分析学家去发现或揭示它。如果无意识是能指结构的产物，那么它当然只能在无意识话语被分析之时才真正存在。正如解释学指出的那样，文本只有在被接受和解释时才具有意义，这一原理同样也适用于无意识话语。无意识不是一些被压抑的观念，而是一些只有在被分析时才被建构出来的观念。无意识只是在解释时才产生。① 就此而言，无意识首先不是一种意义，而是一套文字。

正如前文所说，弗洛伊德已经发现最初的无意识并不产生于压抑，而是产生于原始压抑。原始压抑表明，早在自我产生之前，早在社会法则内化为超我之前——一句话，早在俄狄浦斯情结发生之前，主体或者前主体就已经有了无意识。但是，弗洛伊德只是假定了原始压抑的存在，至于原始压抑产生的原因则付之阙如。拉康发现了这个空白，并在现代语言学或者语言哲学的启发下，提供了一个近乎完美的回答。

拉康认为，语言这个大他者是造成原始压抑的根本原因，也就是说，原始压抑是主体或前主体进入语言的必然结果。如果说压抑的动因是超我，那么原始压抑的动因则是语言本身。超我起源于俄狄浦斯情结（3～5岁），但幼儿进入语言（1岁半左右）要远远早于俄狄浦斯情结。棘手的是，俄狄浦斯情结的发生与进入语言都和父亲有关，这就让人难以区分二者。但是，二者的差别还是明显的：俄狄浦斯情结的核心是主体对父亲或母亲的认同（identification），而幼儿在进入语言时尚且没有这种认同，进入语言的关键是"父亲的名字"之介入。在"父亲的名字"介入之前，幼儿生活——或者更准确地说是封闭在一个想象的完美状态之中，与母亲合二为一，无所欠缺。他不仅自己（其实他还没有自我意识）无所欠缺，因为他拥有母亲，而且母亲也无所欠缺，因为母亲拥有他。如果始终封闭

---

① 无意识只在被解释和分析时才存在，这种观念很难被一般人理解。对此本书未予展开，更深入的阐释，请参阅：Juan-David Nasio, *Five Lessons On the Psychoanalytic Theory of Jacques Lacan*, New York: State University of New York Press, 1998.

在这样的状态中，他将无法成为一个正常的"人"，无法进入"世界"，因为他没有进入语言。"父亲的名字"就是打破母子合二为一的状态，将其引进语言的关键。拉康的这个公式表示的就是这个意思：

$$\frac{Name\text{-}of\text{-}the\text{-}Father}{Mother's\ Desire} \cdot \frac{Mother's\ Desire}{Signified\ to\ the\ Subject}$$

$$\rightarrow Name\text{-}of\text{-}the\text{-}Father\left(\frac{A}{Phallus}\right)$$

"父亲的名字"的基本功能就是打破母子合二为一的想象的完满。在这种想象的完满中，前主体只有一个对象，即满足自己快感的对象。在这种情况下，前主体不仅没有主体性，甚至也没有一个"世界"。"父亲的名字"炸裂了这个封闭的想象界，将前主体从中解放出来，将其引进一个三元的象征界。在这个三元的象征界中，不仅有母亲与自己，还有父亲，最重要的是，还有父亲禁止的东西。虽然这种东西因为"父亲的名字"而被禁止，并永远失落了，但正因如此，主体不会甘于丧失它，而是竭尽全力去捕捉它，但他现在唯一的工具就是语言：主体只能借助语言去捕捉那从未拥有但已经永远失去的东西。正是在永无止境地追逐这个永远失落的物的过程中，主体进入了语言，并因此拥有了一个世界。世界不是由实在的事物构成的，而是由"空虚的"能指构成的。象征界本质上是一个意义的世界，其中没有任何实在之物。然而语言不是万能的，如果语言是一张网，总有一些东西是这张网所无法捕捞的。语言既是一座桥，引领我们进入意义的世界；语言也是一面墙，阻止我们真正抵达实在之物。究其根本，就在于语言发生的基本前提就是欠缺。也就是说，总有某些东西与语言不兼容，语言必须将其排除才能正常运转。这就是原始压抑产生的根本原因，也就是无意识产生的根本原因。

无意识不仅是一种话语，具有语言的基本结构，服从语言的基本法则，而且是"大他者"的话语。那么我们该如何理解这个大他者呢？拉康还有一句类似的箴言："欲望就是大他者的欲望。"那么这两个"大他者"是一个意思吗？如果说"欲望就是大他者的欲望"中的"大他者"就是拉康所说的象征秩序，那么针对无意识而言的"大他者"也可以如此理解吗？在笔者看来，虽然这两个"大他者"不无关系，但它们在内涵上并不完全相同。诚如拉康所说，针对欲望而言的"大他者"指的是象征秩序本身，是一个处所、一个位置，而非某个人。针对无意识而言的"大他者"首先指的是与主体绝对异质的语言。主体是一个鲜活的生命，而语言则是一套象征符号，二者没有任何共同性，但这个鲜活的生命、这个实实在在的存在者却要受到语言这个完全异质的符号系统的支配。其次，无意识借以表达自己的语言与一般语言根本不同，因为它发生在"另一个场景"（another scene）之中，使用的能指也不是普通的语言符号，而是一些实实在在的音响或者形象。再次，这个大他者虽然与象征秩序不无关系，但更多情况下指的是某个或某些具体的个人，主体的无意识其实是对某一或某些特定个人的无意识的回应。总之，当拉康说"无意识就是大他者的话语"时，他要强调的是语言——普通语言和无意识语言——对主体至为深刻而又难以察知的影响。

值得指出的是，当拉康说"无意识就是大他者的话语"时，他所理解的无意识与荣格的"集体无意识"（collective unconscious）是完全不同的。荣格所说的集体无意识是直接针对弗洛伊德的个体无意识而来的，他认为，集体无意识是现实的一个地层，它们并不来自个人经验，也不是由个人获得的，而是与生俱来的、普遍存在的，在不同文化和所有人中都基本相同。荣格首次提出这个概念是在其论文《无意识的结构》（The Structure of the Unconscious, 1916）中。荣格的集体无意识充满了本能和原型：古老的原始符号，如伟大的母亲、智慧的老人、阴影、塔、水和生命之树。他用集体无意识来支撑和包围无意识思维，并将其与弗洛伊德精神分析中的个人无意识区分开来。他相信，集体无意识这个概念有助于解释为什么类似的主题会出现在世界各地的神话中。他认为，集体无意识对个人的生活产生了深远的影响，人们通过它的象征，并通过他们的经历赋予其意义。分析心理学的心理治疗实践围绕着检查病人与集体无意识的关系展开。集体无意识的确存在，但集体无意识并不像荣格理解的那样，是与生俱来的，与个人经验无关；如果不同文化中的个体表现出了相同的无意识，那不是因为集体无意识是全人类由遗传而来的共同心理内容，而是因为不同的文化具有基本相同的结构。荣格的集体无意识背离了弗洛伊德的基本教义：无意识与性的发展密切相关。当荣格以集体无意识去解释各种文化现象时，他不仅远离了精神分析学，而且堕入了某种神秘主义的陷阱。正因如此，荣格的精神分析学始终不能成为精神分析学中的主流。

虽然弗洛伊德一开始就将精神分析定义为一种谈话疗法（talking cure），虽然他始终基于被分析者的自由联想（述说）去解释梦、症状和各种失误动作，虽然他早在《释梦》中就已经发现梦的工作的基本机制就是压缩和移置，但是，由于他对语言的本质还缺乏一种科学的认识，还将语言粗略地理解为一套符号系统，因此他未能发现压缩和移置就是隐喻和换喻，未能发现物表象本身就是能指，未能发现无意识完全按照语言的基本法则在运作。正如阿尔都塞说辩证唯物主义已经以一种实践形态存在于马克思的文本中，拉康可能会说无意识的语言学也以一种实践形态早已存在于弗洛伊德的文本之中了。因此，当拉康一方面宣称要引领精神分析学"回到弗洛伊德"，另一方面又毫不迟疑地宣布"无意识就是大他者的话语"时，他并不自相矛盾，因为在他看来，弗洛伊德的实践早已证明了无意识就是一种话语。拉康既没有像一些人认为的那样，背离了弗洛伊德，也没有强行用自己的理论将弗洛伊德改造为一个拉康主义者。正如他自己所说的那样，他始终是一个弗洛伊德主义者，他的使命就是引领精神分析学回到弗洛伊德。

2. 来自大他者的凝视

1964 年，拉康在其第 11 期研讨班上就凝视（*regard*/*gaze*）做了四次专题报告，并将这四次报告汇总为《论作为对象 *a* 的凝视》。在拉康之前，萨特在其《存在与虚无》中对凝视已有论述，梅洛-庞蒂的《知觉现象学》与《可见的与不可见的》所关注的也是视觉与主体的关系。拉康无疑受到了二者的启发，但他和二者所持的论点迥然有别。凝视如今已然成为电影理论和政治理论中非常重要的主题之一，拉康对凝视的分析无疑是最主要、最直接的理论渊源，因此，对拉康的凝视理论有一个基本理解就成为关注这一主题的学者不可回避的现实。

尽管国内外学术界关于拉康的凝视已有不少论证，甚至是专论，但拉康的凝视理论仍然存在诸多未解之谜。任何有志于对拉康的凝视理论做一番彻底研究从而去直接阅读《论作为对象 *a* 的凝视》的读者，不管他此前阅读了多少关于这一主题的论述，甚至自认为对此已有相当程度的了解，一旦真正进入拉康的这个文本，进入他所建造的迷宫，就会不断遭遇一个又一个谜题，从而深感寸步难行。正因如此，笔者无意对延伸进电影美学和政治哲学中的凝视（比如福柯的 panopticism）做一番综合考察，而只拟通过文本细读的方式集中探究拉康的凝视理论，希望对此问题做出尽可能清晰的解释。

拉康的凝视理论之所以费解，首先是因为他所定义的凝视与常识中的凝视迥然不同。常识理解的凝视无非是"我"的凝视，或者是他者对"我"的凝视，无论如何，总之与眼睛——更准确地说，与含情脉脉或者全神贯注的眼睛——密切相关。拉康所谓的凝视与眼睛无关。凝视而与眼睛无关，这怎么可能呢？就常识而言，这的确是荒谬的；但如果我们想真正把握拉康的凝视，由此获得一些深刻的洞见，而非停留于常识，我们就必须首先把常识之见悬置起来。

眼睛与凝视

在正式解释或者定义自己的凝视之前，拉康首先重申了萨特在《存在与虚无》中对眼睛和凝视的区分。萨特的非凡之处在于，他是从存在论而非认识论出发去思考凝视的，并从凝视出发去思考主体与他者之间的关系，因为在他看来，主体、他者以及主体与他者的存在论关系首先是在视觉领域内展开的。由于萨特将他者定义为"凝视着我的人"，所以"我"与他者的基本关系就必须归结为"我被他者看见的恒常可能性"（my permanent possibility of being-seen-by-the-Other）。"总之，我认为世界中的他者或许是一个人，这一理解起源于我被他者看见的恒常可能性，也就是说，起源于看见我的主体永远有可能被替代为被我看见的对象。'被他者看见'是'看见他者'的真理。"① 正是因为他者原则上就是凝视着"我"的人，所以萨特认为必须澄清凝视的含义。为此，他首先正确地区分了凝视与眼睛。萨特指出："当然，凝视最经常的表现就是两个眼球会聚到我身上。但是它也完全可以因树枝的沙沙声、寂静中的脚步声、百叶窗的微缝、窗帘的轻微晃动而表现出来。"② 比如在军事突袭时，在灌木丛中匍匐前进的人要逃避的凝视不是来自眼睛，而是来自丘陵之上的白色村舍；对于那些出于嫉妒、好奇或怪癖而把耳朵贴在门上偷听，或者透过锁孔向内窥视的人来说，寂静的走廊上传来的脚步声就是凝视；对在密林之中专心致志于狩猎的猎人来说，林中传来的沙沙声就是凝视。萨特进而指出，当务之急是定义这凝视本身。眼睛首先不应被当作视觉的感觉器官，而应被当作凝视的载体。因此，不能将灌木丛、村舍或脚步声归结为隐藏在窗帘背后、树林背后窥视者的肉眼：它们本身就已经是眼睛了。至于凝视与

---

① Jean-Paul Satre, *Being and Nothingness*, trans. Hanzel E. Barnes, New York: Washington Square Press, 1993, p. 257. 本书参阅了陈宣良等的中译本，但引文悉自英文译出。

② Jean-Paul Satre, *Being and Nothingness*, p. 257.

眼睛的关系，萨特认为二者是互相排斥的："如果我体会到凝视，我就不再知觉到眼睛：它们在那里，它们仍然作为纯粹的表象在我的知觉范围之内，但是，我用不着它们，它们被取消了，退出了活动，它们不再是某一主体的对象……他者的凝视掩盖了他的眼睛，它似乎是走在眼睛前面的。"①

　　将凝视与眼睛区分开来，并指出二者处于一种相互排斥的关系之中（需要指出的是，这一点在萨特那里仍然是比较模糊的，没有得到进一步的深入探究），这是拉康和萨特的共同之处。然而二者的共鸣到此为止，此后便是深刻的、本质性的差异，因为二者对凝视的效果具有截然不同的理解。

　　当"我"出于嫉妒、好奇或者某种怪癖而把耳朵贴到门上偷听或者透过锁孔向内窥视时，萨特认为，这时"我"是孤独一人，处在非独断的自我意识这一水平之上。"这首先意味着，没有占据我的意识的自我，我不能把我的行动指引向任何事物，以便使之得到规定。这些行动无法得到认识，我就是我的行动，因此它们本身就具备了自身的全部理由。我是关于事物的纯粹意识，而事物，受困于我的自我性的循环，则具有一些潜能以证明我对自己的可能性只有一种非独断的意识。……从这时起，'我做着我不得不做的事情'；没有任何超越的观看为我的活动赋予一种能使判断实施于它的给定性。我的意识粘连在我的活动上，它就是我的活动，活动只受要达到的目的和要运用的工具的支配。"②萨特的意思是说，此时"我"没有明确的自我意识，因为"我"的意识完全被所要偷听或者窥视的事物吸引了，就像吸墨纸吸掉墨水一样。此刻，"我"不是什么，只是虚无。然而就在此时，"我"突然听见走廊里的脚步声，于是一切突然发生了转变。因为"我"马上感受到了凝视的存在，这就是说，凝视突然发生了。但凝视之发生，或者说主体之被凝视，究竟意味着什么呢？"这意味着我在我的存在中突然被触及了，一些本质的变化在我的结构中显现——我能通过反思的我思以概念的方式理解和确定这些变化。"③这种本质变化就是，现在"我"获得了反思意识并作为我自己而存在了。萨特认为，他者的凝视具有一种至关重要的功能，那就是使"我"获得了自我反思意识："只有反思意识把自我直接作为对象。非反思的意识不能直接

---

①　Jean-Paul Satre，*Being and Nothingness*，p. 258.

②　Jean-Paul Satre，*Being and Nothingness*，p. 259.

③　Jean-Paul Satre，*Being and Nothingness*，p. 259.

理解个人或者把他作为对象。个人只是因为是他者的对象才被呈现给意识。这就意味着，我突然意识到自己正在逃离自己，但我意识到这一点不是因为我是我自己的虚无之基础，而是因为我的基础在我之外。只是因为我是他者纯粹的参照，我才是为我的存在。"①

关于凝视，萨特的贡献主要体现在三个方面：首先，他洞察了凝视这个现象在人这种存在的经验中所独具的基本性和中心性。在人的经验中，他者作为一个对象一开始就有别于其他对象，绝不能与其他非人的对象等同，原因就在于作为对象的他者也在凝视"我"。其次，正是他者的凝视使主体获得了自我意识。但不幸的是，最后，这一收获还伴随着一个令人沮丧的副产品：主体由此意识到自己也是作为主体的他者的客体/对象。

理查德·布思比（Richard Boothby）指出，萨特对凝视的思考有一个基本观念，这个观念来自黑格尔的主奴辩证法，那就是意识与他者的二元关系。"这种二元模式带来了许多问题，其中之一就是萨特认为在两个主体之间只有一种不是/就是（非此即彼）关系：不是他者通过其凝视将我客体化从而维持他作为一个主体的权利，就是他自己在我的凝视下变成一个客体。但是从拉康式的观点来看，并没有什么东西能够阻止这两种情况同时出现。"② 布思比以时尚杂志上的封面女郎为例证明了这两种效果完全是共存的。封面女郎的焦点照例都是她们的脸庞，而脸庞上的焦点则是眼睛。一方面，封面女郎一般都作为魅力非凡的形象-对象呈现在观者的眼前；另一方面，封面女郎一般都以一种摄人心魄的目光凝视着观看者。为了达到这种让人触电般的凝视效果，杂志的美编会在封面女郎的眼睛里精心营造出一些反射性的光芒。因此，封面女郎既是迷人的客体，又是凝视的主体。作为迷人的客体，封面女郎巩固了观看者的主体性；但封面女郎摄人心魄的凝视同时也让观看者羞愧地甚至痛苦地意识到自己沦为了一个客体。而且，这两种矛盾的效果以一种辩证的方式相互强化：观看者越是感到自己被强烈的凝视压倒，封面女郎就越是成为一个迷人的客体。

关于凝视，拉康与萨特的区别是本质性的。尽管我们目前对拉康的凝视还不曾有一语道及，但不妨将这种区别先行总结如下：就眼睛与凝视的

---

① Jean-Paul Satre, *Being and Nothingness*, p. 260.

② Richard Boothby, "Figurations of the Objet a", in *Jacques Lacan: Critical Evaluations in Cultural Theory*, ed. Slavoj Žižek, New York: Routeledge Press, 2002, p. 169.

关系而言，在萨特这里，凝视不一定与眼睛同一，但在拉康那里，凝视一定不与眼睛同一。就凝视所处的结构而言，在萨特这里，凝视仍然囿于主体-客体的二元关系之中，但在拉康那里，凝视始终处于一种三元关系之中：主体（观看者）、可见对象（被观看者），以及来自他者、不与可见对象重合的凝视。对于拉康来说，主体间的关系绝不只是两个主体之间的事情，而是始终处于一种三元结构中的关系。就凝视的效果而言，在萨特这里，凝视消灭了主体，使之沦为客体。但在拉康看来，情况恰好相反："在窥视癖者的活动中，凝视让他吃惊，打扰他，压倒他，使他感到羞愧。目前讨论的这种凝视当然就是他者的出现。但是这是否就意味着凝视原本就处于主体与主体之间的关系中？是否意味着凝视就处于看着我的他者的存在中？这就是我们理解的真实的凝视吗？只是因为受惊的不是正在消灭的主体，不是客观世界的对应物，而是在欲望的功能中维持了自己的主体，凝视才在此介入了进来。难道这一点还不清楚吗？"① 换句话说，拉康认为，凝视的介入不是消灭了主体，而是使主体在欲望的功能中维持了自己的存在。

凝视使主体在欲望的功能中维持了自己的存在，这是什么意思呢？为了弄清楚这个问题，我们必须得明白眼睛与凝视的分裂之于拉康所具有的意义："眼睛与凝视——对我们来说，正是在这种分裂中，驱力（drive）在视觉领域的水平上得到了证明。"② 不过，在回答何为凝视之前，我们必须首先明白眼睛的功能。这是一个必要的迂回。

被眼睛屏蔽的凝视

就凝视而言，萨特和梅洛-庞蒂都对拉康产生了重要的影响，但在论述拉康的凝视理论时，人们很少提及梅洛-庞蒂，只有安东尼奥·基内（Antonio Quinet）略有触及。梅洛-庞蒂的相关论述主要集中在《知觉现象学》和后来出版的《可见的与不可见的》这两本著作中。萨特将"他者"定义为"注视着我的人"，梅洛-庞蒂则将"主体"定义为"被观看的存在者"。乍看上去，这似乎只是侧重点不同而已，但我们都知道"差之毫厘，'别'以千里"的道理。相比《知觉现象学》，拉康认为梅洛-庞蒂

---

① Jacques Lacan, *The Seminar of Jacques Lacan：The Four Fundamental Concepts of Psychoanalysis*, pp. 84 - 85.

② Jacques Lacan, *The Seminar of Jacques Lacan：The Four Fundamental Concepts of Psychoanalysis*, p. 73.

在《可见的与不可见的》中前进了一大步，因为他不再把视觉仅限于眼睛，而是强调先于眼睛、先于观看的凝视："梅洛-庞蒂为我们指明了一些道路，沿着这些道路前进，我们到达的不仅是视觉现象学，因为这些道路的目的是要向我们指出，可见的东西依赖于那使我们受制于观看者的眼睛的东西。借助他向我们指示的道路，我们必须确定的是凝视的先在性——我只能从某一方位去看，但在我的生存中，我被全方位观看。"①

受梅洛-庞蒂的启发，拉康要强调的是凝视的先在性，与此相对应的是惯于被看、注定被看（given-to-be-seen）相对于被看（seen）的先在性。"惯于被看"这个术语意味着：不管主体愿意与否、意识到与否，他注定要被观看。凝视的先在性，或者说"惯于被看"是主体存在论意义上的基本处境。先于观看、先于眼睛的根本性的惯于被看虽然是根本性的，但也正因为它是根本性的，正因为它无所不在，反而被排除出了意识。正是在这个意义上，拉康说："就我们与事物的关系而言，因为这种关系是通过视觉方式构成的，并被组织在一些表象性的形象中，因此始终有某种东西在不断地溜走、滑脱并被传输，并总是在某种程度上逃避进了这种关系——这种东西就是我们所说的凝视。"② 也就是说，眼睛屏蔽了凝视。为什么我们通过视觉建构起来的与事物的关系总是会遗漏、遮蔽或者说排斥凝视呢？因为"视觉满足于把自己想象为意识"③，处于无意识维度中的凝视自然要被排除了。

眼睛与凝视的分裂，说到底就是意识与无意识的分裂。拉康为我们指出，"眼睛-表象-意识-主体"是密切相关的一个系列，而"凝视-自我形象-无意识-对象 a"是密切相关的另一个系列。有一个极难为人觉察的事实是：在视觉领域，正是"我们是被观看的存在者"这一事实被压抑而构成了我们的意识。换句话说，正是眼睛对凝视的屏蔽建构了人的意识与主体性。拉康指出，在主体的生存中，他不仅自己在看，也在向他者炫耀，邀请他者观看他；但是，他能意识到自己在看，却几乎意识不到自己在向他者炫耀、邀请他者观看他。拉康指出，在所谓的觉醒状态中，凝视总是

---

① Jacques Lacan, *The Seminar of Jacques Lacan：The Four Fundamental Concepts of Psychoanalysis*，p. 72.

② Jacques Lacan, *The Seminar of Jacques Lacan：The Four Fundamental Concepts of Psychoanalysis*，p. 73.

③ Jacques Lacan, *The Seminar of Jacques Lacan：The Four Fundamental Concepts of Psychoanalysis*，p. 74.

被省略；在梦的领域则相反，在梦中他只是向他者炫耀，邀请他者观看。为了说明这个问题，拉康以一种令人吃惊的创意利用了庄周梦蝶的典故：

> 在梦中，他是一只蝴蝶。这是什么意思？意思是说，他把他的现实中的蝴蝶视为凝视。这些如此纷繁复杂的花式，如此丰富多彩的姿态，如此缤纷绚烂的色彩，如果不是无偿的炫耀，还能是什么呢？正是在这种无偿的炫耀中，凝视之本质的原始性质得以被我们标示了出来。……当庄子醒来之后，他问自己是否可能是那只蝴蝶梦见它自己变成了庄子。的确，他这样想是正确的，而且具有双重的理由这样想：首先他不是一个疯子，他没有认为他绝对与庄子同一；其次，他没有充分认识到他是多么正确。事实上，正是当他是蝴蝶时他才理解了他的身份的根据——就其本质而言，他过去是，并且现在也是一只用自己的色彩粉饰了自己的蝴蝶。也正因如此，最终，他才是庄子。
>
> 这一点可以经由这个事实而得到证明：当他是蝴蝶时，他不会像在觉醒状态下那样产生这样的想法，即怀疑自己就是那只梦中变成的蝴蝶。这是因为，当他梦见自己变成蝴蝶时，他随后无疑必须去证明他在梦中只是把自己表征成了一只蝴蝶。但这并不意味着他被那只蝴蝶迷住了——他是一只被迷住了的蝴蝶，不过捕获他的是虚无，因为在梦中，他不是为了任何人才成为蝴蝶。正是在他觉醒时，他才为了他者而成为庄子，并被捕获进他们的蝴蝶之网中。①

我们习惯于从物我为一的哲学角度去解读庄周梦蝶的寓言，但拉康在这个寓言中读出了与某种精神分析契合无间的价值。拉康认为，庄周梦蝶之后的疑问，既不是一个诗意的追问，也不是一个浪漫的妄想。精神分析的一个根本发现便是：人的主体性只是社会建构的结果，人只能以异化的方式是其所是。卢梭说社会性的人总是生存在他自己之外，不也就是这个意思？正是在这个意义上，拉康指出，当庄子处于觉醒状态时，他必然要使自己符合其社会环境强加给他的身份，这种强加，在视觉领域内，当然就是通过凝视（即全方位地被观看）实现的。这种全方位地被观看无疑就是一张恢恢之网，它捕捉主体一如蝶网捕捉蝴蝶。庄子怀疑自己不是庄子而是一只蝴蝶，这一点都不奇怪；倘若庄子认为自己本身自始至终就是庄

---

① Jacques Lacan, *The Seminar of Jacques Lacan: The Four Fundamental Concepts of Psychoanalysis*, p. 76.

子，那只能说明他不是庄子，而是疯子。但是庄子还不够正确，因为他没有认识到，正是当他变成蝴蝶时他才能理解"庄子"这一身份属于他，只是社会象征的结果。只是为了大他者——在意识之中，庄子才成为庄子；而他成为蝴蝶——在无意识之中，却无须为了任何人。

　　关于凝视，我们已经说了很多，然而我们还说得太少，我们甚至根本就没有触及最本质的问题：何为凝视？关于这个问题，我们最好直接引用拉康自己提供的答案："主体对他自己的分裂所产生的兴趣与那决定了这一兴趣的东西，即一个获得特许的对象是紧密联系在一起的。这个对象出自某种原初的分裂，出自某种自我切割，而这种自我切割乃是因为实在（real）的逼近而造成的。在我们的代数式中，这个对象的名字就是对象 a。在视觉关系中，主体在一种根本性的摇摆不定中悬挂于其上的幻想所依赖的这个对象就是凝视。"[1] 一言以蔽之，凝视就是视觉关系中的对象 a。然而对象 a 又是什么呢？

　　且让我们先来考察一下这个表达式本身：首先，a 是法语 autre（他者）的第一个字母，这表明它与他者密切相关；其次，a 也是数学上表示变量的函数；最后，这个字母总是以斜体的形式出现，似乎还表示对象 a 永远不可能真实地显现。根据拉康的理论，在俄狄浦斯情结之前，幼儿滞留于母子的二元关系，处于一种想象的完满之中。随着俄狄浦斯阶段的到来，幼儿开始觉察到母亲-他者也是有欠缺的。尽管幼儿不知道母亲-他者究竟欠缺什么，想要什么，但他仍然想象自己就是她所欠缺的菲勒斯——拉康用菲勒斯来象征这种欠缺。这种想象给幼儿带来了无上的满足，但这种满足注定很快就会破灭，因为父亲随后就会出场。父亲的出场带来了父亲的法律，它禁止幼儿把自己想象为母亲欠缺的菲勒斯（也禁止母亲把幼儿当作自己欠缺的菲勒斯）。由于父亲的法律，幼儿被引进了语言，也就是拉康所说的象征秩序。幼儿进入语言的收获是他在象征秩序中占据了一个位置，获得了某种身份，也就是说，他开始成为一个人。但这一收获所必须支付的代价是，放弃与母亲合二为一的原初快感，也就是说，放弃成为母亲欠缺的菲勒斯。正是基于此，拉康说：

　　　　对象 a 就是主体为了建构他自己而必须将其作为器官与自己分离开的东西。它被用来象征欠缺，也就是说，象征菲勒斯，不过不是指

----

[1]　Jacques Lacan, *The Seminar of Jacques Lacan: The Four Fundamental Concepts of Psychoanalysis*, p. 83.

菲勒斯这种器官本身，而是就菲勒斯乃是指欠缺之物而言。因此，它必须是这样一个对象：首先，它是可以分离出去的；其次，它与欠缺有关。①

但是，与母亲合二为一的快感是主体无法放弃的，因此主体总是竭尽全力去捕捉这种快感。但是，置身于象征秩序中的主体只能通过语言去表达、捕捉他所需要的快感。然而，语言这个绝对的他者本身也是有欠缺的，也就是说，总有一些东西是语言所无能为力的，因为语言得以可能的先决条件就是欠缺。正是基于这种原因，拉康定义了欲望：主体以要求的形式去表达他的需要时所必然产生的衍余就是欲望。是什么欲望呢？当然就是对这种剩余快感的欲望。主体的全部驱力就是围绕这个不可失去又不能拥有的菲勒斯而运转的。

对象 a 是主体为了建构自己——成为一个"人"——而必须切割、分离出去的东西。就精神分析而言，这个必须切割、分离的东西当然就是菲勒斯——俄狄浦斯情结的关键就是执行这种切割和分离。对象 a 就是菲勒斯的象征。不过，菲勒斯并不表示一个真实的身体器官，而是一个空虚的能指。为什么说它是一个空虚的能指呢？因为这个能指没有与之对应的所指。现代语言学告诉我们，能指与所指总是处于一种对应关系之中，有一个能指就必有一个所指。为什么菲勒斯这个能指却没有所指呢？因为这个能指所要表示的是那个能够一劳永逸彻底满足欲望的东西，是那个一旦拥有就别无所求的东西。然而这种东西是绝不可能存在的，因为欲望的本质就是欲无止境、欲壑难填。

迄今为止，关于对象 a，最精准的解释似乎应当数理查德·布思比的论文《对象 a 之诸定形》。他从两个方面总结了对象 a 的悖论性：首先是其悖论性的阈限性，其次是它先于主体的逆动性。

布思比指出："对象 a 最具挑战性的一个方面在于其阈限性，这表现在两个方面。首先，对象 a 奇怪地悬挂在主体和他者之间，既属于二者中任意一方，又不属于二者中任意一方。同时，它表明他者中最异己的东西正好又与主体自己紧密地联系在一起。"② 也就是说，对象 a 是一个悖论

①　Jacques Lacan, *The Seminar of Jacques Lacan : The Four Fundamental Concepts of Psychoanalysis*, p. 103.

②　Richard Boothby, "Figurations of the Objet *a*", in *Jacques Lacan : Critical Evaluations in Cultural Theory*, p. 160.

性的对象，它既内在于主体，又外在于主体。说它内在于主体，是因为它就是主体欠缺的菲勒斯，主体的全部驱力都以这个东西为中心运转；说它外在于主体，是因为主体欠缺的这个菲勒斯其实是他者欠缺的菲勒斯。换句话说，只是因为他者需要这个菲勒斯，主体才欠缺这个菲勒斯。正是基于这种原因，拉康参照 intimate 创造了 extimate 这个词语来表达它的这种悖论性：既与主体密切相关，又外在于主体。布思比指出，对象 a 的阈限性还表现在另一个方面：它全部参与了拉康想象、象征和实在这三个基本范畴，但又不专属于任何一方。对象 a 的另一个显著特征是其逆动性。人们一般倾向于认为，必须先有一个有所欲望的主体，然后才有欲望所针对的对象。但是拉康则相反，他认为先有一个欲望对象然后才形成欲望着它的主体。不过这样的欲望对象其实不是欲望的对象，而是欲望的原因。不过更为怪异的是："这个作为欲望之原因的对象一开始就失落了，而且根本就是欠缺的，它压根儿就是一个负对象，在出场之前就不存在，它的非存在先于其存在。"①也就是说，作为欲望之原因，对象 a 从来就不存在，或者更准确地说，对象 a 只能以缺席的方式存在，它的非存在就是它的存在。

　　总之，对象 a 既内在于主体，又外在于主体；既是能指的结果，又抗拒象征化；既是不可失去的，又是不可拥有的。它是矛盾的完美化身。然而无论这些矛盾多么不可思议，归根到底，我们要切记的是对象 a 与欲望的关系，因为"驱力就是围绕它而运转的"②。就视觉领域而言，驱力围绕着运转的对象 a 就是凝视。人们对此感到难以理解，除了对象 a 本身不易把握，还有一个原因就是，说到对象 a，人们通常只会联想到一些特殊的事物，很难把近乎抽象的、无形无体的凝视与之联系起来。然而，只要抓住对象 a 与欲望的关系这个核心，突破这个障碍就并非难事。

　　我们必须始终铭记在心的就是：凝视就是视觉领域内的对象 a。在一般情况下，也就是在意识的层面上，除非在梦、症状和各种失误动作中让人得以一见，激发欲望的对象 a 总是被压抑而不为我们所知。作为视觉领域中的对象 a，凝视也不例外，但准确地说，它不是被压抑了，而是被眼睛"屏蔽"了。正是在这个意义上，拉康反复强调：在我们与事物的视觉

---

① Richard Boothby, "Figurations of the Objet *a*", in *Jacques Lacan：Critical Evaluations in Cultural Theory*, p. 161.

② Jacques Lacan, *The Seminar of Jacques Lacan：The Four Fundamental Concepts of Psychoanalysis*, p. 257.

关系中，凝视总是在不断地溜走、滑脱；在觉醒状态下，凝视被省略了。但是，眼睛对凝视的屏蔽并不是无往不胜的，在一些特定的时刻，凝视会突破眼睛的屏蔽。为了证明这一点，拉康讲述了一个他亲身经历的故事：那时拉康二十岁出头，作为一个知识青年，他绝望地想逃跑，想见识一些不同的东西，想让自己投入实际的东西、自然的东西中去，想到乡村或者海边去。一天，拉康和一户渔民坐上了一条小船。那时还没有拖网船，渔民只能驾着脆弱的小船冒险出海捕鱼。但正是这种冒险是拉康乐于享受的。在他们等候收网时，一个名叫小让的渔民指着一个漂浮在水面上的东西给拉康看。那是一个沙丁鱼罐头盒。它漂浮在那儿，在阳光下闪烁着。小让以一种揶揄的语气对拉康说："你看见那罐头盒了吗？你看见了吗？嘿，它可不看你！"[1]

促使拉康深思的是：为何小让觉得这件事很有趣，而自己一点也不觉得有趣？经过一番思索之后，拉康得出两点结论：

> 首先，如果小让对我说的话（即那个罐头可不看我）有任何意义，那是因为在某种意义上，它在看着我，一直在看着我。在光点的层面上，它在看着我，一切看着我的东西都被安置在了光点上——我可不是从形而上学上这么说。

> 其次，这个小故事的要点——就在我的伙伴想到这一点时，即他觉得非常有趣而我却不觉得有趣——来自这个事实：如果有人告诉我这样一个故事，那是因为，当时，对于这些在残酷无情的大自然中艰苦谋生的人来说，我完全是无足轻重的。总之，在这幅图景中，我完全不在适当的位置。正是因为我感受到了这一点，所以我在听到以这种幽默、讽刺的方式对我说出的话时一点也不觉得好笑。[2]

这个故事的价值就在于，它以一个鲜活的实例见证了一向被眼睛屏蔽了的凝视。正如前文指出的那样，在日常生活中，我们只是一味地观看，却几乎意识不到我们时时刻刻在被他者从全方位观看。但是在这个故事中，拉康突然意识到，那个沙丁鱼罐头盒在看着自己，一直在看着自己。这种事情是怎么发生的呢？对此，亨利·克里普斯（Henry Krips）解释

---

[1]　Jacques Lacan, *The Seminar of Jacques Lacan：The Four Fundamental Concepts of Psychoanalysis*，p. 95.

[2]　Jacques Lacan, *The Seminar of Jacques Lacan：The Four Fundamental Concepts of Psychoanalysis*，pp. 95 - 96.

说："年轻的拉康对外在环境的细察遭遇到了来自沙丁鱼罐头盒的炫目的光的抵抗；结果，这种细察'折返'过来，也就是说，反射到了拉康身上，同时从主动变成了被动……拉康对周围环境的观看反转过来变成了被观看。因为遭到了令人不舒服的抵抗，指向外部世界的有意识的观看变成了一种自我意识，这种自我意识作为与外在匿名的他者的细察相关的焦虑返回到了其动因身上。"① 渔民小让觉得这个故事很有趣而拉康却不觉得有趣，正是因为反转过来的凝视让拉康反观自己的身份，让一味观看的他突然意识到自己其实置身于他者的凝视之下，从而在他身上制造出了焦虑和羞愧。当那些渔民在残酷无情的大自然中出生入死艰难谋生时，拉康这个衣食无忧的知识青年却在为小资产阶级的多愁善感而苦闷；虽然他和渔民共处一舟之中，但他的存在完全是不合时宜的，也是无足轻重的。正是这种对比，这种由于沙丁鱼罐头盒的凝视而引发的反思，让拉康一点也不觉得有趣。

　　毫无疑问，拉康引进这个故事是为了说明外在的凝视对主体的决定作用，似乎与我们强调的欲望无关。其实不然，这个故事与欲望仍然具有隐秘的关系，因为这里出现的焦虑和羞愧与大他者的欲望直接相关。就精神分析而言，焦虑和羞愧总是与他者的欲望有关：难道不是因为不能确定大他者的欲望究竟是什么，我们才焦虑？难道不是因为不能满足大他者的欲望，我们才羞愧？

　　正如拉康指出的那样，在意识的层面上，我们只是一味地观看，而且只能从一个方位去观看，殊不知我们总是在被观看，而且是在被全方位地观看。然而，正因为这种全方位的被观看，即凝视，无所不在，它反而被省略、屏蔽而不被我们意识到。拉康进而指出，甚至我们看似主动的观看其实一直都受制于大他者对我们的凝视，我们总是根据大他者的凝视来调节自己对世界、对自己的观看，我们总是根据大他者的凝视来表征和刻画自己。但是，所有这一切都以凝视被屏蔽为前提。正是在这个意义上，拉康说，如果我们以为——当我们面对一面镜子时——"我"看见自己在看着自己，那么这只是一种幻觉。事情的真理是："我"总是根据大他者的凝视来观看自己；当"我"以为是"我"看见自己在看着自己时，其实是大他者在看着我自己。如果人们对此还有疑惑的话，那就请想想那些每天

---

① Henry Krips, "The Politics of the Gaze: Foucault, Lacan and Žižek", in *Culture Unbound*, Volume 2, No. 1, 2010, p. 93.

在镜前精心打扮顾影自怜的女人吧，她们的每一个修饰都是在大他者的凝视之指导下进行的。女性主义者对此肯定深感不悦，但少安毋躁，我们马上就会补充说，不独女人，男人也是如此。正是在这个意义上拉康说："在可见物中，在最深刻的层面上决定我们的是外在的凝视。"①

为了进一步论证这一点，拉康援引了小汉斯·贺尔拜因的绘画作品《大使们》，并把凝视的功能比喻为污点（stain）的功能："如果污点的功能能够就其本身得到辨认，并被等同于凝视的功能，那么在视觉领域内，我们就可以在这个世界的每一个构成阶段上寻找其轨迹、线索和痕迹。由此我们会认识到，污点的功能和凝视的功能既最为秘密地支配着凝视，又总是逃避了视觉形式的掌握，视觉满足于把自己想象为意识。"② 对于这一隐喻，读者大都会感到颇为困惑，然而我们只要依据前文的指引，这个艰深的比喻也并非不可理解。在贺尔拜因的《大使们》中，两个身着华丽服饰但表情呆滞的男人分站左右，中间是一大堆俗丽的东西。最奇怪也至关重要的是，画面的下方有一个无可名状的倾斜的东西——用拉康的话说，有一个污点。如果我们从正面正视这个污点，我们无法辨别这究竟是一个什么东西；但如果我们变换一下视角，就会发现我们观看的这个污点其实是一个回看着我们的头骨。拉康援引这幅画有两个目的：第一个目的是解释凝视就像对象 a 一样是一个失落的东西。正如无意识在我们的正常话语中难觅踪迹，而只能通过扭曲的形式在笑话、梦和症状中以扭曲的形式出现，凝视在正常的图画中也无从显现，而只能像在这幅画中一样，以扭曲的畸形才能出现。拉康的第二个目的是要解释凝视诱惑或者捕捉观者的魅力：为什么有时我们会被某幅画深深吸引，以至伫立画前茫然自失，就像朵拉伫立在那幅圣母玛利亚的画像前一样？原因无他，只因我们被来自图画的凝视给击中了，而它击中我们的原因则是它提示了我们的欠缺。每一幅真正杰出的图画都有击中我们的能力，但并非每一幅画都能真正击中我们。这不仅与每个观者有关，也与图画有关，因为绝大多数画家都在图画中尽量屏蔽了凝视。贺尔拜因的《大使们》则反其道而行之，以一个倾斜扭曲的头骨展示了凝视捕捉观者的能力。故此拉康说："这个奇特的东西在图画的前景中，它在那里是为了被人看，以便捕捉观画者，也就是我们，我几

---

① Jacques Lacan, *The Seminar of Jacques Lacan：The Four Fundamental Concepts of Psychoanalysis*, p. 106.

② Jacques Lacan, *The Seminar of Jacques Lacan：The Four Fundamental Concepts of Psychoanalysis*, p. 74.

乎要说，以便将观画者捕捉进它的陷阱之中。"① 严格地说，任何一样东西，只要我们开始凝视它，它也就开始凝视我们了。尼采说："如果你长时间凝视深渊，深渊也会凝视你。"② 难道不正是这个意思？

何为图画？

就精神分析而言，眼睛最重要的功能就是屏蔽凝视。然则眼睛是如何屏蔽凝视的呢？为了说明这个问题，拉康为我们提供了一个示意图（见图1）：

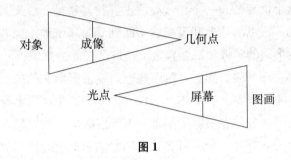

图 1

在图1中，上面一个三角形表示的是眼睛的机能：主体站在几何点上观看对象，观看的结果是对象在眼睛（位于中间那根线）上成像。下面与之方向相反的三角形表示的是凝视的机能：位于光点的凝视通过眼睛这个屏幕将主体转变为一幅图画，但位于光点的凝视同时也被屏幕（眼睛）遮蔽了。

然而图1所演示的事情并非可以各自发生，而是始终统一在一个过程之中，所以拉康在分解说明之后将其重新统一起来。于是我们有了第二个示意图（见图2）：

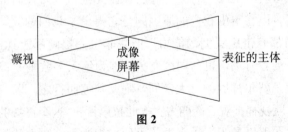

图 2

---

① Jacques Lacan, *The Seminar of Jacques Lacan：The Four Fundamental Concepts of Psychoanalysis*, p. 92.

② Friedrich Nietzsche, *Beyond Good and Evil*, trans. Helen Zimmern, New York：Dover Publications, 1997, p. 91.

我们最好还是来看拉康自己对这个图的解释：

> 第一个三角形在几何领域内把表征的主体放到了我们的位置上；第二个三角形把"我"变成了一幅图画。第一个三角形的顶点位于右边线上，这是几何主体的位点，正是在（中间）那条线上，"我"自己在凝视之下变成了一幅图画，而凝视则被刻写在第二个三角形的顶点。这两个三角形在此彼此交叠，事实上它们在视觉领域内的机能就是这样的。①

现在我们已经很清楚，眼睛作为屏幕，不仅是外在的事物成像之所在，而且是主体自己成像之所在；在他者的凝视之下，主体变成了一幅图画，但正因如此，造就这幅图画的凝视也被眼睛这个屏幕给屏蔽了。

"主体就是一幅图画"，第一次接触拉康的这一断言我们难免感到十分惊疑不解。然而就精神分析而言，在视觉领域内，主体不就是一幅图画吗？主体对自己形象（无论是身体形象还是精神形象）的全部设计不正是根据大他者的凝视而展开的吗？主体精心装扮自己的肤色、发型、服饰，力求自己的一举一动、一颦一笑都完全符合大他者的凝视；为了符合大他者的凝视，主体甚至不惜付出自己的生命代价。所谓女为悦己者容，士为知己者死，其最核心的意义不就正在于此吗？正是在这个意义上，拉康说：

> 首先，我必须强调下面这个事实：在视觉领域内，凝视是外在的，"我"被观看，也就是说，"我"是一幅图画。在位于可见物之内的主体这个机构之核心，我们所发现的就是这种功能。在最深刻的层面上，在视觉世界中，决定"我"的就是外在的凝视。正是通过凝视"我"进入了光，正是通过凝视"我"接受了光的影响。因此，所发生的事情是，凝视是一个工具，通过它，光得到了具体体现，通过它——如果你们允许我以一种断裂的方式使用一个词语，就像我经常做的那样，那么我要说——"我"被拍摄（photo-graphed）了下来。②

精神分析最大的发现就是主体的分裂，分裂为意识和无意识。在语言

---

① Jacques Lacan, *The Seminar of Jacques Lacan: The Four Fundamental Concepts of Psychoanalysis*, pp. 105 - 106.

② Jacques Lacan, *The Seminar of Jacques Lacan: The Four Fundamental Concepts of Psychoanalysis*, p. 106.

的维度内，这种分裂表现为陈述主体（subject of statement）和言说主体（subject of enounciation）；在视觉领域中，这种分裂表现为眼睛和凝视。与眼睛对应的是主体，与凝视对应的则是对象 a。在视觉领域内，在意识层面上活动的主体不是别的，就是一幅图画。拉康正是从这个基点出发去思考模仿（mimicry），从而思考绘画。在意识维度中活动的主体并不能意识到自己的分裂，不能意识到无意识的存在。因此，主体在一种自恋性的满足中把自己想象为自足充分的主体。在视觉领域内，这种自足感表现为主体似乎对自己的方方面面一览无余。正是基于这个原因，拉康又把主体称为"概观"（overview）："我把这种概观称为主体，而且我认为正是它使这幅图画获得了一致性。"① 拉康进而认为，只有在"概观"这个现象学维度中，模仿才能得到彻底的理解。

一个显而易见的事实是，模仿不只是人类具有的能力，动物也会模仿。动物的模仿可以分为三种类型：戏仿（travesty）、恫吓（intimidation）和伪装（camouflage）。戏仿与性有关，最常见于鸟类，孔雀开屏是最典型的戏仿。恫吓与争斗有关，通过虚张声势欺骗敌人，最常见于爬行动物，眼镜蛇是此中高手。在动物界中，最典型的模仿是伪装，比如变色龙随时根据周围环境改变自己的颜色，枯叶蝶经常把自己化装为一片枯叶，某些蛇让自己和攀附的树枝混为一体。动物为什么要模仿？人们通常以适应论来回答这个问题，但拉康认为，适应论解释不了上述三种模仿类型中的任何一种：戏仿的关键是诱惑，恫吓的关键是欺骗，二者都和适应无关。那么伪装这种模仿又如何呢？乍看上去，适应论似乎是解释伪装的不二之选，但拉康认为这种解释还没有触及伪装的本质，伪装的本质就是伪装者为了逃避注视/凝视把自己写入一幅图画（picture）中。当动物开始模仿时，"它变成了一个斑点，一幅图画，它被写进了这幅图画。严格地说，这就是模仿的起源"②。正是基于此，拉康认为人类的艺术或者绘画（painting）与动物的模仿颇为相似。不同的是，"只有主体——人类主体，欲望的主体，而欲望乃是人的本质——不像动物那样，没有完全落入想象的捕获。他把自己绘制进去。他是怎么做的呢？因为他把屏幕的作用离析了出来并与之嬉戏。的确，人知道如何与背后存在凝视的面罩游戏。

---

① Jacques Lacan, *The Seminar of Jacques Lacan: The Four Fundamental Concepts of Psychoanalysis*, p. 97.

② Jacques Lacan, *The Seminar of Jacques Lacan: The Four Fundamental Concepts of Psychoanalysis*, p. 99.

在此，屏幕就是中介所在之处"①。拉康的意思可以如是总结：人类的绘画与动物的模仿有相似之处，但是，二者也有本质的差异。这种差异又可以两说：首先，人不会像动物那样完全落入想象的陷阱；其次，人把这种模仿升华成绘画这种特殊的艺术实践。总之，这是我们理解绘画的一个根本向度。

就精神分析而言，在视觉领域中，主体就是一幅图画。他不得不是一幅图画，而且这幅图画的绘画者就是主体自己，但他必须假凝视而行。也正是在这个意义上，拉康为发生在主体精神维度中的绘画与一般意义上的绘画规定了一个统一的定义："绘画是什么？我们把主体不得不将他自己如此那般地绘制进去的功能称为绘画。"② 说得更明白一些，绘画就是在视觉领域内构建笛卡儿式的主体。但是，因为我们是在精神分析的维度内思考这个问题，我们就必须立刻联想起这一表述的另外一种意义，也就是说，"在视觉领域内构建笛卡儿式的主体（意识维度中的主体）"其意义完全等同于"在视觉领域内消灭拉康式的主体（无意识维度中的主体）"。正是在这个意义上，拉康以不同的方式反复强调了下面这句话表达的意思："我在世界上的存在方式就是主体，但因为主体把自己化简为仅仅是一个确定无疑的主体，这就变成了一种主动的自我消灭。"③ 因此，现在我们要说，绘画就是在视觉领域内消灭拉康式的主体。当一个人致力于描绘自己时，也就是说，当他致力于使某种以凝视为核心的事情开始运转时，这时发生的是什么事情呢？一般的艺术理论认为，艺术家绘画的目的之一就是希望成为一个主体，绘画这种艺术之所以区别于其他艺术就在于，在这种作品中，艺术家把自己作为主体强加给观者。就笛卡儿式的主体来说，情况确实如此，但是就拉康式的主体来说，情况恰好相反，这里发生的是主体的消灭。也就是说，绘画与眼睛具有完全一致的功能：屏蔽来自大他者的凝视。正是在这个意义上，拉康说：

> 图画的功能与凝视有关。这种关系不在于图画是为凝视而设的

① Jacques Lacan, *The Seminar of Jacques Lacan: The Four Fundamental Concepts of Psychoanalysis*, p. 107.

② Jacques Lacan, *The Seminar of Jacques Lacan: The Four Fundamental Concepts of Psychoanalysis*, p. 100. 在此拉康似乎同时在动词和名词两个维度上使用 painting 和 picture，并将其作为同义词使用。

③ Jacques Lacan, *The Seminar of Jacques Lacan: The Four Fundamental Concepts of Psychoanalysis*, p. 81.

陷阱，尽管初看上去是这样。人们可能会认为，像演员一样，画家希望被观看。我可不这么认为。我认为绘画与观众的凝视有关，但这种关系更加复杂。对那必定会站到其作品前面来的人，画家给予了他某种东西。关于这幅画，至少这幅画的局部，我们可以这样总结：你想看吗？好，看这个吧！他给出了某种东西去喂养那眼睛，但是请那个观看这幅画的人放弃其凝视，就像让某人放下武器一样。这就是绘画抚慰性的、阿波罗似的效果。画家给出了某种东西，但与其说是给凝视的，不如说是给眼睛的，这种东西关系到凝视的放弃。①

拉康的这段话有两层意思：首先，绘画的功能总是与凝视有关，即使是那些在我们看来与一般意义上的凝视——与眼睛直接相关的凝视——完全无关的绘画，那些完全没有任何人类形象的绘画，比如荷兰或者佛兰德斯画家的风景画、中国古代的山水画，只要观者足够敏感，也总是会感受到某种凝视的存在。这也就是说，发生在真实绘画（表现主义绘画除外）中的事情与发生在精神维度中的事情，本质是一致的。其次，更重要的是，对画家而言，由于凝视的驱迫，绘画是一件不得不为之的事情（就像诗人情动于中而不得不形于言一样）；然而与演员不同，画家绘画不是为了吸引/捕获来自大他者（位置）的凝视，而是为了逃避/驯服来自大他者（位置）的凝视。主体为什么必须逃避/驯服这凝视呢？因为凝视尽管是主体渴望拥有的，但同时也是主体必须与之保持距离的，否则这束极为灼热、耀眼的光芒会将主体焚为灰烬。拉康把绘画的这种功能称为"驯服凝视"（dompte-regard），而驯服凝视又以"欺骗眼睛"（trompe-l'œil）的形式出现（拉康所谓的"欺骗眼睛"，意思其实就是眼睛对凝视的胜利）。绘画的本质功能就在于通过欺骗眼睛而驯服凝视，对内欺骗画家自己的眼睛——不让自己看见大他者的凝视这道炫目的光芒，对外欺骗观者的眼睛——不让观者发现画家被大他者凝视。

利用图画欺骗眼睛，其结果既可以表现为驯服凝视，也可以表现为激发凝视。宙克西斯（Zeuxis）和帕尔哈希奥斯（Parrhasios）是古希腊生活于同一时代的两位大画家，他们各负盛名但互不服气。为了一决高下，他们决定来一场比赛，看谁画得更逼真。宙克西斯率先完成作品，他在墙

---

① Jacques Lacan, *The Seminar of Jacques Lacan：The Four Fundamental Concepts of Psychoanalysis*, p. 101.

上画了一株葡萄，他画的葡萄栩栩如生，以至于枝头的鸟儿也被吸引过来啄食。见此情景，观众都以为宙克西斯必将在这场比赛中胜出，宙克西斯本人也是志在必得，然而结果却是帕尔哈希奥斯胜过了他。帕尔哈希奥斯画的是什么呢？他在墙上画了一张帘子。这张帘子如此逼真，以至于踌躇满志的宙克西斯转过身来对他说："好吧，现在让我们看看你在帘子后面画了些什么？"为什么说胜出的是帕尔哈希奥斯呢？因为宙克西斯的作品只是欺骗了鸟的眼睛，而帕尔哈希奥斯的作品则欺骗了宙克西斯的眼睛。宙克西斯的眼睛为何受到了欺骗？因为帕尔哈希奥斯使他笃信自己所画的东西不是帘子，而是帘子之后别的东西。帕尔哈希奥斯之所以更胜一筹，就在于他欺骗宙克西斯的眼睛主要不是通过将帘子画得栩栩如生——尽管这一点非常必要，而是通过使他坚信自己的作品在帘子后面，从而在宙克西斯心中制造出某种欲望，即窥看帘子背后之物的欲望。其实帘子后面什么也没有，甚至根本就没有什么"后面"，因为帘子就是作品。如果不是帘子后面"乌有之物"的凝视，宙克西斯的眼睛怎么可能受骗呢？正是在这个意义上，拉康说，帕尔哈希奥斯对宙克西斯的胜利"是凝视对眼睛的胜利"——而非正常情况下眼睛对凝视的胜利。

因此，对画家而言，如果他意欲欺骗观者的眼睛，最佳的途径并非将所画之物画到以假乱真的地步，而是像帕尔哈希奥斯一样，让观者以为画家所画的东西不是呈现在自己眼前的东西。正因如此，拉康说这则逸事有助于我们深化柏拉图反对绘画的理由："关键不在于绘画为对象提供了一个虚幻的等价物，即使柏拉图似乎就是这个意思。关键在于，绘画所具有的欺骗眼睛这一特质能使绘画假装不是它所是者。"①

不过我们切勿以为，只有当画家刻意欺骗观者时，绘画才具有欺骗眼睛的功能。拉康援引这则画坛逸事的真正目的是证明一切绘画（表现主义除外）都具有欺骗眼睛的功能，而欺骗的诀窍就在于画家让观者以为他的作品非其所是。观者的眼睛为何会受骗呢？如果图画中不是有某种吸引和安慰观者的东西，眼睛何以会受骗？那么这种吸引和安慰我们的东西是什么呢？它是在什么时候捕获了我们的注意并使我们高兴的呢？那就是"在这个时候，即当我们通过简单地移动一下我们的凝视从而认识到表象不会随着凝视运动之时，认识到表象不过是欺骗眼睛的东西之时。因为那时表

---

① Jacques Lacan, *The Seminar of Jacques Lacan: The Four Fundamental Concepts of Psychoanalysis*, p. 112.

象似乎不是它自己，或者毋宁说它现在似乎变成了别的东西"①。这"别的东西"自然就是对象 a，拉康说，正是画家建立了与对象 a 的对话。绘画总是与作为对象 a 的凝视有关。如果不了解这一点，我们就不能真正理解绘画；如果不了解这一点，当我们在某些绘画作品前情不自禁地驻足不前时，我们就既不能把握画家创作这幅作品的动机，也不能理解我们为何会在这幅作品前驻足不前。

迄今为止，拉康似乎一直在强调绘画对眼睛的欺骗、对凝视的驯服，至于凝视对绘画的作用则付诸阙如。然而拉康并未忽略这个方面，在这期研讨班即将结束之际，他终于提到了这个问题，但也由此给听者和读者制造了最大的理解障碍。绘画与凝视有何关系呢？

绘画总是与作为对象 a 的凝视有关，而对象 a 的悖论之一在于它既是主体渴望的东西，又是他必须与之保持距离的东西（这一点布思比没有明确指出）。这一悖论性的特征决定了绘画既是一场视觉盛宴——对观者来说，因为画家必须为观者提供一场盛宴让他放弃凝视；也是一种炫耀——对画家来说，因为绘画始终是在大他者的凝视下并为了大他者的凝视而提供的一场炫耀。

梅洛-庞蒂在《符号》中记述了一个极为有趣的发现：当亨利·马蒂斯真正进入创作状态时，他的一笔一画看似行云流水，似乎都是深思熟虑的结果，实则是由一个个断裂的运动瞬间构成的。拉康断言，这不是马蒂斯特有的现象，而是绘画这种艺术实践固有的特征。在拉康看来，画家作画并非为了再现某一场景，而是为了对某一场景之中的某种东西做出回应。支配画家绘画节奏的并非有意识的意向，而是某种别的东西，即作为对象 a 的凝视。明白这一点，我们才能理解拉康这个极为晦涩的表述："当一笔一画从画家的画笔下如雨点般落下，图画的奇迹就是由这些笔画构成的，此时发生的并不是画家有意的选择，而是某种别的东西……如果鸟要作画，它难道不是通过抖落它的羽毛来作画？如果蛇要作画，它难道不是通过抖落它的鳞片来作画？如果树要作画，它难道不是通过抖落它的树叶来作画？"② 也就是说，画家在凝视之下的绘画动作与动物在凝视之下的行为，本质上是一致的，都是一种无意识行为。稍后拉康提醒说：

---

① Jacques Lacan, *The Seminar of Jacques Lacan: The Four Fundamental Concepts of Psychoanalysis*, p. 112.

② Jacques Lacan, *The Seminar of Jacques Lacan: The Four Fundamental Concepts of Psychoanalysis*, p. 114.

"我们不要忘了画家的笔画是这样一种东西，于中运动被终止了。"拉康将这种被终止了的运动称为"姿势"（gesture）。姿势是什么？用拉康的话说，姿势就是被"逮捕"的运动。为了让读者对姿势具有一个感性的把握，拉康建议人们去看看京剧。京剧中最突出的东西就是表现打斗的方式，即通过姿势而非真正的打击来表现打斗。在京剧中，姿势占有绝对的统治地位，打斗的双方根本不会真正碰触到对方，他们在不同的空间中运动，一系列姿势就在这些空间中展开。拉康认为，和京剧一样，姿势在绘画这种艺术实践中也具有绝对的统治地位："正是借助姿势，笔画才得以被应用于画布……图画与姿势的亲和力远胜于与其他任何别的运动的亲和力。"① 是什么逮捕、终止了动作，将其变成姿势？如果不是作为"邪恶的眼睛"的凝视，难道还能是别的东西吗？

> 终结性的凝视时间完成了姿势，我认为这个时间和我后来所说的邪恶的眼睛处于一种严格的关联之中。凝视本身不仅终止了运动，它还冻结了它。……那种推力是什么？运动停滞的时间是什么？这纯粹就是一种魅惑效果，因为这是一个为了把邪恶的眼睛挡开而将其凝视剥夺的问题。邪恶的眼睛是符咒，正是它具有逮捕运动和几乎可以说杀死生命的效力。在主体停止和悬置起其姿势的时刻，他深感羞愧。这个终点的反生命、反运动的功能就是符咒，它是凝视的力量得以在其中直接实施的维度之一。看的时刻（the moment of seeing）在此只能作为缝合，作为想象和象征的联合介入进来；它再次在一种辩证法——时间发展的辩证法——中被寻获，我把这种时间发展的辩证法称为仓促、冲刺和前进；但这种辩证法终结于符咒之中。②

拉康这段话的逻辑反过来推论可能更清晰一些。首先，邪恶的眼睛是凝视的力量得以直接实施的维度之一，也就是说，大他者的凝视可以直接通过邪恶的眼睛体现出来。其次，落入大他者的凝视中的主体就像被符咒控制了一样，他将完全受制于大他者的欲望，处于一种出神状态中，用拉

---

① Jacques Lacan, *The Seminar of Jacques Lacan：The Four Fundamental Concepts of Psychoanalysis*, p. 114.

② Jacques Lacan, *The Seminar of Jacques Lacan：The Four Fundamental Concepts of Psychoanalysis*, p. 118. 关于时间的辩证法，请参阅拉康《文集》中的《逻辑时间与预期确定性的断定》（Logical Time and the Assertion of Anticipated Certainty）。

康的话说就是，邪恶的眼睛逮捕了他的运动，杀死了他的生命。再次，凝视不仅终止了运动，将其变成姿势，还冻结了姿势。这种冻结纯粹就是魅惑的结果，既是主体魅惑大他者的结果，也是主体被大他者魅惑的结果；而绘画就是为了把邪恶之眼的凝视挡开而将其剥夺的一种艺术实践。绘画之所以能做到这一点，是因为它可以让主体重新去观看，而观看可以将主体的想象界和象征界缝合起来，重新启动那被符咒终止的时间的辩证法。

拉康关于凝视的三次演讲涉及科学、哲学和精神分析学。为了阐明自己的凝视理论，拉康还使用了许多逸事、典故和隐喻，牵涉面深而且广，这些五花八门的材料看上去风马牛不相及，再加上拉康本人的文风极为晦涩，因此给听者和读者的理解造成了极大的困难。国内外阐释拉康凝视理论的文章颇多，但大多就某一侧面立论，全面阐释这三次演讲的文章尚不多见①。为了完整且深入地理解拉康的凝视理论，笔者努力在拉康崎岖艰险的文本迷宫中开辟一条思路。虽然笔者自信这条思路并非自己肆意穿凿之物，但也绝不敢断言它完全符合拉康的逻辑，毕竟拉康的文本中还有许多费解、难解甚至是不可解之处。然而这毕竟是一条思路，也许它的确能引领读者穿越拉康的迷宫。

3. 主体与权力

在"二战"之后的左翼政治中，权力、主体和反抗的关系始终是一个核心问题。主体的悖论就在于它既是权力的产物，又是权力的反抗者；既是一个独立自主的自由个体，又是一个循规蹈矩的恭顺臣民。这种内在的悖论提醒我们，正是通过依赖、服从某些社会规范或者权力机制，自由、自主的主体才能产生。这种悖论已经深深地内含在 subject/sujet/subjekt 这三个能指相近、所指相同的英语、法语和德语词语之中：这三个同源的词语既表示"自由的主体"，也表示"恭顺的臣民"。这就是主体生产的辩证法。但是，主体的生产者是谁？显然，我们不能满足于宽泛地说主体的

---

① 我国台湾学者刘纪蕙曾在 2008 年就拉康的凝视做过一次专题演讲，题目为《Objet a：在他者的目光之下，自我形象作为欲望的对象》。这似乎是迄今为止汉语学界全面阐释拉康之凝视的最初尝试。刘纪蕙女士的这次演讲旨在全面梳理拉康的凝视理论，不过仍然可以更加深入一些。吴琼在他研究拉康的大作中也曾花费大量篇幅深入讨论这个主题，但仍然有一些问题有待思考。

生产者是一般的社会权力，而必须进一步追问，主体的生产者，是像福柯所说的那样，只是特定的权力机构，还是像阿尔都塞所主张的那样，是国家这个权力总体？我们还要追问，主体是如何生产出来的？也就是说，主体的生产者在生产主体的过程中，所凭借的只是机械的规训技术，还是另需更深的意识形态的指导？换句话说，生产主体只是为了具体权力机构的运转，还是为了国家这个权力总体的运转？面对权力机制，主体只能任由摆布，还是可以通过某种方式进行反抗？权力与反抗是什么关系？真正的反抗又是否可能？

权力与主体

在西方马克思主义的谱系中，最先将主体或主体的生产主题化的人似乎是阿尔都塞，主体的生产就是其《意识形态与意识形态国家机器》的核心问题。对阿尔都塞来说，主体的生产将任何一个社会形态的生存与发展所必需的两个基本条件——劳动力的再生产和生产关系的再生产辩证地统一了起来。如他所说："劳动力的再生产不仅要求再生产出劳动力的技能，同时还要求再生产出劳动力对现存秩序的各种规范的服从，即一方面为工人们再生产出对于占统治地位的意识形态的服从，另一方面为从事剥削和镇压的当事人再生产出正确运用占统治地位的意识形态的能力，以便他们也能'用词句'为统治阶级的统治做准备。"① 因此他认为生产关系的再生产场所不是在经济领域，而是在主体身上。阿尔都塞认为："在极大程度上，生产关系的再生产是通过国家政权在国家机器——（镇压性）国家机器和意识形态国家机器两方面——中的运用来保证的。"② 在此他明确表达了这样一种立场：主体的生产本质上是一种由国家政权主导的灵魂改造工程。阿尔都塞的这种主张预设了一个马克思主义的基本原则：社会是一个整体。社会是一个整体不仅意味着社会是由经济基础和上层建筑构成的，更重要的是，它还意味着作为一个整体的社会统一在国家之中。不仅如此，统一了社会整体的国家本身也是一个整体：国家是国家政权、镇压性的国家机器和意识形态国家机器的有机统一。阿尔都塞对马克思主义国家学说的发展体现在两个方面：首先，他区分了国家机器与国家政权。国

---

① Louis Althusser, *Lenin and Philosophy and Other Essays*, trans. Ben Brewster, New York: Monthly Review Press, 1971, pp. 132 – 133.

② Louis Althusser, *Lenin and Philosophy and Other Essays*, p. 148.

家机器是中性的工具，它发挥何种作用取决于国家政权。其次，更为重要的是，他区分了意识形态性的国家机器和镇压性的国家机器。这种区分在某种意义上先行于后来的微观身份政治。意识形态国家机器多种多样，有教会、学校、工会、媒体等，表面上看它们各自为政，互不统属，其实不然："如果说意识形态国家机器（AIE）大量并首先运用意识形态发挥功能的话，那么正是这种发挥功能的方式把它们的多样性统一了起来，因为它们赖以发挥功能的意识形态本身，不管如何多样、如何矛盾，事实上总是统一在占统治地位的意识形态底下的，这种占统治地位的意识形态就是'统治阶级'的意识形态。"① 每种意识形态国家机器都服务于相同的目的：生产关系的再生产。每一种意识形态国家机器都以其特有的方式服务于这个唯一的目的。尽管这场"音乐会"偶尔也会受到不同声音的干扰，但它有一个主旋律，那就是现行统治阶级的意识形态。总之，生产关系的再生产取决于主导意识形态的建立，而后者只有借助主体才能实现。所以阿尔都塞断言："没有不借助主体并为了主体而存在的意识形态。"② 意识形态只有借助主体才能成为现实的意识形态，但反过来也是一样，主体只有经受意识形态的传唤（interpellation）才能成为现实的主体。故此他说："主体之所以是构成所有意识形态的基本范畴，只是因为所有意识形态的功能就在于把具体的个人'构成'为主体。"③ 也就是说，意识形态与主体相互构成。借助拉康的镜像理论，最终阿尔都塞把意识形态传唤主体的机制统合在一个四重保障体系之中：（1）意识形态把"个人"传唤为驯服的主体（subject）；（2）个别主体对意识形态这个大主体（Subject）的臣服；（3）众主体（subjects）与意识形态大主体（Subject）的相互承认，众主体间的相互认可，以及主体（subject）最终的自我认可；（4）绝对保证这一切顺利进行。借助拉康的镜像理论，阿尔都塞指出了一个基本事实：正如自我的形成必须参照大他者的命令一样，主体的形成也必须参照意识形态大他者的要求。没有这个大他者，就没有主体。正因为阿尔都塞将社会与国家看作一个整体，断定每一种意识形态国家机器都或多或少受控于统治阶级的意识形态，并服务于生产关系的再生产这个唯一的目的，所以我们完全可以说主体的生产在他这里乃是一项灵魂改造工程。也

---

① Louis Althusser, *Lenin and Philosophy and Other Essays*, p. 146.
② Louis Althusser, *Lenin and Philosophy and Other Essays*, p. 170.
③ Louis Althusser, *Lenin and Philosophy and Other Essays*, pp. 170 - 171.

正因如此，他特别强调教会在前资本主义社会和学校在资本主义社会中的教育功能。

与阿尔都塞形成鲜明对照的是福柯，两者之间有一种非常有趣的关系。人们甚至可以怀疑，福柯的主体理论处处将阿尔都塞作为批判对象。除了知识、权力和话语，主体是福柯思想中的一个关键概念，甚至可以说是后期福柯思想中最为重要的一个概念。尽管福柯曾就主体与权力的关系专门写了《主体和权力》这篇论文，但要准确理解福柯所说的主体，不能仅仅将其与权力理论关联起来，还必须准确把握福柯对社会、国家和意识形态的理解。但正是在政治哲学这个领域，福柯的思想似乎处处与马克思主义针锋相对。这种自觉的对立既让他看到了为马克思主义所忽略的东西，也让他因为矫枉过正而对马克思主义的洞察视而不见。

首先，福柯拒绝承认社会是一个整体。这种立场集中体现在他对宏大叙事的排斥上。福柯用他的一般历史概念反对总体历史概念，并将后者归咎于黑格尔和马克思。他认为，历史的总体叙述总是围绕一个单一的中心、原则、意义、精神、世界观，或者一种无所不包的形态，来描述所有现象，而历史的一般叙述则相反，总是力求利用各种离散空间。他将一般历史叙述的特征概括为："这种历史分析所呈现的大问题不是如何建立连续性，如何形成和保持一个单一的模式，如何针对如此众多的互不相同而且前后接替的想法确立一个单一的界限，传播、接续、消失和重复之间的相互作用暗含了何种行动模式和基本结构，起源如何将其统治延伸出自身之外而抵达一种从未给出的结局；这不再是一个有关传统的问题，不是一个追踪一条线索的问题，而是一个有关分割和界限的问题；这不是一个有关持续的基础的问题，而是一个有关变化的问题，这些变化可以用作新的基础，可以重建基础……这种新的历史将发展它自己的理论：如何详细说明那些使我们得以设想非连续性（界限、破裂、断裂、突变和转换）的不同概念？依据何种标准隔离我们所处理的东西？什么是科学？什么是作品？什么是理论？什么是概念？什么是文本？如何使人们置身其上的层级（其中每一层级都有自己的分界线和分析形式）多样化？什么层级是合理的形式化层级？什么层级是合理的解释层级？什么层级是合理的结构分析层级？什么层级是合理的因果归属层级？"① 在他试图发展的这种历史学中，整体、起源、连续性和总体性这些都是应该废弃的概念，而原先在现

---

① Michel Foucault, *Archaeology of Knowledge*, New York: Vintage Books, 1982, pp. 5 - 6.

代历史学中备受指责的非连续性、断裂和离散则被视为积极有效的概念。值得注意的是，福柯强调的断裂不仅是历时性的，比如历史、文明和时代之间的断裂，也是共时性的，比如社会、时期内部不同领域和层面之间的断裂。正是这种对断裂的偏爱使得福柯认为不同的权力机构之间并不存在统一性。

其次，福柯否认权力的主体性。在现代人文科学话语中，有两种解释权力的阐释模式，即法权模式和经济学模式。前者从法定权利、道德权利和政治主权等方面来分析权力，后者从阶级统治和经济法则来分析权力。福柯对这两种解释都不赞同，认为它们不仅是总体论的，而且是还原论的，都将某个特选的阶级、机构或者个人视为权力的拥有者。因为福柯试图在一种非总体化、非表征、反人本主义的框架中重新思考权力的本质，所以他认为："权力无处不在；不是因为它无所不包，而是因为它来自四面八方……权力不是一种机构，也不是一种结构；它也不是某种可以赋予我们的力量；它是人们为特定社会中的某种复杂的战略形势所赋予的名称。"① 权力无处不在恰好意味着权力是无主体的，后来福柯在与德勒兹的对谈中重申了这种主张："权力无所不在，它一直在被人们施展。严格说来，没有任何人具有拥有权力的正式权利。但是，权力总是在特定方向、特定人群之间被激发出来。很难在确定的意义上说某人拥有权力，但要说某人没有权力则很容易。"② 福柯认为，我们之所以还欠缺一门真正的政治哲学，那是因为"国王的头还没有被砍掉"。所谓"砍掉国王的头"，其实就是要在政治哲学中确认权力的无主体性，砍掉权力的主体，进而砍掉国家。马克思主义认为，作为一个总体的社会在内容上统一于经济基础与上层建筑的辩证互动，在形式上则统一于国家。然而福柯并不认为国家能统合社会："我不想说国家不重要，我想指出权力关系以及关于权力关系的分析必然会超越国家的界限。这么说是基于两种意义：首先是因为，尽管国家机器威力无限，但国家远远不能占领权力关系的全部领域，而且国家只能基于其他业已存在的权力关系才能运转。相对于投资了身体、性欲、家庭、血缘关系、知识、技术等的整个权力网络，国家是超

---

① Michel Foucault, *History of Sexuality*, trans. Robert Hurley, New York: Pantheon Books, 1978, p. 93.

② Michel Foucault, "Intellectuals and Power", in *Language, Counter-Memory, Practice: Selected Eassays and Interviews*, ed. D. F. Bouchard, Ithaca: Cornell University Press, 1980, p. 213.

级结构性的。的确，这些网络与一种元权力（metapower）具有一种决定与被决定的关系，而后者是围绕许多重大的禁止功能被结构起来的；但这种元权力及其禁令只有在它所扎根的整个多元而无限的权力关系中才能坚持并确保其根基，这些多元而无限的权力关系为权力伟大的否定形式提供了必需的基础。"①

最后，福柯拒绝承认意识形态的重要性。由于马克思的观点，"意识形态"在政治哲学中成为一个举足轻重的概念工具。阿尔都塞对意识形态理论作了进一步发展，主要表现在两个方面：第一，他认为"意识形态表述了个人与其真实生存条件的想象关系"②。这就是说，意识形态表述的不是个人真实的生存条件，而是个人与其真实生存条件的"想象"关系。这种修正的意义怎么强调都不过分。人从来不会也不可能如实理解他与其真实生存条件之间的关系，他只能根据自己的意愿去"想象"他与其真实生存条件之间的关系。如果意识形态就是这种想象关系的表述，那么批评意识形态的"虚假性"就毫无意义了。第二，阿尔都塞正确指出"意识形态具有一种物质的存在"③。也就是说，意识形态从来不会作为一种观念仅仅存在于人的意识里，而是存在于主体各种各样的物质性的意识形态实践之中。总之，"没有不借助主体并为了这些主体而存在的意识形态"④。因此，不仅权力无所不在，意识形态同样也无所不在。但在福柯的权力分析和主体理论中，令人难以置信的是，意识形态被舍弃了。在《真理与权力》中，福柯明确陈述了他舍弃意识形态的三点理由："第一，不管你喜不喜欢它，它总是与某种被当作真理的东西处于一种虚拟的对立之中。现在，我相信问题并不在于要在科学或者真理话语与其他话语之间划出一条分界线，而在于历史地考虑那些真理效果是如何在那些本身无所谓真假的话语中被制造出来的。意识形态的第二个缺点是这个概念必定指向主体的秩序这种东西。第三，相比那种作为基础，作为物质性的、经济性的决定因素而发挥作用的东西，意识形态处于一种次要地位。基于这三点理由，我认为我们在使用这个概念时不能不慎重。"⑤ 当福柯断言意识形态会导

① Michel Foucault，"Truth and Power"，in *The Foucault Reader*，ed. Paul Rabinow，New York：Pantheon Books，1984，p. 64.
② Louis Althusser，*Lenin and Philosophy and Other Essays*，p. 162.
③ Louis Althusser，*Lenin and Philosophy and Other Essays*，p. 165.
④ Louis Althusser，*Lenin and Philosophy and Other Essays*，p. 170.
⑤ Michel Foucault，"Truth and Power"，in *The Foucault Reader*，p. 60.

致真与假的虚假对立时，他对意识形态仍然持一种明显有些陈旧的理解。实际上，当阿尔都塞说"意识形态具有一种物质的存在"时，他还不够正确；正如后来齐泽克指出的那样，意识形态不仅具有一种物质的存在，意识形态本身就是一种现实。齐泽克认为，与症状一样，"与其说意识形态不仅仅是一种'虚假意识'，不仅仅是现实的幻觉表现，毋宁说它就是这种已经被视为'意识形态性的'现实本身。'意识形态性的'事物是这样一种社会现实，正是这种现实的存在意味着它的参与者不知它的本质。也就是说，它的社会有效性，它的再生产意味着个人'不知道他们正在做什么'。只要它得到了'虚假意识'的支持，'意识形态性的'事物就不是对一种社会存在的'虚假意识'，而是这种存在本身"①。在此，齐泽克让我们领略到了拉康的理论为意识形态批判带来的颠覆性启发，从此，意识形态的真假就成了一个伪问题，因为它本身就是一种社会存在。现实永远是由意识形态建构出来的，没有意识形态就没有所谓的现实。当福柯指出真理由权力建构出来的时候，其实他与齐泽克所说的"意识形态就是现实"在本质上并无不同。然而福柯舍弃意识形态这个范畴仍然会带来明显的缺陷：为福柯所忽略的一个至关重要的事实是，权力对主体的建构不是直接的，而是必须借助意识形态这个中介。权力的铁锤不是像福柯所说的那样，直接击打在主体的身体上，而是首先击打在主体的精神上。当阿尔都塞说"没有不借助主体并为了这些主体而存在的意识形态"时，他所强调的就是这个基本事实。意识形态的存在是一个无可争议的事实，它不仅是分析社会和国家不可或缺的工具，对分析权力和主体也同等重要。福柯罔顾意识形态在权力建构主体过程中的中介作用，的确相当令人吃惊。而且最重要的是，对意识形态这个概念的排斥，导致他的主体几乎只是一个没有灵魂的身体，仿佛权力仅仅是针对身体而运作的。

这种失误的另一个直接结果是，福柯似乎仅仅将权力视为一套技术："'纪律'既不是一种机构，也不是某种机器；它是一种权力，一种为了它自身的操作而存在的模式，包含了一整套工具、技术、程序、各种层面的应用和目标；它是一种物理学，是权力的解剖结构，是一种技术。"② 技术是福柯非常偏爱的一个概念，从某种意义上说，他用技术取代了意识形

---

① Slavoj Žižek, *The Sublime Object of Ideology*, London: Verso Press, 1989, pp. 15 - 16.

② Michel Foucault, *Discipline and Punish*, trans. Alan Sheridan, New York: Vintage Books, 1995, p. 215.

态。福柯后期专注于"自我技术"，这个命题本身业已表明，主体的自我塑造在他这里似乎只是一门针对身体的技术工程，与精神改造无关。福柯从来没有想过，主体的建构或者自我建构始终具有一个必不可少的参照，那就是大他者，主体只能根据大他者的命令、要求和期待去建构自己。诚如拉康所说："主体最终只得承认，他的存在绝非别的什么，而只是他自己想象中的作品；而且这个虚构削弱了他所有的确定性，因为在为另一个人而重建其存在的工作中，他再次遭遇了根本性的异化，这异化使他像另一个人那样建造其存在，而且这异化总是注定了其存在要被另一个人夺走。"① 福柯的主体理论令人难以接受，一方面，他的主体似乎只是机械的身体，另一方面，他的主体仍然分享了现代主体虚幻的自主和统一。总之，福柯所忽略或者无视的是，权力不仅要塑造主体的身体，而且最重要的是要塑造主体的灵魂。在阿尔都塞那里，主体的建构始终是一项改造灵魂的工程，但在福柯这里，它完全沦落为一项锻造身体的机械工程。福柯虽然也重视主体和权力的关系，但他的主体是没有大他者的主体。

对阿尔都塞来说，主体是由各种意识形态国家机器生产出来的，比如学校、家庭、教会、媒体和工会等。对福柯来说，主体是由军队、监狱、医院和感化院等规训机构生产出来的。初看上去，二者的观点似乎差别不大。但这是一种假象，它们之间其实具有深刻的差异：在阿尔都塞这里，所有这些机构都是意识形态的国家机器，但在福柯这里，他从来不把各种权力机构视为国家机器。福柯拒绝将权力与国家联系起来，因为他认为国家无足轻重。根据福柯的理解，权力对主体的规训（discipline）仅仅是为了让特定的权力机构本身运作得更为顺畅。也就是说，不同权力机构对主体的生产各自为政，没有共同目标。福柯为什么更偏爱分析医院和诊所？因为这些权力机构更加技术化，离国家意志更远。福柯为什么忽视学校这种最为重要的权力机构——在主体的规训和生产上，还有什么机构能比学校所起的作用更加强大？的确，福柯不得不忽视学校，因为他一旦正视学校在建构主体上无与伦比的作用，他就不可能无视国家意志和占统治地位的意识形态所发挥的导向性作用。而这完全不符合福柯权力理论的预设，即社会并非一个总体，国家并不重要，意识形态无足轻重。当福柯指出社会是一个由许多微观权力体系构成的矛盾聚合体，国家不能覆盖所有权力机构时，他无疑是正确的。但他为此付出的代价太大了，因为他拒绝了事

① Jacques Lacan, *Écrits*, pp. 207 - 208.

实上不可忽视的国家。对福柯来说，权力科学所需的仅仅是一种微观物理学。因为高估了微观权力和规训技术，福柯坚决反对将微观权力和规训技术最终还原到国家。正因如此，他拒绝了阿尔都塞的答案。无论如何，说特定的权力机构建构主体仅仅是为了该权力机构自身的运作是难以令人信服的，因为在任何社会中，各种规训机构都只是手段而不是目的：建立学校的根本目的绝不只是传授知识，成立家庭的根本目的绝不只是将子女养大，建立医院的根本目的绝不只是治愈疾病，建立监狱的根本目的绝不只是把罪犯关起来，成立教会的根本目的绝不只是把个人变成信徒，成立工会的根本目的也绝不只是把工人团结起来。所有这一切的背后都还有某种更加根本的目的：培养对占统治地位的生产关系之再生产有利的主体。强调国家对权力机构的统合作用并不必然意味着一切权力的实施都应直接还原到国家，也不意味着国家事实上成功实现了这种统合作用；相反，国家在追求这种统合作用时经常遭遇失败，但是它从来不会放弃这种追求。

通过阐明各种意识形态国家机器如何共同作用以建构主体，阿尔都塞发展了马克思主义的国家学说和意识形态理论。他的不足之处在于，他认为意识形态国家机器决定了一切存在，每种机器在使个体臣服于占统治地位的意识形态的同时保证了生产关系的再生产。为了强调意识形态的统一性和普遍性，阿尔都塞甚至将社会比喻为一场受一个乐谱支配的音乐会，这个乐谱就是统治阶级的意识形态。不管他是怎么想的，这种类比使人们怀疑他在这个方向上走得太远了，以致违背了他自己提倡的多元决定论。毫无疑问，福柯就此完全有理由质疑阿尔都塞。就权力与主体的建构这个至关重要的问题来说，阿尔都塞的失误在于完全接受这个乐谱，而完全拒绝这个乐谱则是福柯的谬误。

在主体的建构这个问题上，阿尔都塞关注的是意识形态的询唤（interpellation），福柯关注的则是规训和惩罚。尽管二者具有深刻的差异，但他们仍然有一个相同的局限，那就是对反抗估计不足。在阿尔都塞这里，反抗根本没有进入他的理论视野，他似乎从未考虑过询唤始终存在失败的可能。而在福柯这里，问题显得更加复杂，他不是没有考虑到反抗，而是陷入了权力与反抗的恶性循环。在《主体和权力》中，福柯几乎提出了反抗问题："也许今天的目标不是去发现我们之所是，而是去拒绝我们之所是。我们必须去想象和建立我们可能之所是，以便清除这种政治的'双重束缚'，即现代权力结构同时具有的个体化和总体化。结论便是：我们今天的政治、伦理、社会和哲学问题不是将个人从国家、从国家的机构中解放出来，而是将我们从国家、从与国家相连的个体化中解放出来。我们必须通过拒绝这种几个世纪以来强加给我们的个体性来促成新的主体性。"① 然而，我们如何才能拒绝我们之所是？如何才能消除权力对我们的双重束缚？如何才能建立我们可能之所是？就在我们以为福柯即将讨论反抗的具体策略时，接下来他却转而去分析权力是如何实施的、权力的具体特性，以及如何分析权力关系，对反抗不置一词。

福柯之所以对反抗没有给予足够的重视，有两个内在的原因。第一个原因是，他过于强调权力的生产性："在将权力的作用定义为压迫时，人们采取了一种纯粹司法性的权力概念；人们将权力等同于说'不'的法律；权力首先被当作禁止力量的实施。现在我相信这是一种完全消极、狭隘、虚弱的权力概念，奇怪的是，这是一种广为流传的权力概念。如果权力仅仅是压迫性的，如果它仅仅是说'不'，你们真的认为人们会服从它吗？使权力有效的东西，使人们接受权力的东西仅仅是这个事实：权力并不只是一种强加于我们的说'不'的力量，而是一种横贯事物、制造事物的东西，它激发快乐，形成知识，制造话语。它需要被当作一种贯穿整个社会躯体的生产性网络，而不是仅仅被当作一种只起压迫作用的消极动因。"② 弱化权力的压迫性，强调权力的生产性，这是福柯权力理论的另一个独特之处。我们承认权力的生产性，承认权力建立了秩序，改变了事物，生产了知识，激发了快乐，但是我们更要看到，这种生产性是以主体的奴役——不管是身体的奴役还是精神的奴役——为代价的。我们并不奢望建立一个无压迫的社会，但我们永远不能放弃反抗。反抗不是为了建立一个地上的天国，而是为了保证我们永远走在通向这个理想的道路上。

福柯忽视反抗的第二个原因是，他的权力理论预设了主体的自由。"当人们将权力的实施定义为作用于他人的行动之行动模式时，当人们将这些行动的特征确定为他人对人的治理时——以这个术语最宽泛的意义而言，人们的定义里就包含了一个重要的因素：自由。权力只会实施于自由的主体，仅仅因为他们是自由的，权力才得以实施。"③ 如果福柯所说的

---

① Michel Foucault, "The Subject and Power", in *Michel Foucault： Beyond Structuralisn and Hermeneutics*, ed. Hubert L. Dreyfus and Paul Rabinow, Chicago：University of Chicago Press, 1983, p. 214.

② Michel Foucault, "Truth and Power", in *Power*, ed. James D. Faubion, New York：The New Press, 1998, p. 120.

③ Michel Foucault, "The Subject and Power", in *Michel Foucault： Beyond Structuralisn and Hermeneutics*, p. 221.

自由是指主体最低限度的反抗的自由，是颠覆既存权力秩序的最低可能性，我们自然没有异议。对福柯来说，权力不是暴力，需要的不是百分之百的服从，而是有可能不服从的服从。正是在这种不无反抗可能性的服从中，权力才能彰显自身。因此，究其实质，福柯赋予主体的自由与其说是主体所要追求的自由，不如说是权力为了自身的运作所需的自由；主体对权力所做的各种反抗与其说是为了推翻权力秩序，不如说是为了让权力运作得更好。对福柯来说，不是主体需要反抗，而是权力需要反抗；不是主体需要自由，而是权力需要主体自由。最终，自由不再是主体的目的，反抗不再是为了推翻权力：主体的自由与反抗都成了维系权力的前提和手段。在福柯这里，"权力与反抗被有效地牵扯进了一个致命的相互缠绕中：没有无反抗的权力——为了自身的运作，权力需要一个逃避其控制的未知数 X；没有无权力的反抗——权力已经形成了某个内核，受压迫的主体代表这个内核反抗权力的控制"①。对福柯来说，权力和反抗之间的关系是循环的，而且是一个绝对内在的循环：权力和反抗互为对方的先决条件，而且彼此生成了对方。因此，彻底的反抗、真正的反抗在福柯这里是不可能的。

　　无论是在《性史》《疯癫与文明》《规训与惩罚》中，还是在其他著作中，福柯似乎都默认了这一点：连续不断的反抗其实不足以成为真正有效的反抗；反抗事先就被权力机制征用了，它不可能真正破坏权力体系。福柯后期进一步弱化了规训与惩罚，更加注重柔性的治理和自我技术，表明反抗在他的权力理论中更加边缘化了。福柯排除了这种可能性：由于其内在矛盾，权力体系本身会产生一种力量，这种力量的多余部分是权力体系所不能控制的，因此炸毁了权力体系的统一体，炸毁了权力体系复制自身的能力。其实这就是马克思的基本命题之一："资本主义生产的**真正限制**是**资本自身**。"② 我们承认福柯的前提——对权力的反抗是权力大厦内在固有的东西，但这个前提绝不应该迫使我们得出这个结论：每一种反抗都在事先就被"招安"了，都被收编进了权力与自己玩的游戏中。关键是，通过增生和造成超额的反抗，权力体系内部的对抗会启动一个过程，这个过程有可能导致它最终的瓦解。

　　当福柯说权力需要反抗才能运作时，他是正确的。但他没有看到的是，权力所必需的反抗内在地具有颠覆权力的可能性。虽然主体是由权力

---

① Slavoj Žižek, *The Ticklish Subject*, London：Verso Press, 2000，pp. 252 - 253.
② 马克思. 资本论：第 3 卷. 北京：人民出版社, 2004：278.

建构出来的，但主体这个结果有炸毁权力这个原因的潜力。总之，福柯没有考虑到结果逃脱、超过其原因的可能性。福柯就是因为这个而缺乏合适的主体概念：就其定义而言，主体大于其原因。在此，朱迪斯·巴特勒（Judith Butler）的著作特别令人感兴趣：虽然她把福柯就主体化所做的解释［主体化就是通过表演性（performative）的规训实践实现的臣服］当作自己的出发点，但她还是察觉到了福柯理论大厦的上述不足，并试图通过参照其他一系列概念工具努力弥补这种不足。

主体与反抗

巴特勒的政治努力的焦点和传统左翼人士是一样的：如何才能进行真正有效的反抗？如何才能真正削弱或者取代既有的社会象征秩序？当然，她非常清楚，不能像达达主义者那样简单而直接地将反抗的场所定位在无意识中，以为通过无意识写作就能逃离既有的社会象征秩序。因为弗洛伊德将所有的口误、失误动作、梦和症状解释为社会规范的局部失败，所以达达主义者简单地认为无意识就是反抗既有的社会象征秩序的场所。巴特勒充分认识到了无意识的复杂性：如果我们把无意识视为对社会象征秩序的反抗，那么我们该如何理解主体对臣服/主体化的（无意识的）热烈依恋（passionate attachment）？这种热烈依恋意味着无意识并不比主体更独立于社会规范话语。我们凭什么相信无意识比主体的意识更少受到浸透于文化能指的权力关系的影响？如果我们在无意识的水平上发现了对权力和臣服的依恋，那么我们能从这种依恋中锻造出何种反抗？

如果我们能够时刻牢记拉康的这句箴言——"无意识就是大他者的话语"①，我们就不会犯达达主义者那样的低级错误，视无意识为反抗社会象征秩序的场所。在无意识之中，既有对社会规范的反抗，或者社会规范的失败，也有主体对社会规范（大他者）的热烈依恋。这一点在俄狄浦斯情结中就有十分明显的表现：孩子憎恨作为竞争者的父亲，但同时也十分热爱他。权力机制的反向情欲化就是对权力秩序的热烈依恋的有趣例证：主体因为自己的非法欲望和行为受到惩罚，被无情地鞭笞，但这种惩罚带来的不只是痛苦，因为主体有可能在这种无情的鞭笞（大他者的惩罚）中获得极大的快感。将无意识等同于反抗社会象征秩序的场所带来的另一个问题是，即使我们勉强承认无意识就是反抗的场所，这种反抗也永远不能

---

① Jacques Lacan, *Écrits*, p. 10.

阻止权力机制畅通无阻地发挥作用。也就是说，即使我们勉强承认询唤从终极意义上说总是不彻底的，这种反抗对改变/扩张社会象征秩序或者形成主体的询唤又能做什么呢？总之，"这种反抗使一切借助规训手段制造主体的努力都不可能彻底，但是它仍然不能重新接合（rearticulate）生产性权力的主要要素"①。

当巴特勒将无意识与反抗区别开来时，她无疑是正确的。但是，当她认为拉康把想象等同于无意识时，就是另外一回事了。她的这种误解来自她对阿尔都塞的《意识形态与意识形态国家机器》的误读。在那篇文章中，阿尔都塞援引了一个经常发生于街头的场景，警察对人群中的某人说："嘿，叫你呢！"虽然他不是正对着那个人，也没有使用任何明确的描述，但十有八九那个被叫的人（而非别人）真的就会停下来。阿尔都塞没有看到，这种呼叫主体的尝试总是会有失败的可能。当被呼叫的那个人未能领会警察对他的呼叫时，也就是说，当他"想象"自己并非警察所呼叫的人时，或者说当他并不像警察认为的那样去"想象"自己时，警察的呼叫就失败了。"因此对拉康主义者来说，想象意味着身份的象征性建构是不可能的。"② 巴特勒认为，虽然这种诉诸想象的反抗能够阻碍询唤的顺利实现，但不能彻底重新接合象征性的权力秩序，甚至在相反的方向上维护了象征秩序。顺着这个线索，她甚至把拉康的无意识描述为想象性的，它阻碍象征秩序为连贯而完整地建构性别身份所付出的任何努力。

因为这种误解，巴特勒认为拉康的精神分析学与福柯的权力理论一样，没有为真正的反抗留有余地。在论述主体遭遇象征秩序之际的处境时，拉康曾经将其比喻为遭逢剪径的绿林强盗的喝问："要钱还是要命？"其实主体此时别无选择，只能向象征秩序投降，否则将被排斥到象征秩序之外。也许正是这个比喻使巴特勒断定拉康没有为真正的反抗提供可能性。巴特勒同意拉康的这个观点：人的社会生存是一种被迫的选择，为了在社会-象征空间中生存，人不得不接受根本的异化，不得不接受根据大他者做出的定义，以及社会-象征空间的主导结构。但是，她认为坚持这个前提并不应该把我们限制在这个观点上：象征秩序是既定的存在，反抗的结果只能是精神分裂。因此，主体如果不想精神分裂，就只能对象征秩

---

① Judith Butler, *The Psychic Life of Power*, Stanford: Stanford University Press, 1997, p. 89.

② Judith Butler, *The Psychic Life of Power*, pp. 96 - 97.

序做一种虚假的想象的反抗，把在象征秩序中的完全异化作为唯一"现实的"选择。

在《意识形态与意识形态国家机器》中，阿尔都塞未及充分展开的观点是："我"在大他者的命令式的召唤中做出的承认是表演性的，因为正是承认这一姿势构成（或者设定）了大他者——只有当信仰者认为自己听到并服从了上帝的召唤时，上帝才存在。也就是说，主体在大他者也就是上帝的召唤中不仅确认了自己，也确认了大他者。受此启发，巴特勒认为，既然作为大他者的象征秩序本身也是凭借主体的表演性承认而建构的，那么通过表演性的改写或替换自然也可以对大他者的功能进行颠覆性的破坏。据此巴特勒批评拉康过于坚持象征的稳固性不够辩证，在她看来，虽然象征秩序是主体的社会生存所必需的前提，但它也是主体建构的产物：只有当主体在这种象征秩序中认可了自己，并通过一再重复的表演姿势于其位置就位时，象征秩序本身也才能存在并被再生产。因此巴特勒认为，对象征秩序进行戏仿性的表演性表述，就为改变象征秩序创造了可能性。巴特勒把拉康先验的（a priori）象征秩序误解为超越的（transcendental）象征秩序，并予以拒绝，因为她认为拉康错误地事先固定了我们的生存坐标，没有为回溯性地替换这些预设的条件留下任何余地。拉康是否像巴特勒所说的那样，认为面对象征秩序这个强大的大他者，我们要么臣服，要么疯癫（因而被排除出社会），此外别无选择？或者还有反抗既有社会象征秩序的第三条道路？巴特勒质问拉康："当我们说主体所欲求的还不是其绵延的社会生存时，这是什么意思呢？如果想取消这种社会生存就必须不惜一死，为了使社会权力对延续生命的条件所实施的控制可以发生改变，能够让生存去冒险吗？能够去追求死亡吗？主体被迫重复那些造就了他的社会规范，但这种重复带来了一个危险领域，因为如果主体不能'以正确的方式'恢复这种规范，他就会受到进一步的制裁，就会感到基本的生存条件受到了威胁。可是，如果在当前的组织中没有那种危及主体生命的重复，我们又如何开始去想象那种组织的偶然性，并实际改写生命条件的轮廓？"① 但是，她所主张的不就是拉康阅读《安提戈涅》时所主张的观点吗？安提戈涅的确危及了她的整个社会生存，因为她公然反抗由统治者克瑞翁体现的城邦的社会-象征权力，因此落入象征死亡，被驱逐出社会-象征空间。安提戈涅以她决绝的行动表明她在自己真实的

---

① Judith Butler, *The Psychic Life of Power*, p. 29.

欲望上决不妥协，从而颠覆了既定的象征秩序，或者至少为此打开了一种可能性。在安提戈涅与象征秩序之间的对抗中，她既没有屈服，也没有疯癫，而是以一个决绝的行动将自己的欲望贯彻到底。正如齐泽克所说，拉康从不认为象征秩序是不可改变的："不冒险'悬置大他者'，悬置保证了主体之身份的社会-象征网络，就不会有真正的伦理行为：只有当主体冒险做出一个不能'为大他者所覆盖'的行为时，才会有真正的伦理行为发生。"① 我们不能将拉康所说的那种绝不在自己的欲望问题上妥协的伦理行动等同为巴特勒的"言语行为"，因为后者的表演力量仍需依赖尚未确立的象征法则和规范。完全不像巴特勒理解的那样，关于反抗，拉康与福柯之间毫无共同之处：福柯坚持反抗的内在性与局限性，而拉康则为彻底重建整个象征领域提供了可能，途径是借助决绝的欲望行动（act），这是一条通过"象征死亡"的通道。总之，正是拉康向我们解释了有效反抗与无效反抗之间的差异。

相比阿尔都塞和福柯，巴特勒的另一个优点在于她敏锐地看到了主体/臣服的内在因素，也就是主体本身对权力或臣服的依恋。这一点阿尔都塞其实已经有所察觉，但因为没有充分考虑到其重要性而未及展开。比如他指出，当上帝在云间呼唤摩西时，摩西立刻回答："是我！我是你的仆人摩西。你吩咐吧，我听着呢！"因此，巴特勒认为象征认同（臣服）的基础正是主体对权力机制热烈的原初依恋。虽然巴特勒将原初的热烈依恋解释为主体的先决条件，但她并不因此否认主体能辩证地重新接合其存在的诸先决条件，能够改写和替换它们：主体的身份将总是且永远植根于他所受到的伤害，只要它还是一种身份；但这确实意味着可能的再接合会改写和扰乱对臣服的热烈依恋，没有这种依恋，主体的形成和再形成都不可能成功。

然而齐泽克对巴特勒的方案提出了一个极具挑战性的质问：如果我们在被迫选择中承担下来的象征身份不是依赖于"热烈依恋"，而是正好相反，依赖于对"热烈依恋"的否认，情况又会怎么样呢？以俄狄浦斯情结为例，只有当主体拒绝承认自己对父亲（不仅是对母亲）的热烈依恋时，他才能由此出发建构起自己的主体性。再比如，基督教世界就是由共有的信仰委托团结起来的，人们不是直接把上帝作为力比多的贯注对象，而是把他们的信仰委托给某些精挑细选出来的个人（圣徒、教士，或许只有耶

---

① Slavoj Žižek, *The Ticklish Subject*, pp. 263 - 264.

稣一个人），这些人才是信仰的真正依赖。如果有人胆敢宣称自己直接与上帝合二为一，那么他不仅不会被视为虔诚的基督徒，反而会被视为基督教的敌人。所以齐泽克说："把一个社会团结在一起的并非大家对同一个对象共有一种直接的认同方式，而是恰好相反，大家共有一种不认同方式，共享一种委托方式，将社会成员的爱或恨委托给另一个代理人，以便人们通过这个代理人去爱或恨。"① 因此我们需要重新思考"社会认同"这个基本概念：因为只有当主体否认他对大他者的热烈依恋时，只有当主体与之保持一定距离时，"象征认同"才可能存在。如果主体的建构取决于对大他者的热烈依恋之否认，那么，对特定权力机制或象征秩序的有效反抗也许不是重新接合它，而是公开承认主体对与之对立的象征秩序的热烈依恋。比如，为了反对白人种族主义，黑人的有效反抗可能不是严谨地论证白人种族主义的逻辑错误，或者以大量论据证明黑人并不是劣等种族，而是挑衅地说："对，我就是黑鬼！"故此，与巴特勒提供的方案针锋相对，齐泽克认为公开承认或上演原初的"热烈依恋"比辩证地重新接合或替换这个情景更具颠覆性。

正如巴特勒误解了拉康，齐泽克是否也从根本上误解了巴特勒？首先，即使像齐泽克所说的那样，象征认同取决于主体对权力秩序的热烈依恋之否认，但这种否认只是发生在主体的意识或无意识层面上的事情，不会取消主体对臣服的热烈依恋这一基本事实，更不会取消热烈依恋对于建构主体所具有的至关重要的作用。其次，如果我们将巴特勒所说的象征秩序的重新接合与德勒兹和瓜塔里的重新编码联系起来，那么它还像齐泽克所说的那样，只是一种内部违犯或者边际反叛，不足以真正反抗象征秩序吗？彻底反抗象征秩序的激进姿势是什么？如果巴特勒的边际性的重新接合本身才是真正激进的反抗姿势，情况又将如何？尽管巴特勒试图为激进政治找到一种切实可行的反抗策略，但她的方案既抽象又宽泛，缺乏可操作性。真正的激进政治也许要在德勒兹和瓜塔里（Pierre-Félix Guattari）的微观欲望政治中才能找到。对巴特勒来说，权力分析的关键是要考虑到主体对臣服的热烈依恋，而对德勒兹和瓜塔里来说，关键是要看到主体对权力的热烈依恋。

与福柯一样，对总体性和宏观政治的不满使德勒兹和瓜塔里发展出了一种后现代的微观政治学。但福柯的微观政治哲学基本关注的是权力对主

---

① Slavoj Žižek, *The Ticklish Subject*, p. 267.

体的规训，而德勒兹和瓜塔里的微观政治学则转而强调主体反抗权力的策略。他们的微观政治学既是对苏联解体和东欧剧变所做的反思，也是面对资本主义向消费社会、媒体社会和治疗社会发展这一事实，重新思考反抗的一种尝试。在为《反俄狄浦斯》所写的序言中，福柯敏锐地指出该书的核心关怀之一是法西斯主义，这种法西斯主义"不只是历史上的那种法西斯主义——希特勒和墨索里尼的法西斯主义，能高效地动员和利用大众的欲望的法西斯主义，还是深藏于我们所有人内心之中、头脑之中和日常行为之中的法西斯主义，正是这种法西斯主义使我们热爱权力，渴望那些支配和剥削我们的一切事物"。这种法西斯主义观彻底颠覆了理性主义宏观政治一个不假思索的假定：政治斗争的领域只限于阶级、种族、政党等宏大的社会问题，与个体的日常生活无关。而这个预设另有一个更深的预设：主体的生活可以分为公共的、政治的社会生活和个体的、非政治的私人生活两部分。这种假定的结果之一是它造成了一种错觉，仿佛在主体的政治生活之外还有一个可以不受政治打扰的世外桃源可供主体逃避和喘息。与此相关的第二个结果是，政治无须关心主体私人的日常生活，只需专注于公共的社会生活，专注于国家、阶级和政党等宏大问题，似乎只要解决了这些宏大问题，就解决了一切问题。由于这种不假思索的假定，宏观政治一向对主体的欲望和日常生活熟视无睹，岂不知权力正是在这些领域中生产和控制了主体。受德勒兹和瓜塔里的启发，詹姆逊（Fredric Jameson）指出："挣脱这种束缚的唯一解放开始于认识到没有什么不是社会性的和历史性的——的确，一切事物'在最终的分析中'都是政治性的。"①

在德勒兹和瓜塔里看来，资本主义不仅在一般的经济活动中支配着主体，还控制了主体的欲望经济，亦即控制了欲望的投资、生产、消费和分配。资本主义权力体系对主体的控制，不是像马克思主义所说的那样，只控制经济基础和上层建筑；也不像福柯所说的那样，只控制主体的身体。资本主义通过直接控制主体的欲望来控制主体，而深藏于每一个人内心之中的法西斯主义就是这种控制的终极表现，它使每一个主体都把自己的力比多投资于权力，从而培养出对权力的法西斯主义迷恋。对德勒兹和瓜塔里来说，解放主体就是解放欲望，因为欲望就是主体或者社会存在的基本

---

① Fredric Jameson, *The Political Unconscious*, Ithaca: Cornell University Press, 1982, p. 21.

实体。这与马克思、阿尔都塞、福柯、巴特勒和齐泽克等人将主体定义为象征关系的总和迥然不同，值得我们格外注意。

除了将主体的基本实体定义为欲望，德勒兹和瓜塔里对欲望还有两个基本假定：首先，欲望是生产性的。德勒兹和瓜塔里不满黑格尔、弗洛伊德和拉康将欲望解释为一种欠缺，认为这是一种虚无主义的解释。他们认为，欲望并不欠缺任何东西，它并不欠缺其对象。无所欠缺的欲望是生产性的："如果欲望有所生产，它的产品必定是真实的。欲望是生产性的，它只有在真实的世界之中才是生产性的，并且只能生产出现实。"① 欲望的运作并非为了寻找欠缺的对象，而是为了在欲望充沛的能量的驱动下去寻求新的连接和实现。因为欲望的本质在于生产，所以欲望与其对象是一回事：它们都是机器，机器的机器。欲望就是机器，欲望对象则是另一种与之联系在一起的机器。其次，"欲望本质上是革命性的"②。因为欲望本质上是非中心的、流动不居的，它追求游牧的、多声部的而非隔离的、一对一的运动。欲望运转于一切皆有可能的自由综合领域，它促成了无尽的连接、非排他性的分离和非特定的结合。欲望的革命性使得任何一个社会的当务之急都是驯服和压抑欲望，将其辖域化进一个封闭的结构之中，亦即为欲望编码。德勒兹和瓜塔里认为，人类历史经历了三个阶段：原始时代、野蛮时代和文明时代。与此对应的是三种为欲望编码的社会机器：原始辖域机器、专制机器和资本主义机器。其中，资本主义机器对欲望的编码和辖域化达到了登峰造极的地步。资本主义打碎了封建社会的全部编码，在一定程度上实现了人的解放；但与此同时，它又以抽象的量化原则对人的社会生活的所有方面进行再编码，不仅将它们再辖域化进国家、学校和家庭，也再辖域化进商品崇拜、银行理财、消费主义等日常生活之中。资本主义将主体的欲望和需要重新导入限制性的心理和社会空间，使主体受到前所未有的严格管控。对德勒兹和瓜塔里来说，反抗资本主义机器的唯一有效途径就是精神分裂（schizophrenia）。他们所说的精神分裂并不是一种心理疾病，而是一种全面反叛资本主义符码的精神状态。精神分裂直接打击的目标就是资本主义为主体建构的各种社会身份，正是这些社会身份使得原本自由流动的欲望被编码控制。正如詹姆逊指出的那样：

① Gilles Deleuze, Felix Guattari, *Anti-Oedipus: Capitalism and Schizophrenia*, trans. Robert Hurley, Mark Seem, and Helen R. Lane, Minneapolis: University of Minnesota Press, 1983, p. 26.

② Gilles Deleuze, Felix Guattari, *Anti-Oedipus: Capitalism and Schizophrenia*, p. 118.

"精神分裂症就是支撑生存本身的原始涌流；而从医疗学的角度来说，精神分裂症的特征无疑就是这种几乎如同毒品般的对时间和逻辑纽带的消解，它是一个个经验时刻的前后接续，但没有任何由各种抽象的意义秩序（这些意义秩序与普通的日常生活联系在一起）所强加的组织和视角，不管是个人性的意义秩序还是社会性的意义秩序。"① 资本主义机器正是通过深入主体日常生活的微观操作完成了对主体的全面控制，而精神分裂则使宏观政治无暇顾及或者不能顾及的这些微观操作统统失效。既然欲望的编码过程，亦即主体的生产过程主要是在主体的日常生活之中进行，而且是一种不折不扣的政治行为，那么改变人们的日常生活就成了真正激进的政治行为。这样一来，改良主义与激进革命之间的根本对立就被取消了。德勒兹和瓜塔里并不否认阶级斗争的重要性和必要性，不过他们认为阶级斗争并非反抗的唯一方式。他们拒绝激进的革命方案，认为它没有看到无意识中的法西斯主义才是压迫的终极根源。投身阶级斗争的政治集体在其阶级利益和阶级目标上可能是革命的，但在其欲望模式上则可能仍然是反动的、法西斯主义的。革命群体如果不能清除他们内心之中的法西斯主义，就会再次制造等级制和权威。

德勒兹和瓜塔里的微观欲望政治学显著推进了对资本主义的批判，颠覆了政治与非政治、改良与革命之间的虚假对立。但是他们的真正目的，即为真正的反抗寻找一种可行的策略，似乎并未实现，也不可能实现。为了反对弗洛伊德和拉康，他们声称欲望不是一种欠缺，而是一种强大的生产机器。然而这只是一种主张，他们对这一主张从未能够给予理论上的证明。他们断言欲望的革命性，但如果就像拉康所论证的那样，"人的欲望就是大他者的欲望"②，那么这种革命性就非常可疑了。他们将精神分裂视为解放的根本途径，但在欲望受到过度编码、严格辖域化的资本主义社会，精神分裂如何可能？——除非人能抓住自己的头发把自己提起来。

权力、主体和反抗构成了一种难解难分的关系。阿尔都塞和福柯、巴特勒和齐泽克、德勒兹和瓜塔里（当然不止他们几位），他们从各自的理论立场出发，对这个问题的不同侧面各自做出了严肃的思考。他们的分析

---

① Fredric Jameson, "Beyond the Cave: Demystifying The Ideology of Modernism", in *The Ideologies of Theory*, London: Verso Press, 2009, p. 424.

② Jacques Lacan, *The Seminar of Jacques Lacan: The Four Fundamental Concepts of Psychoanalysis*, p. 235.

各有得失，其贡献固然深化了我们对具体问题的理解，其失误也并非毫无价值，至少为其他思想家提供了深化思想的契机。除了阿尔都塞，这几个人都不能算是马克思主义者，但就权力、主体和反抗这个问题而言，他们全都处于一个马克思主义的问题式之下，而且彼此之间存在着或明或暗的对话与争鸣。正是在这种对话与争鸣、呼应与辩难之中，我们获得了越来越深刻的认识。也许真正重要的并不是去幻想一种一劳永逸的彻底推翻压迫性的权力秩序的策略，而是始终坚持在批判和反抗的路上。

4. 死亡欲望与安提戈涅的辉煌

拉康的文学批评都是六经注我式的，因为他的目的是借文学批评去建构和发展精神分析学。不过当我们从"精神分析学与文学批评"这一角度进入这个论域时，必须将这一论证逻辑颠倒过来，根据他的精神分析学理论去理解他的文学批评。因此，当我们试图理解拉康对《安提戈涅》的阐释时，必须清楚他是在精神分析的伦理学这个语境中介入这出悲剧的，这就要求我们必须在这个语境中去理解他那令人眩晕的分析。

安提戈涅的一意孤行

在开始讨论《安提戈涅》这出悲剧时，拉康首先评论了亚里士多德的悲剧理论。亚里士多德认为，悲剧的基本功能是在观众心中"激起怜悯和恐惧，从而促成这些情感的净化"，为此它必须通过模仿和我们类似的普通人，"这种人在道德品质和正义上并不是好到极点，但是他的遭殃并不是由于罪恶，而是由于某种过失或弱点"①。净化的结果就是让怜悯和恐惧这些强烈的情感得到宣泄（catharsis），从而产生一种"无害的快乐"，使精神得到抚慰。亚里士多德的净化论直到今天仍然是许多人理解悲剧的基本原则，但在拉康看来，这种理论对认识悲剧是很不完善的，甚至可以说是错误的，就《安提戈涅》这出悲剧来说，这种错误更加明显。拉康为我们指出了一个显而易见但又被我们熟视无睹达几千年的基本事实：绝大

---

① Aristotle, *Poetics*, trans. Joe Sachs, Newburyport MA: Focus Publishing, 2006, pp. 26, 37.

多数悲剧主角都不是和我们类似的普通人，安提戈涅尤其不是一个和我们类似的普通人。拉康一开始就提醒我们注意：人们在《安提戈涅》中首先发现的就是安提戈涅。为什么？因为"安提戈涅有一种让人难以承受的辉煌"①。

索福克勒斯从未直接描写过安提戈涅的美，她的美并不表现在身材和面容上，而是集中体现在她那让人难以承受的辉煌之中，而这种辉煌直接来源于她舍生忘死的一意孤行。毫无疑问，安提戈涅是一个非同寻常的人。她的"非同寻常"几乎表现在她的全部行为中：她的决心，她的行动，她的被捕，她的受罚，还有她的哀悼。她明知克瑞翁的禁令以及违反禁令的结果，但仍然决定为波吕涅克斯举行葬礼。而且，在她与伊斯墨涅的谈话中，她直接把这道禁令针对的目标等同于自己。当伊斯墨涅拒绝她的建议之后，安提戈涅立刻决然地说道："我再也不求你了；即使你以后愿意帮忙，我也不欢迎。你打算做什么人就做什么人吧；我要埋葬哥哥。即使为此而死，也是件光荣的事。"② 稍后当伊斯墨涅好心提醒她注意保密，并承诺自己会严守秘密时，伊斯墨涅换来的不是安提戈涅的感谢，而是她更加尖酸刻薄的抨击："不——尽管告发吧！你要是保持缄默，不向大众宣布，那么我就更加恨你。"根据后来发生的事情，这些都绝非一时赌气之言。当克瑞翁责问她是否为波吕涅克斯举行了葬礼，以及是否知道禁止安葬波吕涅克斯的法令和违反这一禁令的后果时，安提戈涅直截了当地承认了自己的所作所为，并坦陈死亡正是自己期待的事情："我知道我是会死的——怎么会不知道呢？——即使你没有颁布那道命令。如果我在应活的岁月之前死去，我认为是件好事。因为像我这样在无穷尽的灾难中过日子的人死了，岂不是得到好处了吗？"当伊斯墨涅被传讯上场时，安提戈涅再次表达了这个意愿，她对妹妹说："你愿意生，我愿意死。"因

---

① Jacques Lacan, *The Seminar of Jacques Lacan*: *The Ethics of Psychoanalysis 1959 - 1960*, ed. Jacques-Alain Miller, trans. Dennis Porter, New York: W. W. Norton & Company, 1992, p. 247.

② 罗念生. 罗念生全集：第 2 卷. 上海：上海人民出版社，2004. 出自《安提戈涅》的引文，主要依据罗念生的中译本，但笔者还参阅了四个英译本：(1) Sophocles, *Sophocles*, ed. and trans. H. Lloyd-Jones, Cambridge: Harvard University Press, 2002 (2). Sophocles, *The Theban Plays*, trans. Ruth Fainlight and Robert J. Littman, Baltimore: The Johns Hopkins University Press, 2009 (3). Sophocles, *Antigone*, trans. Reginald Gibbons and Charles Segal, Oxford: Oxford University Press, 2003 (4). Sophocles, *Sophocles* (I), trans. F. Storr, London: William Heinemann Ltd., 1962, p. 362. 第四个版本是希腊文和英文的双语对照本。

此，安提戈涅的非凡之处就在于她的毁灭是她自愿选择的结果，或者更准确地说，是她热烈期望的事情。这就和其他悲剧主角有了显著的差异，如果说铸成俄狄浦斯、李尔王、麦克白、奥赛罗等人悲剧的原因是他们受到了诱惑和蒙蔽，那么安提戈涅对自己的行为具有完全清醒的认识。总之，安提戈涅的一意孤行成就了她那让人难以承受的辉煌的美。对此，歌队具有充分的感受。所以在第三场结尾，当克瑞翁吩咐士兵将她押送进石室禁闭至死时，歌队唱道：

> 爱情啊，你从没有吃过败仗，爱情啊，你浪费了多少钱财，你在少女温柔的脸上守夜，你飘过大海，飘到荒野人家；没有一位天神，也没有一个朝生暮死的凡人躲得过你；谁碰上你，谁就会疯狂。你把正直的人的心引到不正直的路上，使他们遭受毁灭：这亲属间的争吵是你挑起来的；那美丽的新娘眼中发出的鲜明热情获得了胜利；爱情啊，连那些伟大的神律都被你压倒了，那不可抵抗的女神阿佛洛狄忒也在嘲笑它们。

歌队赞美的看似是爱情（Eros），但其实赞美的就是安提戈涅，因为安提戈涅的辉煌就来源于她决不妥协的欲望。安提戈涅的美，辉煌而壮丽，令人难以直视，从她身上放射出的光芒似乎可以熔化一切，因为她那毫不妥协的决绝行动令人震惊。安提戈涅绝不是一个可以让人认同的对象，对所有正常的人来说，她都是一个让人难以理解的不可承受的悲剧英雄。为此我们必须回答一个问题：安提戈涅明知为波吕涅克斯举行葬礼的后果只能是死路一条，那她为什么非得要这么做呢？对此安提戈涅似乎在剧本中为我们给出了答案：

> 波吕涅克斯呀，只因为埋葬你的尸首，我现在受到这样的惩罚。可是在聪明人看来，我这样尊敬你是很对的。如果是我自己的孩子死了，或者我丈夫死了，尸首腐烂了，我也不至于和城邦对抗，做这件事。我根据什么原则这样说呢？丈夫死了，我可以再找一个；孩子丢了，我可以靠别的男人再生一个；但如今，我的父母已埋葬在地下，再也不能有一个弟弟生出来。我就是根据这个原则向你致敬礼。

安提戈涅提供的理由是，手足关系在所有伦理关系中最为特殊，尤其是在父母去世之后。但是，这个回答与其说是一个回答，不如说提出了一个更加亟待回答的问题：为什么手足关系是所有伦理关系中最为特殊的关系？事实上，这节歌词所透露出的丑闻气息曾让歌德震惊而且困惑，他甚至希望有朝一日人们会找到证据揭示这一节文字出于后人的篡改。① 黑格尔感受到了这里的特殊之处，但并不认为其中有任何丑闻气息；相反，正是这个细节让黑格尔就手足之间的特殊关系发展出了一套宏大的理论，并进而以之解释悲剧的本质。

在黑格尔看来，就《安提戈涅》这出悲剧而言，冲突的双方是安提戈涅和克瑞翁，前者代表家庭的伦理价值，后者代表城邦的政治理念，悲剧就是这两种理念的矛盾冲突，因为从各自的立场出发，二者具有相同的合理性。悲剧冲突就是两种同样合理又都不尽合理的"普遍力量"的对立冲突，于是，永恒的真理借悲剧人物的毁灭而得到伸张。黑格尔的这一解释似乎也可以从文本中获得直接的支持：当克瑞翁责问安提戈涅竟敢明知故犯时，安提戈涅回答说："我敢！因为向我宣布这法令的不是宙斯，那和下界神祇同住的正义之神也没有为凡人制定这样的法令；我不认为一个凡人下一道命令就能废除天神制定的永恒不变的不成文律条，它的存在不限于今日和昨日，而是永久的，也没有人知道它是什么时候出现的。我不会因为害怕别人皱眉头而违背天条，以致在神面前受到惩罚。"

既然安葬亲人是古希腊人应尽的义务，是"神的法律"，那么我们有理由要求她对所有至亲一视同仁，但安提戈涅为什么要特别强调手足关系的特殊性，甚至将其提高到夫妻关系和亲子关系之上？面对这一困境，黑格尔仍然为自己找到了说辞。黑格尔之所以将克瑞翁代表的城邦理念与安提戈涅代表的家庭理念视为两种同样具有合理性的价值，乃是基于他对国家与家庭在伦理世界中的不同性质的认识。黑格尔认为，现实生活中的伦理实体不是个别的自我意识，而是绝对精神在实际存在着的多元意识中的实现，也就是一种公共理念。作为现实的实体，这种精神是一个民族国家；作为现实的意识，它是民族国家的公民。这种集体精神、公共理念就是黑格尔说的"人的法律"。当它以普遍形式出现时，它是众所周知的法律或者道德习俗；当它以个别形式出现时，它就是现实的政府。在我们目前分析的这出悲剧中，它的代表就是克瑞翁，或者说克瑞翁自认为代表了它。所谓"神的法律"就是自然的伦理精神，其基本环节就是家庭。家

---

① 据拉康在第 7 期研讨班中的考证，1827 年 3 月 28 日，歌德在他与约翰·彼得·艾克曼 (Johann Peter Eckermann) 的对话中表达了这种震惊。

庭，作为无意识的、尚属内在的概念，与概念的有意识的现实对立，作为民族国家的现实的元素，与民族国家本身相对立。① 安提戈涅就是"神的法律"的代表。代表"人的法律"的政府是自身反思的、现实的精神，是全部伦理实体的唯一自我。它使各个单一的自我意识感觉到自己没有独立性，并使他们意识到只有在整体中他们才有生命。但个人作为独立的存在，总是要追求其神圣不可侵犯的自为存在和个人安全，家庭就是他们的庇护所，为此公共理念受到了威胁。因此，共同体的存在依赖于将不同的男性个体从家庭中孤立出来，但要将这些不同的个体整合在一起，政府必须把战争任务委任给他们，使他们体验到主人和死亡的存在。但在此过程中，共同体会受到来自家庭的守护者女人的反对："由于共同体之所以能够继续存在下去，全靠它破坏了家庭幸福，把自我意识消融于普遍之中，所以它就给自己制造了内在敌人，就是说，它把它所压制的而同时又从属于它的本质的东西、一般的女性，造就为它自己的内在敌人。女性——这是对共同体的一个永恒的讽刺——她竟以诡计把政府的公共目的改变为一种私人目的，把共同体的公共活动转化为某一特定个体的事业，把国家的公共产业变换为一种家庭的私有财富。"② 黑格尔认为，女人是家庭的守护神，而家庭则是神的法律的处所。家庭由三种关系构成：夫妻关系、亲子关系和手足关系。夫妻关系不是在它自身中而是在子女中得到实现，夫妻关系本身就是由这种他者形成的，并在这种他者（子女）的形成中消逝。亲子关系则相反，在这种关系中，子女在他者（父母）的消逝中形成，成长为自为的存在。上述两种关系是彼此过渡的，至于手足关系则是一种彼此毫无混淆的关系。他们同出一脉，但彼此独立。手足关系中的两性既不像夫妻那样彼此欲求，他们实现自为的存在也不依靠对方。但黑格尔认为，正是这种起源上的亲密与成长后的独立导致了兄弟的死亡成为姐妹无可弥补的损失，因此姐妹对兄弟的义务是最高的义务。

　　黑格尔的解释固然可以合乎逻辑地证明姐妹对兄弟具有必须的义务，但安提戈涅的任性绝不是这种纯粹理性所能完满解释的。最重要的是，在拉康看来，像黑格尔这样诉诸文本之外的历史去解释文本之内的问题，事实上是行不通的。他在黑格尔的解释中看到了一个悬而未决的问题："这里出现了一个新问题，即使是黑格尔也尚未看清这个问题。长期以来，黑

①　黑格尔. 精神现象学：下卷. 贺麟，王玖兴，译. 北京：商务印书馆，1979：6 - 7.
②　黑格尔. 精神现象学：下卷. 贺麟，王玖兴，译. 北京：商务印书馆，1979：31.

格尔在《精神现象学》中一直试图根据两种话语之间的冲突解释人类历史问题。安提戈涅的悲剧尤其使他着迷，因为他在家庭和城邦两种话语之间看见了清楚的对立。但在我看来，事情仍然远未清楚。"① 简而言之，拉康认为安提戈涅对克瑞翁的反抗根本不是一种法律对另一种法律的反抗。秉承他一贯的尖刻，他毫不留情地说："对我来说，黑格尔在任何地方都比在诗学领域里更强，无论如何这都是实情，就他关于《安提戈涅》的评论而言，这一点尤其真实。"②

在安提戈涅与克瑞翁的第一场对话中，她的确曾明确说道："我不认为一个凡人下一道命令就能废除天神制定的永恒不变的不成文律条。"就此而言，她似乎真的是遵照"神的法律"对抗克瑞翁。但我们也可以找到相反的证据，表明她的行为并非出于对某种法律的遵守和捍卫，而是完全出于她自己的自由意志，由她自主。比如在目送安提戈涅被押送进石窟时，歌队唱道："你这样去到死者的地下是很光荣，很受人称赞的；那使人消瘦的疾病没有伤害你，刀剑的杀戮也没有轮到你身上；这人间就只有你一个人由你自己做主，活着到冥间。"剧中歌队两次强调安提戈涅的自主性："这个女儿天性倔强，是倔强的父亲所生；她不知道向灾难低头。"在第四场，歌队再次对安提戈涅说："你倔强的性格害了你。"安提戈涅的"倔强"岂不正是她绝对自主性的体现？她的言行和歌队的咏唱都向我们表明，安提戈涅的行为绝非只是为了捍卫"神的法律"。正常情况下，人们遵守法律乃是因为不得不遵守，因此，在可以不遵守法律的时候仍然遵守法律，这种遵守就已经不是一种对法律的遵守了。安提戈涅可以不遵守"神的法律"，没有谁会因此惩罚她；遵守"神的法律"反而会招致灭顶之灾，可是她仍然要遵守，究竟原因何在？

如果两种法律、两种话语的对立不能解释安提戈涅何以执意要为波吕涅克斯举行葬礼，那么这一舍生忘死的执着究竟是因为什么呢？或者说得更直接一些，波吕涅克斯的独特性如果不是源自手足之间特殊的伦理关系，那么它来自哪里呢？在这出悲剧刚刚开始的时候，当伊斯墨涅提醒安提戈涅安葬波吕涅克斯的后果时，安提戈涅回答说，尽管克瑞翁下了禁令，但她还是要为波吕涅克斯举行葬礼，因为"他仍然是我的哥哥"。在

① Jacques Lacan, *The Seminar of Jacques Lacan*：*The Ethics of Psychoanalysis 1959 -1960*，pp. 235 - 236.

② Jacques Lacan, *The Seminar of Jacques Lacan*：*The Ethics of Psychoanalysis 1959 -1960*，p. 249.

安提戈涅与克瑞翁的第一次激烈辩论中，克瑞翁指责安提戈涅不应该平等对待波吕涅克斯和厄忒俄克勒斯，作为攻打城邦的敌人，波吕涅克斯死后不配获得尊重，而应暴尸荒野。但安提戈涅认为，尽管波吕涅克斯是城邦的敌人，但他仍然应该被安葬，因为"死去的人不是奴隶，而是我的哥哥"。对此，人们一般认为这正好佐证了波吕涅克斯对于安提戈涅所具有的特殊的伦理关系，但是拉康并不这么认为。在拉康看来，虽然安提戈涅一再强调"他是我的哥哥"，但其实这些词语已经变成了清空了所指的能指：波吕涅克斯是善是恶已经不重要了，他是不是城邦的敌人也不重要了，他是否有权利享有与厄忒俄克勒斯平等的身后尊荣也不重要了，甚至他与安提戈涅具有完全相同的血缘关系也不重要了。总之，他是一个什么人，他生前干了什么或者没干什么，已经完全不重要了。不管他生前是什么人，不管"波吕涅克斯"这个能指的所指究竟是什么，只要他是这个能指，只因他是这个能指，就应该为他举行基本的葬礼。正是在这个意义上，拉康认为，安提戈涅对克瑞翁的抗辩应该这样来理解："我的哥哥是他所是，正因为他是他所是而且只有他能是他所是，所以我才走向了这个致命的极限……正是这一点驱使我反对你的敕令。"① 也就是说，"安提戈涅援引的权利不是别的，而是一项从语言之中出现的权利，语言使存在者变得不可消除——所谓不可消除，意思是说，自从突然出现的能指超越一切变迁的洪流，将存在者冻结成一个固定的对象的那一刻起，存在者就不可消除了。存在者存在，安提戈涅不可动摇、不可屈服的立场就固定在这个存在者、这个表面上面"② 对此基泽尔（Marc De Kesel）解释说："对拉康来说，波吕涅克斯的唯一性完全不可能来自他在家族谱系中占据的位置，而是来自他在象征秩序中占据的位置，不管他做了什么或者没有做什么。换句话说，使波吕涅克斯与众不同的纯粹是这个事实，即他是一个能指。"③ 说波吕涅克斯是一个能指，当然不是说他变成了一个词语，而是说他凭借这个能指在象征秩序中占据了一个位置，从而拥有了作为一个"人"不可剥夺的最基本的权利。这权利来自能指，来自象征秩序，与他

---

① Jacques Lacan, *The Seminar of Jacques Lacan：The Ethics of Psychoanalysis 1959 - 1960*，pp. 278 - 279.

② Jacques Lacan, *The Seminar of Jacques Lacan：The Ethics of Psychoanalysis 1959 - 1960*，p. 279.

③ Marc De Kesel, *Eros and Ethics：Reading Jacques Lacan's Seminar Ⅶ*，trans. Sigi Jottkandt，Albany：State University of New York Press，2009，p. 218.

和安提戈涅的血缘关系无关，与他生前的行为无关。"波吕涅克斯"这个能指，"他是我的哥哥"这个能指，只有一个意义：他是一个"人"。因此拉康稍后进一步澄清说："安提戈涅的立场表现了那个基本界限，这个基本界限证实了他的存在的唯一价值，而无须指涉任何内容，不管波吕涅克斯的行为是善是恶，不管他是什么人。这里涉及的唯一价值本质上是语言的价值。在语言之外，它是不可设想的；那个曾经生存过的人的存在，与他的善恶品性，与他的命运，与他给别人造成的结果，与他对自己的体认，都是不可分割的。这种纯粹性，即他的存在与他曾经经历过的那些历史剧之性质的纯粹分离，就是安提戈涅所着迷的界限或无中生有（ex nihilo）。语言的在场在人的生命中所开创的无非就是这种断裂。"① 名字与名字所命名的人本身，当然不是一回事，但人只有借助名字或者能指才能作为人而存在，且因此拥有人最基本的权利。更重要的是，人一旦因为名字/能指在象征秩序中获得了一个位置，这个位置就永远属于他，他不会因为死亡失去这个位置，也不会因为生前的善恶失去这个位置。也就是说，虽然波吕涅克斯是个敌人，虽然他已经死去，但他不会消失，人们不能在他死后就当他从来没有存在过。他的生命虽然已经结束，但名字/能指已经将他永远固定在了象征秩序中。能指使他超越了自然的生死存亡，并保证他的价值不会因为他的死亡而消失。所以基泽尔解释说："不是安提戈涅自己（或者她对他的依恋）让波吕涅克斯变得独一无二。他之所以独一无二，乃是因为（克瑞翁的）法律企图驱逐和摧毁他。如果安提戈涅承担起了这个独一无二的'被驱逐的'人的事业，这是为了表明，正是他作为能指的身份使他对法律的摧毁获得了免疫力。法律对待波吕涅克斯不能当他从来没有存在过。如果它试图这么做，那么只会使他作为一个能指更加明显地存在。安提戈涅试图以她的自主行动来证实的正是他这种作为能指的身份。"②

总之，波吕涅克斯的唯一性并非来自他与安提戈涅的伦理关系，他们俩的伦理关系是最普通不过的兄弟姐妹关系，这种关系绝不会因为父母的去世就变得非比寻常，更不会特殊到让安提戈涅为之付出自己的生命。他的独特性或唯一性仅仅来自象征秩序/命令，正是象征秩序/命令赋予了他

① Jacques Lacan, *The Seminar of Jacques Lacan：The Ethics of Psychoanalysis 1959 - 1960*, p. 279.

② Marc De Kesel, *Eros and Ethics：Reading Jacques Lacan's Seminar VII*, p. 219.

理应被安葬的权利。因此安提戈涅的一意孤行与波吕涅克斯本人根本没有关系，如果我们真的相信了安提戈涅的哭诉，像黑格尔那样苦心孤诣地为之寻找理由，那么我们就被诱入了一条死路。

物与死亡欲望

安提戈涅的任性要从她自身去解释。依据希腊文的《安提戈涅》，拉康发现剧中有一个术语反复出现："这个术语位于《安提戈涅》整出戏剧的中心，被重复了 20 次；鉴于这个文本是如此简短，听起来似乎被重复了 40 次；当然，人们还是没有把它读出来：ατη（atè）。"① 拉康认为，这个频繁出现的词语可以帮助我们理解安提戈涅的非凡之处。埃特（Atè）是古希腊神话中的伤害女神，她专门引诱迷惑人们，使他们头脑发热，处于愚蠢、分心或者执迷不悟的状态，从而做出最终有损自己的蠢事。的确，人们遭受悲惨的厄运，往往是因为愚蠢或者受到引诱，但安提戈涅不是这样，她的毁灭是她超越埃特的主动选择，是知其不可为而为之，而非源于无知和莽撞的咎由自取。比如歌队在第二次幕间合唱中两次以暗喻的方式吟唱了安提戈涅的行为超越了埃特的蒙蔽和诱惑。其一是："现在和将来，正像在过去一样，这规律一定生效：人们的过度行为会引起灾祸。"② 罗念生的译文准确再现了歌队对安提戈涅的判断：她的灾祸是由她的过度行为引起的，而非源于蒙蔽。不过，罗念生的译文也有不足之处，因为他遗漏了"至福一定会引起灾祸"这层重要含义。几个通行的英译本则没有这个问题，它们以不同形式传达出了这层含义。不过"至福一定会引起灾祸"也不能从通常的寓意去理解，仿佛歌队想要讽喻世人祸福

---

① Jacques Lacan, *The Seminar of Jacques Lacan: The Ethics of Psychoanalysis 1959 - 1960*, p. 262. 据苏姗妮·赛义德（Suzanne Saïd）在其著作《悲剧的错误》（*La faute tragique*）中的统计，atè 曾出现 9 次，分别在第 4、185、533、584、614、624、862、1097、1260 诗行。基泽尔认为，这个词语在第 625 行中也出现了，因此总共出现了 10 次。但在通行的英译本和中译本中，atè 这个词语都消失了。

② Εκτος ατας 最直接的英译是 beyond atè。这几行歌词的翻译各不相同。费恩莱特和利特曼（Ruth Fainlight & Robert J. Littman）将其翻译为："In the present and the future, as in the past, the same law prevails: that man who thinks himself the most blessed and fortunate will fall the furthest." 吉布森和赛戈尔（Reginald Gibbons & Charles Sega）将其翻译为："What comes after and what came before, only one law can account, which is that into the life of mortal beings comes nothing great that lies beyond the reach of ruin." 罗伊德-琼斯（H. Lloyd-Jones）将其翻译为："For present, future and past this law shall suffice: to none among mortals shall great wealth come without disaster." 罗念生的译文是："在最近和遥远的将来，正像在过去一样，这规律一定生效：人们的过度行为会引起灾祸。"

相倚的哲理似的。歌队绝没有这个意思，因为从语境来看，安提戈涅并没有什么从天而降的好事。在此至关重要的是，必须将"过度行为"与"至福"统一起来。表面上看，"过度行为会引起灾祸"与"至福一定会引起灾祸"是两种截然不同的翻译，似乎其中必有一方是错误的一样。然而借助拉康的解释，我们会发现这两种翻译各有道理，安提戈涅之所以会做出"过度行为"，乃是因为她想追求她的"至福"。但是，这"至福"或者"极乐"不是别的，而是随后这几行歌词所唱的"邪恶"和"坏事"："明哲之士曾经有言：对于神要摧毁的人来说，邪恶的东西反而美好（坏事会被当作好事）；他们即将遭到厄运，只不过暂时还没有灾难罢了。"① 安提戈涅为什么会把邪恶当作美好，把坏事当作好事？这岂不正好证明她受到了埃特的蒙蔽？恰好相反，拉康认为，这恰好证明她超越了埃特，因为超越了埃特，常人眼中的邪恶对她来说却是美好的，常人避之唯恐不及的坏事对她来说却是求之不得的好事。所以拉康说："超越埃特（Εκτος ατας）在剧本中具有超越界限的意义。正是围绕这个见解，歌队在那一刻开始歌唱，其方式与它说人走向埃特（προς ατας）相同。就此而言，希腊语的整个介词体系非常重要且非常具有意味。正因为人把邪恶当作美好，正因为某种超越了埃特界限的东西变成了对安提戈涅来说美好的东西，她才走向埃特。"②

安提戈涅的毁灭是她超越埃特的自主选择，正如安提戈涅对伊斯墨涅说："你愿意生，我愿意死。"这一点完全为歌队所知，所以歌队不断重复说安提戈涅已经超越了埃特。一个超越了埃特的人，一个向着火坑义无反顾纵身而跃的人，必然是一个越过了正常界限，迥异于普通人的人。伊斯墨涅对此看得很清楚，她说："你走得太远了，我为你感到害怕。"正是在这个意义上，拉康说："安提戈涅的谜就是这样向我们呈现的：她是没有人性的。"③ 当然，我们不要在"令人感觉恐怖"的意义上理解她，之所

---

① 费恩莱特和利特曼将其翻译为："It was a wise man who told how evil shows the fairest face to those whom the gods will destroy. They soon meet their doom—live but a short time before disaster."吉布森和赛戈尔将其翻译为："Kept before us the famous saying that a moment will come when what is bad seems good to the man whom some God is driving toward ruin. only a short time does he stay beyond the reach of ruin."罗念生的译文是："是谁很聪明地说了句有名的话：一个人的心一旦被天神引上迷途，他迟早会把坏事当作好事；只不过暂时还没有灾难罢了。"

② Jacques Lacan, *The Seminar of Jacques Lacan: The Ethics of Psychoanalysis 1959 - 1960*, p. 270.

③ Jacques Lacan, *The Seminar of Jacques Lacan: The Ethics of Psychoanalysis 1959 - 1960*, p. 263.

以说她"没有人性",是因为从人之常情来看,她的选择是不可思议的,因而让人无法认同,更无法效仿。所以,在安提戈涅振振有词地向克瑞翁声明自己的理由以及自己从容赴死的决心之后,歌队不失时机地哀唱道:"这个女儿天性倔强,是倔强的父亲所生;她不知道向灾难低头。"在第四场,歌队再次对安提戈涅说:"你倔强的性格害了你。"对于"倔强"（ωμος）这个词语,鲁斯·费恩莱特（Ruth Fainlight）和罗伯特·利特曼（Robert J. Littman）的英译本将其译为 wild（野蛮、狂野）,瑞吉纳德·吉布森（Reginald Gibbons）和查尔斯·赛戈尔（Charles Segal）的英译本将其译为 fierce（凶猛、狂热）。拉康认为:"这个词（ωμος）最好被翻译为'不屈不挠'。它的字面意思就是指某种难以文明化的东西、未开化的（raw）东西。当用 raw 来形容吃生肉的人时,这时的 raw 最接近其意思。这就是歌队的观点。"① 不管将我们将 ωμος 翻译为"狂野"还是"狂热",抑或"不屈不挠",这个词语都表明安提戈涅的行为已经完全超越了埃特的引诱和蒙蔽,是她一意孤行的选择。

安提戈涅并非不知道为波吕涅克斯举行葬礼会招致死亡,而且如前文所解释的那样,波吕涅克斯本身并没有任何独特性值得她为之付出自己的生命;她之所以执意为之举行葬礼,并非为了捍卫"神的法律",甚至也不是为了捍卫象征秩序为波吕涅克斯赋予的基本权利。法律之所以为法律,只是因为它可以不必遵守。对法律的真正服从必须是一种被动的服从,一种可以不必服从的服从;任何对法律的绝对服从必然不是对法律本身的服从,而是对主体自己欲望的服从。当安提戈涅执意为波吕涅克斯举行葬礼时,她所服从的并非法律,而是她自己的欲望。因此拉康说:"正因为她在此走向了埃特,甚至是超越了埃特的界限,歌队才对安提戈涅产生兴趣。它说她是通过她的欲望违反埃特的界限的人。埃特不是 αμαρτια [hamartia],也就是说,不是什么过失或者错误,它与做出某种愚蠢的事情无关。"②

但在第四场,当安提戈涅即将被押送进石窟中去的时候,这个无比倔强、冥顽不化、"非人"的悲剧英雄突然泪如雨下,为自己还没有听过婚歌、进过新房,未享受过人世的快乐就被关进石窟,爆发出令人震撼的长

---

① Jacques Lacan, *The Seminar of Jacques Lacan: The Ethics of Psychoanalysis 1959 - 1960*, p. 263.

② Jacques Lacan, *The Seminar of Jacques Lacan: The Ethics of Psychoanalysis 1959 - 1960*, p. 277.

篇控诉。这些控诉似乎与她此前全然不顾一切的一意孤行截然对立，亚里士多德认为它们证明了安提戈涅此前的行为受到了埃特的蒙蔽，现在终于感到恐惧和懊悔。在拉康看来，"这是一种荒谬的曲解，因为从安提戈涅的观点来看，只有从那个界限之处——在那里她的生命已经失去了，在那里她已经到了生存的另一边——生命才能被接近、被经历，或者被思考。但从那个地方，她可以将生命当作某种业已失去的东西来看待和经历"①。拉康认为，安提戈涅此刻的哭诉与她此前的行为绝不对立，因为这哭诉表现的并不是后悔，而是对自己生命的哀悼。对她来说，石窟不是一个空间，而是一个界限——生死之间的界限。这个界限划分了生死，但它既不属于生命，也不属于死亡。所以她才会说："我既不是住在人世，也不是住在冥间，既不是同活人在一起，也不是同死者在一起。"但我们同时也可以说，这个界限既是死亡之地，也是生命之所。它是生死的零度。正因为她位于这个界限之处，她才能经历和思考她的生命。如果她一直活着，她就不可能哀悼自己；如果她已经死了，她也不可能哀悼自己。安提戈涅的悖论就在于此：只有位于生死的零度，只有在生命即将失去而又尚未失去之际，她才能经历和思考生命。因此，安提戈涅的哀悼不是亚里士多德意义上的怜悯与畏惧，怜悯与畏惧的内核是忏悔，为自己的过失忏悔；但我们知道，安提戈涅对自己的所作所为没有丝毫忏悔，更不曾对死亡感到丝毫畏惧。

《安提戈涅》这出悲剧以及安提戈涅这个悲剧英雄，其核心不是法律，而是欲望。这是一种什么欲望？当然就是死亡欲望。这种死亡欲望当然最纯粹地表现在她的行动中，但在她与伊斯墨涅和克瑞翁的对话中也无处不在。其中最直截了当的表达出现在她与伊斯墨涅最后的对话中："你愿意生，我愿意死。"

拉康之所以在其探讨精神分析的伦理学这期研讨班（1959—1960）中将《安提戈涅》作为一个核心文本，正是因为安提戈涅这个两千年前诞生的悲剧英雄完美地再现了他对超越了大他者的纯粹欲望（即死亡欲望）所做的深刻思考。但是，如果我们想准确地把握拉康在此想要表达的要旨，就必须对他关于主体、语言和欲望的基本理论有一个基本理解。对拉康（和弗洛伊德）来说，主体化的关键乃是俄狄浦斯情结：必须以父亲的名

---

① Jacques Lacan，*The Seminar of Jacques Lacan：The Ethics of Psychoanalysis 1959 - 1960*，p. 280.

字压抑母亲的欲望，从而将幼儿带出母子合二为一的想象界，使其进入由父亲的法律主导的象征秩序。就此而言，乱伦禁忌乃是一种象征阉割，是语言能指对实在的切割。没有这种能指切割，幼儿将滞留于母亲的欲望中，永远不能成为一个正常的主体。当然，主体必须接受这种表意切割，因为这是一个要钱还是要命的伪选择。那被语言（象征秩序）切割掉的东西是什么呢？就是能完全满足作为力比多存在（libidinal being）的我们的物（Thing）①。在进入象征秩序之前，前主体之所以有一种无所欠缺的满足感，就是因为它在想象中体验了与物为一的极乐。经受表意切割之后，主体的欠缺再也不能由物来填补，物已经被大他者切割掉了，作为弥补，大他者/象征秩序为主体提供一个又一个的能指来填补。所以拉康说"人的欲望就是一个换喻"②。也就是说，主体不再通过拥有物获得满足，而是通过迎合大他者的欲望获得满足，把大他者的欲望当作自己的欲望。故此拉康说："人的欲望就是大他者的欲望。"③ 总之，经过表意切割之后，快乐原则（the pleasure principle）抑制了死亡冲动（the death drive），快乐（pleasure）取代了快感（jouissance）。与人们对快乐原则的通常理解不同，甚至与弗洛伊德的理解不同，拉康认为，快乐原则并不是一种放纵不羁的原则，它本身就是对享乐的限制。作为一种法则，快乐原则不是推动主体尽情享乐，而是要求主体尽可能少地享乐。在快乐原则的支配下，主体仍然服从象征命令，仍然停留在象征秩序之中，他获得的快乐是象征秩序允许的快乐，因为他那被满足的欲望本质上是大他者的欲望。因此对快感的禁止本质上内在于象征秩序，进入象征秩序的条件就是放弃快感。基泽尔指出："对拉康来说，快乐经济的策略在于，我们在实在层面上所'是'的那种不可承受的欠缺被能指层面的欠缺替代了，能指的工作就是在欠缺的基础上展开的。不可能的真实欠缺被一种操作性的语言性的欠缺替代了。这就是说，人类的'自己'仅仅作为某种能够被这些能指代表的东西而存在，而不是真的'在场'。因此才有拉康的这个论题：'我是

---

　　① 物（Thing）是拉康精神分析学中一个非常重要的概念，意指实在界中那个能够一劳永逸地满足主体，让其获得极乐的事物，但这个物一开始就被语言切割掉了。之所以称之为"物"，乃是因为它是一个不可想象、不可言说、无以命之的东西。老子将先天地而生、独立不改、周行不殆的混成之物强名之曰"道"，拉康更加彻底，并不为之安排一个专名，索性仿照海德格尔干脆将其称为"物"。

　　② Jacques Lacan, *Écrits*, p. 439.

　　③ Jacques Lacan, *The Seminar of Jacques Lacan：The Four Fundamental Concepts of Psychoanalysis*, p. 235.

他者.'作为一个真实的存在，它'总是死了'，因为它总是已经消失在了能指链之下。用《安提戈涅》的隐喻来说就是，主体严格说来总是被'活埋'了。"①

如果将人的本质定义为一种力比多存在，那么经过表意切割之后，人其实已经死亡，因为他的生存只能在象征秩序或者能指链中展开。正如基泽尔所说："作为一个真实的存在，人总是已经'死了'。这一思想位于拉康主体思想的核心深处。一旦成为主体，即能指的运送者，人就丢掉了他真实的存在，并只能凭借代表他的能指生活。"② 安提戈涅对伊斯墨涅说："你还活着，但我的生命早就已经结束了。"安提戈涅为什么说自己早就已经死了？不是因为她早就存了必死之心，而是因为她清楚，被迫接受克瑞翁的法律，生活在克瑞翁的统治秩序下，这种生活对她来说虽生犹死。安提戈涅之所以敢于挑战克瑞翁的禁令，乃是因为她清楚自己已经死了。对于一个已经死亡的人来说，死亡怎么可能对她还有威慑力？拉康之所以对这出悲剧格外重视，原因之一就在于安提戈涅虽生犹死的命运以文学的形式完美展现了拉康从精神分析学上对人的生存所做的揭示。

但是，主体虽然经受了表意切割，但他不会因此彻底放弃对物的追求，他仍然企求与物为一的极乐。所以他总是试图打破为他的享乐施加的禁令，也就是说，他总是试图"超越快乐原则"③。为了尽可能多地获得享乐，主体总是试图超越快乐原则，但其结果不是获得更多的快乐，而是痛苦，因为主体所能承受的快乐总是有限的。超越这个限度，快乐就变成了痛苦。拉康所说的快感就是这种痛苦的快乐。主体从症状中获取的就是这种痛苦的快乐。突破象征秩序，违反快乐原则，向物和快感挺进的冲动就是拉康所说的死亡冲动，即一般意义上的死亡欲望。因此，通向物的道路就是通向死亡的道路。当安提戈涅以飞蛾扑火的决绝姿态为波吕涅克斯举行葬礼时，她就走在这条死亡之路上。表面上看，她反抗克瑞翁的禁令是为了捍卫"神的法律"，其实她的真正目的是要拥抱那个不可企及的物。她的反抗的确是一种违反、一种越界，但她所违反和跨越的并不是克瑞翁

---

① Marc De Kesel, *Eros and Ethics: Reading Jacques Lacan's Seminar VII*, p. 214.

② Marc De Kesel, *Eros and Ethics: Reading Jacques Lacan's Seminar VII*, p. 214.

③ 弗洛伊德在其《超越快乐原则》（*Beyond the Pleasure Principle*, 1921）中表达了一种新的见解：除了快乐原则和现实原则，还有一种超越了快乐原则的死亡冲动，他将其称为"涅槃原则"：主体倾向于将全部紧张彻底消除。但拉康对死亡冲动的理解与此不同，在他看来，死亡冲动不是对紧张的彻底消除，而是突破能指冲向物的冲动。

的禁令，而是象征秩序或者能指本身。她的反抗的确也是一种捍卫，但她
所捍卫或者所服从的并不是黑格尔意义上的"神的法律"，而是死亡欲望，
即她自己纯粹的死亡冲动。当克瑞翁责问安提戈涅为何敢违抗自己的命令
为波吕涅克斯举行葬礼时，安提戈涅回答说：

> οὐ γάρ τί μοι Ζεὺς ἦν ὁ κηρύξας τάδε, οὐδ᾽ ἡ ξύνοικος τῶν κάτω θεῶν
> Δίκη τοιούσδ᾽ ἐν ἀνθρώποισιν ὥρισεν νόμους. ①

　　这句话可以直译为："这不是宙斯给我下的命令，也不是与下界之神
同住的法官所下的命令。"但各个译本的翻译却并不一致。费恩莱特和利
特曼将这几句话翻译为："Zeus did not command these things，nor did
Justice，who dwells with the gods below，ordain such laws for men."罗
伊德-琼斯（H. Lloyd-Jones）将其翻译为："Yes it was not Zeus who
made this proclamation，nor was it Justice who lives with the gods below."
吉布森和赛戈尔将其翻译为："It was not Zeus who made that proclama-
tion To me；nor was it Justice，who resides In the same house with the
gods below the earth，Who put in place for men such laws as yours."罗
念生将其译为："向我宣布这法令的不是宙斯，那和下界神祇同住的正义
之神也没有为凡人制定这样的法令。"上述四种译文中，费恩莱特和利特
曼与罗伊德-琼斯的译文忽略了 μοι（me），但四者都认为 ταδε（these/
this）指的是禁止安葬波吕涅克斯的禁令。但拉康给出了一种新的解读，
他认为 ταδε（this）指的并不是克瑞翁的禁令，而是安提戈涅的罪行，即
为波吕涅克斯举行葬礼这件事。所以这句话的意思是："不是宙斯，也不
是与下界诸神同住的法官，命令我为波吕涅克斯举行葬礼。"如果既非宙
斯，亦非下界的诸神驱使她这么做，那么她的行为只能是出于她自己的死
亡欲望。如此一来，我们应该重新理解安提戈涅随后所说的这句话："我
不认为一个凡人下一道命令就能废除天神制定的永恒不变的不成文律条，
它的存在不限于今日和昨日，而是永久的，也没有人知道它是什么时候出
现的。"对此拉康说："你们究竟是怎么理解诸神的呢？就象征、想象和实
在而言，他们位于哪里呢？……很显然，诸神属于实在界。诸神是对实在
的一种揭示。"② 如果诸神根本不是黑格尔意义上的家庭伦理关系的守护

---

① Sophocles，*Sophocles*（I），p. 362.

② Jacques Lacan，*Le Transfert*，Texte établi par Jacques-Alain Miller，Paris：Éditions de
Seuil，2001，p. 58.

天使，如果诸神是实在的隐喻，那么"天神制定的永恒不变的不成文律条"也就不是黑格尔所说的维护家庭伦理关系的不成文法，而是死亡冲动本身。的确，古希腊神话中的诸神哪一个不是安提戈涅这样将欲望进行到底的存在？死亡冲动是最纯粹的欲望，是彻底摆脱了大他者的欲望；在物的致命诱惑下，主体突破了能指的界限，超越了象征秩序，突进了实在界，抵达了那不可思议、不可想象的物，但这一抵达同时也是主体的死亡和毁灭。所以基泽尔在解读拉康时说："借助'物'（Das Ding），他命名了欲望圆满实现的不可能性，并在力比多经济中为它安排了一个特定的位置。虽然是一种根本性的外在之物，但'物'仍然成了一个核心，全部力比多经济都围绕这个核心运转，欲望也瞄准着它；这是一个'拓扑学'悖论，他为这个悖论锻造了一个词语'外核'（extimité）。虽然物表明了欲望的指向，仿佛指向'它自己'一样，但它也是那个一旦真的抵达就会摧毁欲望的东西。在欲望的制图学中，'物'之所以是一个不可或缺的因素，原因就在于此。对拉康来说，《安提戈涅》对此提供了一个特别贴切的例证。"[1]

　　和安提戈涅一样，克瑞翁也是一个越界者。克瑞翁把维护城邦共同体的善作为自己的目标，固然无可厚非，但当他将共同体的善误认为无限的法律和绝对的律令时，他就在不知不觉中逾越了象征秩序的界限，闯入了黑暗的实在界。他严禁人们为波吕涅克斯安排葬礼，因为他坚信这个原则是不可动摇的："人不能既向那些保卫他们国家的人致敬，同时又向那些攻击这个国家的人致敬。"对他来说，这就是一个绝对命令。对此拉康说："从康德的观点来看，这句箴言可以被视为一个普遍有效的理性法则。因此，在从亚里士多德到康德的伦理学发展引导我们弄清法律和理性的特性之前，悲剧展示的奇观难道没有向我们预先揭示第一个异议？善不能包揽无遗地统治一切，而它所不能包揽的东西，其命中注定的结果就在悲剧中向我们显示了出来。"[2] 拉康的意思是说，任何法律、任何象征秩序都不可能是无限的，都有自己的欠缺，更准确地说，甚至都建立在某种欠缺的基础之上。正如资本主义制度的基础是资本，资本主义生产的真正障碍也

---

① Marc De Kesel, *Eros and Ethics：Reading Jacques Lacan's Seminar VII*, p. 225. 拉康模拟词语 intimité（内心深处，亲密），将其前缀 in-（内部的）更换为 ex-（外部的），生造了新词 extimité，以表达这样一种意思：A 虽然外在于 B，却是 B 的核心。

② Jacques Lacan, *The Seminar of Jacques Lacan：The Ethics of Psychoanalysis 1959 - 1960*, p. 259.

是资本自身。① 克瑞翁对此茫然无知，为了证明城邦的利益绝对而且无限，他试图"第二次杀死"波吕涅克斯，对此忒瑞西阿斯看得很明白。他在规劝克瑞翁时就曾明确对他说："你对死者让步吧，不要刺杀那已经被杀死的人。再杀那个死者算得什么英勇呢？"克瑞翁不仅从肉体上杀死了波吕涅克斯（第一次死亡），他还想将后者从象征秩序中彻底抹除（第二次死亡）。故此拉康说："他想以第二次死亡来打击他（波吕涅克斯），但他没有权利这样做。克瑞翁的全部言语都是以此为目的而发展起来的，于是他被自己推向了自己的毁灭。"②

　　克瑞翁的越界不仅体现在他想第二次杀死波吕涅克斯，也体现在他惩罚安提戈涅的方式上："我要把她带到没有人迹的地方，把她活活关在石窟里，给她一点点吃食，足够我们赎罪之用，使整个城邦避免受污染。她在那里可以祈求冥王，她所崇奉的唯一神明，不至于死去；但也许到那时候，虽然为时已晚，她会知道，向死者致敬是白费功夫。"克瑞翁没有直接杀死她，而是把她关进一个坟墓般的石窟，甚至为她提供了一些饮食储备。他为什么这样做？这是为了证明不是他和他所代表的城邦杀死了安提戈涅，而是她信奉的诸神不愿拯救她。如果安提戈涅不该死而被克瑞翁杀死，那么他和城邦就是有罪的，整个城邦将因此被这一罪行污染。相反，如果安提戈涅被自己信奉的诸神杀死，那岂不证明她真的有罪？仅仅由克瑞翁来杀死她是远远不够的，要想真正且彻底杀死她，就必须由她所信奉的诸神动手。就此而言，克瑞翁与哈姆雷特非常相似：哈姆雷特抑制自己不要轻易杀死克劳狄斯，因为哈姆雷特认为，在克劳狄斯忏悔时刺杀他，这只是"第一次杀死"他，仅仅能结束他肉体的生命，他的灵魂反而会因此得到解脱和拯救。要想真正彻底杀死他，就必须在他荒淫作乐时动手，也就是说，必须将"第二次死亡"直接加之于他，这样他就万劫不复了。同理，如果安提戈涅是由她所信奉的诸神杀死的，那么这岂不证明了城邦的善是绝对无限的？克瑞翁和安提戈涅都逾越了界限，在物的强烈诱惑下，安提戈涅逾越了能指，逾越了象征秩序，这一逾越导致了她的毁灭，但她的毁灭是她刻意追求的结果。克瑞翁则不同，他越界并非因为物的诱惑，而是因为他误以为城邦的善是绝对无限的，或者说是因为他妄图将城

---

　　① 马克思. 资本论：第 3 卷. 北京：人民出版社，2004.
　　② Jacques Lacan，*The Seminar of Jacques Lacan：The Ethics of Psychoanalysis 1959 - 1960*，p. 254.

邦的善提高到绝对无限的高度；他的毁灭不是因为执着于自己的欲望，而是因为执着于大他者的欲望。故此拉康说："他的判断失误在于他想提升全体城邦公民的善……将全体的善提升为无限的法律、至高无上的法律、超越或者跨越了界限的法律。他甚至没有注意到，他已经穿过了那道著名的界限。当某人指出安提戈涅保卫的就是这条界限，而且这条界限以诸神的不成文律条的形式出现时，他认为他已经就这条界限说了很多。当某人将这条界限解释为诸神的正义或教义时，他认为他已经说得足够充分。其实不然，他的言说还很不充分。毫无疑问，克瑞翁在不知不觉间越界进入了另一个领域。"①　和安提戈涅一样，克瑞翁也闯入了"另一个领域"，即实在界。不过，他的越界是"误认"的结果，所以和安提戈涅的"死不悔改"不同，克瑞翁在面对家破人亡的结局时，终于醒悟过来，意识到共同体的善不是绝对无限的。安提戈涅和克瑞翁这两个主角，安提戈涅自始至终不曾感到过恐惧和怜悯，而克瑞翁则在最后被恐惧打动了。克瑞翁的悔悟证明了他在道德品质和正义上并不是好到极点，而是类似于我们常人，正是这种认同才使悲剧具有净化心灵的作用，但安提戈涅显然是一个崇高得让人无法认同的悲剧人物。

定义欲望的新视线：美

如拉康所说，我们在《安提戈涅》中看到的就是安提戈涅。为什么？因为"文本之中"的安提戈涅具有一种"不可摧毁"的美。虽然她不幸的身世让她焚心似火，虽然克瑞翁的统治让她虽生犹死，虽然未尝婚姻之幸福就要被关进石窟让她肝肠寸断，但只要她一登场，她就光芒四射，美若天人。就此而言，拉康说安提戈涅与萨德笔下的那些受害者具有同样的本质，她们对所有施加给她们的痛苦和折磨都具有免疫力或者消解力。那么安提戈涅为何能够消解一切施加于她的折磨呢？因为对索福克勒斯和观众来说，她已经不再是一个有血有肉的人，而是被净化成一个纯粹的能指：美。拉康说："这种消解力与安提戈涅的美有关。它与安提戈涅的美以及它在两个以象征符号区分开来的领域中占据的居间位置有关。毫无疑问，她的光芒就来自这个位置，所有对美真正有所言说的人都不会忽略这种光芒。"安提戈涅的美之所以璀璨夺目而且不可摧毁，根本原因就在于，在

----

① 　Jacques Lacan, *The Seminar of Jacques Lacan: The Ethics of Psychoanalysis 1959 - 1960*, p. 259.

物的致命诱惑下，在快感的强烈驱动下，安提戈涅已经走到了象征秩序的极限，站到了象征界与实在界的分界线上。一切现实的利害，哪怕是生死攸关的利害，都已经绝不出现在她的考虑范围之内。对生死利害毫无计较的安提戈涅已经不是一个常人，而是一个纯粹的能指，这个能指就是"美"。安提戈涅就是美，再无其他。"安提戈涅不可抗拒的美就来自这里。说得更加有力一些，她被化简为这种不可侵犯的美（即这个能指），这种美之所以美而且迷人，正是因为她身上一切真实的东西都被压抑和镇压到了这个能指之下。"①

基泽尔指出，虽然安提戈涅的美与萨德笔下的受害者相同，但它的作用却不同。通过崇拜其受害者的美，萨德笔下的虐待狂沉湎于这种幻觉：他打败了所有欠缺，他的全部生存都是纯粹的快感。但安提戈涅则相反，她不是让我们幻想自己生活在一个无所欠缺的世界，而是让我们遭遇存在的欠缺、象征秩序的欠缺，让我们直面能指根本意义上的无能。正是象征秩序本质性的欠缺或能指固有的无能，导致安提戈涅去追求那个一旦拥有就会彻底毁灭她的物。拉康说，人的欲望就是大他者的欲望。意思是说，人总是从大他者（语言）提供的能指中去获得满足，并从这种满足中去体验幸福。但是，欲望虽然由语言或者象征切割而生成，但欲望有一种突破语言的内在要求。当大他者提供的能指不能满足主体的欲望时，主体将突破语言或能指去寻求那可以一劳永逸彻底填补其欠缺的物。当此之时，欲望将不再是大他者的欲望，而是升华成了死亡驱力。安提戈涅的美就来自这一超越了欲望的欲望，这一突破了语言的死亡驱力。正如查尔斯·弗里兰（Charles Freeland）所说："她是死亡驱力的形象，是伴随死亡驱力而来的快感的形象。安提戈涅在象征领域内部标示出了一个超越象征界的形象；她是一个欲望，拉康评论说，一个'纯而又纯的死亡欲望本身'。拉康正是根据这个定义了她那种美所焕发的光华。"②

亚里士多德认为，悲剧的作用就在于净化经由悲剧主角的毁灭所激发的怜悯与恐惧，从而让人有所敬畏，并最终获得幸福。但拉康认为，悲剧中的净化不是让人为了幸福而净化自己真实的欲望，而是将一切压抑真实欲望的利害计较净化掉。拉康说："我们就欲望特别谈及的这一切使我们

---

① Marc De Kesel, *Eros and Ethics：Reading Jacques Lacan's Seminar VII*, p. 239.

② Charles Freeland, *Antigone*, in *Her Unbearable Splendor*, Albany：State University of New York Press, 2013, p. 152.

能够为理解悲剧的意义带来新的元素，尤其是借助净化作用启发的示范方法——当然还有一些更直接的方法。事实上，《安提戈涅》为我们揭示了定义欲望的新视线。"① 以前，拉康将欲望定义为大他者的欲望，这种欲望借助语言在象征秩序内运转；现在，他提供了一道定义欲望的新视线，根据这道新视线，纯粹的欲望已经不是大他者的欲望，而是突破语言、超越象征秩序的死亡欲望。安提戈涅就是这种纯粹欲望的化身，她绝不会因为生死祸福而在自己的欲望问题上让步。正如齐泽克所说："安提戈涅总是走到极限，'不在欲望问题上让步'，在其对'死亡本能'的坚持中，在其向死而生中，她冷酷得可怕，没有日常的感情和思虑、激情以及恐惧。换句话说，正是安提戈涅本人，必然在我们这些充满了怜悯、同情心的造物身上唤起这样的问题：'她究竟想要干什么？'这个问题排除了对她进行任何认同的可能性。"②

　　作为一出伟大的悲剧，《安提戈涅》的意义是开放的，具有无限的可能性。尽管如此，拉康还是认为亚里士多德和黑格尔的解释难以令人满意。除了时代和理论两方面的局限，拉康认为，这种误解还与这出悲剧本身的面向密切相关，因为这个悲剧文本就像贺尔拜因的绘画作品《大使们》一样，是一个失真形象（anamorphosis）。正如从正常的视角出发，观者无法辨识画面前方倾斜的那个图形是什么一样，从普通理性出发，解释者也无法真正理解安提戈涅的特质，无法理解作为死亡欲望之化身的安提戈涅，以及她那由此而来的"不可摧毁"的美。

　　拉康之所以要在《精神分析的伦理学》中深入探讨安提戈涅，其根本目的是要证明：悲剧的伦理学意义将在安提戈涅那辉煌灿烂的美中得到最深刻的揭示。换句话说，安提戈涅炫目的美揭示了精神分析的伦理学。传统伦理学，无论是亚里士多德的伦理学、基督教的伦理学、儒家伦理学，还是康德的伦理学，都强调以伦理法则去约束主体的欲望，都劝导或者要求主体压抑自己的欲望，从而最终达成有益于共同体的理想的善。精神分析的伦理学则相反，它不是强调伦理法则对欲望的约束，而是强调欲望如何最终突破法则的约束，得到最纯粹的视线。在精神分析的伦理学中，最终的目的不是善而是欲望。因此拉康说："正因为我们比前人更加清楚应

① Jacques Lacan, *The Seminar of Jacques Lacan: The Ethics of Psychoanalysis 1959 - 1960*, p. 247.

② Slavoj Žižek, *The Sublime Object of Ideology*, p. 131.

该如何理解欲望的本质这个位于我们经验之核心的问题，所以重新考虑伦理学才得以可能，重新建立一种伦理判断才得以可能，这种伦理判断使下面这个问题有了最终审判的力量：你按照你内心深处的欲望行动了吗？这不是一个容易承受的问题。事实上，我认为人们从未在其他地方如此纯粹地提出过这个问题，只有在精神分析语境中才能被提出来。"① 此外，传统伦理学总是倾向于将善与快乐联系起来，因此道德思想也是沿着幸福与快乐的道路发展而来的。但是精神分析的伦理学则相反，因为精神分析学揭示了快乐原则的悖论性：如果伦理学的核心就是约束主体的欲望，就是让大他者的欲望成为主体的欲望，那么伦理主体所收获的快乐并非他自己的快乐，而是大他者的快乐。在精神分析的伦理学的境域中，快乐原则并非最高的伦理法则，最高的伦理法则是冲破一切伦理法则的死亡冲动，正是在这种违反、超越和突破中，主体抵达了他的欲望的终极目标——那个不可能的物。但是，一旦超越这个限度，主体就进入了死亡之地，快乐就变成了痛苦。因此拉康认为，伦理学最深层的内核不是快乐，而是痛苦。传统伦理学以善为中心，要求人们克制欲望，但精神分析的伦理学却逼迫主体直接在当下直面自己的行动与欲望之间的关系。传统伦理学的核心问题是："你的行动符合道德要求吗？"但就精神分析的伦理学而言，拉康提出的方案是让被分析者直面这个问题："你按照你内心深处的欲望行动了吗？"

必须指出的是，拉康讨论这出悲剧，并非要我们去寻找造成安提戈涅命运的原因（无论是像黑格尔那样将其归因于两种理性话语的冲突，还是像歌德那样将其猜测为乱伦欲望，都会让人误入歧途），而是让我们直面她的欲望的自主性。尤其要指出的是，虽然拉康将精神分析的伦理学的基本原则确定为"你按照你内心深处的欲望行动了吗？"，但这并不意味着拉康要鼓吹人们为所欲为，他完全没有这个意图。他只是为了向我们揭示这个事实：人并不能从大他者那里得到真正的满足，欲望有一种冲破欲望的内在固有的可能。

---

① Jacques Lacan，*The Seminar of Jacques Lacan：The Ethics of Psychoanalysis 1959 - 1960*，p. 314.

二　与他者面对面

在构建面向他者的伦理学时，列维纳斯深受许多哲学家影响，但给予他最深影响的人则是胡塞尔和海德格尔。正是基于对他们二者不遗余力的批判，列维纳斯建构起了他独树一帜的伦理学。胡塞尔以回到事物本身为旨归的现象学假定了意识对于现象的无所不能，在无所不能的意识中，一切尽在掌握之中，他者没有立足之地。海德格尔的存在论自称要扭转哲学的方向，其实它并没有与一直以自由为导向的传统哲学决裂；相反，存在论是这种哲学登峰造极的发展，是淋漓尽致的唯我论。在海德格尔的哲学中，不管是在其关于此在（Dasein）的探究中，还是在其关于真理的讨论中，他者都没有立足之地。列维纳斯认为，当代最为重要的这两种哲学尽管具有深刻差异，但排斥他者是其共同特征。20 世纪的人道主义灾难与这两种排斥他者的哲学不无关系。

列维纳斯的伦理学是一种面向他者的伦理学，为了接近他者，主体必须从存在（being）回到负于存在（otherwise than being）。他认为语言在结构上分为道说（saying）和所说（the said），而所说在结构上又分为存在者和存在。传统的形而上学只关注存在者，海德格尔则把被遗忘的存在重新放置进哲学的核心。但在列维纳斯看来，存在者和存在，都属于所说，至于更为原始的道说则被遗忘了。道说的核心并非所说，而是道说本身，因为道说在现象学上的原始意义就是接近他者。道说首先是一种回答，是对他者所发出的呼吁、要求和乞求的回答，所以道说本质上乃是一种对他者的责任。道说就是接近他者，就是为他者负责，就是暴露于他者，就是被他者劫持，就是敏感、脆弱、忍受和痛苦，就是奋不顾己。一言以蔽之，就是负于存在。

海德格尔明确指出，此在就是时间。时间之谜至此真正得到揭示。但梅洛-庞蒂认为，像海德格尔那样诉诸此在的领悟和筹划，还不能真正揭示原始的时间，因为我们在世界中的存在首先是一种身体存在。时间是身体在世界中的存在给出的。梅洛-庞蒂的确推进了我们对时间的理解，但列维纳斯对海德格尔时间哲学的真正批判同样极具启发性，因为他是在反现象学、反存在论的境域内彻底批判海德格尔对时间的理解的。在列维纳斯看来，正因为主体的存在本质上是一种面向死亡的存在，所以他者才能成为真正的他者。只有在面向死亡的存在中，主体才能接近真正的他者，时间才得以发生。时间不是主体在面向死亡的存在中去成为自己，而是在面向死亡的存在中去为他者负责。时间就是与他者面对面。

1. 现象学的叛徒列维纳斯

"二战"之后，法国哲学进入了极盛时代，大师辈出，百家争鸣。相比萨特、拉康、福柯和德里达等出道伊始便蜚声世界的哲学家，列维纳斯的光华相对要黯淡许多。虽然他最主要的两部著作——《总体与无限》（*Totalité et Infini*，1961）和《负于存在或超越本质》（*Autrement qu'être ou au-delà de l'essence*，1974）的出版时间并不算晚，但他的思想不仅在传播时间上相对滞后，而且在全球知识界的辐射上声势也相对微弱。不过进入21世纪之后，列维纳斯的哲学逐渐引起了越来越多学者的强烈兴趣。至少就汉语学界来说，这一事实尤其明显。列维纳斯的哲学本质上是一种伦理学，然而它是一种全新的伦理学。这种哲学与胡塞尔的现象学和海德格尔的存在论密切相关，但这种关联是一种批判性的关联，也就是说，他的伦理学建基于对胡塞尔以意向性为核心、以回到事物本身为旨归的现象学的深刻批判，以及对海德格尔以存在为核心、以自由为旨归的存在论的断然拒绝。因此，理解列维纳斯的基本姿势就是将其放进从现象学到存在论再到伦理学的哲学谱系中，考察他的思想在这一谱系中的继承与断裂。①

---

① 列维纳斯与胡塞尔和海德格尔的缘分不仅仅发生在思想领域，他与二者还具有一般意义上的师生关系。1928年夏季学期，列维纳斯在弗赖堡跟随胡塞尔学习现象学，冬季学期则研修了刚从马堡转换到弗赖堡的海德格尔的"哲学导论"课程。虽然列维纳斯的博士论文《胡塞尔现象学中的直观理论》（*La théorie de l'intuition dans la phénoménologie de Husserl*）是以胡塞尔为研究对象，但从中处处可见海德格尔的影响。列维纳斯一开始就意识到，海德格尔的存在主义是一种比胡塞尔的现象学更加彻底的哲学。本部分旨在探究列维纳斯如何通过批判胡塞尔的现象学和海德格尔的存在论，以建构他那以他者为核心的伦理学的基本原则。其实阿德里安·帕佩尔扎克（Adriaan Peperzak）早已做过这个工作，但目前我们难以获得他的论文［Adriaan Peperzak，"Phenomenology-Ontology-Metaphysics: Levinas' Perspective on Husserl and Heidegger", in *Man and World*，1983，Vol. 16），pp. 113 - 127］，所以笔者决定不妨自己也尝试探究一下这个问题。

胡塞尔：否认他者的现象学

胡塞尔的现象学有一个宏伟抱负：他要将欧洲哲学上势不两立的理性主义与经验主义统一起来，从而为哲学奠定一个真正确凿无疑的基础。在胡塞尔看来，真理或者真正的知识必定是关于事物本质的知识。一方面，本质不能是假设出来的数、理念或者绝对精神这样的东西，本质不能与现象割裂，不可能脱离现象而存在。另一方面，现象不可能完全外在于本质，不可能只是一些浮泛无实的现象。本质不能出于假设，但也不能通过归纳现象而来。正是在这种看似走投无路的绝境之中，胡塞尔出人意料地提出了从现象之中直观本质的现象学。本质直观既排除了假设和归纳这两种获取本质的不可靠手段，同时又将本质与现象有机统一起来。胡塞尔相信，凭借本质直观，我们终究可以"回到事物本身"（back to the things themselves）。

为了让本质直观得以可能，胡塞尔必须首先将那不能在意识中直观的，也就是非现象的超越之物悬置起来。这是第一步，即本质还原（the eidetic reduction）。但是本质还原并不足以保证我们能够回到事物本身，因为呈现在意识之中的现象还不是纯粹现象，因为我们的意识还与经验自我有着太多牵连和瓜葛，还不是一种纯粹意识。因此必须进行第二步还原，即先验还原（the transcendental reduction），将意识之中所有与具体经验纠缠不清的部分过滤出去。经过这两次还原，不仅超越之物被排除出了意识，意识本身也被提纯净化，于是认识对象终于作为纯粹现象在先验意识之中被先验意识给出。所以胡塞尔说："只有经过还原，现象学还原，我才能得到一种绝对的被给予性，这种被给予性不会提供任何超越之物。"① 由此可知，胡塞尔的"事物本身"并非康德所说的"物自体"（thing in itself），而是现象学还原之后的纯粹现象。正如康德将物自体排除出知性一样，胡塞尔也将作为超越之物的实在对象排除出了认识。胡塞尔严格区分了实在对象与认识对象，毫不妥协地将超越意识不可显现的实在对象驱逐出认识领域，但是在纯粹直观中显现的对象真的就是事物本身吗？

胡塞尔的现象学有一个基本原则：任何意识都是关于某物的意识，意

① Edmund Husserl, *The Idea of Phenomenology*, tans. Lee Hardy, Boston: Kluwer Academic Publishers, 1999, p. 34.

识总是有目的地指向某物。① 这一原则至少包含以下几层意思：首先，意向行为不仅指向某物，还构成某物，这个被构成的对象作为纯粹现象在纯粹意识中如其所是地被再现出来。其次，意向行为构成意向对象，意向对象向意识再现自己，因此意向行为与意向对象总是构成一种不多不少、严丝合缝的对应关系。最后，意向性就是意识的存在方式，也就是主体的存在方式，进而言之，意向性就是主体性。总之，人就是知识、意识和自由。这一原则对胡塞尔的现象学至关重要，但在列维纳斯看来，在支撑现象学这座宏伟大厦的基础中潜伏着一种巨大的危险：他者和无限被排除了。

虽然人们通常将存在与海德格尔而非胡塞尔联系在一起，但列维纳斯认为，胡塞尔的现象学已经将存在提升到了一个特权位置，因为"存在就是一种显示，不确定的记忆和偶然的预期都系泊其中；存在就是在凝视下和言语中显现，是一种出现、一种现象"②。追求本质直观，以存在或者现象为核心的现象学乃是一种针对在场者的话语。胡塞尔坚持本质直观，坚持在场，但他并不是传统意义上的经验主义者或实证主义者，因为他并不认为意义可以还原为纯粹的感性材料。恰好相反，他认为事物本身，也就是本质或纯粹现象，不仅是给予意识的，也是被意识给予的。正是强调意识或者意向性的建构性与生产力，将胡塞尔与一般意义上的经验主义者和实证主义者区别开来。但在列维纳斯看来，胡塞尔仍然是一个实证主义者，因为"他将意义解释为回归被给予者"，对他来说，"直观仍然是所有可理解性的本源"③。列维纳斯断然拒绝了这个原则，认为这在现象学上是不可能的。列维纳斯认为，意义或者被给予者，不是来源于可以直观的在场者或者现象，而是来源于不能被直观的缺席者。比如，"我"之所以能知道眼前这个长方形的不透明固体是一本书，只是因为它把"我"的思想推向了其他一些尚且不在场或者已经不在场的因素，比如写作它的作者、阅读它的读者、出版它的书商、存放它的书架等。正是这些不在场的因素，或者说，只有当我们把眼前这个长方形的不透明固体放置到由这些不在场的因素构成的境域（horizon）之中去的时候，我们才能将其理解

---

① Edmund Husserl, *Ideas*: *General Introduction to Pure Phenomenology*, tans. F. Kersten, Boston: Martinus Nijhoff Publishers, 1982, pp. 73, 234.

② Emmanuel Levinas, "Phenomenon and Enigma", in *Collected Philosophical Papers*, trans. Alphonso Lingis, Pittsburgh: Duquesne University Press, 1998, p. 61.

③ Emmanuel Levinas, "Meaning and Sense", in *Collected Philosophical Papers*, p. 76.

为一本书。因此列维纳斯说："被给予给意识，为意识闪烁，这就需要首先将被给予者放置进一个明亮的境域之中——就像一个词语，词语因为它所指引的语境而得以被理解。意义就是这一语境之朗照。"① 意义之于现象或被给予者，正如语言结构之于词语。词语不是指向词语命名的内容，而是指向其他词语，正是其他词语以缺席为形式的在场使词语具有了意义，单独一个词语是没有意义的。每一个词语意义都与无数语义河流汇合。

胡塞尔坚信意义来自直观，列维纳斯坚信直观来自意义：这一根本分歧的内核在于是否承认语言在认识之中的本质作用。为了给哲学找到一个不可动摇的基础，为了回到事物本身，胡塞尔不仅悬置了超越之物，而且悬置了所有具体的历史经验，为了保证事物本身的纯度和本真性，他甚至排除了语言。因为排除了语言在认识之中的作用，胡塞尔不得不假设先验意识的建构性和生产力，假设事物本身是由先验意识直接生产出来的。然而正如列维纳斯所证明的那样，事物本身单凭自己是无法显现的，它必须借助与那些本身不在场、无法直观的因素的关联才能呈现。正是由于这种必须借助语言才能实现的关联——列维纳斯称之为意义，直观才得以可能。如果没有意义，现象或者事物本身绝不可能被直观到。列维纳斯指出："被给予者从一开始就作为这个或那个而被呈现，也就是说，作为意义而被呈现。"② 本质直观其实并不是直观，没有哪种经验能够被提纯或被净化为先验意识；对事物的经验始终是一种阅读，对意义的理解必然是一种解释。本质直观是不可能的。意义就是将事物作为这个或那个来理解和把握，不管我们将事物认作什么，这种源于识别或者鉴定的身份或本质，已然是一种有别于事物本身或者现象本身的意义。这种认此作彼（taking this qua that）并不是一种矫正，它所影响的内容并不存在于语言之外。如果事物只有作为意义才能存在，如果意义是事物在世界中存在的唯一方式，那么一切事物都存在于世界之中，也就是存在于语言之中。故此列维纳斯说："在这种认此作彼中，此和彼都不是首先在话语之外给出的。"③ 列维纳斯对意义与语言之密切关系的强调，显然与海德格尔宣布"语言是存在之家"有关。尽管二者的哲学具有深刻的差异，但这一箴言

---

① Emmanuel Levinas, "Meaning and Sense", in *Collected Philosophical Papers*, p. 77.
② Emmanuel Levinas, "Meaning and Sense", in *Collected Philosophical Papers*, p. 78.
③ Emmanuel Levinas, "Meaning and Sense", in *Collected Philosophical Papers*, p. 79.

清楚地标示了他们与胡塞尔的决裂：事物只能在语言之中存在，被语言给出，而不可能在先验意识之中且被先验意识显现。

语言是存在的家园，因为语言使存在者具有意义。然而语言何以能够使存在者具有意义？对此列维纳斯回答说："语言的本质就在于让存在者作为一个整体超越被给予者闪现。被给予者就是由于这个整体而具有意义。"① 事物纷繁芜杂，现象光怪陆离，事件转瞬即逝，如果不借助语言让纷繁的事物彼此区别，让杂多的现象结为一体，让流变的事件凝结成现在——如巴门尼德所说，如若一不存在；如海德格尔（或格奥尔格）所说，在语言破碎之处；如德里达所说，如果没有边框；如巴迪欧所说，如果不能识计为一（count-as-one）——那么世界上将无物存在。语言符号凭借其在语言系统中的位置及其与其他语言符号的差异，能够为在时间中离散的事件和思想赋予一种意义的同一性，能够以叙述的同时性将离散的或流变的事物/事件共时化，也就是整体化、同一化。② 语言符号建构了一个系统化的统一体，它们能够通过多种虚构建立一个主题（theme）。建立或者识别出一个主题，就等于将无数离散的因素认作一个整体，这就是列维纳斯所说的为存在者赋予意义。故此他说："存在者因为一个主题而得到显示。"③ 与德里达不同，列维纳斯认为，词语并不来自用词语替代事物或者用词语替代词语的活动，相反，词语的建立和使用诞生于叙述意向或主题化意向，而后者的目的就是存在者。

当列维纳斯宣称意义来自认此作彼，或者说意义就是认此作彼时，实际上他已经彻底否定了本质在直观中呈现的可能性，因为认此作彼绝不是一种诉诸知觉或凝视的直观，而是一种语言或者话语。对此他明确指出："叙述的——也就是词语的、语言的——意向是思想的本质特征，因为思想就是主题化和认同。对经验之中的被给予者的认同是一种纯粹的声称。它不是一种视觉或升华的经验。"④ 这就是说，主题化或者认同不是一种发生在先验意识之中的直观，而是一种发生在语言之中的思想。认同不是将此知觉为彼，而是将此理解为或者宣称为彼。将此理解为彼所理解的并

---

① Emmanuel Levinas, "Meaning and Sense", in *Collected Philosophical Papers*, p. 79.

② 根据汉语语境，本文有时将 identification（这个词语的法语和英语拼写形式相同）译为"同一化"，有时将其译为"认同"。

③ Emmanuel Levinas, "Language and Proximity", in *Collected Philosophical Papers*, p. 109.

④ Emmanuel Levinas, "Language and Proximity", in *Collected Philosophical Papers*, p. 110.

不是事物本身，而是事物的意义。事物因为意义而存在，基于意义而显示。存在既不会圆满完成意义，也不会让意义破灭，因为事物的存在就是其意义。意义既不是被给予的，也不是非给予的，而是理解出来的。胡塞尔的现象学承诺带领我们回到事物本身，在本质直观中，事物将以其原始面貌如其所是地呈现出来。然而在列维纳斯看来，直观的权威性有赖于认此作彼的"作为"，有赖于语言建构的意义，在此意义的背后一无所有。如果有人想继续追问，他所得到的仍然是意义；无论他在这个追求事物本身的漫漫征程之中走得多么远，他永远只能得到一些意义，而无法抵达事物本身。

对胡塞尔来说，意向性就是意识俯瞰或通向存在者；然而对列维纳斯来说，意向性是凭借意义而实现的思想和理解，是一种命名和宣称。意识的起源就是作为理解的认此作彼。如果没有这种理解，意识就不可能意识到任何事物。换句话说，列维纳斯认为我们不是先经验到事物，然后再去理解事物，而是相反，我们先为事物赋予意义，理解事物，将事物当作某物，然后才能经验到事物。正因如此，列维纳斯将理解或者认此作彼视为一种先验的福音传道（kerygma），因为认此作彼既不是一种想象，也不是一种知觉。经验以理解为前提，正是理解将杂多和流变"宣布"为同一者，但这是一种先验的理解，它在任何情况下都不需要加以证明。不过列维纳斯提醒我们："所有这些并不意味着思想——'当作'行为——就是主观而任意地编造出来并强加给存在者的东西；它是想说，将存在者牵连进去的展示不仅仅是在感觉领域中被生产出来，这种展示还来自理解，这是一种将事物理解为这个或那个的先验能力。"① 胡塞尔为区分思想与事物竭尽全力，他力图还原出一尘不染的事物本身，他相信自己在一定程度上实现了这一目标。但在列维纳斯看来，胡塞尔的所有努力全都徒劳无功，因为他一开始就误入歧途：事物之为事物，不是由于直观，而是由于思想。既然事物显现或站出来借助的不是直观，而是思想，那么由意义或者福音传道般的词语建立起来的事物就既不是一个提纯了的感性事物，也不是一个真实的存在者，而是一个理想（ideality）的典型。事物因为意义而获得同一性，同一性就是理想性。因此列维纳斯说："没有这种理想的意义，存在者就不能显现自己。为存在者赋予意义，既不弱于也不强于

---

① Emmanuel Levinas, "Language and Proximity", in *Collected Philosophical Papers*, p. 112.

创造存在者。它从一开始就是一种道说功能，道说绝不是篡改存在者，而是让存在者在真理中闪闪发光。"①

当列维纳斯强调意义与语言不可分割的关联时，他不仅毫不犹豫地表明了意义的建立或者事物的显现绝不可能在直观的知觉中发生，更为重要的是，他提醒我们注意，本质直观是不可能的，回到事物本身是不可能的。不仅那不能通过现象显现的超越之物，即康德所谓的物自体，是不能抵达的，而且纷繁芜杂、林林总总的现象之中也只有极小一部分被认同为某物的现象才能成为意向对象显现。胡塞尔坚信意识就是关于某物的意识，言下之意就是说意识与现象完全相等，一切现象都向意识呈现。列维纳斯绝不认可这一点，对他来说，意识不可能俯瞰所有现象，并非任何现象都向意识敞开，只有被道说、被赋予意义、被当作某物的现象才能真正显现自身。因此，现象始终大于意识、溢出意识，意识或者意向性绝不可能与现象对等。如果意义是事物存在或者现象显现的唯一方式，如果意义就是认此作彼，那么一切认识必然都是一种误认，因为"认此作彼"本质上就是对"此"的偏离和扭曲。正是在这种偏离和扭曲中，事物本身被作为他者排除了。

胡塞尔的现象学中没有他者的立足之地。他一方面放逐了超越之物，将其作为一个不可抵达而且无须费神的东西悬置起来；另一方面，他又假定了意识或者意向性对于现象的无所不能。一旦把意向性做如上理解，那么对象就不可能外在于意向行为，对象的外在性就被取消了。在无所不能的意识中，一切尽在掌握之中，他者是没有立足之地的。对此维肖格罗德（Edith Wyschogrod）也很清楚："在列维纳斯看来，胡塞尔的失败在于他假定了意向者在再现意向对象时完全能够胜任，这个假设因为内化了他者而背叛了他异性。"② 被胡塞尔排除的不仅是自然他者，还有人类他者。对他来说，他人只是另一个自我（alter ego），与"我"没有本质差异。因为排除了他者，所以胡塞尔坚信现象学可以带领我们回到事物本身。但是正如列维纳斯指出的那样，胡塞尔所回到的根本不是事物本身，而只是事物的意义——一种被宣称出来的同一性，一种理想。事物不是来源于直观，而是来源于认此作彼；但认此作彼本质上就是将事物本身作为他者给

---

① Emmanuel Levinas, "Language and Proximity", in *Collected Philosophical Papers*, p. 112.

② Edith Wyschogrod, *Emmanuel Levinas: The Problem of Ethical Metaphysics*, The Hague: Martinus Nijhoff Publishers, 1974, p. 49.

排除了。胡塞尔自以为回到了事物本身，自以为意识之中没有超越之物，没有他者。其实他只是在掩耳盗铃：铃铛不会因为我们把耳朵捂住就不响，同样，他者也不会因为我们对其视而不见就不存在。为了保证知识和哲学的可靠性，胡塞尔的确有理由驱逐实在对象，但他为此付出了高昂的代价，因为他所获得的事物本身已经不是事物本身了。康德为认识论确立的原则是：认识得以可能的条件就是认识对象得以可能的条件。列维纳斯并不拒绝这一原则，但问题是这一原则只在认识论中有效，而认识并不是我们在世界中存在的基本活动。正因为我们一直将认识作为在世界中存在的基本活动和主要活动，所以知识的暴力才到处泛滥。当认识指向自然对象时，自然便被肆无忌惮地开采和破坏；当认识指向人类对象时，他人就会因为党同伐异而被侵略、掠夺甚至杀戮。列维纳斯坚信，最高的哲学不是认识论，而是伦理学，因为当我们面对人这种他者时，最基本、最主要的任务不是认识他，而是面对他。

海德格尔：排斥他者的存在论

　　虽然胡塞尔对列维纳斯具有深远影响，但海德格尔对他的影响更加深刻。[1] 1930 年，列维纳斯的博士论文出版之后，他准备撰写一本关于海德格尔的著作；但在 1933 年，海德格尔与纳粹合作的消息让列维纳斯深感震惊，他立即停止了这本书稿的写作。虽然此后他仍然认为海德格尔是最伟大的哲学家之一，但他对海德格尔的批判也越来越严厉。20 世纪以来，批判海德格尔的哲学家非常多，但列维纳斯的全部著作（除了最早的博士论文之外）几乎可以说都是对海德格尔的批判，我们甚至可以说，列维纳斯的伦理学乃是对海德格尔存在论的最深刻批判。

　　海德格尔认为，欧洲哲学的根本症结在于一种双重遗忘：哲学仅仅执着于存在者（beings），不仅遗忘了存在，而且遗忘了对存在的遗忘。胡塞尔的现象学的初衷是带领我们回到事物本身，但是在经过本质还原和先验还原这两道严格的哲学工序之后，我们不是回到了具体的事物本身，而

---

　　① 列维纳斯认为欧洲哲学史上有五本最伟大的著作：柏拉图的《斐德若篇》、康德的《纯粹理性批判》、黑格尔的《精神现象学》、柏格森的《时间与自由意志》、海德格尔的《存在与时间》。作为当代最伟大的哲学家之一，海德格尔从来不乏批判者，但在众多批判者中，列维纳斯可谓是最彻底的一个，因为他的全部哲学都可以视为对海德格尔的批判，他关于存在、时间、他者、死亡、自由和神等主题的思考无一不与海德格尔针锋相对。但笔者在讨论他与海德格尔的关系时，仅限于他针对海德格尔在《存在与时间》中关于此在的分析所做的批判。

是回到了另一种抽象。承认意义具有历史性，承认意义只能在语言中发生，承认事物的存在是在世界中的存在，而不是在一尘不染的先验意识中的存在，这是海德格尔和胡塞尔决裂的根本原因。海德格尔认为，事物本身只有在其存在之中才能如其所是地显现，因此他的哲学聚焦于存在者的存在，尤其是此在在世界中的存在。

海德格尔认为此在在世界中的存在有三种原始方式：调谐（attunement）、领会（understanding）和言谈（discourse）。在这三种原始的存在方式中，此在以不同的方式意识、理解和建构自己的存在。所谓调谐是指此在与其具体处境的自然应和。不管我们做什么或者不做什么，我们总是以某种情态与世界调谐。"在调谐中，此在总是已经被带到他自己面前了，他总是已经发现了自己，不是知觉到自己在那里，而是在一种调谐中发现自己。"① 此在在世界中存在的第二种原始方式是领会：此在就是对存在的领会。海德格尔所说的领会不是一种知性层面的思考和衡量，而是一种原始领会、使所有知性领会得以可能的领会。此在是唯一能够与自己的存在发生关系的存在者，因为此在不仅存在，而且能够理解自己的存在。动物仅仅存在，它不能与自己的存在发生关系。正因为能领会自己的存在，所以此在能够积极地去筹划自己的存在。领会是此在这种存在者最本己的可能性的生存论存在，此在在领会自己的存在中存在，此在因为领会自己的存在而去存在。领会建构了此在的存在，因为领会本身具有一种生存论（existential）结构，从字面意义上说，就是一种出离性的（existential）结构。此在绝不会囿于自身，锁闭于自身，它总是能面向未来，面向自己的可能性，从自身中站出来，出离自己。海德格尔将这种生存论的或者出离性的结构称为筹划（project）。筹划使此在的存在具有了超越性（transcendence）。此在始终是其所能是者，此在就是此在的可能性。② 此在就是超越，所要超越的就是存在者自己，但超越的目的，超越所要实现的也是存在者自己。此在在世界中存在的第三种原始方式是言谈：作为此在之展开状态的存在论的建构方式，言谈建构了此在的生存。言谈如何建构了此在的生存？"因为言谈对此在具有建构性，也就是对调

---

① Martin Heidegger, *Being and Time*, trans. Joan Stambaugh, Albany: State University of New York Press, 2010, p. 132. 法文版《存在与时间》将 Befindlichkeit 翻译为 disposition，但斯坦博（Joan Stambaugh）将其翻译为 attunement（调谐）。陈嘉映和王庆节的中译本将其翻译为"现身情态"，非常准确，但斯坦博的翻译也有道理，笔者将其译为"调谐"。

② 海德格尔语境中的"超越性"与列维纳斯所说的"超越性"是完全不同的。

谐与领会具有建构性，因为此在意味着在世界中存在，所以作为有所言说的'在之中'，此在已经表达了自己。"① 言谈之所以是此在在世界中存在的原始方式，不是因为人是唯一能够说话的存在者。此在通过领会而筹划自己的存在，但此在对自己的领会必须凭借语言并在语言之中去领会。没有领会，此在无以存在；没有语言，领会无从发生。正是在这个意义上，海德格尔说言谈是此在在世界中存在的原始方式。

此在在世界中存在的三种原始方式，处处都强调了此在的本质向来就是一种能在，一种先行于自己、超越自己，最后成为自己的旅程。此在的本质虽然是超越，但寓于一个世界的此在并不一定真的会操心自己的能在，事实倒是，此在经常沉湎于方便可得的东西，人云亦云，亦步亦趋，满足于一种非本真状态。海德格尔将这种非本真的存在称为沉沦（fallenness）："'沉沦'于这样的'世界'意味着被吸纳进了与他人共在（being-with-one-another），因为这种存在受到闲谈、好奇和两可的指引。"② 此在的超越性并不能保证此在一定能够本真地存在，因为此在的筹划完全可能而且事实上更加经常地将此在引入非本真的存在，让其沉沦于常人（they）。此在更喜欢跟随常人人云亦云，亦步亦趋。常人总是阻止此在把握那些存在的可能性。常人解除了此在明确选择那些可能性的负担，但他隐瞒了这一点。常人为什么能轻易做到这一点？因为去成为自己乃是一件非常艰难的事情，甚至是最艰难的事情。此在宁愿人云亦云，亦步亦趋。此在经常沉沦于常人，而且沉湎于常人，它辜负了自己的本质和天命，因此它是有罪责的。此在的罪责不是亏欠和辜负他人的罪责，而是亏欠和辜负自己的罪责。此在的罪责就是没有去成为真正的自己。

因为迷失于常人，此在必须找回自己。要找回自己，此在必须首先意识到自己已经迷失于常人，必须在其可能的本真状态中被显示给自己。然而什么能够见证此在的迷失和此在可能的本真存在呢？那就是良知的呼唤："良知的呼唤具有这样一种特征，它能通过将此在召唤至其最本己的存在罪责（being-guilty），将此在召唤至其最本己的成为自己的可能性。"③ 此在沉沦于常人，它全神贯注于倾听常人的闲言碎语与公共意见，以常人之是非为是非，以常人之好恶为好恶，以常人之选择为选择，对发

---

① Martin Heidegger, *Being and Time*, p. 159.
② Martin Heidegger, *Being and Time*, p. 169.
③ Martin Heidegger, *Being and Time*, p. 259.

自自己内心深处的良知的呼唤却充耳不闻。然而良知的呼唤虽然低沉而幽微，但它绵绵不绝，始终具有被倾听的可能性。在繁华落尽后的荒凉中，在曲终人散时的寂寞里，甚至就是在酒酣耳热的觥筹交错中，或者一呼百应的唯我独尊里，良知的呼声都有可能穿透众声喧哗直抵此在的内心：你在哪里？因为良知的呼唤，常人破灭了，常人的世界也土崩瓦解。

　　然而良知的呼唤缘何而起？源起于调谐中最为原始的忧（anxiety）。① 海德格尔说："作为此在之存在的可能性，以及在忧中被揭示的此在本身，忧为我们明确把握此在之存在的原始总体性提供了现象学的基础。"② 海德格尔把此在沉沦于常人所操劳的世界称为在它本身面前的逃避。在沉沦中，此在逃避和背离自己。然而忧可以比领会和话语更原始地把此在带回到自己，或者说，忧可以更原始地阻止沉沦中的逃避，让此在直面自己。何以能够？因为"忧之所忧者正是在世界中存在本身"③。忧之所忧者不是世界之中任何会造成危害的实际或可能的事件或者人物，而是此在在世界中的存在。从存在论上说，忧源于任何荣华富贵都无法化解的必死之命运。正是死亡的逼视迫使此在不得不面对这个严峻的问题："我"是谁？在忧中，周围世界的事物，以及一般的存在者，全都沉陷了。世界再也不能为"我"提供任何东西，与他人共在的此在也不能。忧剥夺了此在根据世界和公共意见来领会自己的可能性。忧把此在抛掷回忧之所忧者，抛掷回在世界中存在的本真可能性，忧使此在个别化为最本己的在世界中存在。海德格尔说："这种存在主义的唯我主义恰好是在极端意义上将此在带到它作为世界的世界面前去，并因此将它自己带到作为在世界中的存在的自己面前去。"④

　　海德格尔关于此在的存在论分析，其根本目的是论证此在的真理（即其本真存在）以自由为本质；在此基础之上，他进而论证"真理的本质就是自由"。海德格尔并不相信胡塞尔能带领我们回到那种一尘不染的事物本身，但这绝不意味着海德格尔放弃了真理。恰好相反，海德格尔同样许诺带领我们回到事物本身或真理，只不过他坚信事物本身并非存在于纯粹

---

　　① 陈嘉映和王庆节将 Angst 译为"畏"，他们的翻译自然具有充分的理由，但笔者倾向于将其译为"忧"。二者将 Angst 译为"畏"，将 Furcht 译为"怕"，但"畏"与"怕"在汉语里几乎没有区别，似乎不足以区分这两个词语在海德格尔思想中的差异。

　　② Martin Heidegger，*Being and Time*，p. 177.

　　③ Martin Heidegger，*Being and Time*，p. 181.

　　④ Martin Heidegger，*Being and Time*，p. 182.

的先验意识中，而是存在于具体的生活世界之中。海德格尔对真理（存在者的本真存在）的阐释集中体现在其论文《论真理的本质》（1930）之中。不管我们将真理理解为认识与事物一致，还是事物与认识一致，我们首先都必须追问这种一致的内在可能性，也就是一致的前提。海德格尔认为，这个前提就是事物的敞开性，或者说一个敞开领域。如果事物没有进入一个敞开领域，那么它就不可能如其所是地呈现出来；在这种情况下，旨在呈现的陈述就绝不可能如其所是地言说存在者，真理也就无从谈起。存在者入乎其中的敞开领域是一片澄明之境，但澄明不等于虚空，恰好相反，敞开领域本质上是一种关联领域。因此海德格尔说："事物出现在一个对立横贯领域，这件事发生在一个敞开领域之中。敞开领域的敞开性不是首先由陈述的呈现创造出来的，而是仅仅作为一个关联领域被进入和接受。"① 存在者的敞开性不是由陈述或者命题本身创造的，它源于一种关联。那么存在者因为与谁关联而敞开呢？与在世界中存在的此在关联。此在在世界中存在时遭遇存在者，并与之结成密切关联，这种关联原初并且始终是一种相称（Verhalten/comportment）。② 海德格尔指出："相称向存在者敞开。每一种敞开的关联都是相称。依照存在者的种类和相称方式，人的敞开姿势各有不同。所有工作和成就，所有行动和打算，都发生在一个敞开领域之中，在这个领域之中，存在者，根据它们是什么以及如何是，可以使其自得其所并能够被言说。"③ 海德格尔在此最为直接地表达了他与胡塞尔的差别：事物本身不是在纯净的先验意识之中，而是在与此在的密切关联之中显现。只有当存在者与此在在世界中的存在关联起来时，存在者才能进入一种敞开领域。进入这种密切关联的存在者，不仅与此在相称，而且与自己相称，或者说因为与此在相称而与自己相称——如其所是。陈述之所以能沿着正确的方向去陈述或再现存在者，乃是因为存在者在与此在关联起来时便与自己相称了。相称为陈述与事物的一致先行确定了方向，而这一切的关键在于自由。存在者能否如其所是地是其所是，取决于此在能否听从良知的呼唤自由地去领会和筹划它在世界中的存

---

① Martin Heidegger, "On the Essence of Truth", in *Pathmarks*, ed. William McNeill, Cambridge: Cambridge University Press, 1998, p. 141.

② 孙周兴将 Verhalten 翻译为"行为"，自然有充分的理由，英译本《路标》将这个词译为 comportment，笔者倾向于将其译为"相称"。Verhalten 当然有"行为"的意思，但这个"行为"具有特定的内涵，专指与自己的身份相称的行为举止，所以这个词也有"表现"的意思。总之，这个词同时具有相称、行为和表现三重意思。

③ Martin Heidegger, "On the Essence of Truth", in *Pathmarks*, p. 141.

在，并在这种领会和筹划中在世界中存在；如果此在在世界中的存在是一种本真而自由的存在，那么在这种本真存在中与此在遭遇的存在者自然也就会本真地是其所是。因此海德格尔说："真理的本质就是自由"；"自由的本质就是让存在者存在"①。如果我们能够让存在者如其所是地存在，如其所是地是其所是，不去强迫它，没有遮蔽它，那么存在者的真理就被揭示出来了。海德格尔的真理概念不仅适用于此在，而且适用于一般存在者：核心就是自由。

　　海德格尔的存在主义虽然不是一种认识论，但它的核心仍然是真理；真理在海德格尔这里已经不是知识问题，因为真理的本质乃是自由，而自由的本质乃是让存在者存在。列维纳斯敏锐地发现，将存在和真理作为哲学的核心，这既是存在主义的精髓之所在，也是其症结之所在。列维纳斯认为，诉诸存在并不能让我们回到事物本身。列维纳斯认为，知识或者理论原本指的是认识者与认识对象之间的这样一种关系：认识者让被认识者显现出来，同时又尊重其他异性（alterity）。然而事实却是，在知识或者理论中，认识对象的他异性总是被剥夺了。因为，"只要被认识者存在需经一个中立者才能被瞄准时，其他异性就必定会被剥夺；［因为］中立者本身不是一个存在者，在它里面，同一者与他者遭遇时的震惊死掉了"②。在他看来，概念是一个中立者，在概念中，事物的个别性消失进了一般性。感觉也是一个中立者，在感觉中，客观品质与主观情感难解难分。最让我们惊讶的是，列维纳斯认为存在也是一个中立者："存在没有实存者的密度，它只是让实存者能够被理解的光。"③ 当然，列维纳斯反对海德格尔并非仅仅因为他认为后者错把存在当作了事物本身，而是因为列维纳斯认为，即使在存在的澄明之光中，他者的他异性也消失了，因为此际他者仍然被同一化了。只有他者才能质疑同一者，因为他者的陌生性，他者之不可能还原为"我"（the I），不可能还原为"我"的思想，为"我"所有，就是因为他能质疑"我"的自由。列维纳斯指出："西方哲学绝大多数时候就是一种存在主义——通过插入一个中立者，这个中立者保证了对存在者的理解，它将他者还原成了同一者。"④ 为什么列维纳斯要坚决反

---

① Martin Heidegger，"On the Essence of Truth"，in *Pathmarks*，pp. 142，144.

② Emmanuel Levinas，*Totality and Infinity*，trans. Alphonso Lingis，Pittsburgh：Duquesne University Press，1969，p. 42.

③ Emmanuel Levinas，*Totality and Infinity*，p. 43.

④ Emmanuel Levinas，*Totality and Infinity*，p. 42.

对存在主义？因为存在主义高扬同一者的自由，而同一者的自由必然会导致控制、占有和支配等党同伐异的暴力。

诉诸存在已经让我们远离存在者，而执着于自由则直接导致了唯我论。列维纳斯认为，欧洲哲学虽然流派很多，但都受到一种激情的支配：对真理的热爱。然而在探索真理时，欧洲哲学在方向上出现了两种分歧：其一认为真理就是对外在事物的经验。经验就是对外在于自我、与自我异质的事物的经验。只有当经验能够引领自我超越其本质，经验才成其为经验。真理来自一种离开自我、离开本质，走向陌生者和超越之物的运动。真理意味着超越。这种与经验主义具有密切关系的真理观暗含了真理的原始意义，可惜未能开花结果，因为经验主义始终故步自封于认识论之中，认识他者，将他者概念化、主题化的认识论冲动最终扼杀了经验主义的潜能。其二认为真理就是对某种主张的自由坚持，真理是一种自由探索的结果。列维纳斯对这种取向并不赞同，因为自由无非就是有思想、能思想且思想着的存在者，不管其思想将其引领到何种未知世界，仍然维持和固守其本质和同一性，仍然保持为一个同一者，拒绝被异化。以此而论，哲学一直忙于将那与思想着的存在者对立的他者归化为可以认识、理解和把握的相同者。列维纳斯认为，将自由规定为真理的本质，这必然会排斥他者，最终导致一种绝对的自主（autonomy）。在这种无坚不摧的哲学中，没有什么是不可归化的，没有什么能限制思想和意志的步伐。"自由，自主，将他者归化为同一者，导致了这一公式：人在历史过程中对存在者的征服。这种归化并非什么抽象的图式，它就是人的自我。"① 自我的发生就是将自我同一化，将不同的事物同一化。

列维纳斯认为，欧洲哲学的主流一直以自由为导向，海德格尔的存在主义自诩要扭转哲学的方向，其实它并没有与之决裂；相反，存在主义是这种哲学登峰造极的发展，是淋漓尽致的唯我论。在海德格尔的哲学中，不管是在其关于此在的探究中，还是在其关于真理的讨论中，他者都是完全没有立足之地的。此在在世界中的存在就是去成为真正的自己，作为他人的他者是完全不需考虑的；至于存在者的真理，则必然会在此在的本真存在，即此在的自由中得到揭示：在澄明的朗照中，不存在任何不可知的他者。海德格尔的存在主义是一种独白，虽然它采取了对话的形式，但这

---

① Emmanuel Levinas, "Philosophy and the Idea of Infinity", in *Collected Philosophical Papers*, p. 48.

种对话是灵魂与自己的对话，而非与他者的对话。故此列维纳斯说："每一种世界经验，对元素与事物的每一种经验，都适合这种自我交谈的灵魂的辩证法，都进入这种辩证法，属于这种辩证法。在经济与政治的历史中，事物会成为一些概念，会被征服、统治和拥有；而思想就在这一历史中展开。"① 对于这种唯我论哲学来说，他者是一个障碍，然而是一个必须克服而且可以克服的障碍。因为排除了他者，也就是排除了超越之物，所以列维纳斯说，海德格尔的哲学（以及所有同一哲学）是一种没有超越性的哲学，是一种没有敬畏精神的无神论。

海德格尔的哲学毫不含糊地维持了同一者对他者的霸权，它是登峰造极的唯我论，在这种哲学中，没有他者，没有无限。海德格尔的存在论让人与他者的关系隶属于人与自己的存在的关系，这势必会提升尼采鼓吹的权力意志，只有他者才能质疑、扰乱甚至取消权力意志的合法性。列维纳斯指出："当海德格尔提醒我们注意对存在的遗忘时，存在被它所朗照的芜杂的事物遮蔽了，自苏格拉底以来的哲学都应该为这种遗忘感到内疚；当他痛惜智识以技术为取向时，其实他在保卫一种比技术主义更不人道的权力政体。"② 至此我们发现，列维纳斯对海德格尔的批判，不仅是一种哲学批判。作为一个哲学家，同时也作为一个被迫害的犹太人，列维纳斯直接命中了海德格尔哲学的要害：存在主义虽然是一种精深而伟大的哲学，但它在政治上可能会导致党同伐异、唯我独尊的纳粹主义。

面对他者：列维纳斯的伦理学

海德格尔的哲学不仅没有与欧洲哲学传统决裂，反而是这种哲学传统的巅峰之作，因为它是一种最为彻底的同一哲学。同一哲学的基本姿势就是同一化，它首先将自我同一化为自我中心、自我同一的绝对主体，然后将作为自然事物的他者和作为他人的他者也同一化。它以各种知识和概念将他者同一化，凡是反对、阻碍其同一化操作的，它便以理论的或行动的暴力将其征服或者消灭。作为一种无神论，存在主义是一种远比尼采的权力意志更加精致的权力哲学。以自由为核心，以成为自己、实现自己为目的的存在主义是一种彻底的唯我主义，在存在主义哲学中，没有他者的立

① Emmanuel Levinas, "Philosophy and the Idea of Infinity", in *Collected Philosophical Papers*, p. 49.

② Emmanuel Levinas, "Philosophy and the Idea of Infinity", in *Collected Philosophical Papers*, p. 52.

足之地。海德格尔的存在主义之所以不给他者任何容身之地，并不是一种偶然的疏忽，而是一种刻意的排除，因为他者，作为他人的他者，是唯一能够质疑甚至对此在的自由意志说"不"的存在者。

他者因其他异性永远是总体的威胁。然而何为他者？他者的他异性究竟何在？他者不是横亘在"我"面前的一条大河，或者一座难以攀登的雪山，不是对"我"虎视眈眈的一条狗，也不是一只高冷孤傲的猫。他者当然是另一个人，但并非所有的他人都是他者；更准确地说，并非所有抗拒同一者或"我"的他人都是他者。他者的他异性并非仅仅来自他者对同一者的反抗，如果他人仅仅借助其自由意志反抗同一者的自由意志，那么他也不是真正的他者，而是另一个同一者。绝对的他者是形而上的欲望所指向的对象："形而上的欲望指向某种完全不同的事物，指向绝对的他者。"① 形而上的欲望无意于回归，不管是回归久别的故乡——像奥德修斯那样，还是回归自己——像海德格尔那样。形而上的欲望是不可满足的，然而它不可满足并非因为它是一种拉康式的欲望，欲无止境，欲壑难填，而是因为："形而上的欲望另有一种意图；它所欲望的不是能够简单满足它的一切事物。它就像善——所欲望者并不满足它，而是深化它。"② 形而上的欲望不是一种贪婪的欠缺，而是一种由所欲望者滋养的慷慨，因此是这样一种关系：在这种关系中，欲望者和所欲望者之间的距离不会消失，二者不会合二为一。恰好相反，这种关系的积极性来自二者相距遥远，来自他们的分离性。但是，只有当欲望不可能预计可欲望者，并不事先思考可欲望者，只有当它无目的地走向可欲望者时，就像走向一个绝对的、不可预计的他异者时，这种遥远才是根本性的遥远。因此，遥远不是空间距离的辽阔，也不是可能性的渺茫。列维纳斯进而指出："如果欲望着的存在者是凡人，而被欲望者是不可见的，那么欲望就是绝对的。不可见性并不表示二者没有关系，它意味着这些关系是欲望者与未被给予者的关系，关于这未被给予者，欲望者一无所知。"③ 这两句话值得注意，因为列维纳斯在此明确指出绝对的他者是不可见的、不可知的。欲望就是对绝对他者的欲望。虽然欲望无法被满足，但它能理解他者的遥远性、他异性和外在性。

① Emmanuel Levinas, *Totality and Infinity*, p. 33.
② Emmanuel Levinas, *Totality and Infinity*, p. 34.
③ Emmanuel Levinas, *Totality and Infinity*, p. 34.

他者的他异性首先表现为其绝对的外在性和分离性。他者绝对外在于同一者，绝对与同一者分离，这不仅意味着同一者绝不可能将他者纳入其内在游戏，就像吃掉一块面包，驯服一匹烈马一样，将其征服为自己的奴隶。我们甚至不能认为他者是一个与"我"相同的人，对于"我"来说，他者是一个至高无上的存在者。正是这一点将列维纳斯的伦理学与儒家的伦理学区别开来，儒家倡导"己所不欲，勿施于人"和"己欲立而立人，己欲达而达人"，还仅仅把他者放在与"我"平等且相同的地位上。因此，他者的绝对分离性意味着同一者与他者的关系是不可逆的："我"与他者的关系绝不等同于他者与"我"的关系。因为这种关系是不对等的，"我"必须永远无条件地为他者负责，而他者对"我"却没有这种责任。他者绝对的外在性还意味着，他者本身绝不可能被同化为一个自我同一的存在者，绝不可能被简化为一种简简单单的自我呈现。因为他者没有本质，不可认识。列维纳斯将这种绝对的外在性称为超越性：他者始终超越同一者的同一化，他者永远是超越的他者。他者的外在性和超越性意味着他者与同一者始终保持一段不可克服的距离，他者以其与同一者的距离而成其为他者。为了叙述的简洁，列维纳斯一般以他异性概括他者绝对的外在性、分离性和超越性。总之，"形而上的他者是一个具有他异性的他者，而这种他异性并非形式上的他异性，并非同一性的简单反转，也并非形成于他者对同一者的反抗，它先于一切主动性，先于同一者的所有帝国主义。其他异性能够建构他者的内容，所以他是他者"①。

他者的他异性并不意味着同一者与他者就不可能建立起关系，同一者与他者的关系就是语言或会话。在语言建立的关系中，或者说在语言这种关系中，被语言关联起来的双方并不接壤，更不会被统一为一个总体，他者虽然与同一者建立了关系，但于同一者而言仍然是超越的。因此列维纳斯说："同一者与他者之间的关系，形而上学，原始的就是会话；在会话中，同一者，以其自我性积聚而成的'我'，作为一个唯一而且独立的特殊生存者，离开了自己。"② 在真正的会话这种关系中，之所以不会造成总体化，那是因为会话是一种从同一者走向他者的运动，是一种面对面的相遇，是对同一者与他者之间距离的勾画。他者绝对外在于同一者，与同一者分离，他者绝不可能被总体化，但这并不意味着他者是不可抵达的；

---

① Emmanuel Levinas, *Totality and Infinity*, pp. 38 - 39.
② Emmanuel Levinas, *Totality and Infinity*, p. 39.

恰好相反，正是在会话中，这一不可克服的距离被穿越了，因为同一者在会话中不再固执于自己，而是离开自己，走向他者。列维纳斯说："只有从'我'（soi/me）开始，才可能有他异性。"① 在这句话中，列维纳斯之所以着重标示出宾格的 soi，就是为了强调在会话关系中，同一者放弃了他唯我独尊的主体性。会话维持了"我"（me）与他者的距离，维持了根本的分离，阻止了总体化，但它是通过走向他者完成这一壮举的，因为会话就是离开自己走向他者，会话就意味着同一者承认他者拥有高于自己的权利。

唯有他者能够以其绝对的外在性、分离性和超越性，也就是说，以其绝对的他异性，质疑"我"（the I）或同一者的自由。悬而未决的问题仍然是：他者是谁？然而如果我们继续采用这种积极方式去追问他者，我们注定一无所获，因为他者绝对的他异性早就意味着他者根本就是不可见的。他者的不可见性并非因为他者还没有被带进存在之澄明中，而是因为他者绝不可能被带进存在之澄明中。如果列维纳斯说，作为形而上欲望的欲望对象，他者是未被给予的，他的意思不是说他者可以被给予，只是目前尚未被给予，而是说，他者永远都不可能被给予。所谓未被给予，就是说他者绝不可能作为"现象"显现出来。他者存在（is），但他以一种不同于现象之存在的方式存在。

列维纳斯早就指出，现象凭借意义而成为现象，而意义来自我的认此作彼。以此而论，莫非这意味着不可见的、不可显现的他者根本就是无意义的？恰好相反，他者不仅不是无意义的，而且是一切意义的渊源。因为他者的意义并非由我的意向性给予的，而是由自身给予的。列维纳斯认为，意识之为意识，在于它能够将杂多主题化，并通过宣布统一性和同一性而将存在者显示出来。这就是说，存在者的同一性必须基于杂多性之上。他者没有这种杂多性，他者是独一无二的，所以"我"不可能将其宣布为同一者。他者并不现身，不会显现他自己。故此列维纳斯说："邻人〔他者〕就是在人为其赋予某种意义之前，就已经直接具有意义的人。但是这样具有意义的人只能是一个他者，一个在人给予他意义之前就有意义的他。"② 他者的意义并非源于我的认此作彼，他者直接就有意义。他者意义的直接性既表示他者的意义是他者自身具有的，也表示他者的切近

① Emmanuel Levinas, *Totality and Infinity*, p. 40.
② Emmanuel Levinas, "Language and Proximity", in *Collected Philosophical Papers*, p. 119.

(proximity)，因为正是他者的切近使得"我"不可能为他者赋予意义。对此列维纳斯说："直接性就是邻人纠缠不休的切近，它跳过了意识阶段，不是因为放弃了接近而跳过了意识，而是因为过于接近、过度接近。"①为什么说他者意义的自我赋予性源于他者的过分接近？因为他者的过分接近使得意识被直接跳过了，意识总是迟于"我"与他者的会合，容不得它有一个"反思时间"去"理解"他者，去将他者认此作彼。他者不是意识的尺度和节拍所能衡量的。他者的直接性是一种非同寻常的直接性，比暴露于直观中的意义更加直接；向直观暴露并不能实现真正的直接性，胡塞尔的直观是一种视觉，仍然要诉诸意向性，诉诸一种敞开、一种距离。

　　他者的意义不是由"我"的意识给予的，而是他者自己给予的。他者以其直接的切近而具有意义，切近就是意义。他者如何表达他的切近？他者以他的脸表达他的切近，同时为他自己赋予意义："我们将脸称为出类拔萃的自我赋义。"② 正是在切近的基础上，列维纳斯的脸这个至关重要的概念才能得到准确的理解。在脸中，知识和存在或真理的显示都被吞没进了伦理关系之中。

　　然而列维纳斯所说的脸又该如何理解呢？他所说的脸就是在我们眼前，或者在我们的回忆中，一张张青春焕发或者饱经沧桑、慈祥和蔼或者凶狠邪恶、美丽动人或者丑陋不堪、热情洋溢或者冷若冰霜的栩栩如生的面孔吗？当然不是！关于脸，列维纳斯还说："他者呈现他自己的方式，这种呈现超过了'我'对他者的概念，我们在此称之为脸。"③ 这就是说，脸是他者让自己在场的方式。但是，如果我们据此以为他者的脸就是日常经验意义上的脸，我们就大错特错了。诚然，脸的确就是他者在场的方式，但是我们要时刻谨记的是，他者是绝对的外在者、分离者、超越者，是绝对的他异者和无限者；这无限者和他异者绝不可能出现在有限的形式之中，出现在一张张具体的面孔之中。因此，列维纳斯的脸是不可见的、无形式的。对此列维纳斯说得很明白："他者的脸每时每刻都摧毁和溢出他留给'我'的造型形象，摧毁和溢出了与'我'自己的尺度匹配、与他的实质（ideatum）匹配的概念——这种恒等的概念。他并不以这些品质

---

　　① Emmanuel Levinas，"Language and Proximity"，in *Collected Philosophical Papers*，p. 119.

　　② Emmanuel Levinas，"Language and Proximity"，in *Collected Philosophical Papers*，p. 120.

　　③ Emmanuel Levinas，*Totality and Infinity*，p. 50.

显示自己，而是表达。他表达他自己。"①

　　这里似乎有一种悖论：他者在场，但他者并不显现；"我"意识到他者的在场，但"我"的意识无法完全把握这个存在者。根据胡塞尔的现象学，这是不可能的，因为现象学的基本原则乃是：意识就是关于某物的意识。言下之意就是说：意向对象与意识是完全匹配的，意向对象向意识清晰地呈现，意识完整地把握意向对象。胡塞尔的现象学以明证性为基本原则，在他的现象学中，是没有神秘、没有幽灵、没有他者的。然而列维纳斯发现，意向行为并非总是能够给出或者说再现一个意向对象，换句话说，"我"完全可能感觉到某个事物的存在，但"我"不知道它究竟是什么，因为"我"无法为其赋予意义。比如在享乐（enjoyment）中，表象性的内容就全都融化进了情感内容之中。故此列维纳斯说："实质并不驻留在事物的感性特征之中，因为情感与享乐一致，它享受的是一个没有名词的'形容词'，一种纯粹的品质，一种没有载体的品质。"② 然而享乐并非一种例外而罕见的感觉，相反，一切原始的感觉本质上都是一种享乐，因为从现象学上说，只有让"我"感到快乐的事物才能吸引"我"的感觉。总之，不像胡塞尔所说的那样："当我们在感觉中发现的不是客观品质的主观对应物，而是一种享乐，这种享乐'先于'意识结晶成为'我'与非我、主体与客体，这时感觉就发现了一个'现实'。"③ 这种"现实"就是无形式的物，纯粹的内容。不仅只是在享乐之中才有这种能够被感觉但没有形式的事物，他者尤其是这样一种可以被感觉但并不现身的存在。无限的他者凭借他的脸在场，但这种在场本质上是一种以缺席的方式实现的在场，因为脸是无形式的、不可见的。

　　作为无限者，他者并不是不显现者，而是不可显现者。因此列维纳斯说："邻人不是一个现象，他的在场不能被理解为呈现或出现。"④ 然而他者并非虚无，他以他的脸实现自己的在场。脸就是他者的显灵（epiphany）："我们把那直接将他自己呈现给一个'我'，也就是外在于一个'我'的存在者的显灵称为脸。"⑤ 为了更准确地阐释脸既鲜明地启示了他

---

① Emmanuel Levinas, *Totality and Infinity*, p. 51.
② Emmanuel Levinas, *Totality and Infinity*, p. 161.
③ Emmanuel Levinas, *Totality and Infinity*, p. 188.
④ Emmanuel Levinas, *Totality and Infinity*, p. 121.
⑤ Emmanuel Levinas, "Philosophy and the Idea of Infinity", in *Collected Philosophical Papers*, p. 55.

者的存在，同时又并不诉诸我们的视觉，列维纳斯借助了基督教中与神相遇的独特宗教经验：显灵。当神向其信徒显灵时，每个信徒都明白无误地"看见"了神，但神并不真的现身。摩西在西奈山上与神相遇，就是这种情况。无形式的脸是他者的显灵，"我"与他者的切近发生在他者的显灵中，而不是在他者的再现（representation）中。列维纳斯说："毫无疑问，再现不能建构出与存在者的原始关系。"① 列维纳斯与胡塞尔和海德格尔的对立就是显灵与再现的对立。他者的出现不是一种实实在在的在场，而是一种显灵。列维纳斯的脸绝非经验意义上的脸，不是一个可见的造型。他者借脸显灵，脸就是他者以缺席形式实现的在场。而在一个真实的造型中，比如在一尊维纳斯的大理石雕像中，女神维纳斯并不在这尊雕像中，雕像所表现的神总是已经抛弃、背离了表现它的雕像。

他者的意义是他者自我赋予的，也只能由他者自我赋予。然而他者的意义究竟是什么呢？"[他者的]意义就是无限性，也就是说，就是他者（Other）。"② 他者的意义就在于他者绝不可能被同一者同一化为同一者，在于他绝对超越一切有限的总体化。一言以蔽之，他者就是对"我"、对同一者、对总体化说"不"的存在者，他者就是对同一者的反抗。因此列维纳斯说："无限存在者的外在性在绝对的反抗中得到展示，无限存在者以其幽灵，以其显灵，与'我'的所有权力对抗。他的显灵不是光中的形式的幽灵，不是能被感觉到的或者可以理解的，显灵一向是向权力投掷的'不'。它的逻各斯（话语）是：'你不可杀人。'"③ 也正是在这个意义上，列维纳斯说："脸之显灵完全就是语言。"④

他者是对自我的霸权的抵抗，但他者对"我"的反抗不是权力对权力的反抗。列维纳斯说，如果反抗是一种真实的反抗，而非伦理学的反抗，那么我们遇到的就是一个要么太弱要么太强的现实存在者。这个存在者可能会阻碍"我"的意志，判定"我"的意志是不合理而且专横的。但这样一来，我们遇到的就不是一个真正的外在的他者，一个绝对不能被我们把握和拥有的他者；尽管这个存在者的反抗能够迫使"我"放弃自我固有的

---

① Emmanuel Levinas, *Totality and Infinity*, p. 48.

② Emmanuel Levinas, *Totality and Infinity*, p. 207.

③ Emmanuel Levinas, "Philosophy and the Idea of Infinity", in *Collected Philosophical Papers*, p. 55.

④ Emmanuel Levinas, "Philosophy and the Idea of Infinity", in *Collected Philosophical Papers*, p. 55.

帝国主义，尽管"我"的确是专横而不义的，但做出这种反抗的存在者已经不是一个他者，而是与"我"相同的另一个同一者。伦理学的反抗不是一种权力对另一种权力、一个意志对另一个意志、一个自由对另一个自由的反抗。他者以其完全的暴露和赤裸对抗"我"的权力：他者一无所有，完全暴露于"我"的权力之下，但他的脸始终对"我"下达一个绝对命令——你不可杀人。①

　　列维纳斯认为，为了克服存在主义的致命缺陷，我们需要一种面向他者的伦理学，一种全新的形而上学。列维纳斯的伦理学不是一种虚弱的人道主义，不是一种不抵抗主义，因为他的伦理学命令不是专门针对弱者的，而是针对所有人的。这种伦理学也不是一种没有学理基础、空想的"应该"，而是具有坚实的社会基础。这个基础就是人的存在的本质的社会性。既然人的存在必然是一种在世界中的存在，也就是说，既然人是一种社会性的存在者，始终而且必须与他者共同存在，只有在与他人的共同存在中，人的存在才有意义，人才成其为人，那么第一哲学就不能是以自由为取向的存在主义，而必须是以他者为取向的伦理学。作为在世界中的存在，人最重要的不是存在，不是去成为自己，而是负于存在，是不成为自己，是替他者负责。② 超越自我、面向他者的伦理学乃是一种形而上学，因为他者就是超越，就是具体的无限。

　　胡塞尔认为，欧洲哲学的症结在于理性主义与经验主义的割裂，他许诺弥合二者，将我们带回事物本身。但列维纳斯认为，诉诸先验意识的现象学根本不可能做到这一点，在现象学中，我们根本就不能回到他者。海德格尔在建构其存在主义时指出，自柏拉图以来，欧洲哲学的问题就在于它遗忘了存在，沦落为一种执着于存在者的形而上学。然而列维纳斯却认为，海德格尔的存在主义的症结就在于它遗忘了存在者-他者，背叛了形而上学，异化为一种执着于存在和自由的无神论。胡塞尔以先验意识的明证性和绝对给予性排斥了他者，海德格尔以登峰造极的唯我论排斥了他者。如果说前者还只是一种哲学失误的话，那么后者则为祸尤烈，因为纳

---

　　① 列维纳斯的伦理学与犹太-基督教有密切关联，他不像古希腊人和基督教那样，将唯一的神视为绝对的他者，对他来说，绝对的他者乃是他人，但他者并没有被提升为传统意义上的神，而是真正的人。

　　② 关于 otherwise than being，汉语很难准确地翻译它，现在勉为其难将其翻译为"负于存在"。不过这里的"负于"之"负"不是"胜负"之"负"，而是"正负"之"负"。至于"负于存在"的确切内涵，必须对照海德格尔的 being 才能理解其确切含义：不（成）为自己。关于 otherwise than being，笔者将在后文中予以深入探讨。

粹主义就是存在主义的政治回声。海德格尔的存在主义当然是一种伦理学，然而是一种排斥他者只有自我的伦理学。当列维纳斯强调伦理学必须是一种形而上学时，他并不是要以某种与毕达哥拉斯的数、巴门尼德的一、柏拉图的理念或者黑格尔的理性类似的终极逻各斯为基础，重建一种新的形而上学。作为列维纳斯伦理学之基础的东西不是上述那种基于假设的绝对本质，不是一种抽象的无限，而是一种具体的无限：他者。

2. 存在还是负于存在？

1961 年，列维纳斯在马丁努斯-奈霍夫出版社（Martinus Nijhoff Publishers）出版了他的大作《总体与无限》，13 年后，他再次在该出版社出版了他后期最重要的著作《负于存在或超越本质》①。虽然这两本书主题有别，但可以认为它们致力于同一项事业：如果说《总体与无限》的要旨在于阐明同一性/总体性的危害，并揭示和弘扬与之对立的他异性/无限性，那么《负于存在或超越本质》的要旨则在于进一步阐述走近他者、走向无限的前提及内涵，而这一前提不是别的，就是"负于存在"（autrement qu'être/otherwise than being）。

毫无疑问，《负于存在或超越本质》是一本极为晦涩的书，无论对谁，进入这本书都十分困难。困难不仅在于其主题与各种传统哲学判然有别，还在于遍布文本之中的术语，这些术语来源于传统哲学甚至日常话语，但其内涵已经截然不同。正如保罗·利科（Paul Ricoeur）所说，人们甚至

---

①　autrement qu'être 是列维纳斯后期极为重要的一个概念，林吉斯（Alphonso Lingis）的英译本将其译为 otherwise than being，但要想为其找到一个贴切的汉语翻译非常困难，伍晓明将其译为"另外于是"，王嘉军将其译为"异在"，各有道理，但似乎也各有不足。autrement（otherwise）在法语（英语）中固然有"另外，另外的"这一意思，但在列维纳斯的语境中，这个词语并非这个意思。异于一种行为、方式或状态的"其他（另外）"行为、方式或状态可能会有很多种，但列维纳斯所说的 autrement qu'être（otherwise than being）并没有很多种，而是只有一种。在这个术语中，列维纳斯的 autrement（otherwise）的真正意思是"相反的"；autrement qu'être（otherwise than being）的确切意义就是"存在的反面"或者"存在的负面"。因此，窃以为将其翻译为"负于存在"似乎更适宜一些。不过这里的"负于"之"负"不是"胜负"之"负"，而是"正负"之"负"。至于"负于存在"的确切内涵，这正是本部分将深入探讨的课题。关于《负于存在或超越本质》这本书，笔者主要参照的是林吉斯的英译本，但每条引文都对比了原文，个别关键词语同时附录了法语原文：Emmanuel Levinas，*Autrement qu' être ou au-delà de l'essence*，La Haye：Martinus Nijhoff Publishers，1974.

无法为这本书写作一篇导论，以便读者把握其要旨。尽管如此，但这本书并非真的不可读，关键在于我们必须将其要旨铭记于心，并以此提纲挈领，逐步澄清并清除那些作为障碍与暗礁的术语。

负于存在

虽然胡塞尔和海德格尔在某种程度上各自实现了哲学革命，但列维纳斯认为，现象学与存在主义仍然滞留于以本质和自由为核心的哲学传统之中。[1] 基于犹太人在"二战"期间的悲惨遭遇，列维纳斯终其一生都坚决反对所有排斥他者，以在场、再现、存在、本质和自由为基础的同一性哲学，尤其是海德格尔的存在主义。为了反对这种以存在、本质和自由为导向的唯我论哲学，列维纳斯提倡一种崭新的以他者为导向的伦理学。因为唯有他者能够以其绝对的外在性、分离性和超越性，也就是说，以其绝对的他异性，质疑"我"（the I）或同一者的自由。列维纳斯的他者绝非一般意义上的他人，而是绝对的他者，是具体的无限。如前所述，他者绝对的他异性意味着他者根本就是不可见的。他者的不可见性并非因为他者还没有被带进存在之澄明中，而是因为他者绝不可能被带进存在之澄明中。如果列维纳斯说，作为形而上欲望的欲望对象，他者是未被给予的，他的意思不是说他者可以被给予，只是目前尚未被给予，而是说，他者永远都不可能被给予。所谓未被给予，就是说他者绝不可能作为"现象"显现出来，绝不可能具体地在场。他者存在（is），但他以一种不同于现象之存在的方式存在。虽然列维纳斯一再强调，现象本质上乃是一种意义，但这并不意味着非现象的他者没有意义。恰好相反，他者不仅具有意义，而且是意义的渊源。他者的意义是他者自我赋予的，也只能由他者自我赋予。"[他者的]意义就是无限性，也就是说，就是他者（Other）。"[2] 他者的意义就在于他者绝不可能被同一者同化为同一者，在于他绝对超越一切有限的总体化。因此列维纳斯说："无限存在者的外在性在绝对的反抗中得到展示，无限存在者以其幽灵，以其显灵，与'我'的所有权力对抗。他的显灵不是光中的形式的幽灵，不是能被感觉到的或者可以理解的，显灵一向是向权力投掷的'不'。它的逻各斯（话语）是：'你不可杀人。'"[3]

---

① 列维纳斯对胡塞尔和海德格尔的批判，笔者在另一篇文章中有过详细阐释，请参阅：马元龙．列维纳斯来历，或面向他者的伦理学．文艺争鸣，2022（4）.

② Emmanuel Levinas，*Totality and Infinity*，p. 207.

③ Emmanuel Levinas，"Philosophy and the Idea of Infinity"，in *Collected Philosophical Papers*，p. 55.

也正是在这个意义上，列维纳斯说："脸之显灵完全就是语言。"①

如前所述，列维纳斯认为，为了克服存在主义的致命缺陷，我们需要一种面向他者的伦理学，一种全新的形而上学。这种伦理学不是一种空想的"应该"，而是具有坚实的社会基础，即人的生存的本质的社会性。既然人的存在必然是一种在世界中的存在，始终而且必须与他者共同存在，只有在与他人的共同存在中，人的存在才有意义，人才成其为人，那么第一哲学就不能是以自由为取向的存在主义，而必须是以他者为取向的伦理学。作为在世界中的存在，人最重要的不是存在，而是负于存在。

如果他者才是意义之渊源，如果人生的意义不能满足于恬然自得或者自得其所（chez soi/at home with oneself），那么我们就必须超越自己，面向他者，并走近他者。然而如何才能面向他者并走近他者呢？固执于存在或者本质，只能使我们南辕北辙。面向并走近他者的唯一前提就是负于存在。然而负于存在又是什么意思呢？

存在（sein/being）成为一个至关重要的哲学概念，自然要归功于海德格尔。在海德格尔的哲学语境中，being 就是动词 to be 的分词形式，其根本意义对应于汉语中的"是"。海德格尔认为，两千多年以来，西方形而上学最大的弊病就是执着于存在者，而遗忘了存在本身，不仅遗忘了存在，而且遗忘了对存在的遗忘，所以哲学走上了歧途。海德格尔相信，哲学如果真的想成为一种智慧，就不能满足于知道存在者是什么，而应该追问存在者如何"是"那个存在者。海德格尔一再强调，存在就是对存在的领悟，存在就是去存在（to be），存在就是一种能在（being able to be），所有这些命题强调的都是此在如何成为自己："是"就是对自己之是的领悟，"是"就是去是自己，"是"就是能够去是自己。海德格尔的非凡之处还在于，他将时间和语言与此在之是或存在联系起来，做出了极为深刻而且振奋人心的阐释。但是正如列维纳斯一针见血指出的那样，海德格尔的哲学是一种登峰造极的唯我论和无神论，在他的哲学之中，他者完全没有立足之地。

如果我们洞察了海德格尔的存在的基本意义就是成为自己（to be oneself），那么就在理解列维纳斯的负于存在的道路上迈出了正确的一步。正如列维纳斯是海德格尔最激烈而彻底的批判者，负于存在也是存在的反

---

① Emmanuel Levinas, "Philosophy and the Idea of Infinity", in *Collected Philosophical Papers*, p. 55.

面或者对立面。然而，列维纳斯的负于存在究竟意指什么呢？首先，负于存在不是萨特所说的虚无（nothingness），后者指的是自为的意识在从存在到存在的超越中留下的空白。负于存在也不是巴迪欧所说的作为非物（nothing）的存在，巴迪欧的非物就是"纯粹的多"，也就是因为未识计为一而无以名状的无穷的纯粹之多。① 在《负于存在或超越本质》一书中，列维纳斯劈头便说："如果超越具有意义，那么它只能表达这个事实：存在这一事件、存在、本质，过渡到了负于存在的存在者。"② 在此，列维纳斯明确指出，超越（transcendence）的意义不能在海德格尔的意义上去理解，不能理解成出于成为自己的目的而出离自己，而应该将其定义为负于存在对存在的超越。随后他进一步阐释了负于存在的意思："超越就是过渡到存在的他者，负于存在。不是以其他方式存在，而是负于存在。不是去不存在（to not-be）；在此，过渡的意思不等于死亡。存在与非存在（not-being）相互阐明，并打开了一种投机取巧的辩证法，这种辩证法规定了存在。"③ 在此，列维纳斯清楚地表明，负于存在并非死亡招致的虚无，并不是非存在。为了走近他者，我们必须放弃存在，放弃本质，但这并不等于放弃生命。死亡只会带来虚无，不会帮助我们走近他者。如果我们将负于存在误解为虚无或者非存在，那么驱逐存在的努力立刻就会被存在吞并。最重要的是，虚无或者非存在也要在存在中才能得到规定和理解，非存在只是对存在的否定，而不是存在的他者。

　　为了避免读者将负于存在误解为虚无或非存在，列维纳斯再次强调说："存在或者非存在不是超越所关心的问题。存在的他者、负于存在，这个陈述所要申明的是一种差异，这种差异高于并超越了将存在与虚无区分开来的东西，这种差异是一种超出（beyond）、一种超越（transcendence）。"④ 这就是说，负于存在不是对存在的否定，而是对存在的超越。如果我们将存在理解为 1（one），那么虚无或者非存在就是 0（nothing），而负于存在就是－1（negative one）。因此，如果存在或者本质的意思是"成为自己"，那么负于存在的意思绝不是虚无或非存在，而是"不成为自

---

① 马元龙. 通向存在的道路：诗还是数学?. 文艺研究，2013（9）.

② Emmanuel Levinas, *Otherwise than Being or Beyond Essence*, trans. Alphonso Lingis, Pittsburgh：Duquesne University Press，1999，p. 3. essence 在法语和英语中拼写相同，意义也相同，汉语翻译为"本质"，完全失去了其动词意味。但这个词严格对应于英语中的 being，因为 esse 的意思就是 to be，而 ence 相当于英语动词的现在分词后缀 ing。

③ Emmanuel Levinas, *Otherwise than Being or Beyond Essence*, p. 3.

④ Emmanuel Levinas, *Otherwise than Being or Beyond Essence*, p. 3.

己"。列维纳斯多次说负于存在是一种"小于无"（less than nothing），岂不正好印证了我们将其理解为－1？①

诚如海德格尔所说，执着于存在就是执着于成为自己，存在就是对存在的领会和筹划。由于这种执着，本质就成了对本质不可战胜的坚持，本质填补了每一个虚无这种间隙（interval），这种间隙其实原本可以打断本质那自我执着的练习。有鉴于此，列维纳斯说："存在就是内在地存在；本质就是兴趣。"（Esse est interesse/L'essence est interessement；Esse is interesse/essence is interest. ）② 在此，我们必须对原文和英译中的关键词语做一番词源学考察，才能正确把握这一陈述的意义。这里的 interesse 由 inter（内部）＋esse（是）构成，意思是"存在于自己内部"；interest 由 inter（内部）＋est（是）构成，其本义和 interesse 基本相同。从词源学上看，我们可以发现"兴趣"的本义就是"存在于自己内部，专注于自己的内在需要"。兴趣、关心、重要性、利益、利害，所有这些意义都源于这一基本意义：兴趣就是自己的内在需要，人最关心的就是自己内在的东西，自己内在的东西是最重要的、利害相关的，因而也就是自己的利益。因此，当列维纳斯说"本质就是兴趣"时，他的意思是：存在就是存在于自己内部，存在就是只关心自己，只对自己感兴趣。海德格尔对存在的理解的确在词源学上得到了验证，但没有比这更让人遗憾的了，因为执着于存在和本质，只会导致党同伐异的战争。在各种相互争斗的利己主义中，在多种以邻为壑的利己主义中，存在者或者同一者不仅相互征战，彼此攻伐，而且与所有其他存在者同时作战。故此列维纳斯说："战争乃是本质之兴趣的行动或戏剧。"③

道说与所说

如果将传统的形而上学理解为对存在者的言说，那么海德格尔的存在论就是对存在的言说，而列维纳斯的伦理学则是对负于存在的言说（因为通往他者的必由之路就是负于存在）。自古希腊以来，西方传统的形而上

---

① 原文："Such conceptual possibilities are substitution of one. For another, the immemorable past that has not crossed the present, the positing of the self as a deposing of the ego, less than nothing as uniqueness, difference with respect to the other as non-indiference. "（p. 58）"It is being torn up from oneself, being less than nothing, a rejection into the negative, behind nothingness. "（p. 75）

② Emmanuel Levinas，*Otherwise than Being or Beyond Essence*，p. 4.

③ Emmanuel Levinas，*Otherwise than Being or Beyond Essence*，p. 4.

学一直坚持逻各斯中心主义，坚持逻各斯或者本质、根据、所指的独立性、先在性或外在性。比如亚里士多德就说，书写的词语是口说的词语的符号，口说的词语是心理经验的符号，而心理经验反映的则是在所有人那里都相同的事物。① 海德格尔认为这种只知存在者而不知存在的偏执是一种不可饶恕的遗忘，与存在者是什么相比，对哲学来说，存在者如何是其所是更加重要。对他来说，存在者只能在语言之中是其所是，所以他说："语言是存在之家。"② 然而在列维纳斯看来，存在固然重要，但存在主义并非第一哲学；第一哲学乃是面向他者的伦理学，而面向他者的前提就是负于存在，或者说，面向他者就是负于存在。就此而言，《负于存在或超越本质》的根本目的就在于言说这种"负于存在"。然而言说存在者容易，言说存在难，言说负于存在更是难上加难。因为正如列维纳斯所说："由于所说（le Dit/said）对道说（le Dire/saying）的控制，由于所说被固定在了神谕之中，存在吞并存在之他者难道不是一种无可避免的命运吗？"③在此列维纳斯明确指出，负于存在之所以难于讨论，乃是因为它总是被存在吞并，而存在对负于存在的吞并则直接源于所说对道说的控制。

如果道说总是被所说吞并，那么首先需要追问的是：何为所说？语言总是有所说，但在所说之中不仅只有传统形而上学唯一关注的存在者，还有海德格尔重新发现的存在。

道说之所道说者，首先就是同一的存在者（l'étant）④。列维纳斯说："道说因此会建构出那种同一性，它恢复了那不可逆转的东西，将时间之流凝固成'某物'，将其主题化，赋予其意义。针对这一固定在一个现在（present）之中的'某物'，道说会占据某个立场，将它再现（re-present）在自己面前，并因此使其摆脱时间变化不定的特征。向所说延伸，消解于其中，并与其相互关联的道说，在有生命的时间（lived time）的光或回

---

① 亚里士多德. 范畴篇　解释篇. 方书春，译. 北京：商务印书馆，2003.

② Martin Heidegger, "Letter on 'Humanism'", in *Pathmarks*, p. 239. 海德格尔. 在通向语言的途中. 孙周兴，译. 北京：商务印书馆，2004：154. 在 1946 年的《关于人道主义的书信》中，海德格尔已经比较详细地阐述了"语言是存在之家"；1959 年，他在《语言的本质》中再次详细论证了这一观点。

③ Emmanuel Levinas, *Otherwise than Being or Beyond Essence*, p. 4.

④ 林吉斯的英译本将 l'étants 翻译为 entities，但我们也许可以借鉴《存在与时间》斯坦博的英译本，将这个术语翻译为 beings。《存在与时间》的法译本正是以 l'étant 翻译德语的 das Seiende。entity 在汉语中一般译为"实体"，但汉语中的"实体"一般指物质性的实体，和列维纳斯所说的 l'étant 大不相同。因此，虽然笔者主要参考的是英译本，但还是根据法语原本将其翻译为"存在者"。

声中命名了存在者，正是有生命的时间的光或回声使现象得以出现。"①
在这句引文中，值得我们注意的是，列维纳斯提醒我们注意命名或者赋予
意义、主题化本质上是一种共时性的时间化。通常我们只把命名当作一种
非时间性的符号活动，只在空间维度中展开，其实不然。世间万物不仅无
限纷繁芜杂，而且处于赫拉克利特所说的永恒的流变之中。万事万物，正
如庄子所说，方生方死，方死方生，曾无片刻之停留。在无限的杂多之
中，在永恒的变迁之中，没有区别，没有差异，没有"一"，因此也就无
物存在。正如巴门尼德所说："如若一不存在，那么无物存在。"② 如果一
切总是如此，且只能如此，那么任何认识和知识都绝无可能。所幸人有语
言。正是借助语言，万事万物作为林林总总具体而特殊的某"一"事物呈
现，从而相互区别。只有借助语言为事物赋予意义，才有区别，有区别或
差异，才有事物存在。海德格尔说语言是存在的家，本质上就是这个意
思。但是，命名或区分既在空间维度中展开，也在时间维度中进行。甚至
列维纳斯认为，命名首先是一种时间性操作，因为如果不能从绝对的流变
之中截取出一个"现在"，如果不能让绝对流变的事物驻留于一个"现
在"，将不可逆转的过去复原进这个"现在"，甚至将尚未到来的将来前摄
进这个"现在"，那么事物根本就不可能作为一事物而"在场"，因为空间
上的"在场"（prèsent/present）首先取决于时间上的"现在"（prèsent/
present）。无论是法语 prèsent 还是英语 present，都既表示空间性的在
场，又表示时间性的现在，这难道不是从词源学上证明了事物的存在同时
发生在时空两个维度之中？ 只有在所说之中，在道说的叙事诗（epos）
中，历时性的时间才会被共时化为可以召回的、变成主题的时间。但是，
所说所借助的共时化操作只在象征秩序中才有效，时间本身永远处于流逝
之中，时间的流逝是绝对不可恢复的，它抵制现在的共时性。

　　但是，列维纳斯并不认为所说之中只有"永恒的"，也就是"静态的"
存在者，相反，他提醒我们，所说之中还有存在，也就是说，还有时间和
本质沉默的回声。存在者与存在，是所说结构上的两歧。他说："时间和
本质——后者是时间通过显现存在者而打开的，而存在者则在命题或故事

　　① Emmanuel Levinas，*Otherwise than Being or Beyond Essence*，p. 37.
　　② 柏拉图. 柏拉图全集：第 2 卷. 王晓朝，译. 北京：人民出版社，2003：806. 王晓朝译
为："如果一不存在，那么就根本没有任何事物存在。"巴门尼德的"一"既非柏拉图的理念，也
不是基督教意义上的神，就是巴迪欧所说的"识计为一"。［马元龙. 通向存在的道路：诗还是数
学?. 文艺研究，2013（9）.］

这样的主题中被同一化——作为一种沉默的声音而鸣响，但不会变成主题本身。"① 存在者的存在当然可以被命名为一个主题，但是，这种命名或主题化、客观化，绝不会将存在那无声的鸣响化简为决定性的沉默。在一个表语命题中，列维纳斯说，存在者不仅只是一个静态的对象，其实它还一直在沉默地鸣响，因此，我们也应该对存在者做一种动词性的理解，一种动态的理解，把表语命题理解为本质成其为本质的方式，理解为一种"如何"，理解为存在或者时间化的方式。列维纳斯之所以说在表语命题中时间和本质的鸣响是沉默的，乃是因为在这种情况下，时间已经被共时化为现在，不再流动，本质已经被凝固成同一性，不再呼吸。

　　要想听见表语命题中时间和本质无声的鸣响，的确非常困难，但也并非不可能。比如，我们可以借助同义反复这种特殊的表语命题，如"国王（就）是国王"（a king is a king）或者"时间时间化"（time times）。在这两种同义反复的表语中，主语和谓语是同一个存在者。"国王（就）是国王"这种同义反复并不只是表示国王完全内在于他自己，或者国王拥有国王的全部品质。这个表语命题中的"是"（is）并不仅仅是一个表示判断的系词，而主要是一个动词；其动词性相当于"时间时间化"中的动词"时间化"（times），或者"红者自红"（the red reddens）中的动词"红"（reddens）。列维纳斯说，"红者自红"中的动词"红"并不表示某个事件，也不表示"红者"的某种活动，比如从不红变红，或者从不那么红变得很红。千万不能将动词"红"理解为表示一个事件、一个行动，或一个过程的符号，那样就会把这个动词理解为一个名词。同义反复中的动词让我们感到了存在者之存在的轻微震颤，让我们听到了存在者之存在无声的鸣响。故此列维纳斯说："在这个表语中，红者的本质，或者那作为本质而红着者，第一次变得可以听见了……本质并非只是在所说中被传达、被表达，而是原始地——尽管是模棱两可地——在所说中作为本质而鸣响。"②

　　存在者对存在的吞并，在语言上表现为名词对动词的吞并："动词'是'——可共时化的历时性之场域，时间化之场域，也就是记忆和历史编纂的场域——变成了一个准结构，被主题化，并显得像是一个存在者。现象性或本质变成了现象，被固定、装配进一个故事，被共时化，被呈

---

①　Emmanuel Levinas, *Otherwise than Being or Beyond Essence*，p. 38.

②　Emmanuel Levinas, *Otherwise than Being or Beyond Essence*，p. 39.

现，适合于一个名词，接受了某个头衔。存在者或者一些存在者的排列在命名的共时化中被主题化和同一化了。"① 列维纳斯说，语言作为所说，当然可以被理解为一套使存在者同一化的名词，也可以被理解为一套符号，它们借助名词或来自名词的其他话语，复制存在者，指称物体。但最重要的是，"应将语言理解为表语命题中的动词，在此表语命题中，实体崩解为各种存在方式、各种时间化方式。在此语言并不复制存在者之存在，而是暴露本质那无声的鸣响"② 。至此列维纳斯清楚地表明，存在者之存在，存在者之本质那寂静的时间化（temporalization），那无声的鸣响，并非只是发生在同义反复的表语命题之中，也并非只是动词才具有的功能，语言本身就是这样一个动词，正是在语言之中，存在者之存在或本质才得以被时间化，并因为这种时间化而发出无声的鸣响。

　　虽然语言本身就是存在者之存在或本质的发生之所，但是存在那无声的鸣响或寂静的声音并不容易被倾听到，最容易倾听到那无声的鸣响的地方是艺术。但在西方哲学传统中，艺术只是被当作最卓越的展示。在艺术中，所说被简化为纯粹的主题、绝对的展示，甚至被简化为一种为了吸引所有观看的厚颜无耻，仿佛艺术的目的只是被观看一样。一言以蔽之，所说被简化成了"美"。然而在艺术之中，至关重要的不是去贪婪地观看美丽的形象，而是去凝神静听本质那无声的鸣响。故此列维纳斯说：

　　　　借助艺术，本质和时间性因为诗或歌而开始鸣响。对新形式的搜寻，所有的艺术都以新形式为生，在任何地方都使即将坠入名词之深渊的动词保持清醒。在绘画之中，红者自红，绿者自绿，各种形式作为轮廓而被制作出来，并因为其空白而空出为形式。在音乐之中，声音鸣响。在诗歌之中，词语的外壳，也就是所说的材料，不再为它们所召唤的东西让路，而是以其召唤力量和各不相同的召唤方式，以其词源上的意义而歌唱。在保罗·瓦莱里（Paul Valéry）的《欧帕利诺斯》（*Eupalinos*）中，建筑学让建筑歌唱。诗生产了歌，生产了鸣响与嘹亮，后者正是动词的动词性或本质。

　　　　在无限多样的作品中，也就是说，在艺术必不可少的革新中，颜色、形式、声音、词语和建筑——它们已经濒临被同一化为存在者的

---

　　① Levinas, *Otherwise than Being or Beyond Essence*, p. 42. 列维纳斯排斥文学和艺术的原因在此已经初露端倪了。

　　② Emmanuel Levinas, *Otherwise than Being or Beyond Essence*, p. 40.

边缘，已经在佩戴着形容词的名词中揭示了它们的本性和品质——使存在重新开始。在此它们调制的本质被时间化了。颜料的调色板、形式的蜿蜒、声音的音域和词语的体系，被实现为一种纯粹的如何；在颜料或铅笔的笔触中，在声音的嘹亮中，在词语的秘密中——在所有这些情态概念中——回荡着本质的鸣响。①

列维纳斯的上述议论很容易让我们想起海德格尔在《艺术作品的本源》中的相关论断：虽然雕塑家使用石头的方式，仿佛与泥瓦匠和石头打交道的方式并无不同，但雕塑家并不消耗石头，除了出现败作之时。虽然画家也使用颜料，但他并不是消耗颜料，倒是使颜料得以闪耀发光。虽然诗人也使用词语，但他不像通常讲话和书写的人们那样消耗词语，倒不如说，词语经由诗人的使用，才成为并流传为词语。② 毫无疑问，此间的确存在着某种共鸣，但二者所说的并不是一回事。海德格尔的目的是揭示艺术作品的两个基本特征之一：呈现大地。艺术作品的另一个基本特征则是建立一个世界。真正的艺术作品一方面要建立起一个世界，让存在者存在；另一方面要呈现这个世界所立足或者所由之产生的大地。或者更准确地说，艺术作品必须在建立起一个世界的同时让自行锁闭的大地作为自行锁闭者而呈现。而列维纳斯的目的则是让我们在颜色、形式、声音、词语和建筑中听到存在者之存在因为时间化而发出的无声的鸣响。就此而言，列维纳斯以一种不同的方式证明了海德格尔的那句箴言："语言是存在之家。"虽然他与海德格尔都强调存在者只能在语言中存在，但我们并不可以忽视二者之间的深刻差异：海德格尔强调语言，乃是因为语言将存在者带入了澄明之境，并因此是其所是；而列维纳斯强调语言，乃是因为只有语言才能使存在者之本质时间化，使凝固的时间重新流动。对海德格尔来说，存在者在语言开辟的澄明中存在；对列维纳斯来说，存在者在语言激活的时间之流中鸣响。对前者而言，需要的是肃穆静观；对后者而言，需要的是凝神倾听。

在初读之际，列维纳斯关于语言和艺术的这一部分论述相当令人困惑，极易让人误以为他要以一种新的方式引领我们回到海德格尔的艺术哲学上去。其实不然，列维纳斯的目的根本不是要我们学习如何在语言和艺

---

① Emmanuel Levinas, *Otherwise than Being or Beyond Essence*, p. 40.
② 海德格尔. 艺术作品的本源//林中路. 孙周兴，译. 上海：上海译文出版社，2008：29.

术中，尤其是在艺术中，去聆听本质那寂静的声音，更不是因为艺术更容易让我们听到那寂静的声音，让我们像海德格尔那样对艺术保持一种庄严的崇敬。恰好相反，正因为艺术更容易让我们听到本质或存在无声的鸣响，它反而更应该被我们抛弃；因为我们越是全神贯注于本质或存在那寂静的声音，那更为原始的，或者说前原始的道说和负于存在就越是被所说吞噬和遗忘了。从传统的形而上学到海德格尔的存在主义，虽然发生了深刻的改变，但列维纳斯认为，哲学仍然封闭在所说之中。形而上学执着于存在者，存在主义执着于存在，但存在者与存在都属于所说。如何言说那不可言说的道说才是哲学最为根本的任务。

　　相比存在者对存在的吞没，所说对道说的吞没更加致命。虽然海德格尔为哲学召回了被遗忘的存在，但存在主义并非哲学的终点，因为他并没有发现所说对道说的吞没。道说总是会被所说吞并，总是会消解在所说之中，因为一切道说总是有所道说，总是将我们不由自主地指引到所说。列维纳斯说："在寓言和文字中，一旦在不及存在之处的道说变成命令，它就失效了，就逊位了。"① 道说有别于所说，因为它始终处于不及所说之处。但是道说总是有所道说，一旦它有所道说，行至道说之处，它就立刻消失了，就像海德格尔自行锁闭的大地一样。那么我们有必要、有可能言说这几乎不可说的道说吗？当然可以，关键就在于必须洞悉列维纳斯所说的道说究竟是什么。然而道说是什么呢？"对他者的责任就是先于任何所说的道说。令人惊奇的道说，也就是对他者的责任，与存在的'风与潮'对立，它是对本质的打断，是一种由于善的暴力而强加的无私。"②列维纳斯对道说所下的定义非常简练，但这绝不等于易于理解，相反，这一简练的定义极为费解。为什么要将道说定义为对他者的责任（a responsibility for another）？为什么要将这种责任用"道说"这个词语来定义？

　　关于道说，列维纳斯说："道说不是一场游戏。先于它的所有动词变化形式，先于那些语言学系统和语义学微光，有一个先行于语言的前言，道说是人向他者的切近，是对接近的承诺，是人对他者的替代，是意义之

---

① Emmanuel Levinas，*Otherwise than Being or Beyond Essence*，p. 43. 法语原文为：*dès que Ie Dire*，*d'en deça de l'être*，*se fait dictée et expire-ou abdique-en fable et en écriture*. 英译本将 *en deça de l'être* 译为 on the side of being 略有一些问题。仅从英文来看，on the side of being 的意思很容易被理解为"在存在这一边"，但从法语原文可知，*en deça de* 的意思其实是"在不到……之处"，因此这个短语的意思是"在不到存在之处"，相当于成语"过犹不及"中的"不及"。

② Emmanuel Levinas，*Otherwise than Being or Beyond Essence*，p. 43.

示意（signifiance/signifyingness）本身。"①列维纳斯在此"清楚"地表明了他对道说的独特理解，但这种所谓的"清楚"只有在完全把握了他后面的相关论述之后才真正变得可以理解。从古希腊到海德格尔的时代，语言一直受到哲学的高度重视。受制于逻各斯中心主义，形而上学仅仅将语言视为表达或者呈现逻各斯的外在工具，至于逻各斯本身，则先于、外在于且独立于语言。这种工具论的语言哲学直到海德格尔才受到质疑，并因为德里达的猛烈批判而被彻底颠覆。索绪尔之前的语言学沉迷于历时性的语言研究，基本只关注某种具体语言或语系的流变，对语言本身的性质视而不见。索绪尔虽然将语言学引导到了共时研究的道路，但他关于能指与所指的划分，正如后来德里达指出的那样，其实是自我颠覆的。列维纳斯认为，所有这些语言学或者语言哲学——自然也包括分析哲学，虽然各有所长，但它们有一个共同的盲点，那就是对道说行为本身的现象学意义视而不见。人们执着于语言与逻各斯的关系、语言与存在的关系、语言本身的性质，唯独遗忘了至关重要的一点：只有面向他者，人才说话；只有为了走近他者，人才说话。一言以蔽之，道说在现象学上的本质就是走近他者。正因如此，列维纳斯才说道说先于动词道说（to say）的在人称、数量和时态上的所有变化形式，先于任何语言体系的具体差别，不管是法语、英语、德语还是其他语言，先于任何话语的具体语义，因为不管动词道说以何种形式出现，在何种语言中出现，表达何种具体的语义，道说最原始（original）的意义都是向他者切近，是对接近他者的承诺。就此而言，道说是先行于一切语言、一切话语的"前言"（avant-propos/foreword）。而且，切近的真义不是空间上的接近，而是一种替代（l'un pour l'autre/one for the other），替他者负责，代他者受罪。替代乃是最本质的切近，最本质的切近乃是急人之急，忧人之忧。因此，列维纳斯说，道说不是一场游戏。

先于一切语言和一切话语的道说与其说是原始的，不如说是前原始的（pre-original），它制定了一道命令，这个命令比存在更加重要，而且先于存在。这个命令就是：为他者负责。与道说相比，存在就是一场游戏，一种放松，因为除了自己（原始意义上）的兴趣，它不承担任何责任。② 如果

---

① Emmanuel Levinas, *Otherwise than Being or Beyond Essence*，p. 5. signifiance/signify-ingness 这个词语从结构上看并不复杂，它表示动名词 signifier（signifying）的名词状态，但很难用汉语翻译，姑且译为"示意"。

② 海德格尔对此当然不会同意。在他看来，存在，去成为自己，本真地存在，乃是此在最严肃的责任。列维纳斯与海德格尔的对立乃是两种哲学、两种伦理学的根本对立，没有调和的余地。

说存在的前提是兴趣（内在于自己）（interesse/interest），那么负于存在或者道说的前提就是无私（不内在于自己）（désintéressement/disinterested-ness）。无私表明了一种与游戏那虚妄的兴高采烈所不同的严肃，无私就是不执着于自己的本质，不内在于自己的兴趣，不内在地存在。"难道这种严肃——于中存在之存在（being's esse）被反转了——指的不是这种前原始的语言，不是人对他者的责任，不是人对他者的替代，不是人成为（他者）人质的条件或无条件（成为人质就是这样成形的）？"① 列维纳斯坦陈，在《负于存在或超越本质》中，他自始至终都在寻求如何道说负于存在，但这是一桩极为艰难的任务，因为一旦将这项任务付诸实施，由于所说对道说的控制，负于存在立刻就被背叛了。那么，为了道说负于存在，我们必须抛弃语言吗？

前原始的道说不能进入语言，但语言仍然必不可少。语言之中有现象，有存在，有意义，有信息，语言席卷一切，唯独没有道说，因为语言本身就来自道说。在语言中，道说和所说相互关联，但这种相互关联并不是道说和所说的并驾齐驱，而是道说附属于所说、语言和存在论。这种附属是显示或再现所必须付出的代价。不管是实体还是存在，当其在作为所说的语言中被传达或者呈现在我们面前时，道说就被背叛或牺牲了。但列维纳斯指出，虽然语言总是会背叛道说，但语言仍然是必不可少的："当此之时，语言服务于一项探索，实施这种探索乃是为了使负于存在或存在之他者脱落出各种主题；在这些主题中，它们（负于存在或存在之他者）已经失真地显示自己为存在之本质——但它们的确显示了自己。虽然是以背叛的形式，语言的确容许我们说出这一存在之外面，这一存在之例外，仿佛存在之他者是一种存在事件似的。"② 语言之中既有存在之例外，也

---

① Emmanuel Levinas, *Otherwise than Being or Beyond Essence*, p. 6. 在列维纳斯的伦理学中，因为对他者所负的责任是不可推卸的，仿佛"我"被他者绑架了一样，所以他说"我"是他者的人质。

② Emmanuel Levinas, *Otherwise than Being or Beyond Essence*, p. 6. 列维纳斯所说的"主题"（thèmes/themes）乃是指一切共时地再现的现象，一切被客观化同一化的同一者；因此他所说的"主题化"（thematization）的意思就是客观化、共时化、同一化。引文中所谓的"例外"（ex-ception/ex-ception）也是一个不能轻易放过的概念，列维纳斯专门在前缀 ex 和词根 ception 之间加上一个分隔号，就是为了提醒读者不要将其理解为一般意义上的"例外"（exception），而须从词源学上去理解这个术语的意思。从词源学上看，cept 的意思是"拿住、抓住、握住"，而前缀 ex 的意思是"不包括，除……之外"，所以 except 及其名词形式 exception 的本义就是"未被抓住，未被把握住"。列维纳斯在此强调的就是这个词语的本义，"存在之例外"就是负于存在或者存在之他者，就是语言或我们所不能把握住的东西。然而为了行文简洁，同时也保留列维纳斯文风固有的晦涩性，笔者依然将其翻译为"例外"。但列维纳斯的读者不能不对其中的幽微之处有所领会。

有知识或真理。存在之例外在所说中显现，只不过是以真理的形式。本质或真理乃是道说的陈述性变体，无论如何，我们不能将这种变体当作绝对之物。这种天使般的（真理就像天使送来的福音）然而又是附属性的（它是道说的产物）变体，虽然非常崇高，但它只能发挥一种中介作用。真理、本质、主题、理论和思想，诸如此类的事物，并不能够证明道说真的倒塌了。因为这些东西本身就是由道说的前原始的天命、由责任本身驱动的。

为了回到事物本身，胡塞尔发明了两种还原，但在列维纳斯看来，经过这两道还原，他不仅不能回到事物本身（他者），反而否认了他者，远离了他者。列维纳斯也提倡还原，但他的还原是从存在回到负于存在，从所说回到道说。不过这种还原不是要用另一种存在论来矫正原来的存在论，从一个透明的世界回到一个更加真实的世界。因为不及存在或超过存在并不是一个位于不及存在之处或超过存在之处的存在者，它也不是一种比存在者的存在更加真实的存在之实行。"还原是将所说还原为超越逻各斯的道说，超越存在和不存在的道说，超越本质的道说，超越真与不真的道说。这种还原就是还原到意义（signification），还原到责任之中的以己替人（one-for-the-other），还原为人的现场或非现场（locus or non-locus），还原为人的乌托邦。这种还原是还原为原本意义上的无休无止（restlessness），还原为它的历时流变（diachrony），即使存在使出它的全部装配力量、统合事物的全部共时力量，存在也不能将这种流变不居化为永恒。"① 列维纳斯竭力将道说从所说中拯救出来，让我们听见道说。真正的道说就是暴露于他者，就是回应他者时的暴露。这在所说中是听不见的。原始的道说不是传达意义和交流信息，而是走近他者。但要真正走近他者，走近者、回应者就不能成其本质，不能在其存在之中，不能是其所是，而必须负于存在。

道说与主体性

虽然一切道说都有所道说，而且因此总是被所说吞没或消解，但从现象学上来说，道说总是先于所说，先于本质、存在和同一化。在让存在者存在，让存在者成为某一存在者之前，道说已经发生了。列维纳斯说："道

---

① Emmanuel Levinas, *Otherwise than Being or Beyond Essence*, p. 45. 英译本将 *lieu ou non-lieu* 翻译为 locus or non-locus，是不得已而为之。原文具有以下几层意思：场所或非场所，替代或非替代，理由或非理由。意思是说，对他者的责任，以己替人就是设身处地，就是代替他人负责，但因为这种代替是义不容辞的，因此它并不是一种代替，它是理由也无需理由。

说陈述了所说，将所说主题化，但它是向着他者或邻人来用符号表示（signifies）所说的，因此［道说］具有一种意义，这种意义必须区别于由所说中的词语所生产的意义。这种与他者有关的意义发生在切近之中。切近迥异于其他一切关系，必须将其设想为对他者的责任；我们可以将其称为人道，或者主体性，或者自己（soi/self）。"① 在此列维纳斯指出，原始的道说虽然无所道说，但它并非没有意义，它的意义迥异于一切词语的意义，这个意义就是与他者切近。道说原始的、现象学的意义就是这个，因为正是为了走近他者，与他者切近，"我"才会开口道说，并有所道说。之所以说切近就是"对他者的责任"，乃是因为切近不是空间距离的接近，而是设身处地的急人之急。只有当"我"真正承担起对他者的责任，对他者负责，急其所急、忧其所忧时，"我"才真正切近于他者。列维纳斯说这就是人道之本义、主体性之本义。道说的原始意义就是与他者切近，与他者切近就是对他者负责。没有什么比对他者的责任更加严肃、更加令人敬畏的了。

切近他者是道说固有的优先于一切所说的意义，列维纳斯的任务就是要确定作为一种切近的道说如何将自身的意义，即切近，彰显出来。这无疑是一项十分困难的任务，但也并非不可能。正如存在那无声的鸣响不会被存在者完全吞没一样，道说也不会完全被所说消解。"它会将其痕迹印在主题化本身之上，而主题化徘徊在两端之间，一边是结构化操作、存在者的排列命令、为历史编纂学家们准备的世界和历史，另一边是他者非名词化命题的命令，在这种命令中，所说仍然是一个前置（proposition），一个针对邻人而做的前置，一个施予他者的示意（signifyingness）。"② 理解这句话的关键是要从词源学上理解 proposition 和 signifyingness 这两个词语。proposition 的一般意义是"建议，提议"，但这里不是这个意思。这个词语的法文和英文同形，由前缀 pro（居前，领先，切近）、词根 pose（摆放）和动词的名词化后缀 tion 构成。其本义就是"摆放到……前面，走到……面前"。列维纳斯在此使用这个词语的意思就是说，所说在某种程度上仍然是一种道说，一种走到他者面前的切近。至于 significance/signifyingness，在此将其翻译为"示意"，实属不得已而为之。它的真正意思是：示意他者"我"听见了他的呼唤而上前来了。所以列维纳斯

---

① Emmanuel Levinas, *Otherwise than Being or Beyond Essence*, p. 46. 至于列维纳斯为什么将切近称为"自己"（soi），下文将详细申说。

② Emmanuel Levinas, *Otherwise than Being or Beyond Essence*, p. 47.

说，表语命题仍然是一种道说，因为它是一种元语言，对于辨识和理解被它抛弃、处于散播状态的道说乃是必不可少的。表现为"前置"或者"建议"的表语命题位于将所说去主题化（dethematization）的前沿，本质上是一种接近和接触。故此他说："命题作为一种接近他者而具有意义。它指的是位于不及存在和存在者这一两歧之处的道说。这一道说，以对他者负责的形式出现，与不可挽回、不可再现的过去密不可分，并根据一个具有诸多分离时期的时间在流变不居中时间化。"①

道说在本质上就是对他者负责。那么为什么列维纳斯要用 le Dire/saying（道说）这个词语来命名 responsabilité pour Autrui/responsibility for the other（对他者的责任）呢？在此我们仍然要对 responsabilité/responsibility 做一番词源学的考察。这个词语的词干是 response，其本义就是"回应，响应，回答"，而这也是 responsabilité/responsibility 的本义。这个词语后来之所以具有"责任"之意，甚至主要表示"责任"，就是因为回答他者的呼唤、回应他者的要求和乞求就是人最原始的责任，因而也是义不容辞的责任。因此，最原始的道说当然就是回应他者的要求。

在对他者负责的道说之中有一种无上的被动性（passivity）：因为这是一种义不容辞、责无旁贷的责任。对"我"来说，对他者负责是不可推卸的，不得不接受的。对此列维纳斯先前已经明白指出，这种积极的道说仍然是一种被动性，是比所有被动性更加被动的被动性，因为它是一种毫无保留的牺牲；责任的义不容辞和责无旁贷，使得"我"成了他者的人质，必须为他者做出毫无保留的牺牲。"我"必须对他者负责，不是因为我做了什么有负他者的事；"我"成为他者的人质，不是"我"真的被他者劫持。他者并未劫持"我"，但"我"仍然成了他的人质，乃是因为善（the Good）借助善的暴力将"我"指定为他的人质。这种不由自主的选择不是被选择者做出的选择。然而道说的被动性还不止于此，因为被动性还意味着"我"暴露于他者面前。海德格尔在揭示语言的本质时曾断言，不是我们在说着语言，而是语言在说着我们。就此而言，早在结构主义之前，海德格尔就已经指出了此在的被动性。但是列维纳斯在此并未放过海德格尔，他说："不是因为我们发现了'它在说话'或'语言在说话'，这种被动性才得到了公正对待。人们必须在作为接近的道说中展现主体的废黜（dé-position）或失位（dé-situation），尽管如此，这种废黜或失位仍

---

① Emmanuel Levinas, *Otherwise than Being or Beyond Essence*, p. 47.

然是一种不可替代的唯一，且因此就是主体的主体性。"① 不管主体曾经以何种本质存在，总之，在作为接近的道说中，主体将失去本质，失去存在，他将处于不及存在之处，或者说负于存在。就此而言，他被废黜了，失去了他的处境。但列维纳斯说，这种绝对的被动性绝非坏事，尽管他现在负于存在，但他仍然是独一无二的，而且这种无所依靠的负于存在正是人之为人的主体性。

因为负于存在的无所依靠，所以作为对他者负责的道说乃是暴露于他者。列维纳斯认为，严格地说，道说就是向他者示意（a signifyingness dealt to the other），示意"我"已经听见了他者的呼唤和需要，示意他"我"已经承担起了回答他的需要的责任（对他负责）。道说固然要给出一些符号或词语，但其原始意义并不在于给出一些符号或词语。道说当然也是一种交流，但它是一切交流的原始条件——若非"我"要走近他者，对他者负责，交流便无从发生。在道说发生之际，"我"立刻就被驱逐出了本质和存在之中，失去了立足之地和存身之所，无所依凭，暴露于他者，暴露于他者的要求和乞求，牺牲自己的一切本质去对他者负责。人性或者人道就是对他者的要求和乞求的"非无动于衷"（the non-indifference to another）。分裂人与他者的壁垒乃是种种信息、思想、知识和真理，而所有这些壁垒的基础则是诸主体的存在或本质。因此，破除这些壁垒不能借助这些写入所说的内容，而要通过恢复道说的原始意义，通过废黜存在，让主体在绝对的被动性中彻底暴露于他者。正是在危险的自我暴露中，在赤诚相见的真挚之中，在打碎内在的本质和抛弃所有庇护之中，在暴露于创伤之中，在脆弱性之中，人与他者之间的壁垒才能被真正破除。故此他说："在道说之中的主体在表达自己［把自己排挤出去］（ex-primant/ex-pressing）时，就这个词语的本义而言，也就是在被驱逐出一切场所、不再有栖身之所、不再有任何立足之地时，他就接近了邻人。"②

在作为暴露于他者的道说中，人暴露于他者就像皮肤暴露于伤害中。主体无所依凭，上无片瓦之棚，下无立锥之地。道说是暴露的暴露，赤裸

---

① Emmanuel Levinas, *Otherwise than Being or Beyond Essence*, pp. 47 - 48.

② Emmanuel Levinas, *Otherwise than Being or Beyond Essence*, pp. 48 - 49. 虽然在此将 *ex-primant*/expressing 翻译为"表达"，但列维纳斯在前缀与词根之间加了一个隔离号，就是为了提醒我们注意他使用的是这个词语的原始意义"排挤出去"。"把自己排挤出去"的意思是"把自己从自己的本质或存在中排挤出去，负于存在"。阅读列维纳斯的一个关键就是，他的很多词语都必须从词源学上去理解。

的赤裸，是绝对的被动性。这种被动性响应了一种指派，即把"我"指派
为独一无二的对他者负责的人。也就是说，"我"对他者的责任是责无旁
贷的；但这种责无旁贷不是因为"我"是"我"之所是，不是因为"我"
被赋予了某种特殊的身份，恰好相反，是因为"我"被剥夺了一切身份、
一切品质、一切依凭、一切形式。被指派者必须敞开自己，敞开到什么程
度呢？敞开到放弃自己的本质和存在的程度，也就是说，敞开到"无我"
的程度；但这种"无我"不是佛教的无我，也不是庄子的"丧我"，因为
二者所要确证的是万象皆空；但列维纳斯的负于存在不是空，更不是为了
证明万象皆空。恰好相反，主体之所以必须放弃自己的本质和存在，恰好
是为了走近至高无上的他者。因此他说："主体的主体性就是脆弱性，就
是暴露于影响，就是情感［敏感性］（sensibility）；这是一种比一切被动
性更被动的被动性，一种不可挽回的时间，是不可组装的历时的忍受
（patience），是一种总是越来越暴露的暴露，一种表达［把自己排挤出去］
的暴露，因此也就是道说，是给予。"① 在此列维纳斯对主体的主体性做
了完全不同于阿尔都塞式的、拉康式的、福柯式的和海德格尔式的解释：
主体的主体性，即主体之为主体，人之为人，就在于他面对他者的要求和
乞求时的"脆弱"。他为什么脆弱？因为他应该脆弱，应该极易受到他者
的困苦的影响，应该对他者的痛苦非常敏感，而非无动于衷、麻木不仁。
这种被动性比一切被动性更加被动，它使得主体在面向他者、走近他者
时，立即处于一种不可逆转的一去不返的时间之中，因为他不得不忙于回
应他者的要求，响应他者的呼吁，对他者负责，忍受他者的各种要求，以
致无暇在共时性的时间化中成为自己，为自己筹划。主体性是一种越来越
暴露的暴露，因为主体越是对他者负责，他者的要求就越多。主体之主体
性就在于主体必须"表达"自己，也就是将自己从自己的本质中排挤出
去，不断地道说，不断地给予。

　　道说就其本身而言，就是忍受和痛苦。在道说中，受苦（suffering）
以给予的形式显现出来。对列维纳斯来说，道说、意义、理性（sense）
都是一个意思：被动性中的以己替人②。道说的被动性是一种绝对的被动

---

① Emmanuel Levinas, *Otherwise than Being or Beyond Essence*, p. 50.

② 列维纳斯用 signification 这个词来表示以己替人，也是颇有讲究的。这个词一般表示
"意义"，但其本义则是"符号化"，所以"意义"就是"符号化"的结果。但符号（sign）是什
么呢？符号就是代替某人某物的符号。对列维纳斯来说，意义之于人，就是以己替人。换句话
说，只有当人能够急人之急、忧人之忧，以己替人时，他的生存才有"意义"。

性，还有另外一层意义：一切给予都是纯粹的给予，主体无欲无求。因此列维纳斯说："为他者（或理性）变成了被他者（渗透），变成荆棘在肉身上燃烧的折磨，但是一无所求。只有以这种方式，为他者，比一切被动性更加被动的被动性，理性的重要性，才不会成为为自己。"① 这就是说，主体的牺牲、忍受和给予必须无私（dis-interestedness），否则道说就消解进了所说，本质或存在又回来了。列维纳斯再次强调，不是对本质的否定，不是不存在，而是无私或者负于存在转变成了为他者，负于存在消解了一切自为、一切本质化的根据。"将自我（moi/ego）恢复为自己（soi/self），将自我废黜或使其失位，这就是无私的形式。"② 在此我们不仅必须从词源学去理解 dis-interestedness 的意义，亦即"不内在于自己的存在之中"，还必须充分留意 moi 和 soi 的区别：法语中的 moi 对应英语中的 I，表示主格的"我"，一个独立自主的自我（ego），一个完整统一的自己（oneself）；法语中的 soi 表示宾格的"我"，在英语中的对应词介于 me（第一人称代词的宾格）和 self（第一人称代词的自反形式）之间，究竟是译为 me 还是 self，根据具体情境而定。但不管是 me 还是 self，它们都是第一人称代词的宾格（accusatif/accusative）。无论是在法语中还是在英语中，accusatif/accusative（宾格）这个词都与动词 accuser/accuse（指责，指控）具有相同的词根，所以"宾格"之本义就是"受到指控者"。因此，当列维纳斯说，无私就是从 moi 回到 soi 时，意思就是说，伦理学的主体不是一个独立自主的 I 或者 ego，而是一个因为受到指责而失去本质与独立自主性、负于存在的 me 或 self。

列维纳斯的伦理学主体并不存在，而是负于存在，他不是一个自我（moi/ego），一个同一的自己（oneself），而仅仅是自己（soi/self）。道说就是奋不顾己（le malgré soi/the despite oneself）。"奋不顾己标示了恰好在其生存之中的这一生命。生命就是不顾生命的生命——以其忍受和衰老。"③ "奋不顾己"很容易被理解为一种源于意识和道义的意志，但这恰好是列维纳斯所要反对的。如果奋不顾己出自对道义的坚守，那么它必然是从自我意识中生发出来的，也就是说，它必然来源于一个先在的本质，一个自我。但是道说彻底的被动性明确表明，作为对他者负责，彻底暴露

---

① Emmanuel Levinas, *Otherwise than Being or Beyond Essence*, p. 50.
② Emmanuel Levinas, *Otherwise than Being or Beyond Essence*, p. 50.
③ Emmanuel Levinas, *Otherwise than Being or Beyond Essence*, p. 51.

于他者的伦理学主体绝对"无私"，无私到没有自己的本质和存在的地步。奋不顾己绝非一种自由意志，更不会参照某种外在的道德原则，"它是活生生的人的肉身性，是痛苦的可能性，是一种容易受伤的敏感性，是一个被揭露、暴露、承受切肤之痛的自己"①。作为奋不顾己的道说乃是一种纯粹的忍受和痛苦，这种痛苦绝非意志受挫的症状，而是纯粹肉身性的痛苦。

　　道说的被动性还在时间的消极综合（passive synthesis）② 中表现出来。在所说之中，时间的时间化是由一个积极的自我恢复的，这个自我借助记忆将一去不返的过去召回，并在历史编纂中将此过去重建出来；或者他借助想象和预见先于将来行动，并在写作中将符号共时化；他甚至把对他者负责的时间也组装成了一个现在/在场，也就是说，将其再现出来。海德格尔认为，此在就是时间，时间就是此在；但列维纳斯坚信，主体的主体性就是主体之废黜或失位，就是 moi 之还原为 soi，就是奋不顾己，就是存在之还原为负于存在，因此，在作为对他者负责的道说之中绝没有时间的积极综合，绝没有过去、现在和将来的同时共在。故此列维纳斯说："对他者负责不可能来自一个自由的承诺，也就是说，不可能来自一个现在；它超越了每一个真实的或被再现的现在。因此它是一个没有开始的时间……这种无端（anarchy），这种拒绝被组装成一个再现，有它自己关涉'我'的方式：流逝。"③ 时间关涉"我"的方式就是让"我"在忍受中衰老。如果说在胡塞尔和海德格尔那里，时间化就是共时化，那么在列维纳斯这里，时间化就是历时化，就是时间一去不返的流逝，它既不是自我发起的，也不是朝向某个行动目标的运动。正是在这种历时化中，正是在现在和再现的不可能性中，主体才能奋不顾己地，在负于存在中，对他者负责。

　　列维纳斯的伦理学是一种面向他者的伦理学，但与基督教的爱邻如己、儒家的"己所不欲，勿施于人"截然不同，因为列维纳斯将他者提高到一个绝对超越"我"的崇高位置。为了面向他者，对他者负责，主体必

---

　　① Emmanuel Levinas, *Otherwise than Being or Beyond Essence*, p. 51.

　　② 消极综合（passive synthesis）源于胡塞尔的现象学。胡塞尔认为，一切综合都涉及某种结合。积极综合是由自我或者意识主动完成的，但消极综合的发生无需一个自我或者意识。胡塞尔认为，原始的意识流与时间的统一都是消极综合，我们的经验世界作为一个既予的统一体，也是消极综合的结果。列维纳斯强调时间的消极综合，是为了反对海德格尔认为时间的过去、现在和将来同时共在的观点。

　　③ Emmanuel Levinas, *Otherwise than Being or Beyond Essence*, p. 51.

须进入一种绝对的断舍，从存在回到负于存在。存在者可说，存在难说，但负于存在尤其难说。如果说传统的形而上学乃是对存在者的言说，那么海德格尔的存在主义就是对存在的言说，而列维纳斯的伦理学则是对负于存在的言说。和海德格尔一样，列维纳斯也是从语言入手，去探索言说负于存在的途径。但他不是在语言学的层面上，也不是在语言哲学的层面上着手，而是从现象学上去考察语言或话语的发生。列维纳斯将话语分为道说和所说，认为形而上学和存在主义关注的存在者和存在，都属于所说，至于更为原始的道说则被遗忘了。列维纳斯认为，道说的核心并非所说，而是道说本身，而道说在现象学上的原始意义就是接近他者。而且道说首先是一种回答——对他者发出的呼吁、要求和乞求的回答，所以道说本质上乃是一种对他者的责任。道说就是接近他者，就是对他者负责，就是暴露于他者，就是被他者劫持，就是敏感、脆弱、忍受和痛苦，就是奋不顾己。一言以蔽之，就是负于存在。

3. 时间就是与他者面对面

在西方哲学史中，时间始终是一个至关重要而又极为难以处理的问题。在海德格尔之前，虽然亚里士多德、圣奥古斯丁、斯宾诺莎、康德、黑格尔、柏格森和胡塞尔各自都曾从不同的路径深化了我们对时间的理解，但有一个问题始终没有得到解决：为什么会"有"时间这种根本就"没有"的东西？真正的革命性突破是由海德格尔实现的，他以一种完全可以与数学公式相媲美的简洁表述明确指出："此在就是时间，时间就是此在。"[1] 至此，困扰哲学两千多年的时间之谜终于得到了近乎完美的揭示。

虽然海德格尔从根本上解决了时间问题，但这并不意味着他对时间所做的阐述就是这个问题的最终结论。在海德格尔之后，梅洛-庞蒂和列维纳斯对海德格尔的时间哲学做出了建设性的批判，从而卓有成效地深化了人们对时间的理解。梅洛-庞蒂认为，海德格尔的时间分析仍然过于依赖意识，没有深入更为原始的知觉，即身体在世界中的存在；时间首先不是由此在对存在的领会和筹划生发出来的，而是更加原初地由作为主体的身

---

① Martin Heidegger, *The Concept of Time*, trans. William McNeill, Hoboken: Blackwell Publishing Ltd, 1992, p. 20.

体在世界中的存在生发出来的。

梅洛-庞蒂更加深化了我们对时间的理解，但他的时间哲学是对海德格尔时间哲学的推进，而非批判，因为他的时间哲学的基础仍然是现象学。列维纳斯则不然，他的时间哲学的基础已经不是胡塞尔的现象学或海德格尔的存在论，而是一种反现象学、反存在论的伦理学。就时间哲学而言，列维纳斯不是根据此在在世界中的存在去理解时间的发生，而是根据"我"与他者的面对面去解释时间的发生。对海德格尔来说，时间就是此在；对列维纳斯来说，时间就是与他者面对面。然而何为他者？何为与他者面对面？为什么时间就是"我"与他者的面对面？

有、孤独与现在

在《时间与他者》中，列维纳斯一开始就以一种令人震惊的方式直截了当地宣布，必须联系他者才能理解时间："这些演讲的目的是要表明，时间并不是一个孤立且孤独的主体的成就，时间乃是主体与他者的关系。"① 虽然一个孤独的主体无法生发出时间，但列维纳斯认为，主体的孤独（solitude）却是时间得以发生的前提，也可以说是时间的原点。为了理解列维纳斯的时间哲学，我们必须理解他所说的孤独，而为了理解他所说的孤独，我们必须理解他最为基本的一个概念：**有**（i l ya/there is）②。

海德格尔在《存在与时间》中区分了存在者与存在，从而为哲学开辟了一条崭新的途径，打开了一片新的天地。但在列维纳斯看来，海德格尔只是区分了二者，并没有分离二者，因为他认为存在永远只能是存在者的存在，不可能有无存在者的存在。海德格尔的术语"向来我属性"（Je-meinigkeit/mineness）表达的就是这个意思。对海德格尔来说，存在向来就是存在者的存在，存在者始终与其存在不可分解地统一在一起。然而列维纳斯认为，由于海德格尔坚信存在的向来我属性，导致他只看到存在者的存在，看不到无存在者的存在（existing without the existent）。虽然海德格尔不承认，或者没有意识到分离存在与存在者的可能性，但列维纳斯

---

① Emmanuel Levinas, *Time and the Other*, trans. Richard A. Cohen, Pittsburgh: Duquesne University Press, 1987, p. 39. 这一主张含蓄而坚定地表明了列维纳斯对海德格尔的批判。

② 在列维纳斯的全部哲学思考中，**有**是一个至关重要的概念，它不仅是理解列维纳斯的他者概念的基础，也是理解其时间哲学的基础。笔者无意于探索这个概念与柏格森和布朗肖的关系，只打算澄清它的独特内涵及其与列维纳斯所理解的现在的关系。为了与一般意义上的"有"区别开，本部分将列维纳斯的 i l ya/there is 一律写作**有**，不管原文是否以斜体形式出现，也就是说，一律写作黑体。

发现，海德格尔的另一个术语"被抛"（geworfenheit/being-thrown-in）其实已经暗示了他尚未明确意识到的无存在者的存在。对此列维纳斯说："人们必须把'被抛'理解为被抛掷进存在之中。仿佛存在者仅仅出现在了一种先于它的存在之中，仿佛存在独立于存在者，仿佛那发现自己被抛掷在那里的存在者再也不能成为存在的主宰者。正因如此，才会有抛弃和遗弃。因此我们就有了这样一种想法：有一种没有我们、没有主体也会发生的存在，有一种无存在者的存在。"① 进而他明确指出："我将这种无存在者的存在称为**有**。"② 列维纳斯所说的**有**并不是海德格尔所说的那种因为未被言说而无法显现的存在者，也不是巴迪欧所说的非存在，因为它根本就不是任何一种实体，而是一种一无所有的**有**。我们能理解没有存在的存在者，比如毕达哥拉斯的数、柏拉图的理念、斯宾诺莎的实体、黑格尔的精神，一切唯心主义哲学的基石都是这种没有存在的存在者，然而这种无存在者的存在究竟是什么呢？有列维纳斯所说的这种无任何存在者的存在吗？如果有，这种纯粹的存在又与时间有何关系？

　　为了让我们理解或者抵达**有**，亦即这种无存在者的存在，列维纳斯请我们设想：万事万物毁灭之后，这个世界还会留下什么？也许有人会说：一无所有，唯有虚无。但列维纳斯认为彻底的虚无是不可能的，即使所有事物全都不复存在，世界也不会因此彻底毁灭，因为还有**有**在发生。因此列维纳斯说："这种想象的万事万物的毁灭之后所剩下的不是某物，而是**有**这一事实。"③ 万物尽可毁灭，无物可以幸存，但**有**不会灭绝。世界毁灭之后，**有**依然周行而不殆，这恰好说明存在与存在者是可以分离的，无存在者的存在是可能的。无存在者的存在当然是一种匿名的存在，因为没有任何人或物来承担这一存在。故此他说："就像第三人称代词的非人格形式，它指示的并不是某一行为的不确定的作者，而是这一行为本身的特征，不知何故，这一行为没有作者。在虚无之深渊中低语着一种与个人无关的、匿名的，然而又不可扑灭的存在，我将其称为**有**。这种**有**，因为它抗拒任何人称形式，是一种'一般存在'。"④ 当然，列维纳斯并不是说只

① Emmanuel Levinas, *Time and the Other*, pp. 45 - 46.

② Emmanuel Levinas, *Time and the Other*, p. 50.

③ Emmanuel Levinas, *Time and the Other*, p. 46. 为了更直观地表达列维纳斯的意思，我们不妨用英语来表达他的这一理论：when *there is* no man, *there is* no something, *there is* no subject, *there is* no object, what remains after this destruction is this *"there is"*.

④ Emmanuel Levinas, *Existence and Existents*, trans. Alphonso Lingis, Boston: Martinus Nijhoff Publishers, 1978, p. 57.

有当世界真的毁灭之后，才会有这种无存在者的存在，恰好相反，无存在者的存在始终存在。比如我们经常说"下雨了"（it rains）、"天晴了"（it is sunny）、"天热了"（it is hot），虽然在这些话语中也有一个主语"it"（在汉语中这个主语是似乎更加明确的"天"），但这个"it"（或"天"）仅仅是一个没有任何实质的形式主语，这些话语并不而且无法表明事件的作者，它们表达的纯粹就是某种正在发生的无主体的事件。列维纳斯所说的**有**不是任何实体，而是一种纯粹的运行，它是一个纯粹的动词。

失眠为我们提供了一种经验**有**的现实方式。① 失眠本质上就是一种无法结束的意识，因为失眠时我们无法摆脱控制我们的警觉，无法从这种警觉中撤退出来进入睡眠。夜幕降临，万物消失，随同万物一并消失的还有"我"。但"我"与万物消失之后，安宁并未到来，恰好相反，正是这种无物靠近、无物到来、无物威胁，正是这种沉默、这种寂静、这种无所觉察，建构了一种沉默而绝对的威胁。因为，万物消失之后并非一无所剩，剩下的就是那不可消失的纯粹的**有**；在万物消失之后的寂静中，这种纯粹之**有**的低语让人觉得危机四伏。所以列维纳斯说："**有**之窸窣声就是恐惧。"② 恐惧剥夺了意识的主体性，但不是因为恐惧把"我"驱逐进了无意识之中，而是因为它把"我"扔进了一种无人格的警觉与参与之中。因此他说："恐惧把主体的主体性，他作为实体的特殊性，里外翻转了过来。它是对**有**之参与；在一切否定的内核深处，**有**回来了，而且这**有**'没有出口'。"③ 没有出口的**有**，无法逃避的**有**，意味着虚无（绝对的毁灭）是不可能的。据此，列维纳斯对哈姆雷特的踌躇，对他那句著名的独白，即"生存还是毁灭，这是一个值得考虑的问题"，做出了全新的解释：哈姆雷特之所以踌躇不决，不是因为对生命的意义和价值没有把握，也不是因为俄狄浦斯情结在作祟，而是因为他已经预感到，就算他奋起抗争拼死一搏，死后他也不得安宁，无法解脱，因为死亡可能并不会导致彻底的虚无。故此哈姆雷特说：

　　　　生存还是毁灭，这是一个值得考虑的问题。默然忍受命运的暴虐

---

　　① 需要指出的是，列维纳斯所说的失眠绝不是我们通常理解的失眠，即那种由于神经衰弱或者抑郁导致的失眠，那种让人痛不欲生的失眠，而是由于恐惧导致的失眠，恐惧不测之祸会随时到来。这与他作为犹太人在纳粹主义横行无忌时代的独特经历密切相关。按照通常意义上的失眠去理解列维纳斯的相关论述是行不通的，因为在神经衰弱或抑郁引起的失眠中，是没有警觉的。

　　② Emmanuel Levinas, *Existence and Existents*, p. 60.

　　③ Emmanuel Levinas, *Existence and Existents*, p. 61.

的毒箭，或是挺身反抗人世的无涯的苦难，通过斗争把它们扫清，这
两种行为，哪一种更勇敢？死了，睡着了，什么都完了。要是在这一
种睡眠之中，我们心头的创痛，以及其他无数血肉之躯所不能避免的
打击，都可以从此消失，那正是我们求之不得的结局。死了，睡着
了。睡着了也许还会做梦。嗯，阻碍就在这儿：因为当我们摆脱了这
一具腐朽的皮囊以后，在那死的睡眠里，究竟将做些什么梦，那不能
不使我们踌躇顾虑。①

列维纳斯认为，哈姆雷特的亡父和班柯的幽灵都引领我们抵达了位于
存在和虚无之间的极限地带，表征了虚无之不可能性。麦克白虽然杀死了
班柯，但他无法消灭班柯的幽灵，作为一种匿名之有，后者始终阴魂不散地
困扰着他，以致他在与其群臣说话时突然说了这么一段令众人莫名其妙的话：

去！离开我的眼前！让土地把你藏匿了！你的骨髓已经枯竭，你
的血液已经凝冷；你那向人瞪着的眼睛也已经失去了光彩。……别人
敢做的事，我都敢；无论你用什么形状出现，像粗暴的俄罗斯大熊也
好，像披甲的犀牛、舞爪的猛虎也好，只要不是你现在的样子，我的
坚定的神经绝不会起半分战栗；或者你现在死而复活，用你的剑向我
挑战，要是我会惊惶胆怯，那么你就可以宣称我是一个少女怀抱中的
婴孩。去，可怕的影子！虚妄的揶揄，去！②

我们对**有**的现实经验就是警觉，或者黑夜的恐惧，但这种恐惧与海德
格尔的忧完全不同。对海德格尔来说，忧比领会和言谈更原始地把此在带
回到自己，或者说，忧可以更原始地阻止沉沦中的逃避，让此在直面自
己。因为"忧之所忧者正是在世界中存在本身"③。海德格尔对忧的分析
不可谓不深刻，但列维纳斯却发现：在海德格尔的哲学中，有对虚无之
忧，但没有对**有**之恐惧；有为**有**而担心，但没有对**有**之畏惧。海德格尔似

---

①　莎士比亚．哈姆雷特//莎士比亚全集：卷九．朱生豪，译．北京：人民文学出版社，
1988：63.

②　莎士比亚．麦克白//莎士比亚全集：卷八．朱生豪，译．北京：人民文学出版社，
1988：386.

③　Martin Heidegger, *Being and Time*, p. 181. 海德格尔的《存在与时间》有三个英译本，
其一是 1962 年由布莱克威尔（Basil Blackwell）出版公司印行的麦夸里和鲁宾逊（John Macquar-
rie & Edward Robinson）的译本；其二是 1996 年由美国纽约州立大学（SUNY）出版社印行的
斯坦博的译本；其三是斯坦博的修订本，也是由美国纽约州立大学出版社在 2010 年印行。中译
本由陈嘉映、王庆节合译，三联书店 1987 年印行。笔者主要参照斯坦博 2010 年的译本。

乎从来不曾想到过，此在有可能成为某种非物之物的猎物，有可能受非物之物摆布。化用庄子的话说，海德格尔只知恶死，不知恶生，只知畏无，不知畏**有**。

列维纳斯的**有**是一种匿名的事件或事实，没有任何事物能够承担这一纯粹之**有**，或者说，承担这一纯粹之**有**的不是某一事物，而是非物之物。对他来说，世界和主体并非只有存在与虚无这两种可能，在存在与虚无这两极之间还有一个神秘维度，这个维度就是纯粹之**有**或作为一般存在的**有**。当主体进入这个维度时，他就失去了主体性，失去了自我意识。而当主体获得自我意识之时，也就是他摆脱纯粹之**有**之时，获得主体性之时。故此他说："意识就是脱离**有**，因为意识的存在建构了一种主体性，一个存在的主体，也就是说，在某种程度上为存在建构了一个主人，他已经是夜之匿名性中的一个名字。"① 当"我"获得意识，拥有主体性时，"我"就进入了存在之辩证法的第一个时刻：孤独。

列维纳斯说，孤独就是"存在者与其存在行为不可分解的统一"②。海德格尔也关注孤独，但他认为，即使人避世隐居，也依然与他人保持着某种关联，没有任何人能够真正独立生存，所以此在自始至终就是一种与他者共在。就某种意义而言，海德格尔无疑是正确的，但在列维纳斯看来，正因如此，海德格尔的孤独已经深处此在与他者的关系之中，已然不是真正的孤独了。对此列维纳斯说："海德格尔将（此在）与他者的关系当作此在的存在论结构，但这种关系在存在的戏剧中，或者在存在论分析中其实并不起作用。"③ 列维纳斯认为，主体在世界中的存在并非始终是一种与他者共在，在存在的辩证法中，除了与他者的共在，还有一种没有他者的绝对的孤独。当然，列维纳斯并没有疯癫到相信人可以真正遗世独立，因为他所说的孤独并不是一种与集体性或社会性对立的形单影只，也

---

① Emmanuel Levinas, *Existence and Existents*, p. 60.

② Emmanuel Levinas, *Time and the Other*, p. 43. 列维纳斯的全部哲学都是对海德格尔的批判，这就导致他不得不使用大量海德格尔式的术语，但这些术语表达的却是列维纳斯自己的意义。这势必会给读者带来一定程度的困扰。比如，列维纳斯本应按照严格对应的原则，将海德格尔的 Sein 和 Seindes 翻译为 Être 和 étant，英译本《存在与时间》就将其翻译为 being 和 beings，但因为顾忌二者读音相近，列维纳斯将其译为 l'existence 和 l'existant。这就导致英译本不得不将 l'existence 译为 existence 或 existing，将 l'existant 译为 existent。但是，在海德格尔的语境中，与 existing/existent 对应的 existieren/existent 具有十分特殊的意义，也就是这个词语的本义：从自身之中站出来。但在列维纳斯的语境中，l'existence 和 l'existant 就是指存在（being）和存在者（beings），完全没有"从自身之中站出来"这个意义。

③ Emmanuel Levinas, *Time and the Other*, p. 40.

不是一种无法与他人共情的心理状态，而是一种独特的存在范畴，是"我"对"我"的存在的掌控，因为这种掌控，"我"这一存在者与"我"的存在统一在一起。在列维纳斯的语境中，孤独不是周围没有他者，不是不与他者发生关联；孤独就是自我同一，而且只是自我同一，因为在孤独中根本没有他者。对他来说，孤独不是由于厌世的离群索居或者精神性的曲高和寡导致的，而仅仅是由于我生存（I exist）或者我的生存（my existing）这一事实。故此他说："存在就是被生存隔离。因为'我'存在，所以'我'是一个单子。"① 当存在者承担起他的存在时，他便逃离了川流不息的**有**，把自己封闭进一个统一体之中。当存在者承担起他的存在时，也就意味着存在者使匿名且周行而不殆的存在收缩或凝结，甚至暂停。列维纳斯说："我把存在者收缩其存在的事件称为本质沉积（hypostasis）。"②

周行而不殆的**有**是匿名的。一方面，在这种不息的奔流中一无所有，正是这种奔流不息导致了这种一无所有，因为在此流变不居中，所有存在者方生方死，方死方生，永无定性，无法成为某物；另一方面，这种不可毁灭的流变也是万事万物得以出现的环境。因此列维纳斯说："这种没有存在者的存在，我称为**有**，正是本质沉积得以被生产出来的地方。"③ 所谓本质沉积，就物而言，是指在川流不息的纯粹之**有**中，并非某物的存在者通过沉积而摆脱方生方死的大化之流，从而获得某种本质以成为某物（something）；就人而言，就是指前主体或者非主体的"我"通过沉积而成为一个自我同一的主体——列维纳斯的本质沉积主要就后者而言。在列维纳斯看来，本质沉积这一事件之所以能够发生，要归功于意识（consciousness）；物的本质沉积要归功于人对物的意识，而"我"或主体的本质沉积则要归功于"我"的自我意识（self-consciousness）。故此他说："意识就是**有**那匿名的警觉之破裂；它已经是本质沉积；它指的是这样一

---

① Emmanuel Levinas, *Time and the Other*, p. 42.

② Emmanuel Levinas, *Time and the Other*, p. 43. 拉丁语 subtantia 是对希腊语 hypostasis 的直译，这个词的本义是"站在下面"。在现代英语中，hypostasis 的意思是"本质、原质"，但已经很少出现在哲学语境之中。它作为一个医学术语的意思"血坠积"基本保留了这个词的本义。列维纳斯使用这个现在很少被哲学家们使用的术语，有其独特的考虑。他用这个词来表示使实体成为实体之本源性事件，而这一本源性事件既非实体性的，也非非实体性的，因为它是一个事件。列维纳斯为这个词赋予的特殊内涵在一定程度上保留了它在希腊语中的本义：沉积，站在下面。综合考虑这些因素，笔者姑且将其翻译为"本质沉积"，即通过沉积而生成本质。《时间与他者》的英译者柯亨（Richard A. Cohen）对此有比较详细的注释。

③ Emmanuel Levinas, *Time and the Other*, p. 50.

种形势，在这种形势中，存在者触及了它的存在。"① 在纯粹之**有**中，原本只有存在而没有存在者，由于意识，事物作为某一事物开始出现了；事物作为某一事物出现，意思就是说存在者抓住了它的存在，并将这一存在作为它不可让渡的存在。现在，存在不再是无存在者的存在，而是某一存在者的存在，存在者已经成为它的存在的主人。正是由于这种掌控，由于这种对存在满怀妒忌、不可分享的掌控，存在者才是孤独的。孤独与本质沉积是一个意思，而且二者的实现离不开认同（或者同一化）："为了让某一存在者出现在这一匿名的存在中，必须要有一种既离开自己又回到自己的工作，也就是说，必须要有一种认同工作。通过这种认同，这个存在者已经被封闭进了它自己之中；它是一个单子，一种孤独。"② 认同为什么是一种既离开自己又回归自己的工作呢？因为认同把尚非某物的存在者从纯粹之**有**中撕裂出来，让它离开或不再是一个匿名的存在者；另一方面，认同将尚非某物的存在者从匿名之**有**中撕裂出来，是为了让其成为一物，成为它自己。

然而这一切与时间究竟有何关系呢？是否我们已经离题太远？恰好相反，我们一直保持在列维纳斯对时间所做的准备性分析之中，因为孤独或者本质沉积的时刻就是现在。但列维纳斯所说的现在与我们通常理解的现在截然不同："现在就是本质沉积这一事件。"③ 说得更清楚一些，他认为现在既不是时间中的一段，甚至也不是时间序列中的一点，而是一个事件（event），是本质因沉积而成的事件。一方面，现在是一个事件，尚且不是某一事物，因此它不可能存在。但它是这样一个存在事件，一个使某物借以从它自身之中出发的事件。另一方面，它仍然是一个纯粹的事件，只能以一个动词来表达；尽管如此，在这种纯粹的存在事件中，已经有了某个事物，某个存在者。所以至关重要的是，要在存在和存在者的分界线上去把握现在，在这个分界线上，在现在这一功能中，有一个存在者无中生有地产生了。总之，列维纳斯所说的现在是一个事件、一种功能，这个事件发生在存在与存在者的分界线上，它的发生具有一种功能：使存在者作为某物出现。作为本质沉积这一事件，现在已经不同于纯粹之**有**，因为尚非某物的存在者正是且只是凭借现在才作为某物而出现。现在并非某物，

---

① Emmanuel Levinas, *Time and the Other*, p. 51.
② Emmanuel Levinas, *Time and the Other*, p. 52.
③ Emmanuel Levinas, *Time and the Other*, p. 52.

但它使得存在者开始作为某物而出现。现在是物之开始，但事物并非始于先于它的其他某物，而是始于它自己，因为本质沉积是一种真正的无中生有。虽然现在是物之开始，但它始终是一个流变不居的事件，所以这种始于自己始终是一种转瞬即逝。纯粹之**有**中的本质沉积不是一劳永逸的固化或定型，而是始于自己但又转瞬即逝。

现在的这种转瞬即逝正好描述了"我"（je/I）这种现象的特征。正如现在不是一个存在者，但又古怪地使某物出现一样，"我"从来就不是一个实体，但它古怪地使自我出现。正如现在介于存在和存在者之间，"我"也介于存在和虚无之间，或者说，外在于存在与虚无："我"不存在，但也非虚无；"我"非虚无，但也不是任何实体。最原始的现在就是"我"的现在，或者说得更直截了当一些，现在就是"我"。对列维纳斯来说，现在、"我"和本质沉积是一回事："作为现在和'我'，本质沉积就是自由。［因为］存在者成了存在的主人。它将主体的阳刚之力施加于它的存在。它以自己的力量拥有了某物。"①

作为现在和"我"，本质沉积不仅是自由，而且是孤独，因为一旦存在者掌控了存在，也就意味着"我"回归了自己，实现了自我同一。就此而言，现在就是一种不可避免的自我回归；但这种自我回归所必须付出的代价就是，当"我"执着于"我"，"我"固执于现在或自己的本质时，"我"就无法挣脱自己。在现在和本质沉积中，"我"忙于"我"自己，或者说，"我"被"我"自己占领，"我"被束缚于自己。"我"是最初的自由，因为"我"作为存在者第一次掌控了存在；但"我"的自由立刻受到了一种责任的限制，"我"立刻要忙于自己（被自己占领）（being occupied with itself），被束缚于自己，被自己拖累，从而不再自由。现在或本质沉积是一个悖论，因为它虽然是一种相对于过去和未来的自由，但必然也是一种束缚于自己（an enchainment to itself）。对列维纳斯来说，"这种忙于自己（被自己占领）就是主体的物质性"②。不过需要指出的是，在列维纳斯这里，主体的物质性指的并非精神堕落到了身体的监狱之中，而是指主体在其自由中的涌现，当然，这种涌现已经是一种约束和不自由。自我的自由和它的物质性乃是共生共存的，它必然走向自我束缚。总之，在列维纳斯的思想中，现在就是本质沉积，就是"我"；既是最初的

---

① Emmanuel Levinas, *Time and the Other*, p. 54.

② Emmanuel Levinas, *Time and the Other*, p. 55.

自由，也是原始的自我束缚；既是自我同一，又是自我封闭，因此也就是主体的物质性或孤独。在前面论及现在的悖论性时，列维纳斯就曾说过："将本质沉积设定为现在仍然不能使时间发生。"① 联系本质沉积的必然结局，也就是主体的物质性或者孤独，列维纳斯进一步明确指出："存在者的这一结局就是物质性，它构成了孤独的悲剧。孤独之所以是悲剧，不是因为它被剥夺了他者，而是因为它被关进了其同一性之中，因为它是物质。砸碎物质的束缚就是砸碎本质沉积的结局。这就是要进入时间。孤独就是没有时间。"②

死亡与将来

虽然列维纳斯有时也把现在称为"本质沉积的时间"（a hypostatized time）③，但他并不认为现在是时间结构的维度之一。否认现在是时间中的一维，这是列维纳斯与所有其他哲学家在时间问题上的重大差异。现在不能使时间发生，孤独的悲剧就是没有时间，因为在现在和孤独中没有他者；但这不是因为他者被剥夺了，他者就在"我"周围，但"我"被关闭进了自己的同一性之中，并满足于自我同一。要让时间发生，就必须打破本质沉积的必然结局，亦即主体的物质性和孤独，然而如何才能将主体从他的孤独和物质性中拯救出来呢？

对列维纳斯来说，日常生活既成就了主体的孤独，同时也是对孤独的拯救。在日常生活中，主体首先关注的是那些与自己的生存密切相关、由自己享用的物质，比如清新的空气、甘甜的泉水、美味的食物、舒适的衣服、惬意的环境，等等，这一切都让主体感到自得其所④。当主体享受这些物质并感到自得其所之时，也就是他掌控其存在，实现其孤独之时。就此而言，列维纳斯认为，日常生活并非像海德格尔所说的那样，只是一种沉沦、一种堕落，只是对本真存在的背叛，因为正是在日常生活中主体才第一次掌控其存在，才成为自己。也许正因如此，列维纳斯说："日常生活全神贯注于拯救。"⑤ 但是，我们也许有理由相信，当他说日常生活就

---

① Emmanuel Levinas，*Time and the Other*，p. 52.

② Emmanuel Levinas，*Time and the Other*，p. 57.

③ Emmanuel Levinas，*Time and the Other*，p. 54.

④ 列维纳斯后来在《总体与无限》中将其称为"chez soi"（at home with oneself）。参见林吉斯在英译本《总体与无限》第 33 页的译注。

⑤ Emmanuel Levinas，*Time and the Other*，p. 58.

是一种拯救时，他所谓的拯救并非仅仅指将主体从匿名的**有**中拯救出来，而是指将主体从其物质性或孤独中拯救出来。因为尽管孤独是一种胜利、一种自由，而且是最初的自由，但孤独的确也是一种堕落，因为它本质上是一种自我封闭。故此他说："世界和我们在世界中的生存使主体获得了一种根本性的进步，因为它克服了它的重负（这一重负就是它自己），克服了它的物质性，也就是说，它松开了捆绑自己和自我的纽带。"① 那么日常生活如何松开被扭结在一起的自己和自我呢？或者说它的拯救作用体现在什么地方呢？

自从海德格尔以来，我们已经习惯于把世界视为工具的集合，在世界中生存就是利用工具有所行动，但行动的最终目的也是我们自己的生存。各种不同的工具彼此相互指引，但最终都指向我们的生存。因此，对海德格尔来说，此在的生存/绽出（existing）是从其利用工具的实践开始的，对他来说，最原始的事物就是工具。但对列维纳斯来说，主体的生存/绽出早在海德格尔所说的沉沦中，也就是日常生活中，就已经开始了。海德格尔没有看到的是，世界首先不是工具的集合，而是营养（nourishments）的集合。列维纳斯发现，使用事物并非我们与事物打交道的原始活动，早在使用事物之前，我们首先享用事物，将事物当作滋养我们的营养来享用。我们活着不只是为了吃喝，我们吃喝也不只是为了活着。我们品尝醇酒美食，或者漫步林中小路呼吸新鲜空气，或许不是为了身体健康，而就是为了享用这醇酒美食和清新的空气；我们贪婪地嗅闻盛开的牡丹或者玫瑰，让我们陶醉的也只是它们的芬芳。我们与事物的原始关系乃是一种享受（enjoyment）：事物最初是作为营养物质而非工具与我们相遇的。

享受本身是一种二律背反：一方面，享受让我们自得其所，成就了我们的孤独；另一方面，享受既然是对事物的享受，那就意味着我们在享受

---

① Emmanuel Levinas, *Time and the Other*, p. 62. 译文略有修改，但并未改变原文的意思。这句话的法语原文是：Le monde et notre existence dans le monde constituent une démarche fondamentale du sujet pour surmonter le poids qu'il est à lui-même, pour surmonter sa matérialité, c'est-à-dire pour dénouer le lien entre le soi et le moi. 英译为：The world and our existence in the world constitute a fundamental advance of the subject in overcoming the weight that it is to itself, in overcoming it's materiality-that is to say, in loosening the bond between the self and the ego. 最需注意的是，柯亨的英译本《时间与他者》将法文的 soi 翻译为 self，moi 翻译为 ego，但仅从英译本身却很难理解 self 和 ego 的区别，因为这两个词在英语中都可理解为"自己、自我"。但在法语中，这两个词语的区别是显而易见的，因为列维纳斯用 moi 表示的是为他者负责的宾格的自我（me），而 soi 表示的是作为本质沉积之结果的主体。林吉斯和贝尔戈（Bergo）在翻译列维纳斯的著作时一般将 moi 翻译为 me，似乎更加贴切。

中已经不再仅限于自我，而是抵达了事物，也就是说，享受在一定程度上打破了主体的孤独。所以列维纳斯说："所有享受都是一种存在方式，但它也是一种感觉，也就是说，它也是光和知识。"① 列维纳斯说享受也是光和知识，言下之意就是说：当我们享用事物时，并非仅仅是被事物吸收；既然享受是对事物的感觉，那就意味着我们已经对事物有所认识，让事物在一定程度上进入了光明之中。作为一种感觉的享受乃是原始的光和知识，这种光和知识让主体在被事物吸收的同时，又与事物保持了一定距离。以享受为基本特征的日常生活既成就了主体的孤独，又否定了主体的孤独；既让主体走近了事物，又与事物保持了一定的距离。

作为一种享受，日常生活已经是一种光，一种自我遗忘，但这种光和自我遗忘并不能真正打破自我对自己无可逃避的依附，从而让时间发生。何以如此？因为光是这样一种事物：一方面它使事物作为不同于"我"的事物而出现，但另一方面，它又让人觉得这不同于"我"的事物仿佛是从"我"而来的一样——因为胡塞尔已经令人信服地指出，意向对象乃是由意向行为构成的，而最主要的意向行为当然是观看。既然意向对象出自"我"，由"我"的意向行为构成，那么这本该不同于"我"的事物在光中出现时也不那么不同于"我"了。故此列维纳斯说："它没有一种基本的奇异性。它的超越性被包裹进了内在性之中。光的外在性并不足以解放被自己俘虏的自我。"② 因此，尽管享受已经是一种出离自己走向物的尝试，但它并不能够真正打破主体的孤独，让主体挣脱自己的束缚，作为一种原始的光，知识或理性在走近事物的同时也同化了物，消除了物的他异性。所以，与其说知识或理性否定了主体的孤独，不如说它圆满实现了一个存在者的孤独，将其变成了一切事物唯一的参照点。意向性可以使我们将自我与事物区别开来，但它不能消除主体的自我主义，因为意向的基本元素光把我们变成了外在世界的主人，但不能在那里为我们找到一个同伴、一个他者。理性是孤独的，知识绝不可能让我们在世界中遭遇真正的他者。林吉斯对此深有体会："迷狂的时间延缓而非打断了主体的时间；它推迟了直接性，而非革除了内在性。对列维纳斯来说，它还不够他异。"③

---

① Emmanuel Levinas, *Time and the Other*, p. 63.

② Emmanuel Levinas, *Time and the Other*, pp. 64 - 65.

③ Alphonso Lingis, "Translator's Introduction", in *Time and the Other*, p. 7. 林吉斯所说的"迷狂的时间"指的是主体享受事物的时间；"主体的时间"指的是现在；而"直接性"和"内在性"均指主体在现在或孤独中的自我同一、自我封闭。

迷狂，或者心醉神迷地享受，不能让我们实现真正的自我出离；与之相对的痛苦更加不能，存在者的孤独最终会还原为痛苦①。之所以更加不能，乃是因为痛苦只能是"我"的痛苦，如果说享受还能让"我"在一定程度上忘记自己，暂时逃离自己，痛苦则让"我"片刻也不能忘记自己。在痛苦中，在施加于我们身体的折磨中，我们无处可逃。痛苦让我们直接暴露于自己的存在。痛苦的烈度，或者说痛苦的痛苦性正是来源于逃避之不可能。只要"我"还活着，只要"我"还存在，痛苦就不可能消失。就此而言，痛苦不仅证明了逃避之不可能，而且证明了虚无之不可能。但是，不可逃避的痛苦虽然强化了主体的孤独，但与此同时，它又提供了一个彻底打破孤独的契机，因为它让我们瞥见了那无法把握、深不可测的死亡。

列维纳斯将死亡作为打破主体之孤独的时刻，再次表明了他对海德格尔的批判。和海德格尔一样，列维纳斯也没有把死亡理解为生命结束后的虚无，但他在这个问题上与海德格尔有两点至关重要的差异。第一点是，对海德格尔来说，死亡不是生物学意义上的死亡，不是随身体死亡而来的虚无，否则死亡与"我"永远都没有关系。伊壁鸠鲁就是在这个意义上理解死亡的，所以他说："如果你存在，死亡就不存在；如果它存在，那你就不存在。"② 然而此在在世界中的存在之所以不同于动物的生存，就在于此在在世界中的存在始终是一种走向死亡的存在（being-toward-death）。死亡不是在"我"的生物学死亡中才是一个现实，而是始终在"我"走向死亡的存在中作为一种"现象"实际显现。因此，对海德格尔来说，死亡不是虚无，而是走向死亡的存在。列维纳斯同样没有把死亡理解为生物学意义上的死亡，但与海德格尔不同的是，他决不认为死亡可以作为一种"现象"显现出来，因为他认为死亡是绝对不可认识、不可把握的："不可知的死亡不是作为虚无直接给出的，而是对应于一种经验，关于虚无之不可能性的经验，它并不表明死亡是一个无人从其返回，并因此成为一个事实上不可知的场所的区域；不可知的死亡表明，主体与死亡的关系不可能发生在光之中，主体与某种并非来自他自己的事物有关系。我们可以说主体与神秘有关系。就此而言，死亡是理想主义的极限。"③ 这种差异源于

---

① 列维纳斯所说的痛苦专指肉身的痛苦，而非精神上的痛苦。这种肉身的痛苦来自"我"不可推卸地要为他者负责。

② 出自伊壁鸠鲁致米诺修斯的信，转引自柯亨的英译本《时间与他者》第71页注释46。

③ Emmanuel Levinas，*Time and the Other*，p. 70.

二者与现象学的关系：海德格尔虽然后来与胡塞尔分道扬镳，但他的存在主义的根基仍然是现象学；然而列维纳斯与海德格尔的决裂并非同一种哲学内部的分裂，而是根本的断裂，因为列维纳斯的伦理学本质上是一种反现象学。

在死亡问题上，列维纳斯与海德格尔的第二点本质差异事关死亡的可能性。对海德格尔来说，死亡始终是"我"的死亡，它是此在最本己的可能性。死亡不仅不会损害此在，反而有助于破除此在的非本真存在。正是在走向死亡的存在中，此在激发出不可遏止的良知、勇气和决心，去成为自己。在海德格尔的存在论中，死亡是使此在澄明和敞开的光，是一种至高无上的阳刚之力；凭借这种阳刚之力，此在可以使不可能成为可能。对海德格尔来说，死亡就是"不可能的可能性"（possibility of impossibility），但对列维纳斯来说则恰好相反，死亡是"可能性的不可能"（impossibility of possibility）。

由于死亡不可认识、不可把握，由于死亡是在痛苦之中和光明之外宣告了自己的存在，所以列维纳斯认为，经验死亡就是经验主体自己的被动性："在海德格尔那里，死亡是一个自由的事件，但对'我'来说，主体似乎在痛苦中抵达了可能的极限。他发现自己受到了束缚，被击败了，发现自己在某种程度上是被动的。"[1] 痛苦和在痛苦中暗示的死亡见证了主体的无能，将主体从主动变为被动。然而即便死到临头，也没有人会甘心受死，坐以待毙。即使死亡已经迫在眉睫，人们还是会将它无限推迟，也就是说，它仍然并始终是将来。列维纳斯发现，麦克白在最后关头的挣扎便是死亡只在将来的明证。当麦克白得知勃南森林正在向邓斯纳恩城堡移动，而这是他即将毁灭的第一个征兆时，他知道自己死期将至了。面对即将到来的覆灭，他哀叹道："人生不过是一个行走的影子，一个在舞台上指手画脚的拙劣的伶人，登场片刻，就在无声无息中悄然退下；它是一个愚人所讲的故事，充满着喧哗与骚动，却找不到一点儿意义。"稍后又说："我现在开始厌倦白昼的阳光，但愿这世界早一点儿崩溃。"所有这些似乎都表明他已经完全绝望，准备引颈待戮。然而旋即他又说道："敲起警钟来！吹吧，狂风！来吧，灭亡！就是死我们也要捐命沙场。"[2] 当麦克达

---

[1]　Emmanuel Levinas, *Time and the Other*, pp. 70 – 71.

[2]　莎士比亚. 麦克白//莎士比亚全集：卷八. 朱生豪，译. 北京：人民文学出版社，1988：386 – 387.

夫上场时，麦克白再次受到沉重的打击，因为前者不是妇人所生之人（他是经过剖腹产来到世界的），而这是他即将毁灭的第二个征兆。但是在短暂的绝望之后，麦克白说道："虽然勃南森林已经到了邓斯纳恩，虽然今天和你狭路相逢，你偏偏不是妇人所生下的，可是我还要擎起我的雄壮的盾牌，尽我最后的力量。来，麦克达夫，谁先喊'住手，够了'的，让他永远在地狱里沉沦。"① 文学批评家们通常会对麦克白的垂死挣扎做一种黑格尔式的主奴辩证法的解释，但列维纳斯认为，麦克白的垂死挣扎与其说证明了主体对命运的抗争，不如说证明了死亡之不可把握。麦克白明知难逃一死，仍然不愿坐以待毙，他之所以还要奋力一搏，还认为自己能改变命运，不是因为他真的认为会有奇迹发生，而是因为在真正到来之前，死亡永远属于将来。哪怕只有五分钟或五秒钟"我"就会被处决，"我"仍然觉得死亡离"我"无限遥远。何以如此？因为死亡永远不是"我"所能掌握和假设的东西。故此列维纳斯说："［主体］与死亡的关系不是与虚无的关系，而是与将来的关系……死亡抛弃了每一个现在，这不是因为我们回避了死亡，也不是因为我们在关键时刻不可饶恕的分心，而是因为死亡是不可把握的，因为它标示了主体的阳刚之力和英雄气概的终结。"② 死亡之所以在迫在眉睫之时仍然无限遥远，就是因为它绝不可能出现在现在，它不可把握。

列维纳斯关于死亡，或者说关于主体与死亡的关系，也就是关于死亡与将来的关系的理解，还有一个似乎比麦克白更加有力的文学例证，那就是陀思妥耶夫斯基的梅什金公爵。在小说《白痴》的第一部第五章中，陀思妥耶夫斯基借梅什金公爵之口讲述了自己从被押赴刑场执行枪决到被奇迹般赦免这短短二十分钟内惊心动魄的精神历程：

> 最后，便押着他游街，到断头台去……我认为他在被押着游街的时候依然觉得还可以永无休止地活下去。我觉得，他一路上一定在想："还早着哩。还要走过三条街，够活一阵的；走完这条街，还有另一条街，以后还要走过右面有面包店的一条街……离面包店还远着哩！"③

通往刑场的道路并不远，只需经过三条街，死神已经在那里等候多时

① 莎士比亚. 麦克白//莎士比亚全集：卷八. 朱生豪，译. 北京：人民文学出版社，1988：390 - 391.
② Emmanuel Levinas, *Time and the Other*, pp. 71 - 72.
③ 陀思妥耶夫斯基. 白痴. 南江，译. 北京：人民文学出版社，2019：83.

了，可是他依然觉得还可以永无休止地活下去。再"漫长"的道路也有终点，可是哪怕已经到了刑场，哪怕已经死到临头，他仍然觉得死亡还很遥远：

> 我的朋友排在第八名，所以他是第三批被拉到柱子前去的。神甫已经拿着十字架在大家面前走了一趟。这样，我那个朋友最多也只能再活五分钟。他说，他觉得这五分钟是无穷的期限，是一笔巨大的财富；他觉得他将在这五分钟内度过好几辈子，他现在还无须去想那最后的一刹那，因此他还做了各种安排。他匀出时间和同志们告别，这定为两分钟；以后又匀出两分钟做最后一次自我反省；然后最后一次环视一下四周。……他和同志们告别的时候，记得曾向一个同志提出了一个很不相干的问题，甚至还十分关心对方的回答。①

虽然知道自己最多再活五分钟，但他仍然觉得这五分钟可以无限漫长，仿佛他可以过好几辈子。在诀别的最后时刻，他居然还向一个同志询问了一个毫不相关的问题，甚至十分在意对方的回答，仿佛压根没有死亡这回事。所有这些都不能仅仅以对生命的贪恋来解释，而必须求助于列维纳斯对死亡的理解：迫在眉睫的死亡之所以被无限推迟，不是因为对生命的贪恋使主体在主观上不愿接受死亡即将到来这一事实，而是因为，即使死亡已经近在咫尺，但它仍然是主体无法理解、无法把握的东西，因此乃是无限遥远的东西。的确，主体与死亡的关系就是与将来的关系。死亡不可把握，"因此死亡绝不可以被承担，它［只是］到来"②。

根据死亡之不可把握和不可承担，列维纳斯对麦克白的垂死挣扎做了非同凡响的解释，同时也帮助我们洞察了梅什金公爵讲述的死刑犯或者陀思妥耶夫斯基本人死到临头时令人窒息的心理，但是，这并不是列维纳斯强调死亡之不可把握的根本目的。他的根本目的是要在一种完全不同于海德格尔的维度中揭示时间的本质和时间的发生。

死亡、他者和时间

我们知道，虽然从亚里士多德到胡塞尔，已有许多先哲对时间做了不

---

① 陀思妥耶夫斯基. 白痴. 南江，译. 北京：人民文学出版社，2019：77-78.

② Emmanuel Levinas, *Time and the Other*, p. 73. 这句引文的法语原文是：La mort n'est donc jamais assumée; elle vient. 一般情况下笔者把 assumée（assume）翻译为"承担"，但这个词语，包括其英译，同时具有"假定、承担、掌握、呈现"等意义，而且这些义项在这种语境中都适用。

同程度的探索，但只是到了海德格尔，时间问题才第一次真正得到解决。从某种意义上说，追问时间是什么其实就等于追问为什么会有时间，因为客观世界中并没有时间这样一种事物。因此也就等于追问时间和人这种存在者之间的关系。海德格尔的时间哲学就是以提出和回答这个迄今尚未被提出的问题为目的而展开的。海德格尔把人这种存在者的存在称为此在（Dasein），此在之"此"（Da）指的是此在对世界的开放性，也就是此在自身的开放性。然而，此在这种本质性的开放性以此在的另一个原始特征为前提，即此在的"向来我属性"。海德格尔说："这种存在者的存在向来是'我'的存在。在这种存在者的存在中，这种存在者与它的存在关联了起来。作为这种存在者的存在，它被托付给了它自己的存在。这种存在者操心的正是这种存在。"① 海德格尔指出，每个人的存在向来都是他自己的存在，人这种存在者与其存在是关联在一起的。他真正想要表达的意思是：人这种存在者与其他存在者具有一种本质性的差异，其他存在者仅仅存在，但人不仅存在，还能与自己的存在发生关系。正是这种与自己的存在发生关系的能力使人这种存在者的本质就是去存在（to be）。从这个意义上说，存在就是去存在，就是绽出（existentz/existence）②。因此海德格尔说："此在的本质就在于它的绽出。因此这种存在者的特征并非一个具有某种'外观'的客观存在的存在者的当下'特征'，而是且仅仅是它去存在的各种可能的方式。"③ 在此，海德格尔明白无误地阐明了此在的本质就在于它的超越性。此在就是超越，所要超越的就是存在者自己，但超越的目的，超越所要到达的也是存在者自己。当海德格尔说此在之"此"指的是此在对世界的开放性时，他要表达的就是此在的超越性。此在在世界中的存在就是朝向自己的出离自己，就是对自我超越的回顾。正是在这个意义上，海德格尔说："此在就是时间，时间就是此在。"总之，在海德格尔这里，时间的根本维度不是过去，也不是现在，而是将来，而将来乃是此在对自己在世界中的存在之本真理解所展开的大有把握的筹划。对他来说，将来虽然还未到来，但已经尽在掌握之中。

---

① Martin Heidegger，*Being and Time*，p. 41.

② 在海德格尔的语境中，existentz（existence）与 Sein 的意思是完全不同的，existentz 的意思就是指此在的开放性，即此在从来不是一个固定的实体，他总是能从自身之中站出来，总是能够超越自身，去成为目前他所不是者。当列维纳斯用法语 existence 去翻译海德格尔的 Sein 时，他的 existence 完全没有海德格尔的 existentz 的超越之意，但这两个词语相近的词形总是会让人误以为二者具有相同的意思。

③ Martin Heidegger，*Being and Time*，p. 41.

　　对此列维纳斯完全不能赞同：对他来说，如果将来已经尽在掌握之中，那么就没有将来，没有时间。列维纳斯引证麦克白，绝不是为了证明主体宁死不屈的意志，其直接目的是揭示死亡绝不可能出现在现在，因为主体绝对没有能力把握死亡。所谓现在，就主体而言，就是"我"对"我"的存在的掌控；就事物而言，就是"我"对存在者之存在的掌控。只有当存在者被掌控时才有现在：在当前存在。一切不能被主体掌控的事物都不可能出现在现在。至于其根本目的，则是要揭示死亡与时间的深刻关系。正是在此意义上，列维纳斯说："关于死亡之接近，最为重要的是，在一个特定的时刻，我们不再有能力。正因如此，主体失去了其作为主体的掌控力。这种掌控力的终结表明，我们以这样一种方式来承担生存，以致我们不能承担的事件能够发生在我们身上。"① 就此而言，要理解列维纳斯的时间哲学，要理解何以死亡和他者在他的时间哲学中具有如此重大的意义，这是至关重要的一点。因为对他来说，一方面，如果"我"不是一个必有一死的凡人，时间将毫无意义，因为在永恒之中"我"不会遭遇任何他者，也不会有任何真正不同的事件发生在"我"身上。另一方面，如果"我"和"我"所遭遇的人、事、物尽在掌握之中，那就意味着普天之下并无新事，普天之下并无他者。一切将要到来的其实已经到来，一切将要发生的其实已经发生。这样的世界将是静止的世界，一个业已完成并且封闭的世界。在这样的世界中，只有永恒的静止，绝不会有活泼的时间。没有死亡的世界乃是没有他者的世界，没有他者的世界乃是没有事件的世界，也必然是没有时间的世界。时间之发生必须要有他者。只有他者才能松开紧紧捆绑在一起的自己和自我，才能打破主体的孤独。正是在这个意义上，列维纳斯说："死亡就是筹划之不可能。死亡之切近表明，我们与某种绝对他异的事物有关系；这种具有他异性的事物不是我们通过享受就能消灭的临时规定性，而是一种其存在本身就是用他异性制成的事物。因此'我'的孤独不是被死亡确认，而是被它打破。"②

　　死亡的切近就是他者的切近，"我"的痛苦、被动、失能和死亡，皆因他者而来。当然，列维纳斯的意思绝不是说他者是恶魔，他者让"我"痛苦、失能，甚至让"我"体验到死亡的切近，不是因为他者必定要折磨"我"，而是因为"我"必须对他者负责。人之为人，就在于他必须为他者

---

①　Emmanuel Levinas，*Time and the Other*，p. 74.
②　Emmanuel Levinas，*Time and the Other*，p. 74.

负责，他对他者的所有的幸福与不幸负有不可推卸的责任。正是这不可推卸的责任让"我"痛苦，让"我"不能再执着于自己，甚至让"我"感到死亡的威胁。在死亡之中，"我"的存在被转让给了他者，但是他者并不以"我"拥有"我"的存在的方式拥有"我"的存在。在死亡中得到宣布的他者是绝对的他者，和死亡一样，他者也是一个未知的神秘。他者不是未知的，而是绝对不可知的，他抵制一切光。儒家提倡"己欲达而达人，己欲立而立人"，"己所不欲，勿施于人"；基督教宣扬"爱邻舍如同自己"。这两种伦理学都以假定他者和"我"相同为基础。但列维纳斯的他者绝不是另一个"我"，绝不是和"我"相同的另一个人。"我"与他者的关系绝不是一种田园诗般的和谐共鸣，"我"与他者的关系就是"我"与神秘的关系。正因为在死亡中切近的他者绝对不可知，"我"再也不能封闭在"我"直接的自我同一性中，再也不能掌控"我"的存在，"我"的孤独被摧毁了，所以才有真正意义上的事件发生，才有真正意义上的时间发生。列维纳斯一以贯之地坚持了这种观点，后来他在索邦的课程中重申："时间不是存在的限制，而是存在与无限的关系。死亡不是灭绝，而是使存在与无限的关系，或者说使时间得以被生产出来的必不可少的问题。"[1] 海德格尔认为时间就是此在，就是此在在世界中走向死亡的存在，而且正是死亡这束光照亮了"我"在世界中的存在，让"我"本真地去成为"我"业已了然的自己。列维纳斯所不能同意的正是这一点，因为在海德格尔的时间中没有他者："将来之先行和将来之筹划，一直被从柏格森到萨特以来的理论规定为时间的本质，但这种将来只是将来的现在，不是真正的将来；（真正的）将来是不可把握的东西，是降临到我们身上并控制我们的东西。他者就是将来。与他者的关系就是与将来的关系。对'我'来说，仅限于一个主体去谈论时间是不可能的，或者说，谈论纯粹个人的绵延是不可能的。"[2]

不可把握的死亡，作为一种神秘的死亡，虽然绝不可能出现在现在，但它的切近可以打破"我"的孤独，让事件作为事件发生，让时间作为时间发生，因为死亡的切近就是他者的切近。然而这里出现了一个非常棘手的问题：如果死亡永远不会出现在现在，那么这样的死亡还是"我"的死

---

[1]　Emmanuel Levinas，"Death of the Other and My Own"，in *God*，*Death*，*and Time*，trans. Bettina Bergo，Stanford：Stanford University Press，2000，p. 19.

[2]　Emmanuel Levinas，*Time and the Other*，p. 76.

亡吗？如果死亡打破了"我"的孤独，粉碎了"我"的主体性，那么不可把握的事件如何能够发生在"我"身上？当"我"固执于现在，封闭在"我"的本质或自我同一性中时，此刻没有事件可言；当事件作为事件发生时，此刻"我"已经不再是"我"，失去了"我"的主体性。因此，在死亡之中，的确有一道鸿沟横亘在事件和将要经受这一事件的主体之间。如果不能超越这一鸿沟，那么不可把握的事件就不能真正发生在"我"身上，时间也就不可能真正发生。在此列维纳斯似乎以一种比较含蓄的方式表明，时间既不发生在现在，也不发生在纯粹之**有**中。那么如何超越这一鸿沟，让时间真正现实地发生呢？用他的话说就是："一个存在者如何能够既与他者有关系又不让他的自己（soi/self）被他者粉碎？"① 既要逃离孤独，又不能消失在纯粹之**有**中；既要与他者有关系，又不能让他者粉碎"我"的自己。这种困境能否克服，又如何克服？走出这一困境的唯一途径就是置身于与他者面对面这一形势："与他者的关系，与他者面对面，遭遇一张既给出又遮蔽他者（the Other）的脸，这就是那种形势；在这种形势中，那不能被主体假定的事件发生在了主体身上，就此而言，他完全没有能力假定它，尽管如此，在这种形势下，这事件还是以某种方式出现在了主体面前。"②

　　与他者面对面（the face-to-face with the Other）不仅是克服上述困境的唯一途径，而且就是时间："时间本身就是这种与他者面对面的形势。"③ 没有这种形势，不进入这种形势，就没有时间，时间就不会发生：固执于现在，封闭在自己的本质之中，时间不会发生；彻底消失在纯粹之**有**中，也没有时间，尽管纯粹之**有**是一种周行不殆的大化流行。时间只能发生在一种主体间性之中，这种主体间性就是具体的与他者面对面。在这种具体形势中，一方面，"我"走出了自己的自我同一，但并未失去自我；另一方面，他者前来与"我"照面，但仍然是一个不可把握的他者。但是，列维纳斯强调时间只能发生在与他者面对面这一形势之中，还有另外一层非常重要的意义：将来必须与现在有关系。故此他说："死亡给出的将来，事件的将来，还不是时间。为了让这不属于任何人、不能为任何人所承担的将来变成时间的元素，它就必须与现在发生关系。"④ 在与他者

---

① Emmanuel Levinas, *Time and the Other*, p. 77.
② Emmanuel Levinas, *Time and the Other*, pp. 78 - 79.
③ Emmanuel Levinas, *Time and the Other*, p. 79.
④ Emmanuel Levinas, *Time and the Other*, p. 79.

面对面这一具体形势中，原本永远不可能被"我"承担或假定并因此与之发生关系的将来与"我"有了关系，原本永远不会出现在现在的将来出现在现在了。因此，与他者面对面就是时间的实现，换句话说，与他者面对面就是时间。当然，在列维纳斯这里，与他者面对面绝不是一种静止的对视，而是奋不顾己地对他者负责。①

虽然人们一般认为时间是由过去、现在和将来构成的，但列维纳斯并不认为现在具有时间性；在其学术生涯早期，他和海德格尔一样，最为关注的是将来，认为将来才是时间三维中最为重要的维度，正是有了将来，才有时间。但如林吉斯指出的那样，列维纳斯后期更为关注时间结构中的过去，因为主体对他者承担责任是源于过去的亏欠。虽然主体没有做过任何亏欠他者的事情，但他还是对他者有所亏欠，这种亏欠早于一切实际行为，比所有过去都更为过去，更为古老。

海德格尔指出，存在就是走向死亡的存在，此在对自己在世界中的存在的全部领会和筹划都立足于此。但在列维纳斯看来，海德格尔的领会和筹划不仅不能帮助此在实现自我超越，反而会让其更加封闭在自我同一的孤独之中。列维纳斯同意存在就是走向死亡的存在，因为只有在死亡之中才会有他者出现。如果"我"的存在是一种永恒的存在，那么"我"所遭遇的一切人物和事物，不管它们如何各不相同，它们的差异（difference）都将无足轻重（indifferent），因为这些差异对一个永恒者来说是毫无意义的。正因为死亡，他者才能作为他者介入进来，与"我"面对面，让"我"不得不对之负责。正是在这种负责中，"我"超越了自己的孤独，超越了现在，有了将来。列维纳斯和海德格尔一样强调死亡与超越和时间的关系：对海德格尔来说，基于死亡的超越，其目的是成为自己，所以时间就是此在；对列维纳斯来说，基于死亡的超越，其目的是对他者负责，所以时间是与他者面对面。因此，虽然列维纳斯也承认走向死亡的存在乃是时间的起源，虽然他也说"在走向死亡的存在中，走在自己前面出离自己得到了具体的实现"②，但其内涵与海德格尔几乎有天壤之别。

总之，在西方哲学史中，时间始终是一个极为困难而又极为令人着迷的问题。纵观西方哲学史，说海德格尔第一次真正揭示了时间之谜，也许

---

① 对此，列维纳斯后来在其《负于存在或超越本质》中有极为深刻的阐释，笔者也有专文论述，限于篇幅，在此就不展开了。

② Emmanuel Levinas，"Being-Toward-Death as the Origin of Time"，in *God*，*Death*，*and Time*，p. 45.

并不过分；正是因为他的贡献，我们才在时间问题上彻底与经验主义和唯心主义的时间观决裂，以一种远比康德和胡塞尔更加深邃的哲学洞察了时间与主体的生存之间的密切关系。但是，海德格尔的时间哲学仍然不是最终的答案，当梅洛-庞蒂在《知觉现象学》中揭示出时间与身体的密切关系时，我们对时间有了更深一层的认识。但是，梅洛-庞蒂的时间哲学也不是最终的回答，因为他对海德格尔的修正只是现象学内部的发展和推进。列维纳斯的时间哲学则完全不同，他对海德格尔的批判不是同一种哲学内部的批判，而是用一种完全不同的伦理学——一种反现象学的伦理学去批判海德格尔的时间哲学。虽然列维纳斯的时间哲学与海德格尔具有不可分割的关系，但二者之间的断裂才是至关重要的。正是这种断裂，让我们对时间有了一种全新的理解。

三 身体与存在

在西方哲学史中，时间是最令人费解的难题。直到海德格尔宣布"此在就是时间，时间就是此在"，时间之谜才得到了真正的揭示。梅洛-庞蒂承认海德格尔在时间哲学上的贡献，但他认为，海德格尔的回答还不彻底，最彻底的回答应该是："主体就是时间，时间就是主体。"当然，梅洛-庞蒂所谓的主体就是身体。常识认为，身体和时间是两种毫不相关的事物，何以身体就是时间，时间就是身体？梅洛-庞蒂为什么要将主体定义为身体？他的回答与海德格尔的回答究竟有何关联，又有何区别？他的回答在何种意义上深化了我们对时间的理解？

和胡塞尔与海德格尔不同，梅洛-庞蒂的知觉现象学的基本原则是将身体而非意识确立为知觉主体，并由此揭示身体之于对象的构成作用。作为知觉主体的身体绝非空间之中的纯粹一物，因为身体存在的空间性与一般外在事物的空间性截然不同。身体空间（bodily space）是一种处境性的空间，而非一种位置性的空间。身体空间的基本结构是内含了身体的对象-境域结构。正是基于身体空间，梅洛-庞蒂进而揭示了生活空间（lived space）：没有身体就没有空间。空间之所以成为空间，乃是因为意向性的身体在存在论的意义上被啮合进了世界之中。

海德格尔迫使人们重新思考久已被遗忘的存在，西方哲学版图的基本轮廓主要是由他一手绘制的。巴迪欧的非凡之处在于，他使纯粹形式化的数学集合论和无限丰富的政治哲学实现了无缝对接，不仅使人们对历史与政治有了崭新的认识，而且使人们对数学有了前所未有的理解。以海德格尔为参照，巴迪欧在以下问题上与海德格尔存在迥然不同的立论：何为存在？通往存在的道路是诗歌还是数学？何为古希腊哲学的开端？基于对这些问题的独特理解，巴迪欧对马拉美的奇诗《骰子一掷永远取消不了偶然》做出了别出心裁的阐释。要真正理解巴迪欧，数学存在论乃是唯一的起点。

作为一种艺术哲学，美学的核心自然是感性经验。然而巴迪欧却挑衅性地宣布艺术乃是真理的生产程序，并据此建立了一种排斥感性，转而以真理为核心的非美学（inaesthetics）。巴迪欧将既有的诗学总结为三种基本图式：教育图式、浪漫图式和古典图式。在他看来，这三种诗学无疑都是"美学的"，因此不能真正揭示艺术的本质和艺术与真理的关系。为此，我们只能寄希望于第四种"非美学"的生产图式。为了深入剖析巴迪欧的非美学，在详细阐释了他所理解的艺术与哲学的关系之后，有必要进一步阐述他对诗歌与数学所做的比较，以及基于这种比较所得出的结论：诗歌与数学一样都是一种真理程序，但二者各有自己的"无法命名者"。

1. 身体与时间

世间万物，最为神秘莫测的莫过于时间。在海德格尔之前，西方哲学史中，亚里士多德、奥古斯丁、康德、克尔恺郭尔、胡塞尔和柏格森等大哲学家都曾从不同角度对时间做过十分深入的思考。然而直到海德格尔在《存在与时间》（1927）中以无与伦比的大智慧揭示并阐明了"此在就是时间，时间就是此在"，时间的神秘才第一次得到了真正的澄清。不过，当我们一度以为这个问题可以盖棺论定之时，梅洛-庞蒂却在《知觉现象学》（1945）中以极为类似的修辞宣布"主体就是时间，时间就是主体"。作为一个极具原创精神的哲学家，梅洛-庞蒂的时间哲学显然不可能是海德格尔时间哲学的同义重复，那么他的时间哲学的创造性和独特性究竟体现在何处呢？换句话说，如果这不是一种同义重复，那么他在何种意义上深化和推进了我们对时间的理解？

此在就是时间

为了更加准确地理解梅洛-庞蒂的时间哲学，必须将其与海德格尔的时间哲学进行对照。这是一个必备的参照，一个必需的迂回。

在《现象学之基本问题》中，海德格尔对上述哲学家的时间概念曾做过详细的分析，可见他对时间问题的历史并不陌生。在海德格尔看来，从亚里士多德到柏格森的时间哲学虽然彼此差异很大，但基本上都是在自然哲学中进行，基本上都还把时间当作一种客观存在的事物对待，唯一的例外是康德。海德格尔承认，胡塞尔的现象学对他影响深远，而且胡塞尔本人也曾在《内时间意识现象学》中对时间做过深刻而发人深省的探索①，但在时间问题上，真正启发他的人是康德。在康德之前，时间不仅神秘难解，而且人们甚至不能明确指出其神秘性究竟何在。比如亚里士多德在其《物理学》第 4 章中就对时间深感困惑："流传下来的观点和我们先前的讨论，都无助于阐明时间究竟是什么以及它的本性究竟是什么。"② 同样的困惑也可以在奥古斯丁的《忏悔录》第 11 卷中发现，尽管他绝望地承认自己不知道时间究竟是什么，但还是对时间做了下述不确定的猜测："它似乎来自'我'，似乎时间无非是一种延长；但它是什么的延长，我不知道；如果不是精神本身的延长，那才奇怪。"③ 康德的卓越之处首先就在于他一针见血地指出，时间的神秘性就在于它和空间一样，是一种"纯粹直观"。一般而言，感觉始终是关于某物的感觉；但在时间感觉和空间感觉中，只有感觉本身而没有感觉对象，就像一个符号只有能指没有所指一样。所谓纯粹直观就是这个意思。因此，时间的古怪之处就在于，它是我们对一种并不客观存在的事物的感觉。正是在这个意义上，康德说："时间不是从外部经验中抽取出来的经验性概念"；"时间不是独立存在的东西，也不是附属于物的客观规定，因而不是抽掉物的直观的一切主观条件仍然会留存下来的东西"④。但是，康德认为时间并不因此就失去其现实性："时间当然是某种现实的东西，也就是内直观的现实的形式。因此，它在内部经验中有主观现实性，就是说'我'现实地有关于时间和'我'

---

① Edmund Husserl, *On the Phenomenology of the Consciousness of Internal Time*, trans. John Barnett Brough, Boston: Kluwer Academic Publishers, 1991. 值得一提的是，这本书的最初版本（1928）就是胡塞尔委托海德格尔编辑的，虽然胡塞尔的助手埃迪特·施泰因（Edith Stein）在此书的编辑中介入更深。胡塞尔的时间分析具有高度形式化的特征，因为他试图揭示时间经验本身的本质结构或者先验结构。胡塞尔认为，在时间性对象的所有特征中，最重要的特征就是持续（duration）。所有时间性对象，不管是相对恒定的房屋还是不断移动的船只，都将自身呈现为某种持续的（enduring）东西。对胡塞尔来说，无时间性的东西只具有一般性和普遍性，只有持续的东西才具有具体性和个别性。因此，持续就等于成为具体事物，就等于拥有时间形式。胡塞尔的确认为时间本身就是一种形式，我们的时间意识也是一种形式。和康德相同的是，他也把时间理解为一种纯粹的形式，而且是一种事物必然具有的形式。不同之处在于，他没有把这种形式归于先验主体，而是归于客观对象："时间是那些正被发现的个别事物不可化约的形式。"

② Aristotle, *Physics*, trans. Robin Waterfield, New York: Oxford University Press, 1996, p. 104.

③ St. Augustine, *The Confessions of St. Augustine*, trans. John K. Ryan, New York: Image Books, 1960, p. 331.

④ 康德. 纯粹理性批判. 邓晓芒，译. 北京：人民出版社，2004：34，36.

在时间中的诸规定的表象。因而时间并不能作为客体被看作现实的，而是作为'我'把自己表象为客体的方式而被看作现实的。"① 也就是说，时间的现实性不是一种客观现实性，而是一种主观现实性："时间无非是我们内直观的形式。如果我们从时间中把我们的感性这个特殊条件拿掉，那么就连时间感念也消失了，时间并不依赖于对象本身，而只依赖于直观它的那个主体。"② 在西方哲学史上，康德第一次明确指出，世界上并不存在时间这样一种客观事物，时间只依赖于主体。康德在《纯粹理性批判》中首先讨论时间和空间，目的是揭示作为纯粹直观形式，时间和空间是事物得以作为现象显现的先天条件。一旦完成了这种准备性的分析，他便对其弃之不顾了。康德忽略了一个至关重要的问题：没有客观现实性的时间是如何获得主观现实性的？说得更直白一些：为什么会"有"时间这种根本就"没有"的东西？如果时间依赖于主体，这种"依赖"究竟意味着什么？正是从康德弃置的这个问题出发，海德格尔的存在主义哲学踏上了征程。

从某种意义上说，追问时间是什么其实就等于追问为什么会有时间，因为客观世界中并没有时间这样一种事物。因此也就等于追问时间和人这种存在者之间的关系。海德格尔的时间哲学就是以提出和回答这个迄今尚未被提出的问题为目的而展开的。他的时间分析当然最为充分地体现在《存在与时间》中，但在 1924 年 7 月作于马堡神学家协会的演讲《时间概念》之中，他对时间的思考就已经趋于成熟了。正是在这个演讲中，海德格尔明确指出："此在就是时间，时间就是此在。"③ 因此，理解时间的前提是理解此在。在《存在与时间》中，甚至可以说在海德格尔的所有著作中，所有关于人的传统称谓，比如主体、自我和意识等，全都消失不见了，取而代之的是"此在"。这当然不是一种标新立异的词语游戏，而是标志着一种问题意识和思想方式的转变，因为海德格尔要思考的不是人这种存在者，而是人这种存在者的存在。海德格尔把人这种存在者的存在称为此在。正如科克尔曼斯（Joseph J. Kockelmans）指出的那样，"此在"之"此"指的是此在对世界的开放性："此在自己的存在以开放性为特征。

① 康德. 纯粹理性批判. 邓晓芒，译. 北京：人民出版社，2004：39. 据英译本略有改动：Immanuel Kant, *Critique of Pure Reason*, trans. Paul Guyer and Allen W. Wood, Cambridge：Cambridge University Press, 1999, pp. 182 - 183. 其实亚里士多德和奥古斯丁已经隐约感到时间和主体具有某种密切关系。

② 康德. 纯粹理性批判. 邓晓芒，译. 北京：人民出版社，2004：39. 据英译本略有改动.

③ Martin Heidegger, *The Concept of Time*, p. 20.

小品词 Da（此）指的就是这种本质性的开放性。"①

　　如前所述，此在这种本质性的开放性以此在的另一个原始特征为前提，即此在的"向来我属性"。海德格尔说："这种存在者的存在向来是'我'的存在。在这种存在者的存在中，这种存在者与它的存在关联了起来。作为这种存在者的存在，它被托付给了它自己的存在。这种存在者操心的正是这种存在。"② 海德格尔指出，每个人的存在向来都是他自己的存在，人这种存在者与其存在是关联在一起的。他真正想要表达的意思是：人这种存在者与其他存在者具有一种本质性的差异，其他存在者仅仅存在，但人不仅存在，而且能与自己的存在发生关系。正是这种与自己的存在发生关系的能力使人这种存在者的本质就是去存在。从这个意义上说，存在就是去存在，就是绽出。因此海德格尔说："此在的本质就在于它的绽出。因此这种存在者的特征并非一个具有某种'外观'的客观存在的存在者的当下'特征'，而是且仅仅是它去存在的各种可能的方式。"③ 在此，海德格尔明白无误地阐明了此在的本质就在于它的超越性。此在就是超越，所要超越的就是存在者自己，但超越的目的，超越所要到达的也是存在者自己。当海德格尔说此在之"此"指的是此在对世界的开放性时，他要表达的就是此在的超越性。然而为何这种超越性是可能的呢？④

　　如果绽出/超越构成了此在的内在可能性，那么领会则构成了绽出/超越的内在可能性。对海德格尔来说，如果人这种存在者不能因为领会从而去操心自己的存在，那么人就不可能和自己的存在发生关系。没有对自己的存在的领会，就没有绽出和超越，没有绽出和超越，就没有此在。因此，也就没有时间。就此而言，对自己的存在领会着的理解最深刻地将人规定为此在，规定为时间。不过，必须注意的是，海德格尔所说的领会绝不是一种发生在意识层面的主题性的理解，不是一种思维能力，也不是一种思维活动，而是作为此在原初的展开方式本身。所以他说："此在对于以这种方式去存在或以那种方式去存在总是有所领会（或无所领会）。作

---

① Joseph J. Kockelmans, *Heidegger's "Being and Time"*, Boston: University Press of America, 1989, p.146. 此书中译本见：科克尔曼斯. 海德格尔的《存在与时间》. 陈小文，等译. 北京：商务印书馆，2003.

② Martin Heidegger, *Being and Time*, p.41.

③ Martin Heidegger, *Being and Time*, p.41.

④ 原书内容即有所重复，为尊重原书，此处照录。——译者注

为这种领会，此在'知道'正在进行的是什么，也就是说，它知道它的存在的可能性是什么。这个'知道'并非首先出自一种内在的自我感知，而是属于此之在，这个此之在本质上就是领会。"① 正因为领会不是一种纯粹的思维活动，而是存在论上的此在本身，所以领会本身具有一种生存论的超越结构，这就是海德格尔所说的筹划。"为什么领会总是能够从所有那些能够为其所揭示的本质维度中进入可能性之中？因为领会本身具有我们称为筹划的生存论结构。"②

在海德格尔的时间哲学中，具有筹划特征的领会占据至关重要的地位，因为人的存在就是对存在的领会。正是作为此在之基本展开方式的领会使此在能够面向未来去筹划自己的存在，从而生发出了时间。此在始终具有它自己的可能性，向来就是它自己的可能性，而且总是面向它自己的可能性前进，并在此行进过程中不断地去成为自己。时间不是别的什么东西，正是此在面向自己的可能性不断超越自己从而去成为自己的过程。换句话说，正是因为此在面向自己的可能性不断超越自己而去成为自己，所以才有了根本就没有的时间。正是在这个意义上，海德格尔说："此在就是时间，时间就是此在。"如果我们对海德格尔的《存在与时间》有足够深刻的理解，就不得不惊叹他在时间问题上无与伦比的智慧，因为他一举解决了这个困扰人们几千年之久的大问题，以一种可与数学定理相媲美的简洁表述，不仅揭示了时间是什么，而且揭示了为什么会有时间。

然而，虽然海德格尔从根本上解决了时间问题，但这并不意味着他对时间所做的阐述就是这个问题最后的话语。在梅洛-庞蒂看来，海德格尔的时间分析还可以更加深入一步：深入到知觉分析中去。对海德格尔来说，对存在的领会和筹划乃是时间之为时间的关键。虽然海德格尔再三强调，原初的领会和筹划是此在生存论的基本展开方式，绝非理性的理解和主题性的把握，尽管他所论及的蕴含了领会的存在论的现身（此在的另一种基本展开方式）非常接近于梅洛-庞蒂所说的身体，但在后者看来，他的时间分析仍然停留在意识层面，没有深入到更为原始的知觉层面。在梅洛-庞蒂看来，时间首先不是由此在对存在的领会和筹划生发出来的，而是更加原初地由作为身体的主体生发出来的。

---

① Martin Heidegger, *Being and Time*, p. 140.
② Martin Heidegger, *Being and Time*, p. 140.

主体就是时间

从逻辑上说，梅洛-庞蒂的时间分析与海德格尔的时间哲学具有共同的起点，也就是批判时间实在论，强调时间与主体具有不可分割的关系。梅洛-庞蒂以批判实在论的、经验论的和理智论的三种时间观入手，开宗明义地指出时间不是一种自在之物，而是与主体密切相关："如果我们在这条引领我们通向主体性的道路上已经遭遇了时间，这主要是因为我们的所有经验都是根据前与后而安排的，因为时间性，用康德的话说，是内在感觉的形式，因为时间性是'心理事实'最一般的特征。"①

实在论认为，时间是独立于主体、外在于世界的一个客观事物。时间是一条看不见摸不着但真实存在的河。就连哲人也不可避免地这样认为，比如赫拉克利特就曾说："人不能两次踏进同一条河流。"孔子也曾叹息："逝者如斯夫，不舍昼夜。"但这是一种错误的时间观。梅洛-庞蒂敏锐地发现，这种比喻一方面主张时间不依赖主体客观存在，另一方面却偷偷摸摸地预设了一个见证其流动的主体。何以见得呢？当我们说时间是一条河时，言下之意无非是说它从过去流到现在，然后再流向将来。但是，这种说法要么意味着有一个主体曾经在上游某处见证了溪水的汇聚或者冰川的融化，然后随之顺流而下；要么意味着有一个主体在岸边等候一段时间后看到了他曾在上游抛掷进河流的木块。如果没有这样一个主体，没有这些因为主体才可能有的事件，就不可能说时间是一条从过去流向现在再流向将来的河流。所以梅洛-庞蒂说："时间预设了对时间的观看。"② 那么是谁对时间的观看？当然是主体对时间的观看。"时间既非一个真实的过程，也非一个现实的接续。'我'不可能只是单纯地记录它。时间诞生于'我'与事物的关系。"③ 没有主体与事物或者与世界的关系，就不可能有时间。梅洛-庞蒂与海德格尔至关重要的差别在此以一种不易察觉的方式显露了出来：对海德格尔来说，时间源于此在对自己在世界中的存在的领会、筹

---

① 法语《知觉现象学》有两个版本：Maurice Merleau-Ponty, *Phénoménologie de la perception*, Paris：Gallimard, 1945；Merleau-Ponty, *Phénoménologie de la perception*, Paris：Gallimard, 1976. 笔者依据的是 1976 年的版本。此书英译本也有两个：其一是科林·史密斯（Colin Smith）的译本（Maurice Merleau-Ponty, *Phenomenology of Perception*, London：Routledge Press, 2002）；其二是唐纳德·兰德斯（Donald A. Landes）的译本（Maurice Merleau-Ponty, *Phenomenology of Perception*, London：Routledge Press, 2012）。本文主要依据 2012 年英译本。

② Maurice Merleau-Ponty, *Phenomenology of Perception*, p. 433.

③ Maurice Merleau-Ponty, *Phenomenology of Perception*, p. 434.

划和超越；但对梅洛-庞蒂来说，时间则源于主体与事物或世界的关系。梅洛-庞蒂指出，世界本身没有时间，因为客观世界没有主体才有的过去和将来："'我'所拥有的过去或将来，现存于世界之中。"① 也就是说，时间乃是过去、现在和将来的统一共在，只有现在的世界是非时间性的世界。"如果客观世界没有能力生发出时间，这并非因为它在某种意义上过于狭窄，或者我们必须得给它添加一点过去或将来。过去和将来在世界中存在得太好了，它们只存在于现在之中。为了成为时间性的存在，存在本身所必须欠缺的乃是他处、过去和明天的非存在。客观世界过于饱满以致没有时间。"② 对海德格尔来说，是此在的欠缺为时间的诞生奠定了基础，但梅洛-庞蒂似乎略有推进：世界本身的完满导致时间无从产生。

　经验论以心理学为基础，认为时间是由已然过去的此刻、当前现在的此刻和尚未到来的此刻构成的接续。与实在论不同的是，经验论认为构成时间的诸多时刻并不存在于客观世界之中，而是存在于心理经验中，由主观材料构成。柏格森用记忆解释过去，用投射解释将来，就是典型的经验论的时间观。经验论没有意识到的问题是，记忆和投射都发生在现在。如果时间真的如经验论认为的那样，过去真的已经过去，将来真的尚未到来，那么即使凭借记忆和投射，也无法重建对过去和将来的经验。比如，故地重游，面对中学学习期间用过的书桌："我"曾经把自己的名字刻在书桌的一角，或者在上面留下了一些独特的墨迹。首先，"这些痕迹本身不会涉及过去，因为它们呈现于当前。如果'我'在其中发现了一些'先前'事件的迹象，这是因为'我'现在对过去还有感觉，因为'我'现在还保有这种意义"③。那么，凭借这些痕迹在"我"心中唤起的记忆所激发的知觉，能把"我"重新带回过去吗？梅洛-庞蒂也断然否定了这种可能性："这种现在的知觉，绝不可能向'我'指示过去的事件，除非'我'对'我'的过去另有一种观看，这种观看使'我'能够把这种知觉辨认为一种记忆，但这种事情从原则上就被排除了。"至于将来，梅洛-庞蒂认为，那就更不可能用意识的内容将其建构出来："任何现在的内容都不可能充当将来的见证，即使以模棱两可为代价也不行，因为将来甚至还不存在，不可能像过去那样，在我们身上打上它的印记。"④ 在此梅洛-庞蒂以

---

① Maurice Merleau-Ponty, *Phenomenology of Perception*, p. 434.
② Maurice Merleau-Ponty, *Phenomenology of Perception*, p. 434.
③ Maurice Merleau-Ponty, *Phenomenology of Perception*, pp. 435 – 436.
④ Maurice Merleau-Ponty, *Phenomenology of Perception*, p. 436.

一种并不显著的方式表明，我们对过去或将来的经验不是一种纯粹意识的记忆或者投射，而是一种鲜活的知觉，因为过去与将来并不像经验论理解的那样，已经成为过去或者尚未真正到来。

以康德为代表的理智论对实在论和经验论所犯的错误看得很清楚：二者都没有意识到我们的意识已经深深卷入我们的时间经验之中，没有意识到时间是我们知觉事物的前提——康德错误地将其称为"先天条件"。实在论认为时间是自在之物，与主体和意识毫无关系，但在解释时间时又偷偷预设了主体的存在，其弊端自不待言。经验论认为，时间意识源于时间经验。对此，理智论要问的是，如果没有时间意识，对事物的时间经验如何可能？那么作为时间经验之前提的时间意识来自哪里呢？康德将时间设定为经验的先天条件，事实上搁置了这个问题，但其他理智论者则倾向于认为意识建构了时间。主张意识建构了时间，其有利之处在于使意识不再像在经验论中那样，被囚禁在现在之中，而是可以自由出入于过去、现在和将来。但梅洛-庞蒂要质疑的是，以这种方式获得解放的意识会使过去、现在和将来这些概念失去其固有的含义，这种由意识建构出来的时间与作为实在对象的物理时间将无从区别，这种时间仍然只是一个由无数"此刻"构成的序列，而且这个序列并不呈现给任何人，和任何人都没有关系。将时间当作意识内在固有的对象，这样的时间已经不再是时间，而是一种抽象的观念。

通过批判实在论、经验论和理智论的时间观，梅洛-庞蒂指出，时间既非某种外在的客观事物，也不内在于主体的心理经验之中，更不是绝对意识建构出来的东西。上述三种观念虽然各不相同，但它们要么把时间当作一种既成的、绝对的实体，要么把过去、现在和将来同质化。梅洛-庞蒂认为："之所以有时间，只是因为时间并未完全展开，只是因为过去、现在和将来并不在同一种意义上存在。时间绝不能完全存在，它必须发生；时间绝不可以被完全建构出来。"① 说过去、现在和将来不能以相同的意义存在，并不意味着时间不需要综合，时间当然需要综合，但"这种综合必须总是重新开始"②。没有综合的时间，或者一劳永逸地完成综合的时间，本质上是一种并列的空间。如果时间不是我们的认识对象，如果时间不能完全展开，如果时间总是处于重新开始之中，如果时间就是时间

① Maurice Merleau-Ponty, *Phenomenology of Perception*, pp. 437 – 438.
② Maurice Merleau-Ponty, *Phenomenology of Perception*, p. 438.

的发生，那是因为时间不仅是主体存在的维度，而且就是主体的存在。正是在这个意义上，梅洛-庞蒂说："必须将时间理解为主体，必须将主体理解为时间。"① 为了彰显他与海德格尔微妙难言的映衬，我们完全可以将梅洛-庞蒂的上述命题修改为：主体就是时间，时间就是主体。然而我们知道，海德格尔对时间的定义是：此在就是时间，时间就是此在。

　　海德格尔为我们给出了一个十分优美的时间定义，并且以一种无比清晰的逻辑揭示了此在如何生发出了时间。然而反观《知觉现象学》，梅洛-庞蒂似乎并未提供同样清晰的论证。为什么主体就是时间，时间就是主体？我们不甚了然。我们甚至不知道梅洛-庞蒂所说的"主体"究竟是什么。追问时间是什么，其实就是追问为什么会有时间。如果海德格尔回答了这个问题，那么我们同样有理由要求梅洛-庞蒂也给出令人信服的回答；如果梅洛-庞蒂认为海德格尔的回答还应该更进一步，那么我们更有理由要求他展示他的进步之处。主体就是时间，时间就是主体。然则主体如何生发出了时间？何为主体？

　　海德格尔说"此在就是时间，时间就是此在"，他的意思是说：此在在世界中的存在就是时间，时间就是此在在世界中的存在。梅洛-庞蒂说"主体就是时间，时间就是主体"，他的内在逻辑与海德格尔其实完全一致：主体在世界中的存在就是时间，时间就是主体在世界中的存在。至关重要的差别是，对海德格尔来说，在世界中存在的是此在，而对梅洛-庞蒂来说，在世界中存在的是主体。因此，理解梅洛-庞蒂的时间哲学的关键就是理解他所说的主体。"主体"这个词最初来自法律和哲学：在法律中，主体指的是享有一定权利并承担相应义务的公民或法人，而在哲学中则指具有一定认识和实践能力的人。不过我们更熟悉的是被阿尔都塞和福柯改造了的主体，即饱受意识形态国家机器的质询或权力机构的规训的主体。显然，梅洛-庞蒂所谓的主体完全不具有上述主体的含义，恰好相反，他所说的主体乃是前人格、前意识、前反思的身体。在论述身体的综合时，梅洛-庞蒂明确指出："但'我'不在'我'的身体的前面，'我'就在'我'的身体中，或者说'我'就是'我'的身体。"② 后来在论述作为表达和言语的身体时，他再次重申："'我'就是'我'的身体，至少就下述事实而言是这样：'我'对身体拥有经验，相应地'我'的身体是一

---

① Maurice Merleau-Ponty, *Phenomenology of Perception*, p. 445.
② Maurice Merleau-Ponty, *Phenomenology of Perception*, p. 151.

种类似于自然主体的东西，或者是'我'全部存在的临时草图。"① 普瑞斯特（Stephen Priest）指出："梅洛-庞蒂的创造性在于他指出主体性是身体性的。"② 但要想真正把握"'我'就是'我'的身体"这一命题的重要性，诚如普瑞斯特所说，我们必须对比西方哲学史上三种关于人的本体论：唯物论、唯心论和身心二元论。唯物论将人理解为一种高度复杂而精密的身体对象（physical object），认为所有公认的精神事实其实都是物理性的身体事实，或者至少依赖于身体事实。唯心论则认为，人是一种非身体的（non-physical）精神或者意识，人所有的身体事实其实都是精神事实，或者至少依赖于精神事实。身心二元论则认为，人本质上是一种非身体的精神，但有时是一种非精神的身体。唯物论将精神的和主体的东西换算成身体的和客体的东西，唯心论将身体的和客体的东西换算成精神的和主体的东西。身心二元论看似调和了这两种哲学，其实根本没有触及身体与精神的关系。当梅洛-庞蒂旗帜鲜明地指出"'我'就是'我'的身体"时，他绝不是以一种新的方式回归了唯物论，而是一举超越了上述三种关于人的哲学，真正将精神与身体结合起来，因为这个命题有一个坚实的现象学基础：身体就是"我"在世界中的存在。"我"只能通过"我"的身体在世界中存在，"我"只能用"我"的身体去知觉世界。

　　梅洛-庞蒂一方面从身体的恒在性着手，证明身体绝非一个外在于世界的纯粹客体，而是一个始终与"我"在一起的事物；另一方面从视角的恒在性着手，证明主体绝不是一个可以脱离身体独立存在的纯粹意识，从而最终证明身体就是主体。"我"就是"我"的身体，为什么？因为"我"的身体就是"我"在世界中的存在："身体就是在世界中存在的媒介，对一个有生命的存在者来说，有一个身体意味着与一个确定的环境相统一，与某些筹划相融合，并始终致力于这些筹划。"③ 强调身体/主体就是在世界中的存在，其实就是强调我们在远比意识更为原始的知觉维度中的生存。在知觉层面上，主体与客体的区分尚且不存在。所以梅洛-庞蒂说："因为它是一种前客观的视角，在世界中存在可以区别于每一种第三人称程序、每一个广延物、每一个我思、每一种第一人称的知识——在世界中存在之所以能够将'心理的'与'生理的'连接起来，原因就

①　Maurice Merleau-Ponty，*Phenomenology of Perception*，p. 205. 此句引文的翻译综合了两个英译本。

②　Stephen Priest，*Merleau-Ponty*，London：Routledge，1998，p. 57.

③　Maurice Merleau-Ponty，*Phenomenology of Perception*，p. 84.

在于此。"① 将前人格、前意识、前反思的身体规定为主体，这对深受后现代哲学——它强烈关注意识形态或者权力机制对于主体之构建作用——影响的人来说，是非常奇怪的，但梅洛-庞蒂这么做自有道理，因为他的目的是建构原始而素朴的知觉层面的现象学，也就是说，他要建立的是反思意识介入之前、个性和身份形成之前的现象学。在他看来，不必等到此在对自己的存在有自觉的领会和筹划，早在原始而素朴的知觉层面上，身体对事物和世界就已经具有一种基本的理解力："所有对象都被编织进'我'的身体之中，至少就知觉世界而言，身体是'我'的'理解力'的一般工具。"②

身体的理解力表现为知觉综合。我们可以通过视觉、听觉、触觉、嗅觉和味觉感知事物，对事物的感知不一定在任何时候都会同时诉诸这五种感觉，但对事物的任何感知都是这几种感觉的综合。梅洛-庞蒂将感觉的综合称为知觉，或者知觉综合。也就是说，我们对事物的知觉不是几种感觉经验的简单相加，而是它们的和谐综合。梅洛-庞蒂认为，知觉综合之所以发生，不是因为"我"所有的经验都在表达一个恒定之物，而是因为这些经验被经验序列中的最后一种经验全部贯穿了起来。至关重要的是，绝不能认为知觉综合就是各种感觉被含括在原初的意识之下，恰好相反，知觉综合是各种感觉被整合进单一的具有认知能力的身体之中。但是，"身体不是一堆器官的总和，而是一个协同系统，它的所有功能都在'在世界中存在'这种一般活动中被发动和连接起来，身体就是生存凝固的形态"③。总而言之，知觉综合并非由意识主导，而是因为身体在世界中的存在而得以可能。

知觉综合不是由意识来实行的，而是由具有认知能力的身体来实行的，由于身体存在所导致的视角的有限性，这种综合永远都不可能完成。因此，虽然事物和自我在知觉综合中显现，但我们永远不可能得到物自身，也永远不可能充分实现自己的主体性。我们凭借知觉综合经验世界，但我们经验的世界不是完整且确定的关联体系，而是一个开放的整体，它的综合永远都不可能完成。同样，我们也借助知觉综合来经验"我"自己，但这个"我"也不是一个已然完成的绝对的主体性，而是在时间的航

---

① Maurice Merleau-Ponty, *Phenomenology of Perception*, p. 82.

② Maurice Merleau-Ponty, *Phenomenology of Perception*, p. 244.

③ Maurice Merleau-Ponty, *Phenomenology of Perception*, p. 243.

程中不断地既取消又重塑的主体性。因此，主体的统一性或者客体的统一性不是一种现实的统一性，而是经验境域中假定的统一性。主体和客体始终处于发生状态之中。但是，这种未完成性和不充分性并非一种消极事实，相反，它是一种积极因素，因为它使世界和主体具有无限可能性。因此梅洛-庞蒂说："展现在我们的知觉前面的事物的每一次显现，无非是知觉过程中一次短暂的停留和一个邀请，邀请我们去知觉更多的东西。如果物自身真的被寻获了，那么它从此将毫无神秘感地展现在我们面前。从我们相信已经拥有它的那一刻起，它将停止作为一事物而存在。"① 总之，发生在身体层面的知觉综合的不可完成性使事物的显现具有一种不可化简的不充分性，从而使存在——无论是世界的存在还是主体的存在——总是有所欠缺，正是这种欠缺使时间得以可能。梅洛-庞蒂说客观世界过于饱满以致没有时间，原因正在于此。如果对象和世界不是由知觉综合建构的，而是像胡塞尔认为的那样，是由意识建构的，那就不可能有这种本质性的积极的含混和欠缺。因此他说："如果意识建构了它此刻知觉的世界，那么意识和世界之间就不可能有任何距离、任何间隔，因为'我'的意识会贯穿这个世界直到它最隐秘的表达。意向性将把我们运送到对象的核心深处，基于同样的原因，被知觉的对象不再具有现在所具有的厚度，而意识则既不会失落也不会深陷在被知觉的对象之中。"② 也就是说，如果知觉世界是由意识建构出来的，那么这样的世界必定是一个明明白白的世界、一个已然完成的世界、一个没有可能性或者欠缺的世界，在这样的世界中，现在就只能是单薄的现在、没有厚度的现在，因为在这种现在之中没有过去和将来，最终也就没有时间。因为时间的本性就在于跃出和发生，一个既定的世界、一个单薄的现在是不可能发生什么的。故此梅洛-庞蒂说："只因时间没有被完全展开，只因过去、现在和将来不在同一种意义上存在，才会有时间。时间不能只是存在，它必须发生；时间绝不可能被完全建构出来。"③

梅洛-庞蒂竭力指出，不是意识生发出了时间，而是身体生发出了时间。时间和空间之所以被生发出来，只因主体有一个身体，只因主体凭借其身体而非意识在世界中存在。如果主体在世界中的存在是借助意识而实

---

① Maurice Merleau-Ponty, *Phenomenology of Perception*, p. 242.
② Maurice Merleau-Ponty, *Phenomenology of Perception*, p. 247. 引文"不再具有现在所具有的厚度"中的"现在"是一个名词，而非副词。
③ Maurice Merleau-Ponty, *Phenomenology of Perception*, pp. 437-438.

现和展开的，那么时间和空间对主体来说就只是一些并置位点的总和。关键是要知道，时间和空间不是包含了主体的身体和主体的意识的无限关系。主体不是在时间和空间之中，就像其他客观事物一样；主体也不思考时间和空间，因为时间和空间不是主体在世界中存在时思考的对象，而是使对象得以显现的境域。主体的身体在使自己适应时间和空间的同时生发出了时间和空间。从这个意义上说，主体本质上就是时间性、空间性的。总之，身体/主体在世界中的存在表现为对相应事物的把握，这种把握所及的范围衡量了主体的生存范围，但这种把握绝不可能是完全的。身体/主体所占领（inhabit）① 的时间和空间总是被不确定的境域包围，这些境域必然包含了其他视角。因为主体在世界中存在的身体性和有限性，"时间的综合，就像空间的综合一样，总是有待于重新开始"②。时间永恒的流动性就源于这种总是有待于重新开始的时间综合。梅洛-庞蒂将主体追溯到身体，将身体规定为主体在世界中的存在，将知觉综合还原到身体，目的就是要证明，远在此在对自己的存在有所领会之前，作为在世界中存在的身体已经生发了时间，因为"知觉综合就是时间综合。在知觉的层面上，主体性无非就是时间性"③。为了证明这一观点，梅洛-庞蒂对日常生活中普通的知觉活动做了一番现象学的描绘：午睡醒来，当"我"向桌子那边睁开眼睛时，"我"的意识立刻就被一些颜色和映像淹没了；此时，"我"的意识很难与呈现给它的东西区分开；借助身体，意识延伸进尚且不成为景观的景观。突然，"我"聚焦于桌子，但桌子此时尚且不在那里；"我"研究距离，但深度其实还不存在；"我"的身体将某个尚且是虚拟的东西定为中心，并操纵其感性的表面，以便使其成为真实之物。梅洛-庞蒂说："以这种方式，'我'可以将触动'我'的事物送回它在世界中的位置，因为通过撤退进将来，'我'可以把世界对'我'的感觉施加的最初刺激送回最近的过去，同时使自己面向一个确定的对象，就像面向切近的将来一样。观看行为既是前瞻性的——因为对象位于'我'的聚焦活动的终端，也是回顾性的——因为对象仿佛在其自身的显现、刺激、动机之前就已存在一样。空间综合和对象的综合都立足于这种时间部署。"④ 梅洛-庞蒂在此表明，之所以有将来，乃是因为确定而真实的对象只能在知觉综

---

① 这里将 inhabit 翻译为"占领"是深思熟虑后的结果，下文会澄清这样翻译的理由。
② Maurice Merleau-Ponty, *Phenomenology of Perception*, p. 141.
③ Maurice Merleau-Ponty, *Phenomenology of Perception*, p. 248.
④ Maurice Merleau-Ponty, *Phenomenology of Perception*, p. 249.

合的终端才能形成；之所以有过去，是因为对象仿佛在向"我"显现之前就已经存在。因此，知觉综合生发出了将来和过去，但是将来和过去同时包含在对事物现在的知觉之中。强调知觉综合的时间性，其实就是为了证明身体创造了时间："在每一次聚焦活动中，'我'的身体都把现在、过去和将来联结在一起。它分泌出了时间，或者说身体是自然中的一块地方，在此事件不是被相互逼迫出来，而是第一次围绕着现在投射出过去和将来这一双重境域，并获得一个历史性的方向。这里的确有一个祈求，但并非祈求去经验永恒的创造性。'我'的身体拥有时间，并使过去和将来为了现在而存在；身体不是一个事物，它不是在遭受时间的折磨，而是创造时间。"① 正因为是身体创造了时间，所以世界的崩溃直接表现为时间的崩溃，而时间的崩溃归根结底源于身体的崩溃："如果世界崩溃或者分解，这是因为'我'的身体不再是一个认知性的身体，不再以单一的把握把所有对象包围起来；身体退化成一个生物体，这种事必须与时间的坍塌联系起来，时间不再面向将来升起，而是跌倒在自己身上。"②

身体之所以能创造出时间，只因"我"就是"我"的身体，而且"我"的身体是一个两歧的身体："我"的身体既是一个对象又多于一个对象，因为身体还是知觉事物和世界的主体。身体的两歧性又导致了知觉对象和知觉世界的两歧性。因为"我"只能通过身体在世界中存在，因为"我"只能用身体去知觉世界，这就使得知觉综合具有一种本质性的有限性。这种有限性一方面导致了知觉对象的两歧性：对象既超越知觉而自在，因而是确定的；又内在于知觉，由知觉构成，因而是不确定的。另一方面，它也使整个知觉世界具有两歧性：因为世界并非只由真实之物构成，除了真实之物就只有虚无，而是在真实之物和虚无之间还有一些以缺席的方式存在的东西。若没有这种介于确定和不确定、真实和虚无之间的两歧存在，身体将被牢牢封闭在既定的现实之中，没有任何新的可能性，时间将无从发生。

时间综合是一种过渡综合

知觉综合就是时间综合。时间综合的本质特征在于现在的厚度，即过去、现在和将来的同时共在。将时间理解为一条从过去流到现在，再从现

---

① Maurice Merleau-Ponty, *Phenomenology of Perception*, p. 249.
② Maurice Merleau-Ponty, *Phenomenology of Perception*, p. 295.

在流向将来的河，这是一种在古今中外都深入人心的观念。这种认识看似直接切中了时间的本质，但其实大谬不然。首先，这种认识将时间客观化成了一种事物，但我们在哪里都看不见摸不着这条河。其次，这个比喻一方面将时间客观化，另一方面又取消了时间的现实性，因为它的言下之意是，过去已经永远过去，将来尚未到来，现在转瞬即逝。最后，这种认识其实将时间空间化了，仿佛过去、现在和将来只是一些在空间上并列的现在（nows）。根据这种观念，时间只是过去、现在和将来的机械连接，三者之间根本没有关系，时间的流动最终成为一件不可思议的事情。海德格尔其实早已洞察这些问题，他对时间的时间化，即过去、现在和将来的同时共在所做的深刻阐述，就是为解决这些问题而做出的最具创造性的原初努力。正如科克尔曼斯解读《存在与时间》时指出的那样："现在是时间另外两种绽出的结果。已然以这样一种方式源于将来，以致已经处于已然过程中的将来从自身之中释放出现在。时间性的确切含义就是这种结构整体的统一性：将来在已然过程中化为现在。"① 虽然梅洛-庞蒂没有明言海德格尔在这一方面对他的启发，但二者在学理上的传承关系还是非常清楚的，不过梅洛-庞蒂没有袭用海德格尔的术语"时间化"，而是采用了胡塞尔惯用的"时间综合"这个术语，而且他以现在的厚度来表达海德格尔所说的时间的三个维度的同时共在。

正如在空间综合中，从任何特定视角出发对事物所做的知觉综合同时也包含了从其他可能的视角出发对事物所做的知觉综合，时间综合也是如此，现在必然同时包含了过去和将来。梅洛-庞蒂认为，直接的过去，也就是刚刚过去的过去，并没有从此消失，而是仍然被保持在现在手中，但我们并不像保持一个客观对象那样保持过去，并不将其设定为一个对象；又因为这个直接的过去同样也保留了先于它自己的直接的过去，所以所有过往的时间被全部采纳和把握在了现在之中。切近的将来也是如此，虽然它尚未真正到来，但它其实早已出现在现在的地平线上，或者说早已出现在现在的境域之中，它就是现在的境域；因为每一个迫切将至的将来也有它自身的迫切将至的将来，所以现在也把所有将来把握在自己手中。不仅如此，直接的过去绝非单纯的过去，过去也有包围过去的将来这一境域，因为现实的现在就是过去的将来。与此同理，切近的将来也绝非单纯的将

---

① Joseph J. Kockelmans, *Heidegger's "Being and Time"*, p. 237. 海德格尔以 having-been 代替一般所说的 past，目的就在于表明过去从来不会真的过去。

来，将来也被过去这一境域包围，因为现实的现在就是将来的过去。因此，由于保留和前伸这一双重境域，现在不再是一个将被绵延之流夺走和摧毁的现在，不再是一个转瞬即逝无法把握的现在。凭借直接的过去和切近的将来这一双重境域，每个现在都把握住了可能时间总体；由此它克服了诸多时刻的离散，并能够把过去的确定意义赋予过去，甚至能把所有过去的过去重新整合进个人的生存中。事物在空间中共在，不仅因为它们出现在同一个知觉主体面前，而且因为它们被包含在了一个时间波段中。但是，只有当每个时间波段的统一体和个体被挤压在先前的时间波段和随后的时间波段之间时，只有当使时间跃出的同一个时间脉动仍然保留了先前的时间波段，并提前抓住了随后的时间波段时，时间的统一体和个体才有可能实现。故此梅洛-庞蒂说："鲜活的现在把过去和将来包含在了它的厚度之中。"① 为了更加清楚地论证时间综合，梅洛-庞蒂援引了胡塞尔在《内时间意识现象学》中的一个图示（见图 3）。② 梅洛-庞蒂说，当"我"从时间 A 过渡到时间 B 并即将前往时间 C 时，时间 A 不会消灭于无形，因为"我"从时间 A 向时间 B 的运动并非只有从 A 到 B 一个方向。事实上，当"我"从时间 A 向时间 B 沿水平轴前进时，时间 A 同时也沿垂直方向下沉为时间 A′。与此同理，当"我"从时间 B 向时间 C 前进时，一方面时间 B 变成时间 C，但另一方面时间 B 也同时下沉为时间 B′，而且此时时间 A′随之下沉为时间 A″。就此而言，时间综合是一种过渡综合（transition synthesis）。所谓过渡综合，是指时间的时间化是在从过去到现在再到将来的过渡中自然而然地实现的，因为在时间综合中，既没有一个超然于时间之外的综合者，也没有现成的被综合之物，因为过去、现在和将来并非主体在世界中存在时所要对付的事物。

知觉综合的不完整性或者不可完成性，不仅造成了空间场域的深度，使"此地"内含了彼地，而且造成了时间场域的厚度，使"现在"内含了过去和将来。空间场域的深度和时间场域的厚度使我们在世界中的存在具有一种辩证的悖论性：如果"我"在此时此地，那么"我"也在彼时彼地；如果"我"在此时此地，那么"我"也不在此时此地。梅洛-庞蒂提醒我们，产生这种悖论的根本原因在于，时间和空间不是由意识建构出来

① Maurice Merleau-Ponty, *Phenomenology of Perception*, p. 288.

② 胡塞尔的时间图示见：Edmund Husserl, *On the Phenomenology of the Consciousness of Internal Time*, p. 243. 梅洛-庞蒂援引这个图示时做了一点修改，见：Maurice Merleau-Ponty, *Phenomenology of Perception*, p. 440.

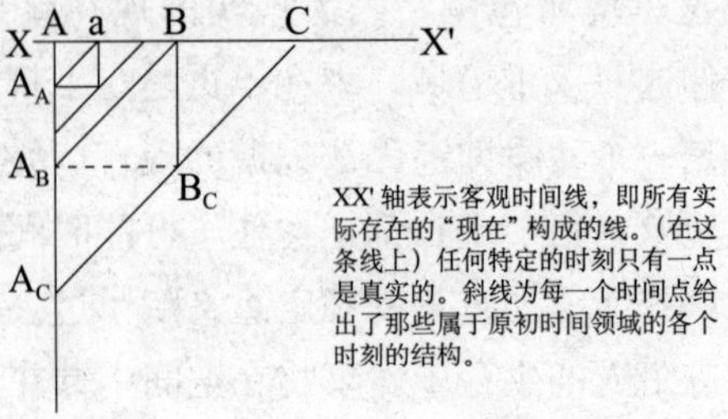

XX'轴表示客观时间线，即所有实际存在的"现在"构成的线。（在这条线上）任何特定的时刻只有一点是真实的。斜线为每一个时间点给出了那些属于原初时间领域的各个时刻的结构。

图 3

的，而是由身体在世界中的存在生发出来的，因为身体就是我们在世界中的存在。如果我们把知觉身体从每个地方和每个时间中清除出去，如果我们以为我们可以脱离知觉身体，作为纯粹意识或者纯粹精神而无处不在，那么时间和空间将无从产生。"我"就是"我"的身体，"我"的身体就是"我"在世界中的存在。身体在世界中存在必然导致知觉综合的不确定性和不可完成性，但这种不确定性和不可完成性不是消极因素，而是生存的积极条件。若非身体就是我们在世界中的存在，那界定当下现在的那种突出的现实性也就消失了，随之消失的还有过去和将来。故此梅洛-庞蒂说："如果综合成了现实的综合，如果'我'的经验形成了一个封闭的体系，如果事物和世界可以被一劳永逸地界定，如果时空境域能被弄得明明白白，如果世界可以从无处（nowhere）想象，那么一切都将不存在。如果'我'无时不在且无处不在，那么'我'将无时可在且无处可在。因此，在世界的不完整性与其存在之间，在意识之被约定与其无处不在之间，或者在超越性与内在性之间，我们别无选择，因为这些选项中的每一项，当它们被其自身证实时，就会带来矛盾。我们必须理解的是，基于同样的理由，'我'在此时此地，但也在彼时彼地；如果'我'不在此时此地，那么'我'在任何地方任何时间都不可能存在。这种两歧并非意识或生存的不完美，而是它们的本质。"[1] 世界不能从无处想象，"我"不能无时不在，因为"我"的存在首先是身体在世界中的存在，因为这种存在只能通过身体从特定视角（perspective）对世界的特定知觉（perspection）中来展开。正是身体在世界中的存在生发出了时间，或者说身体在世界中的存在就是时间。梅洛-庞蒂说我们必须把主体理解为时间，把时间理解为主体，目的就在于此。

---

[1]　Maurice Merleau-Ponty，*Phenomenology of Perception*，p. 347.

时间不是一条自我流动的河，如果时间的确在流动，那是因为身体/主体对世界和自我的把握总是面向无限的可能性敞开，因为身体/主体总是会从现在把握的世界中向可能的世界跃出。正是在这个意义上，梅洛-庞蒂说："时间无非就是普遍的从自我飞跃而出，无非就是这些离心运动的唯一法则，或者如海德格尔所说，就是一种'绽出'（ek-stase）。"① 时间不是一条无赖主体自我流动的河流，时间的流动本质上就是这种始终发生的自我出离。正是在主体的自我出离中，时间综合得以实现。这种自我出离不仅不会导致时间绝对瓦解，不会让过去消灭、让将来不来、让现在转瞬即逝；相反，它成就了过去、现在和将来的综合，因为这种自我出离松开了从将来到现在再到过去的运动。何以见得呢？因为在这种自我出离中，不仅如海德格尔所说，存在就是去存在，而且存在与过去（passing）也是一回事。或者说，因为存在就是去存在，因为存在以过去这种方式展开，所以存在就是过去。但和海德格尔一样，梅洛-庞蒂告诫我们过去不会消灭，因为时间在驱逐它所生成的东西之际保留了它所生成的东西，也就是说，时间通过驱逐它所生成的东西来保存它所生成的东西。这就等于说，"每一个现在都重申了被它驱逐的整个过去的在场，同时也先行了整个将来的在场。因此，就其本质而言，现在从来没有被锁闭在它自身之中，而是向着过去和将来超越自身"②。

所谓现在从来不曾被锁闭在它自身之中，其实就是说主体从来不会被锁闭在它自身之中，主体绝对不会是一个绝对的主体、一个已然完成的主体，而是一个具有无限可能性的主体。过去未曾真的过去，将来并非未来，否则时间便只有现在一个维度，而主体也只能被封闭在一个既成的实体之中。因此梅洛-庞蒂说："唯当主体性将存在本身的充实砸碎之际，唯当主体性为自己勾画出一幅远景之际，唯当主体性在主体之中引进了一个非存在之际，时间才能存在。"③ 既然过去、现在和将来的凝聚源于主体的绽出，那么必须把时间理解为主体，把主体理解为时间。时间只为主体存在。基于这种认识，梅洛-庞蒂借用康德的术语，把时间称为时间自身的"自我感动"（self-affection）："时间，作为一种朝向将来的突进和前行，就是那个有所感动者；时间，作为由诸多现在构成的伸展序列，就是

---

① Maurice Merleau-Ponty, *Phenomenology of Perception*, p. 442.
② Maurice Merleau-Ponty, *Phenomenology of Perception*, p. 444.
③ Maurice Merleau-Ponty, *Phenomenology of Perception*, p. 444.

那个被感动者；感动者和被感动者是同一个人，因为时间的突进无非就是从一个现在到另一个现在的过渡。主体性就是这种绽出，或者说就是一种除之不尽的力量被投射进业已为主体所呈现的选项。"① 梅洛-庞蒂指出，时间不能是现实的（actual）时间或者流动的时间，这对时间来说至关重要。时间的本质在于时间知道自己，因为现在面向将来的爆炸或开裂，就是自我与自我发生关系的原型。主体就是时间，时间就是主体，所以主体性就是源于欠缺面向将来的绽出，就是自我出离。对梅洛-庞蒂来说，"主体性不是一种稳定的自我同一：就时间而言，向他者敞开自身和从自身出离是主体性的本质"②。

梅洛-庞蒂的时间分析绝不仅仅限于专论时间的一章，而是贯穿于他对身体和感觉的分析之中。虽然在具体的论证过程中，他常常会借鉴胡塞尔的理论，但海德格尔的影响无处不在，而且更加深刻。但是，他的时间分析与海德格尔的时间哲学异中有同，同中有异，这种交织缠结的异同对阅读《知觉现象学》带来了巨大的挑战。现在，我们可以将二者的异同略做总结。

首先，梅洛-庞蒂所要回答的问题与海德格尔是一致的：为什么会有时间？对海德格尔来说，此在在世界中的存在就是时间。我们可以毫不夸张地说，这个回答有史以来第一次真正揭开了时间的神秘面纱，表现了海德格尔无与伦比的大智慧。但是，梅洛-庞蒂认为这个回答还不够彻底，还可以向存在的更深处深入。海德格尔认为，存在就是对存在的领会，但梅洛-庞蒂认为，存在首先是身体在世界中的存在，因此他才会说"'我'就是'我'的身体"。海德格尔认为，正是存在对存在的领会，以及基于这种领会的筹划和超越生发出了时间。梅洛-庞蒂并不否认这一点，但他认为这个回答过于理性化，有将时间的发生归功于意识的危险。在他看来，早在知觉的层面上，时间就已经发生了，因为知觉综合已经就是时间性的了。正因如此，他说身体在世界中的存在就是时间。但是，海德格尔是否有将时间的发生归功于意识的危险却是一个很难澄清的问题，一方面，他的确强调此在对存在的"领会"，但另一方面他又时时处处告诫我们这种领会并非理性的理解，而是存在论的领会，因为这种领会往往以现身情态（disposition）的形式出现。换句话说，作为现身情态的领会与梅

① Maurice Merleau-Ponty, *Phenomenology of Perception*, p. 449.

② Maurice Merleau-Ponty, *Phenomenology of Perception*, p. 450.

洛-庞蒂所说的知觉综合其实没有根本差异。然而即便如此，梅洛-庞蒂的批评也并非没有道理，因为一则海德格尔对领会和筹划的强调无疑突显了意识在生发时间中的催化作用，二则海德格尔的确没有专门从现身情态（知觉综合）的维度去分析时间的发生。就此而言，梅洛-庞蒂的时间分析不是否定而是深化了海德格尔的发现，弥补了海德格尔忽略的工作，二者之间并不存在根本冲突。

其次，现在和将来，究竟谁是更为本质性的时间维度？海德格尔认为，正因为此在的存在就是去存在，就是面向将来的领会与筹划，所以在时间的三个维度中，将来是本质性的维度，没有将来，现在和过去就无从说起。梅洛-庞蒂则比较复杂，虽然他和海德格尔一样强调主体性的本质就是向将来绽出、向他者敞开，但他认为现在才是时间的三个维度中最为本质性的维度。他毫不含糊地说："因为'我'有一个现在，所以时间才存在。正是凭借成为现在，一个时刻才获得了它不可磨灭的个性……在时间的三个维度中，没有谁可以从其他维度中推导出来。尽管如此，现在还是具有特许地位，因为这是存在和意识得以符合的所在。"① 梅洛-庞蒂强调现在，是其知觉现象学的题中应有之义，但既然他也认为没有面向将来的绽出和面向他者的敞开，就没有时间，那么他对现在的强调就不能不让人感到几分困惑。就此而言，笔者认为海德格尔赋予将来特许地位更为令人信服。

《知觉现象学》绝不是一本容易理解的著作，而其中专论时间的一章尤其艰深。这不仅因为这个问题本身不易对付，而且因为梅洛-庞蒂在胡塞尔和海德格尔之间游走穿梭的步伐还不够灵活。正如他后来在《可见的与不可见的》中承认的那样，这一时期的他还没有完全从先验现象学过渡到存在论。然而即便如此，他的时间分析仍然在两个方面做出了卓越的贡献：首先，他将时间发生的维度从存在论的领会深化到存在论的知觉，创造性地将时间的发生与身体本质性地关联起来。其次，他对时间综合，也就是过去、现在和将来的同时共在做了远比海德格尔更加细致和深入的分析，不仅彻底肃清了将时间理解为一条河流的种种含混与抵牾，而且切中了柏格森视时间为意识的绵延之流的要害。时间不是一条河流，从过去流到现在再流向将来；时间也不是意识的绵延，时间并不绵延，时间只会发生，而且总是重新发生，因为身体在世界中的存在就是时间。

---

① Maurice Merleau-Ponty, *Phenomenology of Perception*, p. 447.

2. 身体与空间

在西方传统哲学中，尽管康德将时间与空间作为两种并列的先验表象，但时间始终受到高度重视，因为它既是一个严峻的难题，又是一个致命的诱惑。与此相反，空间似乎不是一个问题。不成问题的不仅有空间，还有身体。空间之不成问题，是因为它似乎不证自明；身体之不成问题，则与崇尚理性/精神，贬低感性/肉体的形而上学传统密切相关。直到梅洛-庞蒂的《知觉现象学》问世，身体、空间，以及身体与空间的关系才得到真正的澄清。①

身体作为知觉主体

梅洛-庞蒂的知觉现象学必须放到现象学的整个历史之中才能得到准确的理解。在梅洛-庞蒂看来，尽管康德、胡塞尔和海德格尔为弥合主体与客体的二元对立各自做出了杰出的贡献，但他们并未真正实现这个目标，因为康德的主体其实是一个无身体的先验主体，胡塞尔的意识是一个无身体的先验意识，而海德格尔的此在则是一个完全凭借意识的自为的存在。梅洛-庞蒂认为，对象的显现当然是通过主体发生的，但这个知觉主体首先是身体而非意识。"梅洛-庞蒂力图回到真正的知觉主体：它不是一个知性的主体，世界在它面前以一种透明的方式展开，而是一个通向超然的世界的具有身体的主体。"② 梅洛-庞蒂把知觉主体定位于身体，就等于宣告对象不是在意识之中，而是在鲜活的感觉之中被给予。但他同时指出，如此给予的对象强烈吸引了我们的注意力，以致我们自然而然地意识不到对象得以被给出的境域。也就是说，我们在知觉经验中只意识到对象，却意识不到对象-境域结构（the object-horizon structure）。一个显而易见但又为人所熟视无睹的事实是，要想看见一个对象，我们必须从某个

---

① 身体与空间的关系是《知觉现象学》重点探讨的问题，在西方学界已有比较深入的研究，比如：Stephen Priest, *Merleau-Ponty*, chapter 6；David Morris, *The Sense of Space*, Albany：State University of New York Press, 2004；Scott L. Marratto, *The Intercorporeal Self*, Albany：State University of New York Press, 2012, chapter 2.

② Renaud Barbaras, "Perception and Movement：The End of the Metaphysical Approach", in *Chiasms：Merleau-Ponty's Notion of Flesh*, ed. Fred Evans and Leonard Lawlor, New York：State University of New York Press, 2000, p. 77.

视角出发，也就是说，必须采取某个视角。这一基本事实虽然限制了我们对对象的知觉，但这种限制并非一个消极因素，而是使事物能够作为对象出现的积极条件。故此他说："对象-境域结构，或者说视角，并不是'我'想看见对象时的障碍。因为正如它是使诸对象相互区别的手段一样，它也是使它们得到揭示的手段。"① 不过值得指出的是，虽然梅洛-庞蒂揭示了客观主义思想源于对象-境域结构的被遮蔽，但他并未走向绝对的主观主义和不可知论，因为他充分考虑了知觉的悖论：知觉的固有性（immanence）和超越性（transcendence）。也就是说，知觉不仅总是特定视角内的知觉，而且能超越特定视角走向对象。梅洛-庞蒂说，正是知觉的这一悖论，亦即为"我"而存在（being-for-me）但又自在（being-in-itself），使得对象成为"真实的"对象。所谓对象的"真实"，就是在知觉中被给予而又超越知觉。

　　这一切与身体有何关系呢？当然有。因为"我"之所以能知觉，之所以有视角，归根结底是因为"我"有一个身体。"身体就是在世界中存在的媒介，对一个有生命的存在者来说，有一个身体意味着与一个确定的环境相统一，意味着与某些筹划相融合，意味着始终致力于这些筹划。"② 也许是觉得这个表述的力度还不够，梅洛-庞蒂后来干脆毫不含糊地说："'我'不在'我'的身体的前面，'我'就在'我'的身体中，或者'我'就是'我'的身体。"③ 身体就是视角，身体就是我们在世界中的存在，身体就是主体，就是对象作为真实对象出现的条件。"在世界中存在"是海德格尔为批评胡塞尔而提出的一个关键概念，目的是要论证绝对的悬置和还原是根本不可能的事，因为此在的存在首先就是"在世界中存在"。海德格尔的"在世界中存在"主要是基于此在对存在的"领会"而实现的。对此梅洛-庞蒂难以认同，因为他认为元始的"在世界中存在"首先不是通过意识层面的领会实现的，而是前意识、前人格的身体存在。所以他说："身体就是在世界中存在的媒介，对一个有生命的存在者来说，有一个身体意味着与一个确定的环境相统一，意味着与某些筹划相融合，意

---

①　Maurice Merleau-Ponty, *Phenomenology of Perception*, p. 70. 这一点类似于海德格尔在解释学中对前见所做的辩证剖析：理解绝不可能在一片空白的心灵中发生，此在只有以各种前见为基础，才能让理解得以发生。

②　Maurice Merleau-Ponty, *Phenomenology of Perception*, p. 84. 其实这句引文也很激进，因为它毫不含糊地表明身体就是我们在世界中的存在。

③　Maurice Merleau-Ponty, *Phenomenology of Perception*, p. 151. 只有在超越唯物论、唯心论和身心二元论的意义上才能充分把握这句话的分量。

味着始终致力于这些筹划。"① 客观主义思想起源于身体（也就是对象-境域结构或者视角）之被遮蔽，而身体的被遮蔽又起源于我们将自己的身体仅仅当作一个物体，梅洛-庞蒂认为，对客观思想和客观世界的发生，这是一个决定性的时刻。知觉现象学的基础就是将身体而非意识确立为知觉主体，正是这一点将其与康德、黑格尔、胡塞尔和海德格尔决定性地区别开来，因为"将身体引入主体性的定义，由此将意识主体转换到知觉主体，这不仅暗示着我们的行为不是单纯地接受意识的支配，同时也暗示着，意指行为不仅仅由意识产生，身体同样拥有意向能力"②。如果身体才是真正元始的知觉主体，如果对象只有通过身体才能作为真实的对象给出，那么割裂身体与对象，认为对象独立于身体的一切认识论就都难以成立。因此，理解身体成为哲学至关重要的头等大事。

然而无论是在欧洲的理性主义哲学传统中，还是在后来新兴的英国经验主义哲学传统中，身体从来都不是一个值得关心的问题，因为身体仅仅被当作空间之中的一个物体。随着近代科学的兴起，身体逐渐进入人们的视域，但无论是机械生理学还是传统心理学，都仍然把身体仅仅视为一个与其他外在事物无本质区别的对象。对机械生理学来说，身体不过是一个对象，由各个部分组成，而且这些组成部分之间只有一种外在的空间关系。根据这种解释，身体不过是一台复杂而精密的机器，而因果关系就必然成为理解身体的基本原则。但是，一些因为身体损伤而导致的疾病却证明了因果解释的无效，比如幻肢（the phantom limb）现象和病感失认症（anosognosia）。在幻肢现象中，患者为何感到早已不存在的肢体还在疼痛？在病感失认症中，既然肢体受到了刺激，为何不被感知？患者既然明明看见了自己的某一肢体，但为何将其当作不属于自己身体的事物？当机械生理学行不通的时候，人们只好转而求助格式塔心理学。关于身体，格式塔心理学的最大贡献在于它发现身体与一般外在事物具有一种根本差异，即身体的恒在性（permanence）："事实上，'我'自己的身体反对被探索，并且总是从相同的角度向我显现。身体的恒在性并非在世界之中的

---

① Maurice Merleau-Ponty, *Phenomenology of Perception*, p. 84. 法语原文在第 97 页。这里的 projets/projects 汉语一般翻译为"方案、计划"，梅洛-庞蒂用这个词语显然与海德格尔对 projekt 的使用有关。陈嘉映和王庆节在翻译《存在与时间》时将这个词语十分恰当地翻译为"筹划"，因为"筹划"在汉语里内在地包含了周密考虑的意思，非常吻合海德格尔对意识的强调。笔者将梅洛-庞蒂的 projets/projects 也翻译为"筹划"，并非没有考虑到他在讨论身体时对意识的抵制。

② 张颖. 意义与视觉：梅洛-庞蒂美学及其他. 北京：北京时代华文书局，2017：12.

恒在性，而是站在'我'一边的恒在性。说'我'的身体总是靠近'我'或者总是为了'我'出现在那里，就等于说它绝不会出现在'我'面前，'我'不能将它铺设在'我'的凝视之下，它停留在'我'的全部知觉的边沿，它与'我'同在。"① 身体的恒在性具有三个基本含义：第一，身体是一个始终伴随"我"的对象，外在事物可以脱离"我"的知觉，但"我"的身体时刻处于知觉之中。第二，始终与"我"同在的身体本身却又是不可观察不可探究的。"我"可以用"我"的身体观察外在事物，打量它们，操控它们，在它们周围走来走去，但"我"绝不可能观察"我"的身体本身。第三，身体之所以不可能成为一个探索对象，乃是因为身体本身是对象的必要条件。"就其观看和触摸世界而言，'我'的身体既不能被看见，也不能被触摸。只有借助身体才能有对象，正是这一事实使身体不能成为一个对象或者不能被'完全建构'。"② 尽管格式塔心理学家们已经为区别身体与外在事物提供了一切必要的东西，但他们仍然未能成功将二者区别开来。"因为，借助一种非常自然的做法，他们把自己安置进了无人格思想的领域；当科学认为自己能在其观察中准确辨认哪些来自观察者，哪些来自对象的绝对属性时，它常常参照这种无人格的思想。"③ 也就是说，尽管格式塔心理学揭示了身体的恒在性，身体的不可探索性，以及身体之于对象的必要性，但它仍然在追求或者幻想一种可以脱离身体、与个人无关的客观思想。它一方面宣布身体的不可探索性，另一方面又试图将主体的经验对象化、客观化。由此，身体经验被降级为身体的表现，不再是一种鲜活的现象，而是变成了一种心理事实。格式塔心理学关注身体经验，或者说关注意识，但是它把意识从主体的世界和主体的存在中抽离出来，将其与主体的身体分离。它不知道，"作为意识，或者说作为经验，就是与世界、身体和他人进行一种内在的交流，就是与之同在，而不是站在旁边袖手旁观。关注心理学必然就是在运行于现成事物之间的客观思想的掩饰之下，遭遇一种原始的与物相通，没有这种相通，就不可能有客观知识"④。

———————

① Maurice Merleau-Ponty，*Phenomenology of Perception*，p. 93. 法语原文在第 106 页。"il est avec moi/ it is with me" 可翻译为 "它与我同在"。

② Maurice Merleau-Ponty，*Phenomenology of Perception*，p. 94.

③ Maurice Merleau-Ponty，*Phenomenology of Perception*，p. 97.

④ Maurice Merleau-Ponty，*Phenomenology of Perception*，p. 99. 在此梅洛-庞蒂清楚地表明，意识或经验只存在于真实的生存中，绝不可能被抽离出真实的生存来做对象化的思考。而且，意识或经验打交道的对象不是现成的对象，意识或经验与对象相互生成。

身体空间：身体存在的空间性

客观主义思想不知道身体是对象得以可能的条件，因为它认为身体仅仅是空间之中的纯然一物。就常识而言，身体似乎的确和空间之中的其他事物没有什么不同。这种观点貌似正确，但其实它不仅不理解身体，而且不理解空间，尤其是不理解身体之于空间完全不同于其他事物之于空间。身体存在的空间性与一般外在事物的空间存在是完全不同的。客观主义思想把空间理解为抽象的无人格的物理空间，所以将身体视为空间之中的纯然一物，从而完全误解了身体存在的空间性。梅洛-庞蒂并不否认物理空间的存在，但他提醒我们注意，物理空间并非现象学的空间，并非身体经验中直接给出的空间。要想真正理解空间，必须先理解身体；要想真正理解身体，必须先理解身体存在的空间性；要想真正把握身体存在的空间性，必须将身体还原到身体经验本身之中。我们总是将一般外在事物感知为一个三维的立体事物，但这并非我们感知自己身体的方式。在鲜活的身体经验中，"'我'的身体对'我'来说乃是面向某一任务的姿势，不管这个任务是现实的还是可能的"①。这就是说，身体是面向一项任务的姿势，而非一个客观实物。梅洛-庞蒂指出，与外在事物的空间性不同，身体的空间性其实不是一种位置性的空间性（positional spatiality），而是一种处境性的空间性（situational spatiality）。对于处于位置性空间之中的事物，我们具有明确的意识；但对于处于处境性空间之中的身体，我们通常并无明确意识。比如，当"我"坐在书桌前阅读或写作时，"我"不会意识到"我"的肩或腰的位置，或者说"我"的肩与腰被笼罩在了"我"对"我"的双手的意识之中。当"我"准备从座椅上起身并抬手去拿烟斗时，"我"的手的位置也不是"我"理性地根据手与前臂的角度、前臂与胳膊的角度、胳膊与身躯的角度以及身躯与地面的角度来测定的。"我"对烟斗的位置具有一种绝对的知识，由此"我"知道"我"的手和身体在哪里，就像原始人在沙漠中总是能准确定位自己，无须回忆或者计算自己行走的距离和产生的偏差。正因如此，梅洛-庞蒂说："身体空间有别于外在的空间，它能笼罩它的组成部分，而非将它们并排展示出来，因为它是剧院为了让观众清楚观剧而必需的黑暗，是为了让行动及其目标站出来而必需的沉睡的地基和模糊的力量，它是非存在的地带，正是在这个地带之前，清

①　Maurice Merleau-Ponty, *Phenomenology of Perception*, p. 102.

晰的存在者、各色人物和要点才能出现。"①

因为身体空间是一种以模糊和黑暗为本质的处境性空间，所以它的基础不是抽象的长宽高三维，而是事物-背景（figure-background）结构，或要点-境域（point-horizon）结构："要点-境域结构就是空间的基础。"②格式塔心理学正确指出了事物的显现离不开暗昧的背景，但它忽视了身体至关重要的作用。梅洛-庞蒂认为，事物之所以能够从暗昧的背景中显现出来，那是因为"我"的身体被其任务极化（polarized）了，它面向这些任务而生存，把自己盘绕起来以便抵达其目标。因此，事物-背景结构并非一个二元结构，而是一个暗含了身体的三元结构："就我们目前关心的空间性而言，人们自己的身体乃是始终暗含在事物-背景结构中的第三项要素，每一个具体的事物都是在外在空间和身体空间这一双重境域的映衬下根据某一视角显现的。"③ 也就是说，这一结构之所以是空间的基础，乃是因为它暗含了身体。没有身体的极化，就不可能有意向性，对象就不可能作为对象从境域或者背景之中站出来。脱离直接的身体经验，不仅不能正确理解身体的空间性，而且会误解空间的身体性。

因此，完全不像康德理解的那样，不是客观空间使得"我"的身体能够被理解，而是"我"的身体创造、带出了空间。身体是空间得以产生的条件。当我们说桌子上有一支钢笔时，表面上看，这是对桌子与钢笔的纯粹空间关系的陈述，其实不然。"在之上"之所以具有意义，乃是因为"我"在思想中总是把自己寄寓在桌子或者钢笔之中，"我"把用以描述"我"的身体与外在事物之关系的范畴应用到了桌子与钢笔的关系之中。没有这种基于身体的人类学经验，上下左右、远近高低这些空间范畴全都毫无意义。梅洛-庞蒂认为，几何空间只是身体空间主题化后的结果，寻求几何空间其实就是将原本被笼罩的暗昧的身体空间明晰化，使之变得可以理解。没有身体空间这个源泉，几何空间将毫无意义。同质的几何空间之所以能表达身体空间的意义，只是因为它从身体空间中接受了这种意义。因此，"'我'的身体存在于'我'绝不只是一个空间碎片，对'我'

---

① Maurice Merleau-Ponty, *Phenomenology of Perception*, p. 103. 梅洛-庞蒂所谓的人物（figure）和要点（point）指的是一切从背景中"站出来"的具体事物。

② Maurice Merleau-Ponty, *Phenomenology of Perception*, p. 104.

③ Maurice Merleau-Ponty, *Phenomenology of Perception*, p. 103. 将对象-境域结构理解为一个包含身体在内的三元结构，是理解梅洛-庞蒂的身体空间理论的一个难点，关键是要知道，身体是这一结构得以可能的必要条件。

来说，如果'我'没有身体，就根本不会有空间这种东西"①。梅洛-庞蒂一再重申，元始的空间乃是身体空间，空间是身体带出来的，因为身体并非空间之中的纯粹一物，身体的空间存在完全不同于一般事物的空间存在，它是使空间成其为空间的必要条件。然而，最难理解的就是这一点，因为得到主客二元对立思想支持的常识极易让人相信，如同其他外在事物一样，身体只是空间之中的一物而已。为此，梅洛-庞蒂建议我们结合行动以理解身体的空间性："如果身体空间和外在空间形成了一个实践系统，前者乃是对象能够在其映衬之下站出来的背景，或者说是对象能够在其前面作为我们的行动目标出现的虚空，那么很清楚，正是在行动之中身体的空间性被带出来了，而且对行动本身所做的分析能够让我们更好地理解空间性。通过思考行动中的身体，我们可以更清楚地看见身体如何占领空间。因为运动不会满足于消极地承受空间和时间，而是积极地呈现它们，它按时空原本的意义接受它们，这种意义在既已制定的陈腐的处境中被抹除了。"② 为了更清楚地理解空间如何在身体的行动中被带出来，梅洛-庞蒂重新解释了发生在施奈德（Schneider）身上的精神性失明（psychic blindness）③。施奈德能够毫无困难地从口袋里掏手绢擤鼻子，但当人们要求他用手虚指（不接触）自己的鼻子时，他却几乎做不到。需要吸烟时他能从火柴盒里取火柴打火点烟，但在无此需要时，他却很难辨认人们摆在他面前的火柴盒。他能准确伸手拍打叮咬他的蚊虫，但当人们要他指示被叮咬的部位时，他却感觉十分困难。进出房间时他能开门关门或者敲门，但当要求他完成一个虚拟的敲门动作时，他却十分困惑。他甚至能制作钱包，因为这是他的工作，是他的习惯行动，但脱离工作场所让他穿针引线，他便不知所措。施奈德并非绝对不能完成上述行动，但必须经过一番理性的实践和分析才能成功。比如，为了用手虚指自己的鼻子，他必须首先寻找到自己的手，并提示自己鼻子是五官之一，长在头上，位于眼睛之下和嘴巴之上，然后他还需要做一些准备动作去寻找"虚指"这一行动，最后才能完成这个任务。也就是说，如果不首先借助分析找到相应的

---

① Maurice Merleau-Ponty, *Phenomenology of Perception*, p. 104. 梅洛-庞蒂说没有身体就没有空间，意思是说，身体在世界中的存在生发了空间。

② Maurice Merleau-Ponty, *Phenomenology of Perception*, p. 105. 法语原文在第 119 页。

③ 施奈德是德裔美籍神经症学家和精神症学家科特·戈德斯坦（Kurt Goldstein）的病例报告（*Über die Abhängigkeit der Bewegun-gen von optischen Vorgängen*）中的患者，梅洛-庞蒂在《知觉现象学》中详细介绍了他的症状。

身体组织，并把自己放进类似的实际情境之中，他就不可能完成这些任务。

施奈德的症状与他的大脑在战争中受到的损害密切相关，但具体原因则莫衷一是，因为从生理学上看他的视觉完好无损。经验主义认为，触觉与视觉原本是独立运作的功能，但在施奈德这里，它们纠缠在了一起，不借助切实的触摸，他的视觉就不能单独发挥作用。因此，他只有在抓取对象时才能看见对象。理性主义则认为，施奈德的问题不在于他的视觉必须依赖触觉，而在于他不能够把自己的任务概念化。梅洛-庞蒂认为，经验主义求助于生理因果律，但其解释缺乏因果律所必需的根据；理性主义则完全置身体于不顾，单纯从脱离直接经验的意识出发去解释，同样不足为训。就主体与其行动的关系而言，人们通常认为，要么主体自发地完成相应行动，要么对自己的行动进行思考。然而梅洛-庞蒂发现，主体完成任何行动都必须要有其身体空间作为背景。施奈德在做出抓取和虚指两种动作时表现出强烈的反差，是因为他在完成具体行动时正常拥有身体空间作为其行动背景，而在完成抽象行动时则缺乏必需的身体空间作为其行动背景。经验论和理智论都不知道行动必须要有作为其背景的身体空间。这种无知又源于另一种无知：它们不知道我们的身体空间是一种处境性的空间，它们只有一种位置性的空间知识，认为空间就只能是位置性的空间。根据这种空间观念，关于某物的位置意识只能是一种清晰的再现，一种确定的表象，对象要么存在，要么不存在，绝不可能以一种暗昧的方式存在。然而这并非我们唯一的空间，我们还有一种更加根本的空间，也就是处境性的空间。我们对这种处境性的空间的意识完全不是一种清晰的意识，但也不是精神分析学意义上的前意识或无意识，而是我们与对象存在论意义上的共在。与位置性的空间意识相关的是客观空间或者物理空间，与处境性的空间意识相关的是身体空间。梅洛-庞蒂的可贵之处在于，他不仅区分了两种空间意识和两种空间，而且他还发现："身体空间可以被给予给抓取意向，但未必会被给予给认识意向。"① 这就是说，身体空间始终与具体意向联系在一起，但有可能与抽象意向分离，发生在施奈德身上的正是这种分离。在进入他所熟悉的实际环境时，他的身体是可资利用的手段，但在表达某种自发而自由的空间思想时，他的身体就不再可资利用了。

没有身体空间中的身体作为根据，我们就不可能有任何行动。但身体作为一切行动的必要条件，不仅因为它是所有行动必不可少的根据，而且

---

① Maurice Merleau-Ponty, *Phenomenology of Perception*, p. 106.

因为它对行动结果的预期至关重要，没有这种预期，也不会有任何行动。因此梅洛-庞蒂说："在作为第三人称进程的运动和作为运动之表象的思想之间，还有我们对运动结果的预期或把握——这种预期或把握必须要有作为运动动力的身体来保证，还有一种'运动筹划'，或者说一种'运动意向'，没有这种东西，对主体发出的任何指令都将毫无意义。"① 因此，施奈德在完成抽象行动时举步维艰，既非因为其运动能力受到了损害，也非因为其理解能力出现了故障，而是因为，在需要完成抽象行动时，他的身体既不能作为完成抽象行动所必需的根据，又不能为抽象行动提供动力以便做出运动筹划，从而不能与其抽象意向关联在一起。就此而言，事物-背景结构不仅是身体空间的基础，也是一切行动得以完成的基础。处于身体空间中的身体不仅是主体做出每一个动作所必需的根据，也是预期和筹划行动境域的动力。行动与其境域乃是一个整体的不同时刻，但境域之所以为境域，就是因为它不是外在地与行动联系在一起，不是一个明确的表象。它内在于行动之中，每时每刻都驱动和引导行动。"具体行动的境域乃是既定的现实，与之相反，抽象行动的境域则是建构出来的。"② 对于施奈德来说，由于他的身体失去了运动筹划能力，不再能够为抽象对象输出功力，从而也就失去了为自己建构一个虚拟境域的能力，所以最终他无法或者难以完成抽象行动。

　　精神性失明患者难以完成抽象行动还只是这种分离的直接后果，它真正的致命之处在于它损害了我们面向世界自我筹划的能力。故此梅洛-庞蒂说："具体行动在这个繁忙的世界中展开，但抽象行动从中开掘了一个反思地带和主观地带，它把虚拟的或者人性的空间叠加到物理空间之上。具体行动是向心的，而抽象行动是离心的；前者发生在存在者或者实际事物之中，后者发生在可能之物或者非存在者之中；前者黏附于既定的背景，后者自己建立自己的背景。使抽象行动得以完成的正常功能乃是'筹划'，凭借筹划，行动主体在他自己面前组织起了一个自由的空间，在这个空间中，那些并非自然存在的事物也具有了存在的面貌。"③ 施奈德与实际的处境绑定在一起，生活在一个实际的"环境"之中，而非生活在一

---

① Maurice Merleau-Ponty, *Phenomenology of Perception*, p. 113.

② Maurice Merleau-Ponty, *Phenomenology of Perception*, p. 113. 此处科林·史密斯将法语 lieu 译为 realm，兰德斯将其译为 background，比较而言，似乎前者更准确，因为梅洛-庞蒂此处强调的是行动发生的处境或境域。翻译为 horizon（境域）似乎更好。

③ Maurice Merleau-Ponty, *Phenomenology of Perception*, p. 114.

个开放的"世界"之中。他无法从实际的环境中开凿出一个可能的世界，无法为自己创造一个主观地带，无法对虚拟的任务做出应答，因此也就丧失了一切可能性，从而最终丧失了人最宝贵的自由。"对这类患者来说，世界仅仅是一个现成的或者固定的世界，但正常人的筹划却极化了世界，这些筹划就像魔法一样引发了千百种指示，它们引导行动，就像博物馆中的指示牌引导游客一样。这种筹划或召唤功能也就是使抽象行动得以完成的东西。因为，为了在不依赖任何迫切任务的情况下拥有'我'的身体，为了在'我'的想象中利用它，为了在空气中做出一个仅仅由言语指导或者由道德需要规定的行动，'我'也必须反转'我'的身体与环境的自然关系，人的生产能力必须穿过稠密的存在而出现。"① 身体空间始终与具体意向联系在一起，但有可能与抽象意向分离，从而使我们受困于实际环境，失去开凿出一个虚拟而开放的世界的能力，并最终失去人最根本的特质：自由。因此，意向性是一种远比知觉和智力更加深沉和根本的功能，它不仅使对象为我们而存在，而且为我们开辟了一个自由的空间，或者说为我们的自由开辟了一个空间。因此梅洛-庞蒂说："意识的生命——知识生命、欲望生命或者知觉生命——是由'意向弧'支撑起来的，意向弧在我们周围投射了我们的过去、我们的将来、我们人性的环境、我们自然的处境、我们的意识形态处境，以及我们的道德处境；或者毋宁说，它确保我们被安置在所有这些关系之中。这种意向弧创造了感觉的统一、感觉与理智的统一、感受性与运动性的统一。"②

　　总之，我们可以从身体空间或者身体存在的空间性中收获如下教益：首先，身体空间是我们知觉与行动的根本条件，但在正常情况下，我们无须明确知道这一空间，因为诉诸几何空间并非我们知道某物何在的唯一途径，更非根本途径。因此，我们的空间知识首先不是一种认识论的知识，而是一种存在论的与空间共在，这才是更加本源的空间知识。在实际生活中，通过现象性的身体，我们无需客观空间知识便与现象空间合而为一。因此梅洛-庞蒂说："至于身体空间，显然有一种还原为与位置共在的位置

---

① Maurice Merleau-Ponty, *Phenomenology of Perception*, p. 115. 法语原文在第 130 页。polarisent/polarize 是《知觉现象学》中一个极为重要的术语。这个词语源自物理学，一般意义是"使偏振、极化"。所谓身体的筹划极化了世界，意思是说，因为身体的意向指向某些特殊的事物，从而使这些事物从暗昧的背景中作为独特、具体的事物站出来，从而为主体构成一个特定的世界。

② Maurice Merleau-Ponty, *Phenomenology of Perception*, p. 137. sens/sense 既可意指"感觉"，也可意指"意义"。这里也可以翻译为"意义"，但那要在梅洛-庞蒂的意义上去理解"意义"。

知识，但这种共在并非虚无，虽然不能用具体的描述来表达它，甚至不能用一个沉默的姿势来表示它。"① 没有这种存在论的共在作为背景，我们就难以甚至不能完成相应的行动。

其次，为了让一个对象引发一个行动，这个对象必须被纳入主体的动力场（motor field）。施奈德的问题就在于他的动力场萎缩了，仅限于可以实际触摸的对象，排除了由可能触及的对象构成的境域。"这种缺陷最终与一种远比视觉甚至触觉更加深沉的功能联系在一起；它关系到主体的生活领域，这种面向世界的敞开保证了那些当前不可触及的对象对正常的主体来说仍然是有价值的，对他来说，它们作为可以触及的事物而存在，仍然是他的运动世界的一部分。"② 尽管对正常人来说，动力场与视觉的关系最为紧密，但它并非单纯由视觉决定。精神性失明患者难以完成抽象行动，尽管他们拥有正常的视觉功能；盲人，甚至是先天失明的盲人，虽然完全失去了视觉功能，但这并不妨碍他们正常完成抽象行动。所以梅洛-庞蒂说，使抽象行动得以可能的是一种远比视觉和触觉更加深沉的功能，也就是给抽象行动相关的对象建构一个虚拟背景，从而将其纳入身体空间的能力。事物只有进入这个虚拟背景，进入主体的动力场或身体空间，才能作为对象站出来，才能引发相应的抽象行动。

最后，因为身体并非空间之中的纯然一物，因为空间是由身体通过行动开掘出来的，所以梅洛-庞蒂说："我们绝不能说我们的身体在空间之中（in），也不能说它在时间之中。身体占领空间和时间。"③ 当现象学从认识论中走出来时，它必然会走向存在主义，只有基于真正的生存才有可能产生真正的现象学。根据现象学的存在论或者存在论的现象学，我们必然发现："'我'不是在空间之中和时间之中，'我'也不思考空间与时间；毋宁说，'我'就是空间性的，也是时间性的；'我'的身体让自己适应空间和时间。这种把握的幅度衡量了'我'的生存幅度；但是它绝不可能是完整的。"④

---

① Maurice Merleau-Ponty, *Phenomenology of Perception*, p. 108.

② Maurice Merleau-Ponty, *Phenomenology of Perception*, p. 119.

③ Maurice Merleau-Ponty, *Phenomenology of Perception*, p. 140. 人们通常将 inhabit 翻译为"栖居于…之中"或者"栖居"。这种理解虽然从根本上说是正确的，但遗漏了梅洛-庞蒂想要强调的另一层意思，即"占领，占据"，因为只有"占领"之后才可能"栖居"。将其译为"栖居"不能充分表达身体之于空间的主动性，但将其译为"占领"又有可能遗漏"栖居"之意。不过，如果我们始终牢记占领的根本目的就是栖居，那么将其译为"占领"似乎更为可取。

④ Maurice Merleau-Ponty, *Phenomenology of Perception*, p. 141. 梅洛-庞蒂说"'我'是空间性的，也是时间性的"，意思是说，空间和时间都源于身体在世界中的存在。

这就清楚地表明，空间并非客观存在的无限物理空间，而是主体生存的疆域。当梅洛-庞蒂说身体之于空间不是"在之中"，而是占领时，他所要表达和强调的就是这种积极性和创造性。总之，空间既不是一种客观空间，也不是一种基于思想行为的表现空间，它总是已经根据我们的身体结构被勾画了出来，是我们的身体不可分割的对应物。

生活空间：空间的身体性

澄清身体存在的空间性，不仅只是为了正确理解身体，更是为了正确理解空间。但要正确理解空间，还必须从身体的空间性过渡到空间的身体性。其实上文已经触及了这个问题。

一般而言，我们有两种理解或想象空间的方式：经验论的理解和理智论的理解。经验论将空间理解为一个不可分割的单一整体，所有事物都在这个整体中各得其所，并且与其他事物结成一种无关主体的联系。理智论将空间理解为主体为了构造经验而生产的形式，它存在于主体对于事物之间上下左右、远近前后等关系的经验之中，并最终构成了各种空间关系。经验论的空间是一种已空间化的空间（spatialized space），而理智论的空间是一种方空间化的空间（spatializing space）。在经验论的空间中，"我"的身体与事物，以及它们之间的空间关系对"我"来说乃是多种多样不可简化的东西；在理智论的空间中，"我"所发现的是一种不可除尽的勾画空间的理智能力。经验论处理的是物理空间，它有各种不同的定性区域；理智论处理的是几何空间，这是一个同质等向的空间。在理智论的空间中，我们完全可以在不改变运动对象的前提下实现某种纯粹的位置变换，因此也可以设想一种不同于具体处境的纯粹位置。要么将空间理解为一个与人无关的客观实在，要么将其理解为一种纯粹抽象的形式：难道我们只能在这两条道路中做非此即彼的选择？其实不然。只要我们将空间理解为"使事物之位置得以可能的手段"和"联结事物的普遍力量"①，我们就能超越这种非此即彼的困境。

梅洛-庞蒂认为，还有一种远比物理空间和几何空间更为根本的空间，那就是"生活空间"②，但问题是我们对生活空间的经验往往被平庸的生

---

① Maurice Merleau-Ponty, *Phenomenology of Perception*, p. 254.
② L'espace vécu 英译为"the lived space"，其准确意义是"被实际经历和体验的空间"，但为了照顾汉语表述之方便，不得已将其翻译为"生活空间"。

活经验遮蔽了。为了让这原初的生活空间更加清晰地站出来，我们有必要借助一些非常事例，为此他以现象学的方法分别重新批判性地研究了斯特拉顿（George Stratton）和韦特海默（Max Wertheimer）的实验报告①。众所周知，人眼在视网膜上所成的像是倒立的实像，但我们实际看到的事物却是正常站立的。斯特拉顿让受试者戴上一副特殊的眼镜，其作用是让视网膜上的成像呈直立状态，结果受试者所看到的一切事物反而是倒立的，从而使他在行动时手足无措。到了第二天，受试者眼中的景物不再是倒立的了，不过他觉得自己的身体是倒立的。从第三天到第七天，他的身体也逐渐回归了正常状态。当实验结束，取下眼镜之后，虽然受试者看到的景象不是倒立的，但他的行动却是反转的，比如在需要伸出左手时他伸出的是右手。对此斯特拉顿的解释是：受试者最初的手足无措乃是因为他戴上特殊眼镜时的视觉世界与触觉世界不匹配，尤其是因为他此时具有两种不协调的身体表象：一种由他保留下来的触觉和原先的视觉赋予，一种由他当前的视觉赋予。一旦他逐渐习惯这种新的视觉经验，他的视觉与触觉就会重新匹配，从而使他的知觉恢复正常状态。梅洛-庞蒂认为，这种解释其实难以成立，因为它预先假定了何为上下、何为左右，而这恰好正是需要回答的问题。受试者之所以觉得当前的景象是倒立的，那是因为他将先前的视觉经验当作参照，他已经先有了上下左右、内外前后概念，否则他就不可能有"倒立"这种空间概念。为了能够给某一场所提供方向，该场所中的事物（内容）本身必须具有方向，但仅凭这些事物本身，是建立不起空间方向的。比如，当我们站在地球上时，月球在天上，但当我们站在月球上时，地球在天上。那么地球与月球，究竟孰为上下？若非已经先有某种上下前后概念，就其本身而言，"倒立"与"直立"就无从说起。正是在此意义上，梅洛-庞蒂说："在事物中，两点便足以确定方向。可是我们并不在事物之中。"② 论及空间经验时，我们追问的是一个远比正反顺逆更加元始的问题，因为正反顺逆已经预设了上下左右和内外前后。问题的关键是：我们的空间经验是怎么获得空间意义的？换句话说，上下左右、远近高低、内外前后这些空间意义是如何建立起来的？

　　不仅对象本身不足以为空间定向，主体的理智也不行。经验论将我们

---

① 关于这两份实验报告的内容，梅洛-庞蒂在《知觉现象学》中都有详细陈述。

② Maurice Merleau-Ponty, *Phenomenology of Perception*, p. 257. 所谓"我们并不在事物之中"，意在强调身体不是空间之中的纯粹一物。

的空间知觉当作对真实空间的接受，将对象现象性的方向当作它们在世界中的真实方向在我们心中的反映。理智论没有这么天真，它认为直立与倒立只是一些建构出来的关系，它们取决于人们设立的参照点。然而这就必然带来一个问题：为了确定 A 的方位，我们必须参照 B；但为了确定 B 的方位，我们又必须参照 C。如此以往，伊于胡底？方位的确定要么无限延伸下去，从而成为一件"不可除尽"的不可能之事，要么自相矛盾地为空间中某一对象赋予一种无须参照其他事物的绝对的自我定位的能力。理智论正确认识到空间意义是一些具体的主观关系，但它错误地认为这些关系是由主体抽象的反思决定的，仿佛这个主体不在世界之中似的。梅洛-庞蒂说："指出方向只为标示方向的主体而存在，这非常容易；但是，尽管这个心灵很有能力标示出空间中的所有方向，但在目前，这个心灵没有方向，因此它也没有空间，因为它欠缺一个能够逐渐为所有空间规定赋予方向的真实起点或者绝对的此处。"[1] 如果空间感知真如经验论所说，只是真实空间的反映，那么它将无法解释为何世界的景象是直立的，因为事物在视网膜上的成像其实是倒立的。如果空间感知真如理智论所说，只是无所立足（from nowhere）的心灵建构的形式关系，那么它将无法解释为何我们会有倒立经验，为何我们的视觉经验与触觉经验会不协调。为了真正理解空间，"我们需要一个相对之中的绝对，一个不会在现象上滑行的空间，这个空间扎根于现象，并有赖于它们，然而尽管如此，它并不是以一种实在论的方式随同它们一起被给予的，它经得起它们的剧变。我们必须寻找先于形式和内容之别的元始的空间经验"[2]。

　　韦特海默的实验更加有助于我们发现空间意义的起源。他设计了一个特殊的环境，于中主体只能通过一面与正常水平面呈 45°角的镜子去观察他所置身其中的房间，因此主体最初看到的一切景象都是倾斜的。行走在这个环境中，人会不由自主地往一边倾斜，试图以此使自己与地面保持垂直——其实他与地面原本就是垂直的。然而仅仅几分钟之后，形势就发生了突变：墙壁与门窗、书桌与衣柜全都恢复了垂直状态，而受试者也觉得自己重新垂直站立于水平面。与斯特拉顿的实验相比，韦特海默实验中的受试者对新环境的适应仅花了几分钟，完全用不着费时数日去进行运动探索。这种变化如此之迅速，仿佛这些倾斜的景象本身就在渴望得到最有利

---

① Maurice Merleau-Ponty, *Phenomenology of Perception*, p. 258.

② Maurice Merleau-Ponty, *Phenomenology of Perception*, pp. 258 - 259.

的方向，仿佛它们仅凭自身就把自己扶正了，仿佛它们自身就变成了确定方向的锚点。正如前文论证的那样，视觉景象本身不足以确定空间方向，受试者之所以觉得景象倾斜了，那不是因为景象本身，而是因为他参照了原来的水平面。受试者突然觉得一切又回归了正常，那是因为他重新建立了一个水平面。换句话说，我们的空间感知总是预设了一个水平面，没有它的先行给予，我们就不可能拥有空间意义。因此，真正有待回答的问题是，这个总是先于它自身被给予的水平面究竟从何而来？

　　当然，这个总是被先行给予的水平面与我们的身体有关。不过，参与建立空间水平面的不是空间中纯然一物的身体，而是意向性的身体。梅洛-庞蒂将这种身体称为"虚拟的身体"："对于景象之定位有意义的不是'我'实际存在的身体，不是作为客观空间中一物的身体，而是一个由各种可能行动构成的系统，一个虚拟的身体，它的现象'位置'由其任务和处境规定。哪里有事要做，哪里就有'我'的身体。"① 在韦特海默的实验中，奇迹是怎么发生的？仅仅过了几分钟，原本倾斜的一切事物突然不再倾斜了，这用适应是解释不通的，不可能有这么快的适应。问题的关键之处在于，受试者在这个精心设计的环境中占据了一个位置，而他能占据这一位置乃是因为他需要于中实施一些可能的行动，比如行走、坐下，打开衣橱，使用书桌，等等。一旦这些生存所需的可能的行动在他面前为他开辟出了一个可能的栖息地，空间方位就得到了规定，或者说，空间就成为空间了。受试者最初之所以觉得一切景象都是倾斜的，那是因为他还没有在这个人为设置的环境中占据一个位置，他还没有把自己啮合进这个环境中的那些用具之中，他还没有栖居于这个房间。一旦他真正栖居于这个房间，一旦他开始真正"生存"于这个环境，他虚拟的身体就会替代他真实的身体。从此他不再把自己的身体，不再把自己的四肢当作单纯的物体来体验，它们将隐退进身体空间之中，成为他一切行动的背景或根据。"当空间水平面发生改变，并在新的位置中被建立起来时，所发生的就是这种事情。因此，空间水平面就是'我'的身体对世界的某种拥有，就是'我'的身体对世界的某种把握。"② 梅洛-庞蒂认为，正常情况下，空间

---

① Maurice Merleau-Ponty, *Phenomenology of Perception*, p. 260. 法语原文在第 289 页。引文最后一句话的法文与英译本：Mon corps est là ou il a quelque chose à faire. /My body is wherever it has something to do.

② Maurice Merleau-Ponty, *Phenomenology of Perception*, p. 261. "拥有世界"的最原始意义就是建立起某种空间水平面。

水平面出现在"我"的运动意向与知觉领域相交的地方，也就是说，出现在"我"实际的身体与视觉景象（不一定必须通过视觉才能获得）所需的虚拟的身体一致的时候，出现在实际的视觉景象与"我"的身体所投射的周围环境一致的时候。"当'我'的身体，作为某些行动之动力、作为建立某种特许平面所需要的东西，与被知觉的景象，作为对那些行动所发出的邀请，作为上演这些行动的剧场，建立起了一种契约，使'我'得以拥有一个空间，使事物对'我'的身体拥有了一种直接动力时，空间水平面就把自己建立起来了。建立一个空间水平面乃是建构一个完整世界的手段。当'我'的知觉为'我'提供了最丰富和最清晰的景象，当'我'的运动意向从周围世界中接收到了它们预期的反应时，'我'的身体就被啮合进了世界之中。"①

在韦特海默的实验中，景象或者空间方向的"修正"是突然发生的，是一种系统性的转变，因此它既不是主体从经验上将新旧两种位置联系起来的结果，也非源于主体从理智上建立起了一种新的空间坐标。一个毫无音乐知识的人能够轻而易举地将他所听到的歌以不同的音高唱出来，因为他已经拥有了嗓音，他无需任何经验性的对比或理智性的音乐知识，就可以自如地相应调节每一个音符的音高。发生在空间经验上的事情也是如此：一旦主体拥有了身体，他就拥有了改变空间水平面和理解空间的能力。空间经验之所以能自我修正，那是因为"我"已经"生存"在那个空间之中，"我"把自己完全啮合进了那个新的领域。所谓"拥有"身体，就是让身体成为作为"我"一切行动之根据的背景，就是让身体进入暗昧的身体空间，就是让对象性的身体成为意向性的身体，让真实的身体成为虚拟的身体。这一切只能发生在主体真正的生存之中，只能发生在身体真正成为主体"在世界中的存在"，也就是说，只有意向性的身体在存在论的意义上被啮合进世界之中，唯当此时，空间水平面才能被建立起来，上下左右、远近高低和内外前后这些空间感觉/意义才能被建立起来，空间才开始成为空间。

只有当我们的身体真正被啮合进了世界之中时，空间才空间化。但这种先后关系只是一种逻辑上的因果关系，而绝非一种时间上的先后关系。事实上，在一般情况下，我们的身体"总是已经"被啮合进了世界之中。换句话说，清晰的知觉与可靠的行动总是以空间方向绝对的先行给予为前

---

① Maurice Merleau-Ponty, *Phenomenology of Perception*, p. 261.

提。梅洛-庞蒂认为，追问存在为何被规定了方向，生存为何是空间性的，身体为何总是被全方位地啮合进了世界，身体与世界的共在为何极化了经验并使得方向突然出现，这些都是毫无意义的，因为这就是基本的存在论事实。所以他说："存在就是被安置。"① 这句话言简意赅，除了表明对象的空间方向总是已经被先行给予，并总是根据某种先行给予的空间方向被感知，还表明对象的意义源于主体对它的感觉。也就是说，存在仅对知觉主体（perceiving subject）而非思维主体（thinking subject）才有意义。对于一个思维主体而言，一张脸正看还是倒看并无不同，但对一个知觉主体来说，那就另当别论了。一张倒置的脸不仅让人觉得怪异，甚至恐怖，而且根本就不是一张脸。事物的存在就是其以一定的空间方位被安置，因此也以一定的空间方位被知觉，所以事物的意义总是与其方位密切联系在一起。正因如此，sens/sense 这个词语既表示"感觉"，又表示"意义"。改变一个事物的方向，不仅改变了我们对它的感觉，而且从根本上改变了它的意义。事物的存在不是为思维而存在，而是为凝视而存在。观看一个事物不是对它不变的构成法则形成观念，而是从某种空间方位上把握住它。如果知觉的主体不是凝视而是思维，那么我们的知觉中就不可能有轮廓、形状、背景和事物，因此也就难以成其为知觉。空间方向并非事物的偶然属性，而是我们辨认事物和使事物成其为事物的手段。"如此，因为每一可能的存在都与被知觉的世界直接或间接联系在一起，因为被知觉的世界只能通过方向被把握，所以我们不能将存在与定位的存在分离开；为空间'奠基'或者追问所有水平面的水平面，是没有理由的。原初的水平面位于我们所有知觉的境域之上，但这个水平面原则上不可能以一种明确的知觉被抵达和主题化。当我们在赋予我们的'环境'中抛下船锚时，我们生活于其中的水平面也就出现了。"②

只有当主体将身体真正啮合进了世界之中时，只有当主体在其生活的世界中真正抛锚停泊下来时，空间水平面才会被建立起来。上下左右、远近高低和内外前后从此开始有了意义，世界开始作为一个秩序井然的世界显现出来。正是在这个意义上，梅洛-庞蒂说空间水平面就是身体对世界的拥有，就是身体对世界的把握。但是正如他所提醒的那样，空间方向总

---

① Maurice Merleau-Ponty, *Phenomenology of Perception*，p. 263. 这句引文英译为 "being is synonymous with being situated"，其准确意涵是：存在就等于按照一定方向被安置。

② Maurice Merleau-Ponty, *Phenomenology of Perception*，p. 264. 所谓 "在赋予我们的'环境'中抛下船锚"，意思就是实际扎根生存于我们的环境之中。

是已经被绝对先行给予了我们，否则我们不可能感知事物，因为空间的先行给予使得事物的存在始终而且只能是业已定位的存在；也不可能拥有一个世界，因为世界就是由诸多业已定位的存在构成的。换句话说，空间本质上是由在世界中存在的身体带出来的，但空间总是已经被先行带出来了。空间既不是一种事物，哪怕是苍穹或以太这样的事物，也不是主体连接事物的行为。人们既不能观察空间，因为它是一切观察的前提，也不能看见它从主体建构空间的操作中显现出来，因为空间总是已经被先行给予了我们。正因如此，空间魔术般地为事物赋予了空间规定性，但它本身却从不显现。

梅洛-庞蒂澄清了空间，但他澄清的是作为某种神秘的空间，一种由身体带出但从不现身的空间。由于长期受制于主客二元对立思想，我们难以理解而且难以接受这种空间理论，因为常识告诉我们空间并不依赖于主体，更不依赖于身体。日月星辰各得其所，山川河岳自有位置，这一切都无待于人，何以能说没有身体就没有空间呢？要理解梅洛-庞蒂的这种空间理论，也许我们可以借助海德格尔对时间的解释。海德格尔认为，时间并不存在，有了此在，才有时间，因为此在就是时间。对于海德格尔来说，花开花谢，潮起潮落，只是自然现象，而非时间。只是因为有了此在，有了此在对自己在世界中的存在之领会、筹划和超越，有了此在的去存在（to be）和能存在（able to be），时间这种东西才得以存在。因此我们完全有理由说，日月星辰之各得其所与山川河岳之各归其位，不是空间，只是纯粹的自然现象。只是因为有了身体，有了身体对世界的占领，有了身体对对象的应答，才有了远近高低、上下左右和内外前后等空间意义。从这个意义上说，正如海德格尔并不否认事物在自然世界中的变易一样，梅洛-庞蒂也并不否认事物在自然世界中的位置，但正如纯粹的变易不是时间，纯粹的位置也不是空间。

3. 数学：通往存在的道路

在充满论争的哲学领域，海德格尔与巴迪欧都强调存在问题对于革新哲学的必要性和核心性，因此比较二者就成为一件意味深长而且不可避免的事情。巴迪欧和海德格尔一样，认为以真理为旨归的哲学与人类生存之间的关系远比各种理论与人类生存的关系更为密切。根本分歧在于，海德格尔的存在主义依据的是诗学语言学，而巴迪欧的存在论依据的是数学集合论。

虽然巴迪欧和海德格尔一样，其目标也是要让人们重新认识存在论对于理解哲学、重建哲学的重要性，但其道路与海德格尔完全不同。巴迪欧的哲学建基于对海德格尔的隐形批判，《存在与事件》和《存在与时间》在标题上的竞争性，已经表明巴迪欧对海德格尔的质疑与挑战。正如海德格尔讨论柏拉图是为了将他排挤出两千多年来他在西方形而上学中占据的显赫地位，从而重绘哲学的版图一样，"巴迪欧讨论海德格尔主要是为了通过把海德格尔从他占据的显赫位置中排挤出去，从而重绘当代哲学的版图"①。因为巴迪欧的出发点是数学集合论，所以他对海德格尔的批评乃是两种哲学之间的碰撞与争执。也就是说，他不是在海德格尔开拓的领域内与之争辩，而是从自己的哲学出发去挑战海德格尔的哲学。这种取向使他既不同于海德格尔的英美批评者——他们指责他的哲学有待逻辑学、伦理学和政治学的检验，如马克·休森（Mark Hewson）所言；也完全不同于列维纳斯、布朗肖、德里达、让-吕克·南希和阿甘本等人——他们的思想与海德格尔的思想尽管不无差异，但仍然具有一种密切的内在联系。

何为存在?

海德格尔和巴迪欧的哲学都可以名正言顺地被称为存在论（Ontology），尽管海德格尔后期放弃了"存在论"这个术语而代之以"思"（Thinking），但二者在两个核心问题上具有截然对立的理解：首先，何为存在（Being）？其次，诗歌和数学，何者才是真正通往存在的道路？澄清这两个问题不仅是本书的当务之急，也是理解巴迪欧的当务之急。

对海德格尔和巴迪欧来说，存在乃是至关重要的核心问题，而且《存在与事件》和《存在与时间》标题上的竞争性也必然诱导巴迪欧的读者将海德格尔作为阅读进程中的参照。然而，如果读者不明白巴迪欧的"存在"与海德格尔的"存在"具有直接对立的内涵，那么参照海德格尔阅读巴迪欧势必会给读者造成严重的困扰。然则海德格尔理解的存在是什么呢？对此海德格尔回答说："彻底解答存在问题就等于说：就某种存在者

---

① Mark Hewson，"Heidegger"，in *Alain Badiou：Key Concepts*，ed. A. J. Barlett and Justin Clemens，Durham：Acumen Publishing，2010，p. 147.

（即发问的存在者）的存在，使这种存在者透彻可见。作为某种存在者的存在样式，这个问题的发问本身从本质上就是由问之所问规定的，即由存在规定的。这种存在者，就是我们向来所是的存在者，就是除了其他可能的存在方式以外还能够对存在发问的存在者。我们用'此在'这个术语来称呼这种存在者。存在的意义问题突出而透彻的提法要求我们实现就某种存在者（此在）的存在来对这种存在者加以适当解说。"① 海德格尔的意思是说，对一切存在者之存在的追问和理解首先要从对此在的追问和理解开始。然而众所周知的是，海德格尔也经常谈论此在之外的其他存在者的存在，并且承认其他存在者的存在与此在的存在并不完全同一。为什么对一切存在者之存在的追问和理解必须从对此在之存在的追问和理解开始呢？原因在于：非人的存在者没有与自身发生关联的可能性，只有在与此在之存在发生关联的情况下，它的存在，亦即它之所是，才具有价值和意义。总之，海德格尔的存在绝不是存在者，不是某种现实的东西，而是朝向某种可能性的前进；更准确地说，存在就是对存在的领会和筹划。

　　然而巴迪欧的存在与海德格尔的存在具有完全不同的内涵，它所表示的既不是通常意义上的存在者，也不是趋向某种可能性的前进过程，而是"纯粹的多"，也就是因为未识计为一而无以名状的无穷的纯粹的多；而且，这种无以名状的无穷的纯粹的多并非那种虽然无以名状但仍然呈现在我们面前的东西，而是那种虽然"在那里"但因为未被识计为一而无以名状从而根本无法显现出来的东西。因此在巴迪欧这里，"存在"绝非某物（something），而是非物（nothing）。这种"在那里"但不显现的非物不像黑暗中的东西，尽管不可见却可以被遭遇；恰好相反，它是我们在正常形势下既看不见也无法遭遇的东西。用巴迪欧自己的话说就是："我要说作为存在的存在不会以任何方式让它自己被接近，它只会让它自己以其虚无被人与野蛮的没有灵气的演绎性连贯缝合在一起。"② 总之，巴迪欧的存在就是纯粹的多，就是非物，就是虚无（void）。

　　为了更加清楚地理解巴迪欧的存在概念之确切内涵，我们有必要讨论一下他在《存在与事件》中对巴门尼德的一句箴言所做的修改。这句箴言出现在柏拉图的《巴门尼德篇》的结尾：

　　① 海德格尔. 存在与时间. 陈嘉映，王庆节，译. 2版. 北京：生活·读书·新知三联书店，1999：9.

　　② Alain Badiou, *Being and Event*, trans. Oliver Feltham, New York: Continuum International Publishing Group，2006，p. 10.

> *If the one is not，nothing is.* ①
> 如若一不存在，那么无物存在。

巴迪欧将此箴言改写为：

> *If the one is not，（the）nothing is.*
> 如若一不存在，（那）非物便存在。

巴门尼德的意思是说：事物如果不能被识计为一个个具体的"一"，也就是一个个具体的事物，从而与其他事物相区别，那么一事物便根本不可能作为一事物显现出来——显现的前提就是区别；或者说得更准确一些，最终世界上根本不可能有任何事物存在。（在此我们不由自主地会想起格奥尔格《词语》中的那一行诗句："词语破碎处，无物可存在。"至于海德格尔对这一诗句所做的深邃而绵密的解释尤其令人难以忘怀："语言是存在的家。"）仅仅通过给这句箴言加上一个不起眼的定冠词 the，而且把它放进括号里括起来，这句箴言立刻就被巴迪欧改写为：如若一不存在，（那）非物便存在。只因一个微小的改写，我们便得到完全相反的内涵：事物如果不是被识计为一个个具体的"一"（有序的多），一个个具体的事物，如果将那把事物识计为一的结构或名称减去/取消，那么那非物（无序的多）便存在了。此外，"'如若一不存在，（那）非物便存在'还有这样一层意思：正是在全面地透彻思考'一'之不存在的过程中，虚无这个名字才作为那种东西唯一可以想象的陈述而出现；作为不可呈现之物，作为纯粹的多，这种东西支撑了一切复数形式的呈现物，也就是说，一切一化效果（one-effect）"②。

在巴迪欧看来，"一"并非真正的存在，而只是人为的结果，只是现象；就其本质而言，存在就是"无一之多"（multiple-without-one）、无序的多（inconsistent multiplicity）、纯粹的多，也就是必然让人联想起虚无的非物。值得指出的是，巴迪欧的非物类似于拉康的实在，正如实在既是语言无能为力的东西但又离不开语言一样，非物既不能被识计为一也离不开识计操作。故此巴迪欧说："非物命名了不可决定的在场者，也就是不可呈现者，它分布在纯粹惰性的多之领域和纯粹透明的操作——因为这种

---

① 柏拉图. 柏拉图全集：第 2 卷. 王晓朝，译. 北京：人民出版社，2003：806. 王晓朝译为："如果一不存在，那么就根本没有任何事物存在。"巴门尼德的"一"既非柏拉图的理念，也不是基督教意义上的神，就是非常朴素的识计为一。

② Alain Badiou, *Being and Event*, p. 36.

操作'多'才可能统而为'一'——之间。非物既是结构之非物、秩序之非物，也是纯粹的多之非物、无序之非物。我们完全有理由说，非物是从呈现中减去的东西，因为正是基于后者的双重权限，即法则和多，非物才是非物。"①

在此我们发现，尽管巴迪欧和海德格尔的哲学都是存在论哲学，但二者却有天壤之别。对海德格尔来说，只有以恰当的名称被语言正确道说（用巴迪欧的话说就是被识计为一）的事物才存在。正因如此，海德格尔坚决声称存在论（至少海德格尔后期的存在论）研究的就是语言对存在的道说，而诗学（或者说诗学语言学）就是存在论。然而对于巴迪欧来说，恰好相反，存在就是那未被识计为一的无穷的纯粹的多。正因如此，巴迪欧才坚决声称存在论就是关于纯粹的多的科学，而数学就是存在论。

通往存在的道路：诗歌还是数学？

因为对存在具有截然对立的理解，在确定通往存在的道路时二者自然也做出了截然不同的选择。对海德格尔来说，这条道路自然只能是诗歌；但对巴迪欧来说，则只能是数学。

海德格尔写作《存在与时间》的目的，正如他在这部大作简短的开篇导言中指出的那样，乃是要复兴被西方形而上学遗忘久已的存在问题："现在首先要唤醒对这个问题本身的意义的重新领悟。具体而微地把'存在'问题梳理清楚。"《存在与时间》完满地完成了作者的预定目标，但仍然留下了一个有待解决的关键问题，那就是：何为通往存在的道路？海德格尔并未忘记这个问题，其后期一系列重大的哲学著作，比如《路标》《林中路》《在通向语言的途中》，以及《荷尔德林诗的阐释》等，都在致力于解决这一问题。如果说《存在与时间》成功复兴了存在问题的意义，并将时间确定为理解存在的唯一视野，那么其后期著作则明确将诗歌（或者诗意语言）确立为通往存在的唯一道路。在《存在与时间》中，凭借死亡、良知、决断、本真的存在这些强有力的概念，海德格尔强调的是此在必须坚定不移地面向存在的呼唤；而在其后期著作中，借助真理、艺术、自由、诗歌和语言这些充满灵晕（aura）的概念，他转而建议人们向语言许诺的礼物、诗人赐予的真理保持虚怀若谷的开放态度，因为诗人的语言

---

① Alain Badiou, *Being and Event*, p. 55.

能让我们见证那被人久已遗忘的源泉。

　　为了确立这条道路，海德格尔的当务之急就是对被业已遮蔽得晦暗不明的真理进行重新解释。传统的真理观主张，真理首先是事物与知识的符合，同时也是知识与事物的符合。这种真理概念并非古希腊哲学古已有之的定论，而是始于柏拉图唯心主义的先验理念论，随后在亚里士多德的哲学中得到了重新表述并定形，从此，"真理就是事物与知识的双重符合"这一观念深入人心，成为不证自明的共识。海德格尔说："这就形成了一种假象：仿佛这一对真理之本质的规定是无赖于对一切存在者之存在的本质的阐释的——这种阐释总是包含着对作为 intellecus［知识］的承担者和实行者的人的本质的阐释。于是，有关真理之本质的公式（真理是知与物的符合）就获得了它的任何人都可以立即洞明的普遍有效性。然而这一真理概念的不言自明性的本质根据几乎未曾得到过关注。"[①] 这种真理观在此后的哲学史中虽然也经历了一系列修正和提炼，但在海德格尔看来，这些修正和提炼不仅对弥补其缺陷完全无济于事，反而有助于它的强化和普及，因为这种真理概念遗忘了真理那更早、更深、更有本真揭示性的原始维度。形而上学的真理概念几乎未曾关注过的那更早、更深的本质根据是什么呢？当然就是存在者的存在。海德格尔为何断言真理的本质就是自由？因为自由就是让存在者存在，让存在者成其所是。"让存在，亦即自由，本身就是展开着的，是绽出的。就真理的本质来考虑，自由的本质显示自身为向存在者之解蔽状态敞开。"[②] 海德格尔指出，前苏格拉底时代的古希腊人以 aletheia 来指称真理的元始维度，这个术语照字面翻译就是"无蔽"，亦即存在者的无蔽。然而对存在者的无蔽之遗忘从神秘的毕达哥拉斯学派就开始了，后经柏拉图和亚里士多德而定形，并在伴随启蒙运动而盛行的技术理性主义中发展到登峰造极的地步。西方哲学不仅遗忘了存在者的存在，而且更可怕的是遗忘了这种遗忘本身。

　　对海德格尔来说，弥补这种缺失只有一条途径，那就是解构各种使哲学深受奴役的形而上学概念，从而让此在疏瀹五脏，澡雪精神，并最终能澄怀闻道。澄怀方能闻道，澄怀必能闻道。然则道从何来？谁能为此在道说存在者的存在？无他，唯有诗歌。海德格尔在《艺术作品的本源》中断言，艺术的本质就是存在者的真理在作品之中发生或者运转，因而一切艺

---

① 海德格尔. 路标. 孙周兴，译. 北京：商务印书馆，2000：210.
② 海德格尔. 路标. 孙周兴，译. 北京：商务印书馆，2000：217.

术本质上都是诗歌。然而海德格尔所谓的诗歌并非随心所欲漫无目的的想象，也不是幻想在非现实领域内的翱翔。"有所筹划的道说就是诗歌……诗歌就是对存在者之无蔽的道说。"[①] 也正因如此，海德格尔主张："语言本身就是本质意义上的诗歌……语言是诗歌不是因为语言是原始的诗歌；毋宁说，因为语言保存了诗歌原初的本质，所以诗歌在语言中发生。"[②] 既然发生在语言之中的诗歌乃是对存在者之无蔽的道说，那么通往存在者之存在的道路就必然是诗歌，而踏上这一道路的此在必须虔诚地倾听诗意的语言寂静的道说。诗歌语言超越了基于概念解释的理性，"能最大限度地恢复那能接纳、能应答的意识，而这种意识能把我们从技术专制理性以及与之合拍的西方后苏格拉底的理性主义和后伽利略主义（即以数学为基础的物理学）的谱系中解救出来"——海德格尔哲学的独特品质和卓越贡献就在于此。然而正如克里斯多夫·诺里斯（Christopher Norris）随即指出的那样："正是在此，巴迪欧最为坚决地离开了海德格尔。"[③]

巴迪欧在此坚决地离开了海德格尔，不是因为他否认诗歌是通向海德格尔式的存在之道路，而是因为他对存在具有根本不同的理解。如果存在不是存在者的无蔽，而是纯粹的多、无序的多，就是非物/虚无，那么通往存在的道路就不可能是诗歌，而只能是数学。然而我们要进一步追问的便是：为何数学能帮助我们抵达存在、那纯粹的多、那非物/虚无？

巴迪欧主张，既然存在就是纯粹的无序的多，那么有序的一必然就不存在；或者说得更准确一些，有序的一是人为的结果，必然晚于无序的多。但无序的多必须被识计为有序的一，否则这个世界将无物存在，或者只有非物存在。将无一之多识计为一，也就是按照某种秩序或者法则来安置（situate）它们，这种安置的结果便形成了巴迪欧所谓的形势（situation）。巴迪欧说："我把一切在场的多称为形势。因为被赋予了某种呈现效力，所以形势就是（事件）发生之地，无论这里讨论的多包含的内容是什么。"[④] 作为被结构出来的呈现物，形势可以是任何东西：国家、民族、党派、宗教、宇宙、太阳系、河流、山脉、原子，甚至事件和函数。形势

---

①　海德格尔. 林中路. 孙周兴，译. 上海：上海译文出版社，1997：57.

②　海德格尔. 林中路. 孙周兴，译. 上海：上海译文出版社，1997：58. 上述两则译文参阅了下书：Martin Heidegger, *Poetry, Language, Thought*, trans. Albert Hofstadter, New York：Happer Perennial, 1975, p. 71.

③　Christopher Norris, *Badiou's Being and Event：A Reader's Guide*, New York：Continuum International Publishing Group, 2009, p. 107.

④　Alain Badiou, *Being and Event*, p. 24.

既是多也是一：形势始终是被结构或识计的诸多（multiples），所以它是多；它又是其他形势的构成要素，所以它是一。形势要想构成，就必须将某些纯粹的多"化而为一"（one-ified）。巴迪欧把这种化而为一的操作称为识计，或者识计为一。识计的基本内涵就是：确定某些要素属于某形势，同时将某些要素排除出某形势。然而如果我们认为巴迪欧的形势纯粹是由那些被具体识计为一的要素构成的，那么我们就错了。形势是一个双重结构，其外面（显现出来的一面）是各个归属于它的要素，其不可抵达的里面则是未被识计的残余，这种残余是形势始终不能驱逐的幽灵。故此巴迪欧说："虽然在形势之中除了结果（形势中被识计的一切事物）什么也没有，但由此而导致的东西仍然标示出了在识计之前存在着必须被识计的东西。正是后者使得被结构出来的呈现向无序的幻影动摇。"① 因此，就形势之本质而言，我们必须承认纯粹的多、无序的多既被排除了出去，同时又被包容了进来。这种既被排除又被包容的悖论之物是什么呢？当然只能是形势之中的非物——巴迪欧将这种非物命名为虚无。阿历克斯·林（Alex Ling）就此指出："这是一个根本的悖论：支撑着全部一致性的不一致的存在本身是彻底不可知的（因为一切知识必然都被安置了位置），意思就是说，对先于形势之物的任何考虑本身都不可救药地受累于它的被安置性。因此无序就是呈现之实在（real），正是在这个点上，思想撞上了它自己的界限……正因如此，巴迪欧的哲学被称为减法存在论（亦即数学存在论）：在面对'用一给存在装框'的经典形而上学时，巴迪欧断定存在论无非就是关于无区别、不一致的多的理论，借助这种理论，这种无区别、不一致的多从一的权力之中被彻底减除了出来。"② 如果说形而上学所致力的事情就是用有序之一将无序的多减去，那么刚好相反，巴迪欧的减法（数学）存在论所致力的事情乃是将无序的多从有序之一中减除出来、解放出来，也就是要把减除了无序的多的有序之一减去。巴迪欧的哲学被称为减法（数学）存在论，原因就在于此。

　　然而巴迪欧何以能断言数学就是存在论呢？关于存在论，巴迪欧有两个基本原则：其一，存在就是纯粹的多、无序的多，就是非物，因此存在论就是关于这种纯粹的多的理论；其二，所有存在者都是由非物/虚无编织而成的。这两个基本原则与策梅洛-弗兰克尔集合论（ZFC）公理系统

---

① Alain Badiou, *Being and Event*, p. 53.
② Alex Ling, "Ontology", in *Alain Badiou: Key Concepts*, p. 50.

所思考的问题完全吻合。不仅如此，巴迪欧还发现他所要讨论的所有问题，比如形势与虚无、存在与事件、选择与忠诚、主体与真理等，无一不可以用集合论中的概念和公理给予严格的数学解释。在正式探讨巴迪欧的数学存在论之前，我们必须切记一个前提，那就是巴迪欧发现数学集合论中的"集合"（set）就是社会历史领域中"形势"这一范畴的数学表达。一个集合不是别的什么东西，就是若干确定的、有区别的（无论是具体的还是抽象的）事物合并而成的整体。一个集合就是一个多，除此之外，集合没有别的属性和本质。巴迪欧的形势，作为一切"被呈现出来的多"，也是如此，将某些元素纳入某一形势所依据的原则完全是任意的，比如被纳入"中国公民"这一形势的所有人。

首先，集合论中的第一公理（即空集公理）可以帮助我们理解存在，即非物/虚无。空集公理被表述为：

存在一个没有任何元素的集合，由此引申出：空集是一切非空集合的真子集。

空集公理在数学集合论中自有其独特的内涵，但在巴迪欧的语境中，它岂不恰好证明了非物/虚无既是一切存在物的前提，又是其实在，是真正的存在？"因此，不是要去确认那作为其他一切多之起源的'第一'多（这样就会在多的层面上把'一'非法走私进存在），也不是要把某个识计为一的多指定为起源（这样会忽视识计只不过是一种结果而已）；相反，数学集合论把感染着多之纯粹性的'非物'本质化了。也就是说，因为赋予了它一个恰当的名字（虚无，∅），集合论实实在在地使这种非物存在了。"[1] 正如空集是一切非空集合的真子集一样，虚无也必然是所有形势内在固有的组成成分，因此这一命题的激进内涵就是：某一形势与其说是由其得到识计/承认的部分构成的，不如说是由其对其他更多部分的排除构成的。

其次，集合论中的幂集公理精确解释了任何形势都是双重结构的结果。幂集公理被表述为：

给定一个集合 A，一定存在一个由 A 的所有子集构成的集合 P（A）。

换句话说，所有集合都有一个幂集。比如，如果我们把集合 ⟨α，β，

---

① Alex Ling, "Ontology", in *Alain Badiou: Key Concepts*, p. 52.

γ} 称为集合 A，那么它的幂集 P（A）就是 {{α}，{β}，{γ}，{α，β}，{α，γ}，{β，γ}，{α，β，γ}，∅}。显然，如果集合 A 有 n 个元素，那么其幂集的元素就有 2^n 个。对巴迪欧的哲学来说，幂集公理的价值在于它揭示了形势具有双重结构：初始结构和超结构。形势的初始结构就是将无穷元素中的某些元素具体规定为属于某一独特形势的现有机制，换句话说，初始结构决定哪些元素属于形势，哪些不属于形势。但是，这些属于被呈现的元素之单纯集合尚且不足以构成一个稳定的形势，因为属于形势的元素固然被确定了，但这些元素并不直接以元素的形式包含在形势之中，而是必须以某种方式被组合起来作为形势的子集（而非元素）才能包含在形势之中。正如幂集公理揭示的那样，元素的组合（子集）远远大于元素，而形势的初始结构对识计这些组合方式无能为力；然而，如果这些元素的组合方式不能被识计为一，那么形势就会面临虚无的威胁，说得更准确一些，形势就崩溃了。总之，要对结构进行结构。巴迪欧将结构的结构称为超结构（metastructure）①，而幂集公理的原则就是超结构的原则：给定一个集合 A，一定存在一个由 A 的所有子集构成的集合 P（A）。这一数学公理的世俗表达就是：有人的地方就一定有社会（社会绝不是由一个个单一的个人构成的，而是由个人构成的集体构成的）。因此，集合 A 的幂集 P（A）就是巴迪欧所谓的形势。形势之有超结构就如同社会之有国家，正因如此，巴迪欧又把超结构称为形势之国家（the state of the situation）。正如国家的基本功能就是对社会的各部分（而非一个个单一的个人）进行有序的组织，防止社会崩溃成无政府主义的一盘散沙，超结构（形势之国家）的基本功能也是"对虚无的回击"："只有当有序之多的灭点反过来被针对操作本身的识计为一、被识计的识计、被超结构封锁或者关闭时，对虚无的任何呈现所做的禁止才可能是直接而坚决的。"②

再次是数学集合论的基础公理：

对于任意一个非空集合 α，α 一定存在一个元素 β，使得 α∩β＝∅。

---

① 笔者将 metastructure 翻译为"超结构"而非"元结构"。尽管"元结构"似乎已经通行于汉语学界，但这一翻译其实是大可怀疑的，甚至是错误的。就本文而言，这里尤其不能翻译为"元结构"，因为"元"在汉语中天生就有"原始、第一"之义，但巴迪欧明确指出 metastructure 是"结构的结构"。

② Alain Badiou, *Being and Event*, p. 94.

巴迪欧宣称基础公理就是历史形势的存在论公式。基础公理的政治内涵是：对于任意一个历史形势而言，其中必定存在这样一个元素，这个元素（其本身也是一个集合）的所有元素完全不包含在该历史形势之中。一般而言，形势与其同时也作为形势的元素是有很多交集的，也就是说后者的元素基本上包含在前者之中，得到前者的区分与辨认，但任何形势之中必定至少存在一个元素，使得同时作为形势的该元素与包含它的形势之交集为空集。比如，某种意义上，纳粹德国的犹太人，他们固然被认可为德国社会的"一个"成分，但这一成分中每一个具体的犹太人并不包含在德国社会之中，他们在德国社会中是了无区别/无足轻重的（indifferent）；也就是说，纳粹德国的"犹太人"与"德国人"的交集是空集。然而，如果形势就是事件发生之地的话，那么这种与形势之交集为空集的元素（其本身也是集合）就是巴迪欧所说的"事件点"（evental site）。如前所述，任何形势均由被包含的部分与不被包含的虚无（空集）共同构成，在从实有到虚无的过渡中，在此位于临界点的就是元素 β。对此巴迪欧说道："何以能说 β 位于与 α 有关的虚无之边缘，现在就非常清楚了：β 在 α 之中呈现的东西被命名为虚无，即非物。β 这个多把 α 中的事件点公式化了。它的实存使 α 获得了作为历史形势的资格。也可说 β 创建了 α，因为趋向 α 的归属（belonging to）在 β 呈现的东西中找到了终止之点。"[1] 之所以说位于虚无边缘的 β 创建了历史形势，那是因为，如若没有 β 这样的事件点，形势将永远保持如一潭死水般的稳定，永远没有变化的可能。结果便如西谚所说：太阳之下了无新事。

基础公理的一个必然推论是：不存在以自身为元素的集合。然而这一推论只在策梅洛-弗兰克尔集合论公理系统中有效，只适合于良基集合，随着集合论的发展，1917 年梅利曼诺夫（Mirimanoff）区分了普通集合和非常集合（后来被其他数学家称为良基集合和非良基集合）。非良基集合就是以自身为元素的集合。巴迪欧敏锐地发现，非良基集合与"事件"具有完全相同的本质："我把事件点 X 上发生的事件称为一个多，这个多由这一事件点的元素和它本身构成。"[2] 巴迪欧以法国大革命这一大事件为例对此做了解释：作为一个事件，法国大革命是由 1789 年至 1794 年的无数因素构成的，比如法国王室、贵族、三级会议、城市平民、大恐怖中

[1] Alain Badiou, *Being and Event*, p. 185.
[2] Alain Badiou, *Being and Event*, p. 179.

的农民、雅各宾派、英国间谍、断头台、歌剧院和马赛曲等。然而，所有
这些因素的单纯相加本身不能构成大革命这一事件，因为如果事件就是事
件之元素的总和的话，那么定义一个事件就必须一一列举这些因素，但这
显然是不可能的。终止这一无限列举的方式就是将大革命作为大革命本身
的核心要素。换句话说，只有通过对事件命名才能终止对事件的无限列
举，因此事件之名就是事件的一部分，而且是至关重要的一部分。巴迪欧
说："事件是这样一种多，它既呈现了其全部事件点，又借助内在于它自
己的多的一个纯粹的能指呈现了呈现本身，也就是说，呈现了将它所是的
无限之多识计为一的一。"① 在既定的历史形势之内，事件即使发生也不
一定会得到辨认（识计），因此事件只能借助命名自己才能呈现自己。事
件之命名意味着事件得到了辨认，因此也意味着既定的形势被打破，历史
翻开了新的一页。通常人们认为事件是实际发生的纯粹的经验性事实，与
结构提供的概念无关，但巴迪欧颠覆了这种常识："其实事件才是由概念
建构出来的，这种说法具有双重意义：只有让其抽象形式先行，事件才能
被思考，只有在得到彻底思考的介入性实践的追溯作用中事件才能得到揭
示。"② 只有先行给予事件一个名字或者概念，事件才能被思考；但事件
成其为事件其实又是事后追溯的产物，这就是事件的辩证法。

　　最后，自然形势之中没有事件，只有事实（facts），只有在历史形势
之中才有事件。不过历史形势中发生的一切并非都能成为事件，事件之所
以成为事件取决于追溯性的命名，因此事件就其本质而言完全是事后决定
的，也就是说，只有解释性的介入才能宣称事件存在于形势之中。历史形
势中每天都有事件发生，为什么有些事件能够得到解释性的介入，而更多
的事件则不能得到解释性的介入呢？换句话说，选择的原则或者机制是什
么呢？这就是巴迪欧借助集合论中选择公理要解决的问题：

　　　　设 A 为一个由非空集合组成的集合，那么，我们可以从 A 中的
　　每一个集合中选择一个元素和其所在的集合配成有序对来组成一个新
　　的集合。

　　这个公理初看没有任何问题，比如我们可以选择每个集合中最小的、
最大的、中间的，或者第一个、第二个、最后一个来组成一个新的集合。

---

① Alain Badiou, *Being and Event*, p. 180.
② Alain Badiou, *Being and Event*, p. 180.

但是当 A 是一个由无穷多个集合组成的集合，而 A 中的每个集合本身也有无穷个元素的时候，问题就出来了，因为这时已经无法确定最小的、最大的和中间的或者第一个、第二个和最后一个了。故此我们发现自己陷入了一个困难的处境：一方面我们必须假定这样一种特殊集合（函数-功能）是存在的，但另一方面这一假设又不能让我们实际展示哪怕一个例子。正如巴迪欧接下来指出的那样，选择公理证明了从既有集合中的每一个集合中选择一个代表组成一个新集合的无限可能性，但它并没有为这种可能性勾画出哪怕一个可以付诸实施的准则。"选择功能从识计中被减去了，虽然选择公理宣称它是可呈现的，但它完全没有机会实际呈现出来。这里的关键就是没有呈现的可呈现性。"① 正如我们所知，对巴迪欧来说，真正的存在就是那不呈现的非物，因此，真正的介入也是那未实现的介入。所以我们才看见他说："选择公理思考了介入的存在形式，也就是没有任何事件的介入。"② 选择公理宣布存在这样一种新的集合，可是又不能提供任何现实根据，也就是说，它所宣布的新集合"外在于识计的法则"，因此它的这一宣告是非法的。同时，它从每一集合中选择的东西也是无法命名的。的确，一定可以选出一个代表来，但这个代表究竟是哪一个则无从知道也无从选择。选择公理的特殊内涵在于："它不是保证'诸多'在形势之中的实存，它只保证介入的实存，但这种介入是按照其纯粹存在被把握的，也就是不涉及任何事件。"③

　　从每个集合中选择一个元素组成一个新集合的方式有无限多种，但没有一种现成的法则可以保证任何方式得以实现。换句话说，没有任何法则可以将这些潜在的功能中的任何一种识计为一。然而如果没有一种选择功能被识计为一，那么新的集合即事件就不可能实际呈现出来，从而历史形势将永远没有变化。可人类历史中总是有事件发生，更确切地说，人类历史就是由事件构成的。然则将潜在的选择识计为一，从而使事件成其为事件的机制或者程序是什么呢？那就是主体对事件的"忠诚"。也许人们会怀疑巴迪欧在此滑向了主观唯心主义，然而事实并非如此，因为巴迪欧所说的"忠诚"既不是主体的道德品性，也不是一种纯粹出于意志的妄断和强求。"我所说的忠诚乃是一套程序，这套程序在形势内部辨别出了一些

①　Alain Badiou, *Being and Event*, p. 227.
②　Alain Badiou, *Being and Event*, p. 227.
③　Alain Badiou, *Being and Event*, p. 230.

多，这些多要实现，就必须（以介入给予的多余的名字）将某种事件性的多引进流通之中。总之，忠诚乃是一种机器，它在那个由诸在场之多构成的集合中离析出了那些依赖于事件的多。忠诚就是将逐渐变得合法的偶然聚集和凸显出来。"① 忠诚就是对事件之真理的忠诚，就是执着于将现有形势拒绝承认的事件作为事件识计为一，从而迫使现有形势承认业已发生的事情不是什么偶然的东西，并最终改变甚至颠覆现有形势。一旦主体忠诚于事件，他就会根据事件去思考形势，并在为事件所补充、改造甚至颠覆了的形势中去行动，从而推动历史的发展。

古希腊哲学的开端

正因为对存在以及通往存在的道路具有截然不同的理解，巴迪欧和海德格尔对西方哲学史也有彼此对立的认识。正如马克·休森所说："巴迪欧向海德格尔发起的争论所关注的是，我们应该如何理解哲学的开端，以及这一开端如何规划了我们与哲学的关系。"② 而这个问题又可以归结为我们应该如何理解诗性语言与散文话语的关系。对此巴迪欧有一个清晰的表述："当巴门尼德把他的诗视为对女神的祈祷，并以一个入会队伍的形象开始其诗篇时，我想有必要指出，我们没有，尚且没有进入哲学。一切依赖于叙述和揭示的真理都还受制于神秘，而哲学只有在它欲图撕下神秘的面纱时才能出现。对巴门尼德来说，诗意的形式是本质性的东西，它的权威证明了让话语和神圣之物之间的亲近保持原封不动是合理的。然而哲学只能开始于去神圣化：它建立了一个话语王国，这个王国是哲学自己世俗的嫡子。哲学要求用世俗的论证打破深奥言说的权威。"③

众所周知，海德格尔对西方哲学的伟大贡献就在于他让哲学重新关注被遗忘了两千多年的存在，而通往存在的道路则是神秘深奥的诗性语言。从表面上看，巴迪欧的上述判断似乎又后退到了传统形而上学的老路，但支持巴迪欧做出这一判断的内在理据与传统哲学史观的理据却迥乎不同：传统哲学史观之所以认为以理念为核心的柏拉图哲学是西方哲学真正的开端，乃是因为在理性与感性、精神与肉体、本质与现象的本体论对决中，柏拉图哲学标志着这些二元对立中前者对后者的绝对胜利，也就是说，标

---

① Alain Badiou, *Being and Event*, p. 232.

② Mark Hewson, "Heidegger", in *Alain Badiou: Key Concepts*, p. 148.

③ Alain Badiou, *Conditions*, trans. Steven Corcoran, New York: Continuum International Publishing Group, 2009, p. 36.

志着"形而上学"的绝对胜利。而支撑巴迪欧做出这一论断的根据并不在
于他要像传统的形而上学那样把某个先验的假设，诸如理念、精神、我思
等作为世界的本质，而是在于他认为，从苏格拉底和柏拉图开始，以辩论
为基础的话语、服从批判理性检验的话语战胜了诗性语言，理性战胜了神
秘，哲学从诗性的神秘中破茧而出了。巴迪欧的过人之处在于，他进而把
数学作为这种理性话语之终极根据和保证，认为正是数学使得纯粹世俗
的、论辩性的话语彻底驱逐了诗性的深奥言说的权威，并创造了一个普遍
的空间，在这个空间里，深奥的言说再也没有任何容身之地。

　　巴迪欧对海德格尔后期将诗意语言当作真理的唯一载体提出了异议，
他拒绝对语言进行深度解释，拒绝对语言做契合无间的倾听，拒绝把语言
视为真理之处所。如果真有某种学科能胜任真理本真的处所，巴迪欧认为
那不是诗歌而是数学。古希腊文明的独特之处不在于诗歌，而在于古希腊
人为世界贡献出了哲学。为什么哲学会产生于古希腊？那是因为他们在数
学上取得的突破。巴迪欧宣称，诗歌发轫于许多古代文明之中，比如印
度、中国和埃及，其所取得的成就丝毫不亚于古希腊，但唯有古希腊才发
生了数学的突破。人们肯定会反对说，数学在这些文明中也有灿烂的发
展，而且一些重大的数学发现还来自中国文化和阿拉伯文化。对此巴迪欧
并不否认，但他认为古希腊人对现代数学思想中的两个本质性理论的发现
做出了关键贡献，即推理上的自明-推论模式，和认真对付各种悖论带来
的挑战的那种意愿，这些挑战来源于古希腊人对非存在问题所做的那种严
格或者坚持不懈的努力。因此，"古希腊人不是发明了诗歌，毋宁说他们
用数式（matheme）打断了诗歌。在这样做时，在他们做减法练习时，减
法乃是对以虚无命名的存在之忠诚，古希腊人打开了存在论文本的无限可
能性"[①]。或者也可以说，他们把数学存在论与诗学存在论切断了，并因
此用减法观念、虚无-多观念代替了在场观念。在海德格尔这里，形而上
学对诗歌的胜利标志着古希腊哲学的衰落：曾经被古希腊人当作根据的存
在被逐渐遗忘了，不仅存在被遗忘了，而且对存在的遗忘也被遗忘了，整
个西方哲学从此踏上了一条越来越背离存在的歧路。而对巴迪欧来说，恰
好相反，诗歌的衰落和形而上学的诞生标志着古希腊哲学真正开始了，并
踏上了通往存在的道路："诗歌将自己怀旧性地托付给自然，这只是因为
它被数式阻断了，而'存在'，诗歌追求的正是存在之在场，只是对虚无

---

　　① Alain Badiou, *Being and Event*, p. 126.

所做的不可能的填充，因此，在'纯粹的多'的那些神秘之中，数学从中不确定地辨别了我们对存在本身究竟能以减法的方式宣布些什么。"① 正如克里斯托弗·诺里斯所说："对巴迪欧来说，古希腊哲学真正唯一性的事件就是它突破（诗歌）到达了另一种思之秩序，这种思不再渴望那久已失落的存在之丰盈，不再渴望存在与现象之间原始的联系，这些东西会把思重新带回它在那些恼人的二元对立出现之前所享受的情境；那些二元对立便是主体-客体、心灵-自然、理性-直观等，它们紧紧抓住了西方后希腊文化的话语。"②

　　这场诗歌与哲学的对垒很容易让我们想起西方思想史中一个长期悬而未决的问题：诗歌与哲学之争。贬低诗歌崇尚哲学的一方以柏拉图和当今的逻辑实证主义者为代表，他们认为诗歌以虚构、想象的世界和人为拔高的情感为业，因此他们要么干脆禁止诗歌，要么至少提醒它安分守己。推崇诗歌批评哲学的一方以巴门尼德和海德格尔为代表，海德格尔援引荷尔德林、格奥尔格、里尔克和其他德国诗人做证，借以坚持声称诗歌完全有权利被人们当作古希腊思想的开端的主要源泉而得到关注，而且这个源泉至今依然是我们抵达因为西方形而上学的发展而被长期遮蔽的真理的唯一途径。如果我们因为前文的论述认为，巴迪欧在这一源远流长的争论之中站到了柏拉图一边，那么这是一种误解。他评论海德格尔首先是为了给数学正名，把数学应得的荣誉归还给它，也就是说，将数学视为任何存在论的方法论；至于诗歌，巴迪欧不仅无意贬低，相反还抱有崇高的敬意，只要读到他在《存在与事件》中对荷尔德林和马拉美的评论，这种误解就不攻自破了。

　　正如诺里斯指出的那样，尽管巴迪欧对诗歌之本质与海德格尔有不同的理解，但他们仍然共享了一种认识：诗歌不是情感的事业，而是思想的事业。"诗可以思"在巴迪欧这里也是第一位的规则。"诗可以思"，虽然其方式或程度也许与数学特有的那种严格的形式-概念不同，但它至少在一定程度上能够提供一种有效的事例，以展示思在遭遇那不能通过直观理解的东西时是如何前进的。他一方面反对文学批评家或者理论家，批评他们欣赏不了数学的丰富性、多样性和真正的创造性潜力；另一方面也反对分析哲学阵营中的学者，批评他们对诗歌也能展示的概念的严格性和逻辑

　　①　Alain Badiou, *Being and Event*, pp. 126 - 127.
　　②　Christopher Norris, *Badiou's Being and Event：A Reader's Guide*, p. 114.

的准确性一无所知。

诗可以思

正是为了证明"诗可以思",巴迪欧在《存在与事件》中对马拉美的《骰子一掷永远取消不了偶然》(*A Dice Throw At Any Time Never Will Abolish Chance*) 做了精妙的解释。① 在马拉美的诗集中,《骰子一掷永远取消不了偶然》是最"哲学"的一首,其形式之奇异可以说前无古人后无来者。深奥的主题、诡谲的形式,使得这首诗晦涩费解至极,不独一般读者望而却步,甚至老练内行的职业批评家大多也退避三舍。这首诗如此之奇异而晦涩,以致不借助某种合适的哲学它几乎完全不可理解。《存在与事件》第四部分标题为"事件:历史和超一",正是在这一部分,在对事件做了深刻的沉思和探索之后,巴迪欧专门探讨了马拉美的《骰子一掷永远取消不了偶然》,由此可知,如果不能理解他的事件哲学,就必然不能理解他对这首诗的解释,因为他的解释本身也非常玄妙。

马拉美的《骰子一掷永远取消不了偶然》所特有的主题正是巴迪欧的《存在与事件》全神贯注的东西,即偶然、必然、形势、事件、多和识计为一,因此,与其说巴迪欧解释了马拉美的诗,不如说马拉美先行了巴迪欧的哲学。巴迪欧首先摘引了这首诗中的一句:"或者是因为所有的结果都终归无效才引出事件?"② 这一援引向我们暗示了这首最"哲学"的诗所思考的主题就是事件。不仅只有暗示,巴迪欧在这一部分的开头明确指出:"马拉美是事件-戏剧的思想家,我们这样说有两重意义:一是说他上演了事件的显-隐('我们对它毫不知情,它仅仅处于闪烁不定的状态之中,因为它是当即决定下来的');二是说他对事件的解释,这解释使事件变成了'永恒的收获'。"③ 正如前文在论述基础公理和选择公理时辨析的

---

① 本文参阅了葛雷、梁栋翻译的《马拉美诗全集》,但在引用《骰子一掷永远取消不了偶然》中的诗句时,全部依据下书:Stephane Mallarme, *Stephane Mallarme Collected Poems and Other Verse*, trans. E. H. Blackmore and A. M. Blackmore, London: Oxford University Press, 2006. 这本诗选是法语、英语双行本。根据学术惯例,引用诗句概不注明出处,本文引用马拉美《骰子一掷永远取消不了偶然》中的诗句时只加引号,巴迪欧在论述这首诗时也是如此。

② 《存在与事件》的译者奥利弗·费萨(Oliver Feltham) 将这行诗翻译为"or was the event brought about in view of every null result"(p. 191),而《马拉美诗全集》的英语者将其译为"or else deed might have been achieved keeping in view every result that is non human"(p. 179). 法语原文为:ou se fut l'évènement accompli en vue de tout résultat nul humain. (p. 157)

③ Alain Badiou, *Being and Event*, p. 191.

那样，巴迪欧明确地为我们指出，并非所有发生的事情都能呈现/识计出来成为事件，那绝大多数不能"呈现"出来的事情就只能作为非事件"隐匿"起来。然而发生的事情一旦得到解释/识计，它就实实在在地发生了，所谓"永恒的收获"就是指事件一旦得到识计就获得了永恒的身份，不会再沉入历史的深渊。

事件只能发生在事件地点上，而巴迪欧所谓的事件地点就是那本身属于形势但其元素却不属于该形势的元素。因为事件地点的这种悖论性质，巴迪欧宣布它"位于虚无的边缘"。巴迪欧认为，《骰子一掷永远取消不了偶然》中"荒芜的地平线"和"风暴之海"正好隐喻了位于虚无边缘的所有事件地点，因为"荒芜的地平线"和"风暴之海"正好象征了迫在眉睫的非物和非呈现（unpresentation）。马拉美将它们称为行动（即命名和介入）的"永恒环境"，这与巴迪欧的事件哲学也完全一致，因为巴迪欧始终断言事件永远只能发生于事件地点之上。巴迪欧进而指出，马拉美总是用"深渊"（Abyss）这个术语来表示那邻近非呈现的多（在《骰子一掷永远取消不了偶然》中，与这个术语同义的还有"平静"和"苍白"），"这个术语提前拒绝了一切逃逸自己的离开"①——事件地点中非呈现的元素很难被识计为一从而摆脱非呈现，诗中泡沫的"飞翔""因为无力振翼而坠落"便是这一观念的形象表达。

基于荒凉的大海这一地点，马拉美构造了"深渊"这个幽灵般的"多"，精彩地表现了事件地点的悖论。事件地点的悖论使它恰似一个深渊：对于深渊，除了它是深渊之外，我们一无所知，因为深渊之中的东西绝不露面。是故巴迪欧说马拉美的"深渊"隐喻了不存在（inexistence），"深渊"就是这种不存在的表现。在《骰子一掷永远取消不了偶然》设定的框架之内，除了"深渊"我们别无所有。正如巴迪欧断言事件只能从事件地点中产生一样，在这首诗中，同样正是从这幽灵般的深渊中，从天空"平缓的倾斜"和波浪"赫然洞开的幽深"中，一艘原本并不存在的船的形象被建构了出来：荒凉的大海"在其内心深处勾画了一艘船"。"然而事件不仅发生在这一地点内，而且其发生还得立足于一种刺激，即一切不可呈现之物都被包含在这一地点之中：'葬身大海深处'的航船和一无所有的大海批准了这一宣言，即行动将'从海难深处'发生。"巴迪欧在马拉美的诗中究竟读出了什么？其实他所读出的就是对事件的命名："一切事

---

① Alain Badiou, *Being and Event*, p. 192.

件不仅被它自己的地点限定了范围，还发起了地点对形势的毁灭，因为它回溯性地命名了自己内在的虚无。"①

就这首诗而言，事件之名将基于一片残骸而确定，这片残骸就是失事船只的船长，就是"主人"，即巴迪欧所说的事件的主体。在起伏动荡的波涛之上他高举一只手臂，手心里紧紧抓住一对骰子。在这"紧握骰子的拳头里，只此一个别无可能的那一数字已经准备好了，确定下来了，混合生成了"。想必任何阅读过这首诗的读者没有谁不曾对这一奇绝的意象深感疑惑吧？然而借助巴迪欧的事件哲学，一切疑惑都将涣然冰释："为什么事件在此就是骰子之一掷？因为这一姿势象征了一般意义上的事件；也就是说，象征了那纯粹冒险碰运气的东西，那不能从形势之中推导出来的东西，但这种东西仍然是一个被固定下来的多，一个数字，一旦将它们正面呈现的数字之和确定下来——'把分离重新合拢'，那就再也不能更改了。骰子一掷把偶然与必然的象征结合在了一起，把事件飘忽不定的多与识计之清晰可辨的反作用结合在了一起。《骰子一掷永远取消不了偶然》中的问题因此就是为事件制造一个绝对符号的问题。'从海难深处'掷骰子的赌注就是用对事件的思索制造事件。"②

还有什么比掷骰子更能恰如其分地隐喻事件的偶然与必然之辩证统一？事件地点在形势之中位于虚无的边缘，因为事件地点自己的元素不能在形势之中得到识计，因为它们不符合形势的结构法则。就形势而言，它们是非法的、匿名的。然而历史的本质特征是变化，如果没有事件就不可能有变化，历史将在无限重复中窒息。必须有事件被识计，而且我们知道，只有解释性的命名才能宣布事件位于形势之中。然而正如选择公理所阐明的那样，事件成为事件仅只有无限的可能性，选择公理无法给出哪怕一个现实的选择。一方面介入无法可依，另一方面又必须介入，"因为主人必须制造绝对的事件，他必须勒令这种制造停止犹豫"③，那么介入唯一的机制或者原则就是主体对事件的忠诚。然而这忠诚并不能在形势之中找到根据，因为事件在形势之中是不可决定的，也就是说，形势根本不会承认事件地点上发生的一切。因此介入就只能是打赌，就像掷骰子一样永远具有偶然性。正是在这个意义上，我们才能理解马拉美的这首《骰子一

---

① Alain Badiou, *Being and Event*, p. 192.
② Alain Badiou, *Being and Event*, p. 193.
③ Alain Badiou, *Being and Event*, p. 193.

掷永远取消不了偶然》。正因如此，巴迪欧说掷骰子这一姿势象征了普遍的事件。掷骰子得出的数字隐喻了事件的名字，通过掷骰子来得到一个数字永远具有偶然性，然而一旦骰子被掷出去，或者一旦决定要掷出去，那个唯一的数字就已经被决定下来了，再也不能更改了。在此巴迪欧的意思是说，命名尽管是偶然的，但事件一旦被命名就获得了永恒的事件身份。

　　巴迪欧反复告诫我们，事件的本质（即事件的虚无）乃是不可决定的，事件的内容就是事件的事件性。这一主张的根据是什么呢？一方面，在事件被追溯性地命名从而产生之前，置身事件现场的我们永远看不见主人把骰子掷出去，只能面对像环境一样永恒的犹豫，也就是说，我们只能在纷繁复杂的零散事实间茫然随波逐流，不能将这些事实整合为一个事件从而以历史视角整体把握。另一方面，在事件被命名从而成其为事件之后，事件的本质又被取消了。马拉美用一个奇异的意象隐喻了这一两难："主人/犹豫不定/而非以波浪的名义像白发苍苍的狂人玩上一局/没有张开无用的头脑难以理解的紧握的手。"对此巴迪欧评论道："是'玩上一局'还是'不张开紧握的手'掷出骰子？在第一种情况下，事件的本质失落了，因为事件按照一种预期的方式被决定了；在第二种情况下，它的本质也失落了，因为'除了发生什么都没有发生'。事件要么因为明显属于形势这一事实而被取消，要么因为其整体性的不可见性而被取消；在这两者之间，事件这个概念唯一可以表征的东西就是其不可决定性之上演。"①

　　巴迪欧断言《骰子一掷永远取消不了偶然》的基本主题就是事件之不可决定性，围绕这一主题马拉美组织了一系列令人震惊的隐喻性转换：从荒凉的大海开始，到飞溅的泡沫、深渊、失事船只、白发苍苍的船长、高扬的手臂、数字的"秘密"，最后是孤独的羽毛、灿烂的星座，以及婚宴上的面纱、哈姆雷特的犹豫和塞壬的诱惑。一大堆奇谲诡异的意象次第展开。如果说飞溅的泡沫隐喻了未被识计而沉入历史之深渊的一切，那么孤独的羽毛则隐喻了被命名/识计的事件："然后这张面纱，在消失的边缘，变成了'一片孤独的羽毛'，在漩涡上空盘旋。关于事件，我们还能找到比这盘旋于大海之上的白色羽毛更美丽的形象吗？这片白色羽毛无法触摸但至关重要。至于这片羽毛，人们无法合理判定它究竟是要'逃离'这形势，还是'点缀'了它。"② 总之，在这些意象的转换和变迁中，掷出骰

① Alain Badiou, *Being and Event*, p.193.
② Alain Badiou, *Being and Event*, p.194.

子与扣留骰子之间的等值性一点一点被建立起来（所谓等值性，即事件的本质在此两种情况下都失落了），最终我们获得了对事件之不可决定性这一主题的隐喻性处理。

即使说马拉美以《骰子一掷永远取消不了偶然》先行了巴迪欧的哲学，这也不意味着二者完全一致，相反，他们具有根本对立的结论。马拉美固然承认，"或者是因为所有的结果都终归无效才引出事件"，但他最终的结论却是海面"平凡的泼溅"最终"驱散了空洞的动作"。这一结论还有另一个更加直截了当的宣言："除了发生什么都没有发生。"（Nothing took place but the place.）也就是说，马拉美最终沉沦进了一种"太阳之下了无新事"的虚无主义。然而，这绝不是巴迪欧的事件哲学要得出的结论，相反他认为，尽管思想总是企图建立结构和捕捉本质，但这并不意味着思想不能思索事件那破坏性的活力；尽管形势的力量是如此强大，排斥一切与其结构法则不相符合的事件，以致理性在形势之外这个不可决定之处犹豫不决，但这并不意味着理性将领土割让给了非理性。在他论述马拉美这首诗的结尾处，巴迪欧以最为清晰而坚定的措辞表明了这一立场：

> 我曾经指出，伦理学的最终命令是："从不可决定的立场做出决定。"马拉美说，"每一个思想都在掷骰子"，"掷骰子永远不能取消偶然"，但人们不能在此基础上得出虚无主义的结论，认为行动是无用的，更不能崇拜现实受到的操控以及一大堆虚构的关系。因为如果事件是不稳定的，如果——从形势的观点看——人们不能判定事件是否存在，那么我们就只能靠打赌来决定了。也就是说，在没有法则的情况下对事件的存在立法。鉴于不可决定性是事件的合理特征，是保证其非存在的仓库，因此，这里没有别的警戒，除了成为"漩涡上空盘旋"的羽毛和"或许高悬夜空"的星星；而成为羽毛和星星，既要通过踌躇的焦虑，也要通过出离位置的勇气。①

以数学集合论为基本方法论，借助《骰子一掷永远取消不了偶然》这个经典文本，巴迪欧以精妙绝伦的文学批评向我们指出，从存在论的思想领域（在此，结构占据绝对主导地位，事件只能位于虚无的边缘）到严格意义上的事件领域（在此，结构的法则不再能成功发挥其支配作用，忠诚

---

① Alain Badiou, *Being and Event*, p. 198. 所谓"每一个思想都在掷骰子"，意为一切决断本质上都是打赌，都带有必然的偶然性。所谓"掷骰子永远不能取消偶然"，意为事件之成其为事件永远具有偶然性。

成为识计的机器），并没有一条合乎逻辑或者合乎理性的通道。因此，正如克里斯托弗·诺里斯所说："巴迪欧的观点是，我们可以证明数学、自然科学、政治学、伦理学和艺术思想发展史中最为重要的突破时刻来自与既已建立、广泛接受的概念性理解模式的断裂。因为参照已有的理论、范式、框架、信仰体系或者概念性方案，并不能在任何这些领域中找到具有解释效能的重要进展。"① 我们既不能像马拉美那样陷落到历史虚无主义，也不能把巴迪欧的事件哲学当作主观唯心主义的唯意志论，认为他主张任何改变自我或者改变世界的真正动力只是来自主体无根据或者根据不足的忠诚。尽管巴迪欧非常强调事件纯粹的偶然性，但其哲学的目标之一是要提醒人们充分考虑到作为选择之基础的思想的基础并非清晰的理性，而是在一定程度上根据不足的决断。

自从海德格尔迫使人们重新思考久已遗忘的存在以来，西方哲学版图的基本轮廓主要上是由他一手绘制的，当代许多卓有建树的思想家，比如萨特、马尔库塞、哈贝马斯、列维纳斯、布朗肖、德里达、南希等都深受其影响。他们的哲学尽管旨趣不一、取向各异，但存在（人的实际生存）始终是他们共同关注的主题。巴迪欧的非凡之处在于，他使纯粹形式化的数学集合论和无限丰富的政治哲学实现了无缝对接，不仅使人们对历史与政治有了崭新的认识，而且使人们对数学有了前所未有的理解。最重要的是，巴迪欧借此重绘了哲学的版图，以一种严密的哲学为根据坚决还击了各种后现代主义。在巴迪欧之前，针对后现代主义的批判要么仅仅出于一种对美好未来的愿景，要么——更糟糕的是——仅仅出于一种主观的反感，唯有巴迪欧为批判后现代主义找到了一个坚实的理据。巴迪欧的哲学完全可以批评，但其能够在海德格尔之后改写哲学的版图，这本身就是一个不可忽视的大贡献。然而要真正理解巴迪欧，数学存在论乃是唯一的起点。

4. 关于艺术的非美学

美学（aesthetics）通常被界定为关于艺术之一般原理的哲学。然而正如伊格尔顿在《审美意识形态》中指出的那样，将美学与艺术联系起来，甚至等同起来，并不符合"美学"的原始内涵。美学在 18 世纪诞生

---

① Christopher Norris, *Badiou's Being and Event：A Reader's Guide*, p. 124.

时强调的并不是"艺术"与"生活"之间的区别，而是物质与精神、事物与思想、感觉与观念之间的区别。总而言之，它强调的是感性与理性之间的区别。aesthetics的原始意义就是"感性学"，也就是说，美学是研究人的感性经验的科学。尽管如此，因为人的感性生活、感性经验最普遍、最典型地表现在各种艺术领域，所以将美学视为艺术哲学已然成为一个约定俗成的事实。

在美学诞生之前，两千多年来在欧洲占据统治地位的古典哲学始终强调的是理性而非感性，精神而非肉体，本质而非现象。"身体是灵魂的监狱"：柏拉图的这句名言一开始就为古典哲学奠定了这种形而上取向。美学之所以只能在18世纪诞生，与资本主义生产关系的建立密不可分。随着资本主义生产关系的飞速发展，市民社会日趋壮大，基督教的社会控制力明显衰弱，强调感性享乐的市民生活再也难以压抑了。正是在这种社会历史背景下，哲学终于发现在自己的疆域之外还有一块感性的飞地，尚未得到有效的治理。最重要的是，古典哲学对感性的忽略直接导致了政治上的代价。一种严禁探寻激情和感性之事、除了概念便一无所知的统治理论是最无力的。如果感性的暴民永远停留在理性的管制之外，那么理性的绝对君权怎么可能保持自身的合法性呢？难道权力不需要某种解剖被支配者的情感的能力、某种测度鲜活的感性生活的结构的逻辑或科学吗？但是，基于历史主义的考察，伊格尔顿发现美学这种话语的诞生并不是形而下的现象、肉体和感性对形而上的本质、精神和理性发出的挑战，相反，它是专制的政制权威固有的意识形态困境的征候，也就是说，是理性哲学面临危机的征候。一言以蔽之，美学的诞生不是感性自下而上的反叛，而是形而上学自上而下的"招安"。

哲学不能允许在自己的疆域之外还有一块感性的飞地，它必须找到某种办法穿透感性的生活世界，同时又不能让自己的绝对权威受到任何影响。美学就是为了实现这种微妙的平衡而发明的话语。正因如此，谈及艺术，谈及美学，我们总是无法回避康德、黑格尔和席勒，因为无论是康德的"美在关系上就是无目的的合目的性"，"无规律的合规律性"，还是黑格尔的"美就是理念的感性显现"，抑或席勒用游戏冲动去平衡形式冲动和感性冲动的尝试，都无一例外地抓住了美学这一内在固有的症结。

从这个意义上说，美学的内核就是表现于各种艺术形式之中的感性经验、感性生活。无论是从美学的基因来看，还是从其作为艺术哲学的一般定义来看，谈论艺术就必然不能回避感性。排斥感性的美学就像酒中无醇一样荒谬。然而巴迪欧却旗帜鲜明地断言，真正的艺术哲学就应该是一种排斥感性的"非美学"（inaesthetics）："我把'非美学'理解为哲学与艺术的一种关系，这种关系既坚持艺术本身就是真理的生产者，而又无须把艺术变成哲学的对象。与美学沉思相反，非美学描述了艺术作品的独立存在所制造出的一些严格内在于哲学的效果。"① 由于这一铿锵有力的宣言，我们不得不面对这一"荒谬"。我们切勿匆忙将这个"荒谬"打发掉，因为在思想的前进道路上，"荒谬"历来是罕见的，是一个不可多得、弥足珍贵的机会，一个引领我们进入一块全新天地的入口，一次指导我们反思既定真理的机遇。况且，一切"真理"最初不都是以"荒谬"现身吗？

艺术与哲学

为了把握巴迪欧的非美学的确切内涵，首先必须深刻理解的不仅是他在《存在与事件》（1988）中详尽阐释的数学存在论，还有他在《哲学宣言》（1989）中对哲学之身份所做的独特阐述，因为他明确将非美学理解为"哲学与艺术的一种关系"。这是一个必要的迂回。

1974 年德里达在《丧钟》中宣布了哲学的终结，此后各种后现代主义理论的繁荣似乎也印证了这一事实。正是在这种历史背景中，巴迪欧逆潮流而动，宣布哲学不仅没有终结，而且可以"更进一步"。为了使"被终结"的哲学更进一步，首先，巴迪欧区分了有限的哲学和无限的哲学，前者仅只关心已然识计为一之物，后者关心的则是尚未识计为一之物。真正的哲学自然应该是无限的哲学。为了建构这种无限的哲学，巴迪欧一方面要求人们重新理解柏拉图，另一方面则是将康托尔（Georg Cantor）的集合论解读为演绎哲学的完美语言。在巴迪欧看来，当今啸聚于反柏拉图主义旗帜之下的各种哲学、反哲学或者后现代理论不仅误解了柏拉图哲学的根本内核，而且忽略了康托尔的数学集合论帮助我们推进哲学的激进潜能。海德格尔曾使我们确信，以理念为中心的古希腊哲学建基于柏拉图对存在的遗忘。然而基于自己对理念的独特理解，巴迪欧断言柏拉图并未忘记诗所言说的存在，而且古希腊人也并非一开始就只是在诗中言说存在。存在能够以一种肯定的形式被写入某种理念；尤其重要的是，存在现在就被写入了一些数学理念、一些集合论公理之中。其次，巴迪欧严格区分了

---

① Alain Badiou, *Handbook of Inaesthetics*, trans. Alberto Toscano, Stanford: Stanford University Press, 2004, p. xiv.

哲学与哲学的条件，亦即它的四种真理程序——科学、艺术、爱和政治，禁止任何将哲学与其真理程序融合为一的尝试。哲学思考真理的生产，但哲学本身并不生产真理，真理只能产生于上述四种真理程序之中。也就是说，我们有科学的真理、艺术的真理、爱的真理和政治的真理，但不可能有哲学的真理。"哲学乃是使我们得以与真理遭遇的媒婆，是真理的淫媒。但美只会在将要遭遇的女人身上发现，与媒婆毫无关系，与此相同，真理只会是科学的真理、艺术的真理、爱的真理，或者政治的真理，绝不会是哲学的真理。"[①] 对巴迪欧对哲学的身份所持的见解，奥利弗·费萨（Oliver Feltham）做了更加明晰的解释："哲学本身并不生产真理；毋宁说它只是在事后收集这些真理。在思考出现在这些真理之中的那些内在的发明时，在为它们创造一个概念空间时，哲学最终使自己与它自己的时代同步了。"[②] 总之，在巴迪欧的思想中，哲学既不生产真理，也没有自己的研究对象，它存在的唯一理由就是创造一个概念空间去思考它的真理程序所生产的异质的真理。

艺术生产真理，哲学收集这些真理。因此，哲学与艺术的关系必须以真理为中介。因为美学乃是一种艺术哲学，所以如何衡量艺术与真理的关系不仅攸关哲学之本性，而且攸关美学之品质。正因如此，哲学与艺术的关系就成为巴迪欧衡量美学的基本尺度。

纵观美学的历史，巴迪欧发现"哲学与艺术的关系总是受到某种症状的影响——这种症状就叫摇摆或者脉动"[③]。在古希腊哲学的萌芽阶段，巴门尼德断言唯有诗歌才能言说真理。但到古希腊哲学的奠基者柏拉图这里，艺术因为只能模仿假象、与真理相隔两重而被放逐。然而柏拉图放逐诗人和诗歌的律法并不为其弟子亚里士多德所接受，因为在后者看来，诗歌与真理无关，诗歌的本质与作用只在于对情感的宣泄与净化。两千多年之后，这三种诞生于古希腊哲学之初的关于艺术与哲学之关系的不同主张，在 20 世纪三种"最主要的思想倾向"中分别找到了自己卓越的继承人：布莱希特（Bertolt Brecht）的马克思主义美学以一种变相的方式继承了柏拉图的衣钵，亚里士多德的诗学则在精神分析学中得到了深刻而犀利的呼应，而以海德格尔的存在主义为基石的解释学则是巴门尼德诗学辉

---

① Alain Badiou，*Handbook of Inaesthetics*，p. 10.

② Oliver Feltham，"Philosophy"，in *Alain Badiou：Key Concepts*，p. 20.

③ Alain Badiou，*Handbook of Inaesthetics*，p. 1.

煌灿烂的升华。三种诗学不仅因为对艺术与哲学之关系各持己见而得以界定自身的存在，而且此起彼伏竞相替代；尤其令人惊异的是，这种此起彼伏竞相替代竟然在两千多年后继续重演。因此巴迪欧说艺术与哲学之关系呈现为一种名为摇摆或者脉动的症状。

巴迪欧将柏拉图主义诗学称为教育图式的美学，其论题是艺术不能够传达真理，或者说所有真理都外在于艺术。根据这一图式，艺术只是真理的外衣而已，艺术之所以能作为艺术而存在，只是因为它把自己装扮成了真理。艺术蛊惑人们相信自己直接地就是真理，换言之，它宣布自己就是赤裸裸的真理。艺术的力量来自哪里？就来自这种诡称的直接性。这种蛊惑暴露了艺术就是真理纯粹的符咒。必须拒绝这种标榜或蛊惑。柏拉图（也包括巴迪欧自己）对艺术最不满意的地方就是艺术宣称自己直接地就是真理，因为其言下之意是内在于艺术的真理可以凭借感性经验直接获得。艺术是一种从其直接性吸取力量的模仿。然而正如巴迪欧在《存在与事件》中论证的那样，柏拉图认为通往存在的道路并非诗性的直接言说，而是散文的推论性话语。"沦为真理之直接形象的囚徒使我们偏离了迂回路线。如果真理能作为一种符咒／魅力存在，那么我们将注定要失去辩证努力的力量，失去从容论证的力量，这种从容论证为理论上升为原则准备了道路。因此我们必须把这种所谓的艺术的直接真理当作一种虚假的真理、当作一种属于真理之效果的假象加以抨击。因此，艺术，只有艺术被定义为：真理之假象的符咒。"[1]

既然艺术只是真理之假象的符咒，并不能表达真理，那么艺术就不应该被膜拜而应该被谴责和流放。然而柏拉图毕竟是鉴赏艺术的行家里手，他放逐艺术并非不留余地，在他暴力执法驱逐艺术时，毕竟法外开恩赦免了军事音乐和爱国歌曲，因为它们具有强大的感染力量和教育意义。艺术能教育我们什么呢？它能教育我们某种"外在规定的真理"。因此，教育图式的柏拉图诗学允许我们可以用一种工具模式来对待艺术，但至关重要的事情是必须对艺术加以控制。"因为被置于严格的监管之下，艺术把它转瞬即逝的模拟力量或者魅力转借给了外在规定的真理。可以接受的艺术必须服从真理实施的哲学监督。这种立场赞成那种意义教育学，这种教育学的目的不可能是艺术内在固有的。艺术的准则必须是教育；教育的准则必须是哲学。"[2]

---

[1]　Alain Badiou, *Handbook of Inaesthetics*, p. 2.

[2]　Alain Badiou, *Handbook of Inaesthetics*, p. 3.

教育图式的柏拉图诗学在 20 世纪的传人便是布莱希特的马克思主义美学。因为对布莱希特来说，辩证唯物主义是一种普遍的外在真理，这一真理以确凿无疑的科学性为本质特征。布莱希特始终坚信辩证唯物主义就是我们建立新理性的坚实基础，而艺术——对布莱希特来说也就是戏剧——的根本任务就是以艺术的方式表达这一外在的哲学真理。故此在布莱希特的哲学对话中，"哲学家"是当仁不让的主导角色，负责监管艺术。布莱希特的最高目标是要创造一个"辩证法的同人社会"，而戏剧则是其最佳工具。就戏剧的教育目的而言，陌生化则是哲学监管艺术的一种方法。陌生化手法把假象与事物本身分开，从而在由此产生的裂缝中表明真实之物的外在客观性。"就其根本而言，布莱希特的伟大之处在于他始终坚定不移地寻找柏拉图主义（教训主义）艺术的内在准则，而不是满足于将现存艺术做好坏之分。他的'非亚里士多德式的'（也就是非正统的、最终柏拉图主义的）戏剧是反射艺术之次级地位的一流发明。布莱希特在戏剧上复兴了柏拉图的反戏剧措施。他达此目的乃是通过将外在的真理的那些可能的主体化形式转变为艺术的焦点。"①

巴迪欧将萌芽于巴门尼德的诗学称为浪漫图式的美学，其论题是只有艺术才能传达真理。这一论题真正想要表达的是，艺术实现了哲学本身只能指示而不能表达的真理。在这种浪漫图式中，艺术才是真理真实的躯体，艺术是"文学性的绝对"。就此而言，真正起教育作用的是艺术，因为它将无限（infinity）的力量传授给了我们。艺术把我们从概念的贫瘠中解放出来，艺术乃是作为主体的绝对——它是道成肉身。浪漫图式滥觞于巴门尼德，此后为浪漫主义、象征主义诗学所继承，最后在以海德格尔的存在主义为基石的解释学中登峰造极。巴迪欧之所以把海德格尔的解释学纳入浪漫图式来考虑，乃是因为从各个方面来看，解释学都表现出诗人之说与思者之思之间不可见的纠缠。尽管如此，占优势的仍然是诗人，因为诗人在语言的血肉中保存了那被抹除了的对敞开者的看护。但更重要的原因还在于这一事实：在解释学的界限内，"循环于哲学与艺术之间乃是同一种真理。在诗歌与诗歌之阐释的结合中，思想开始思考存在的撤退。解释最终不过是将诗歌让渡给界限的颤动，在这种界限的颤动中，思想奋力忍受作为澄明的存在之撤退。相互依赖的诗人与思者将来自关闭的敞开

---

① Alain Badiou，*Handbook of Inaesthetics*，p. 6.

包含在了词语之中。就此而论，诗歌严格地说是无与伦比的"①。

关于浪漫图式美学，巴迪欧的确抓住了其三个最为核心的本质特征：首先，唯有诗歌才能传达真理。其次，诗歌之所以能传达真理，乃是因为它以语言的血肉保存了真理。最后，诗歌乃是真理的道成肉身。

在水火不容的教育图式的驱逐与浪漫图式的颂扬之间，巴迪欧认为，经过亚里士多德的努力调停，艺术与哲学终于签署了某种和平条约。这一和约的结果就是美学的第三种图式：古典图式。古典图式有两个本质论题：首先，固然正如教育图式所说，艺术不能传达真理。艺术的本质是模仿，其政制（regime）是模拟。其次，但是这种无能并不要紧（与柏拉图相反），因为艺术的目的完全不是真理。艺术当然不是真理，它也并不声称自己是真理，因此是无辜的。亚里士多德将艺术列为某种迥异于知识的东西，由此将其从柏拉图的怀疑中解放出来。这种迥异于知识的东西，他称之为宣泄和净化，它所涉及的是各种激情的革除，在向假象转移的过程中这些激情被革除了。在亚里士多德的诗学中，"艺术具有的是一种疗救功能，丝毫不是认知功能或者揭示功能。艺术与理论的东西不相适合，但与伦理的东西适合。因此艺术的准则要在它处理灵魂的各种情感之效用中去寻找"②。

巴迪欧认为，精神分析完全是亚里士多德式的，是一种绝对古典主义的图式。"在弗洛伊德和拉康这里，艺术被当作为了使不可象征的欲望对象能够因为被减除而出现在某一象征行动的巅峰之处而制作的东西。就其形式方面而言，作品使业已失落的对象那难以言喻的光华消散了。在此过程中，它不可避免地捕获了那使自己暴露于作品的人的凝视或者倾听。艺术作品与移情连接在一起，因为它以一种非凡而扭曲的配置展示了实在对象征的封锁，展示了对象 a（欲望对象）之于大他者（象征的宝藏）的外密性（extimacy）。"熟悉精神分析学的读者不难理解巴迪欧的上述评论，但对不熟悉精神分析的读者来说，这段话就有些晦涩了。在此笔者不能详细申说精神分析批评，只能以最简要的方式提醒读者注意，在精神分析学的视野之内，艺术乃是欲望得以升华的一种形式。③

在哲学和艺术之间实现这种和平并不是没有代价的。毫无疑问，柏拉图–马克思主义的教育图式受到了批评——艺术是无辜的（innocent）；但

①　Alain Badiou, *Handbook of Inaesthetics*, p. 6.

②　Alain Badiou, *Handbook of Inaesthetics*, p. 4.

③　参阅弗洛伊德的《论驱力之变迁》（*Instincts and Their Vicissitudes*）以及论达·芬奇和米开朗琪罗的论文，拉康论哈姆雷特和安提戈涅的相关文献。

巴门尼德-海德格尔的浪漫图式也没有得到肯定——艺术的无辜只是因为它于真理是无知的（innocent）。换句话说，艺术不是被铭刻进了思想之中，而是被铭刻进了想象界中。诚如巴迪欧所论，在这种经典图式中，艺术已经不是一种思想形式，或者更准确地说，已经完全丧失了思想身份。艺术沦落为一种公共设施，它完全被它的表演和公共作用给耗尽了。

　　根据艺术与哲学以真理为核心或者中介的关系，巴迪欧总结出了上述三种图式，尽管具有本质性的差异，但它们都是"美学的"图式。也就是说，都与"感性"密切相关：教育图式监管诗歌，是因为诗歌外在于真理，徒有蛊惑人心、令人迷狂的莫大力量；浪漫图式则直截了当地宣称诗歌就是真理的道成肉身，这无异于说本质就在现象之中，真理就在感性之中；至于古典图式，则完全剥夺了艺术的思想身份，将其等同于情感的宣泄或者欲望的升华。在巴迪欧看来，尽管这三种"美学"在 20 世纪都得到了更加深刻、系统和精致的发展，都在理论精度和密度上达到了"饱和"状态，然而囿于根本性的方法论缺陷，三者都未能真正抓住艺术与哲学的关系之本质。①

　　就此而言，20 世纪尽管思想空前活跃而多产，但仍然是一个保守而妥协的世纪。但是巴迪欧也承认，在把握艺术与哲学之关系上，20 世纪并非没有任何开拓性的尝试。从达达主义到形势主义（situationism），这个世纪的先锋艺术就是一种为重新探索艺术与哲学之关系而做出的并不成功的尝试。先锋艺术不过是教育图式和浪漫图式的杂交图式：先锋艺术是说教性的，因为它们的欲望是要终结艺术，因为它们谴责艺术具有一种异化的、不真实的特征。但它们也是浪漫主义的，因为它们确信艺术必须直接作为绝对者而再生——作为关于其运作的浑然一体的意识而再生，或者作为其一目了然的真理而再生。和自然界中的一切杂交品种一样，这种杂交图式尽管非常与众不同，却是没有生育力的："先锋艺术并未实现它们明确的目标：领导起一个反对古典主义的统一战线。革命的教训主义者基于它们的浪漫主义特征而谴责它们：彻底破坏的左倾主义，无中生有地造作出的自我意识，大规模的行动无能，四分五裂的宗派主义。解释学的浪漫主义基于其教训主义的特征谴责它们：倾向革命，理智主义，藐视国家。最重要的是，它谴责它们是因为先锋艺术的教训主义打上了鲜明的美

---

　　①　巴迪欧并未明确将这三种诗学标举为"美学"，但据他将自己的诗学称为"非美学"，可以推测他应该是这个意思。不过，严格说来，教育图式应该被称为"反美学"。

学自愿主义的烙印。"①

就 20 世纪艺术与哲学之关系的探索而言，一方面，三种既有的美学图式纷纷饱和，再也难以提供任何新的见解；另一方面，唯一试图有所创新的先锋艺术所生产的每一种效果也都归于失败。在这种形势之下，巴迪欧认为，要揭示艺术与哲学之关系的真正本质，需要一种根本性的范式转换，需要一种思想的突破，一言以蔽之，有必要推荐一种新的图式，提出一种全新的"非美学"。

因为在其初次出现在本文之中时，我们几乎没有对其做出任何解释，至此笔者将再次援引巴迪欧对"非美学"所做的阐述："我把'非美学'理解为哲学与艺术的一种关系，这种关系既坚持艺术本身就是真理的生产者，而又无须把艺术变成哲学的对象。与美学沉思相反，非美学描述了艺术作品的独立存在所制造出的一些严格内在于哲学的效果。"严格地说，这不能算是"非美学"的定义，事实上巴迪欧从未在《非美学手册》中给出一个明确的定义。这个陈述包含了以下几层意思：首先，非美学所探索的是哲学与艺术的"本真的"关系，迄今为止这种关系还没有得到揭示；其次，艺术乃是真理的生产者，但这绝不意味着艺术是哲学沉思的对象；最后，美学关注的是艺术的感性内涵、感性效果，非美学则不同，它所关注的是独立存在的艺术作品所制造的纯粹的哲学效果。这些论断不难辨识，但难以把握的是巴迪欧支持这些论断的理由。迄今为止，我们唯一能够确定的是巴迪欧的非美学是一种坚决拒绝、排斥感性的艺术哲学，以及他将教训主义诗学、浪漫主义诗学和古典主义诗学定义为"美学"的根据。至于包含在上述引文中的三个命题及其背后的理据，我们仍然不得而知。

把握巴迪欧非美学的关键是什么呢？关键就在于透彻理解他为我们提供的第四种图式，关于艺术与哲学之关系的第四种图式，亦即与此前产生的所有"美学的"图式都根本不同的"非美学的"图式。用巴迪欧自己的术语来说，这种图式可以被称为"生产图式"："艺术本身就是真理的生产者。"

非美学是一种关于艺术与哲学之关系的全新艺术哲学，而艺术与哲学的关系归根结底是真理与艺术的关系。巴迪欧认为，这种关系可以通过两个范畴加以把握，即内在性和奇特性。所谓"内在性"是指这个问题：真理真的内在于艺术作品的艺术效果，还是相反，艺术作品其实只是表达外在的真理的工具而已？所谓"奇特性"是指这个问题：为艺术所证明的真

---

① Alain Badiou, *Handbook of Inaesthetics*, p. 8.

理绝对只属于艺术，还是这种真理也能在其他生产作品的思想之范围内流通？不言而喻，巴迪欧认为真理与艺术的关系应该同时满足内在性与奇特性。换言之，"内在性：艺术与由艺术所生产的真理是完全同延的。奇特性：这些真理只能在艺术之中被给予，而不能在其他任何地方被给予"①。以此为标准来衡量三种既有的美学，结果便令人不能乐观了。在浪漫主义美学中，真理与艺术的关系的确是内在的（唯有艺术才能言说真理，艺术是真理的道成肉身），但并非奇特的（思想家的思想与诗人之道说所揭示的东西是合调的）。在教训主义美学中，真理与艺术的关系是奇特的（只有艺术才能以假象的形式展示真理），但完全不是内在的，因为艺术表达的真理最终是外在的真理。在古典主义美学中，真理与艺术毫无关系，我们对付的只是真理以逼真或者"可能"为幌子在想象界内施加的约束。在这三种美学中，真理和艺术的关系都不是内在而又奇特的。巴迪欧认为，能同时满足这两个条件的只能是他为我们奉献的"非美学"。

容笔者再次重申，把握非美学的关键就是严格按照巴迪欧的一再叮嘱，牢记"艺术乃是真理的生产者"，"艺术乃是一种真理程序"。他真正要表达的意思是："艺术就是一种思想，而诸艺术作品则是这一思想的实在（而非效果）。"巴迪欧在此非常明确地指出，如果我们要对艺术进行一种哲学鉴定，那么我们唯一应该使用的范畴就是"真理"；艺术就是思想-真理本身，而不是表达思想-真理的工具（自然更不是表达情感的工具），各种具体的艺术作品则是这一思想-真理的实在但有限的"主体"。

总之，要理解巴迪欧的非美学，以下几个基本原则是必须切实把握的。其一，艺术真理只能来自艺术事件，但"一件艺术作品不是一个艺术事件：一件艺术作品只是一个艺术事实"。其二，"一件艺术作品也不是一个艺术真理：真理是由某一事件发动的艺术程序"。这种程序不是由别的什么东西构成的而只能由若干艺术作品构成。那么一件艺术作品是什么呢？其三，"一件艺术作品就是在特定形势下对局部实现的真理所做的质询，一件艺术作品乃是真理有限的片段"。其四，"具体的艺术作品乃是真理的局部动因/实例（instance）或者微分点，艺术程序的这种微分点就是艺术程序的主体"。换句话说：一件艺术作品就是某一无限的艺术真理在具体历史形势中得以有限实现的主体点。其五，"艺术作品必须服从创新原则：只有当一件艺术作品是一个过去尚未发生过的质询，只有当它是真理运行轨道中前所

---

① Alain Badiou, *Handbook of Inaesthetics*, p. 9.

未有的主体点时，它才能被追溯性地确认为一件真正的艺术作品"。其六，"艺术真理的唯一存在就是若干艺术作品的存在：一个艺术真理就是一些艺术作品的无限而普通（generic）的多，但这些作品仅仅是因为它们偶然的连续发生才共同织就了艺术真理的存在"。其七，"一个艺术真理就是一个由一个事件发动的艺术配置（artistic configuration），一个艺术真理就是偶然以诸艺术作品的形式展开的艺术配置，而这些作品则是真理的诸多主体点"①。

坦率地说，如果对巴迪欧的《存在与事件》没有真切的理解，要把握上述七个非美学原则无疑会很困难。但即便有了这个知识准备，也绝不意味着这些困难就会迎刃而解。为了真正理解巴迪欧的非美学，我们还需要一个例证，这个例证就是巴迪欧对作为艺术之典范的诗歌的解释。

何为诗歌？

何为诗歌？这是一个古老但迄无定论的问题。这个问题的古老但迄无定论最完美地证明了追问远比回答更为重要，因为回答只能来自追问。有追问必有回答。因此，当巴迪欧再次提出这个问题时，我们立刻对思想的行进有了新的预期。

柏拉图为什么要驱逐诗歌？曾经的一种解释是：因为诗歌与理念相隔两重，诗歌只是对真理的原初模仿的再次模仿。因此放逐诗人的判决似乎依赖于诗歌的模仿本质，而禁止诗歌和批判模仿乃是一回事。然而正是在这似乎无疑之处巴迪欧以一种挑衅的口吻问道：假如模仿并非问题的根源，假如这根本就是一种误解，那会怎么样呢？换句话说，如果不是因为模仿，柏拉图驱逐诗歌的真正原因又是什么呢？巴迪欧断言，柏拉图反对诗歌不是因为模仿，因为诗歌与思想、理念并不直接对立，事实上诗歌与作为最高理解形式的辩证法也并不对立。真正的原因是，诗歌反对推论性的思想："诗歌所禁止的是推论性思想（dianoia）。"② 也就是说，柏拉图反对诗歌是因为诗歌反对推论性思想。所谓推论性思想就是那种来回辩论、反复研究的思想，那种依赖归纳与演绎、联系和推理的思想。诗歌本身则是断言和

① Alain Badiou, *Handbook of Inaesthetics*, p. 12. "艺术配置"是巴迪欧非美学中的一个重要概念，巴迪欧认为，思考作为一种内在而奇特的真理的艺术，恰当的单位既非作品亦非作者，而是艺术配置。这个概念不易把握，古希腊的悲剧、文艺复兴后兴起的小说、从海顿到贝多芬的古典音乐都是具体的艺术配置，但艺术配置不是艺术风格、艺术流派，也不是艺术体裁，但与这些范畴又有某种关系。读者可以将其与《存在与事件》中的"形势"联系起来理解，艺术配置获取可以说就是某种艺术形势。

② Alain Badiou, *Handbook of Inaesthetics*, p. 17.

宣布。诗歌从来不屑于反复辩难、来回论证，它所沉思的是极限；它直接把自己的命题作为真理宣布出来，对提供支撑这一真理的根据毫无兴趣。

由于诗歌反对推论性的思想，一方面，这使诗歌的思想身份变得有些可疑。因为诗仍然受制于形象，受制于直接而独特的经验。这就意味着诗歌与感性经验有一种不纯粹的联系，这种联系使语言受到感性的限制。从这种观点来看，是否存在诗歌的思索始终是可疑的，同样，诗歌所思索的主张也是可疑的。就此而言，诗歌很可能是诡辩的同谋，是一种通过"可能存在的思想"的语言学力量来呈现自己的非思想。另一方面，即使假定有诗歌之思存在，或者诗歌本身就是一种思想，这种思想与感性事物也是不可分割的。因此，尽管诗歌是一种思想，但不能作为思想而被辨识或者离析出来，它是一种"不可思议的"思想。而数学则是一种直接作为思想而出现的思想，这种思想存在只是因为它是"可以思议的"。对哲学来说，诗歌是一种不是思想的思想，是一种不可思议的思想，但哲学独有的赌注恰好是思想思想，是把思想确定为思想本身的思。哲学的任务是把一切直接的思想从它的领域中排除出去，但只有借助数学的推论性思想它才能做这种事情，因为唯有数学开始于纯粹的理念然后只依靠推理。作为一种遵纪守法的逻各斯，依赖联系和推理的推论性思想具有一种范式，巴迪欧认为，这种范式就是数学。因此，"在思想内部，与诗歌（poetry）对立的东西，严格而言，乃是与诗性言说决裂的数学对思想本身所拥有的权限，是数学（算式）的理解力量对思想本身所拥有的权限。最终而言，建基性的对立其实是如下对立：除非用数学（算式）的权威替换掉诗歌的权威，哲学不会开始，不会抓住政治的实在（real）"①。

————————

①　Alain Badiou, *Handbook of Inaesthetics*，p. 18. 在《非美学手册》中，有两组密切相关但又彼此对立的概念，那就是 poetry 和 poem，mathematics 和 matheme。poetry 与 mathematics 对应，poem 与 matheme 对应。poetry 与 mathematics 对应是有道理的，因为 poetry 的原始意义不是"诗歌"，而是"诗法、诗艺"，正好与 mathematics 的本义"数学"对应。在《非美学手册》的语境中、在写作本文的过程中，笔者勉强将 poetry 翻译为"诗歌"，着重其体裁意义；将 poem翻译为"诗"，着重于具体的作品。但这种方法不适合于 mathematics 和 matheme，因为前者自然应该翻译为"数学"，但 matheme 却无论如何不能翻译为"数"。matheme 是一个已经废弃了两千年的词语，其本义是"教学"，拉康复活了这个词语，用以表示他那些独特的类似数学的公式。巴迪欧继承了拉康的用法，但具体意义有所不同。在巴迪欧的语境中，这个词语的准确意义应该就是"数学算式"，在很多地方甚至可以理解为"数学"。但是我们不能将其翻译为"数学"，否则与同一语境中的 mathematics 无法区别，但翻译为"算式"或者"数学算式"也不妥，因为这个词语经常义同"数学"。故此笔者勉强将其译为"数学（算式）"，当其偏重"数学"时，读者可以忽略括号中的"算式"，当其与 mathematics 对举时，括号中的"算式"又可以提醒读者其不是通常意义上的"数学"。

　　在追求真理的道路上，数学推理的透明和诗歌隐喻的晦涩历来是一个鲜明的对比。然而十足反讽的是，进入 20 世纪之后，二者的思想身份发生了戏剧性的逆转：唯有诗歌才能最本真地言说真理，离真理最为遥远、与真理最为隔绝的则是数学。发生这种逆转的原因至少有三个：首先，这是海德格尔的哲学，尤其是后期哲学反复教导的教义。在《论真理的本质》《语言的本质》《艺术作品的本源》《诗人何为？》中，海德格尔谆谆教导的就是这个。奇怪的是，巴迪欧在《非美学手册》中对此没有明确提出。其次，数学的"破产"不仅来自哲学家海德格尔对的批判，最不幸的是，还从数学领域内部受到了哥德尔（Kurt Godel）的不完备性定理（the incompleteness theorem）的致命一击。哥德尔的不完备性定理包括两个定理：第一不完备性定理，即任意一个包含算术系统的形式系统都存在一个命题，它在这个系统中既不能被证明也不能被否定；第二不完备性定理，即任意一个包含算术系统的形式系统自身不能证明它本身的无矛盾性。哥德尔证明了任何一个形式体系，只要包括了简单的初等数论描述，而且是一致的，那么它就必定包含某些体系内所允许的方法既不能证明也不能证伪的命题。真理不再是可以验证的了。正是在这个意义上，巴迪欧说："数学（算式）围绕一个灭点组织起了它自己，在这个灭点中，因为无论以任何方式将形式化直接继续下去都会引发僵局，我们遭遇到了数学（算式）的实在。"① 最后，在数学濒于"破产"的时候，诗歌在马拉美和兰波等人的手中却上升成了"思想的责任"："渴慕已久的光荣，理念/我心灵深处的一切以你为荣/看见鸢尾花家族/为这崭新的任务而奋发。"在援引了马拉美的诗《散文》中的这一节之后，巴迪欧紧接着指出："尤其重要的是，这首现代诗把自己视为一种思想形式。它不只是那种在语言的肉体中贡献出来的思想的实际存在（existence），它是思想借以开始思想自身的一套操作。"②

　　在 20 世纪，诗歌获得了对思想（诗歌本身就是思想）的诗性之思，与此同时，数学却陷入了它自己无法避免的僵局。现在，诗歌成了完美的思想，而数学（算式）则成了诡辩。这对柏拉图美学的颠覆甚至超过了尼采的期望，尼采还只是期望通过"重估一切价值"来实现这一点。这一逆转导致哲学与诗歌的关系发生了一个至关重要的转换。从此以后，二者的

① Alain Badiou, *Handbook of Inaesthetics*, p. 20.
② Alain Badiou, *Handbook of Inaesthetics*, p. 20.

关系不再依赖于感性与理性、美与善，或者形象与理念之间的对立。与黑格尔将艺术定义为"理念的感性显现"相反，"现代诗当然不是理念的感性形式。毋宁说，正是感性的事物把自己作为对诗性的理念所抱的持存但无力的乡愁呈现在了诗中"。换言之，艺术不是理念降格成了感性的事物，而是感性的事物力争上升为理念。根据黑格尔的艺术定义，我们在艺术作品之中是看不见理念的，因为理念已经化身为感性的事物；但根据巴迪欧的非美学，艺术作品尽管与感性事物还有瓜葛，但真正重要的是理念挣脱感性事物的升华。为了证明这一论断，巴迪欧援引了马拉美的《一个牧神的午后》。诗中的主人公在一场春梦后思忖，在自然之中，在可以感知的风景之中，他那缠绵恍惚的春梦是否有一丝可能的痕迹？难道眼前的一池寒塘不是证明了他所渴慕的女人之冷淡？难道耳边轻拂的风不是让人想起另一个女人香艳的叹息？如果这一假设无法成立，那是因为与艺术所拥有的那种激动水之理念和风之理念的力量相比，自然界中实际存在的水与风实在无足轻重。"凭借巧妙的可见性，也就是诗性思想的思，这首诗在权能上超越了感性事物自身。现代诗是模仿的对立面。在它的操作中，它展示了理念；对于理念，客观事物和客观性除了表现其苍白的副本外什么也表现不了。"①

通常，我们把是否创造了栩栩如生、惟妙惟肖的感性形象当作衡量艺术作品成败优劣之重要尺度，词语之中的形象越是鲜活生动，作品就越是优秀。然而巴迪欧在此却反其道而行之，断言客观事物和客观性只能表现理念苍白的副本，对艺术有害无益。"诗歌就是语言之歌，而语言则有一种能力，这种能力使语言无需经验性的客观事物也能呈现纯粹概念性的'有'。"巴迪欧甚至进而断言，当兰波诗意地宣告永恒就是"与太阳一起/消失的大海"时，或者当马拉美用三个词语"夜、绝望、宝石"或者"孤独、暗礁、恒星"来总结从感觉到理念的一切变换时，"为了使感性事物迅疾的消失具有永恒的存在，这两个诗人都在艰难的命名中融化了附着在这些词语上的指示物"②。的确如此，当兰波在《地狱一季》中判定诗歌就是"词语的炼金术"时，他的意思并不像通常所说的那样，强调在写作中反复推敲锤炼，捕捉最能传神写照的词语或者修辞；恰好相反，这种炼金术是一种思想的炼金术，它的目的不是塑造形神兼备、栩栩如生的事

---

① Alain Badiou, *Handbook of Inaesthetics*, p. 21.
② Alain Badiou, *Handbook of Inaesthetics*, p. 22.

物，而是捕捉关于"在那里存在之物"（亦即纯粹的存在）的思想。正是凭借语言所拥有的这种排空感性内容和刺激纯粹理念的力量，纯粹的存在，"在那里存在之物"才有可能被思想。

我们切勿以为能否言说真理仍然是诗歌与数学的对立之关键，尽管二者的对立现在采取了一种反转的形式：唯有诗歌能言说真理，数学其实无能于此。如果我们对巴迪欧的数学存在论略有所知，这种误解断然不会产生。因为根据他对真理（亦即作为存在的存在）的独特理解，哥德尔的不完备性定理不仅不是证明了数学的无能和破产，恰好相反，它证明了存在的不可决定性，以及以忠诚为核心的事件之确认。巴迪欧把诗歌定义为"语言之歌"，断定语言无需经验性的客观事物也能呈现纯粹概念性的"有"，认定马拉美和兰波"都在艰难的命名中融化了附着在这些词语上的指示物"，这就意味着诗歌和数学的分裂也不在于诗歌之思凭借令人愉悦的形象，而数学之思凭借纯粹的理念。那么哲学能够把这两种思想政制（regime）之间的分裂安放到哪里呢？"安放到这样一个地方，在那里，这两种思想形式都发现了它们自己无法命名的事物。"①

数学和诗歌各有自己"无法命名的事物"，那么它们各自必得遭遇的无法命名之物又是什么呢？至关重要的就是这个问题，与"非美学"有关的一切追问最终都得归结到这个问题。何为诗歌？诗歌何为？何为"非美学"？一切都有赖于这个问题的回答。

巴迪欧已然证明数学和诗歌都是一种真理程序，都是一种思想真理的方式，但数学的真理和诗歌的真理并不相同："数学用纯粹的多来生产真理，把纯粹的多设想为作为存在之存在的原始的无序。诗歌用多来生产真理，把多设想为（事物）抵达语言之极限的在场。"② 数学在捕捉"作为存在之存在的原始的无序"时，诗歌在捕捉"抵达语言之极限的在场"时，必将各自遭遇自己的"无法命名之物"，用拉康的话说，必将遭遇自己"不可能的实在"。

尽管诗歌与数学不同，但诗歌也是一种真理程序。海德格尔的真理不是一种纯粹的知识，也不首先来自纯粹的知识，而是一种力量，来自实践的力量。与此相同，巴迪欧认为，"每一个真理，无论是受制于计算的真理，还是从自然语言的歌唱中萃取出来的真理，首先是一种力量。真理对

---

① Alain Badiou, *Handbook of Inaesthetics*, p. 21.
② Alain Badiou, *Handbook of Inaesthetics*, p. 22.

它自己无限的实现（becoming）拥有力量。它能为一个未完成的世界提供片段的预期。它能对这个可能的世界逼迫出某种推论，即使这尚在途中的真理的全部效果可以在这个世界中以无限多的方式展开"①。必须指出的是，如果我们以一种约定俗成的视角去理解巴迪欧所说的诗歌真理的力量，比如像孔子那样，认为诗歌有兴观群怨的作用，或者像亚里士多德那样，认为诗歌有宣泄和净化的作用，那么我们就误解了巴迪欧。当巴迪欧谈及诗歌真理的力量时，他所思考的完全不是诗歌对诗人、读者或者世界的作用，而是对诗歌真理本身的作用。如他所说："建基性的诗学乃是对语言的资源所做的一种崭新审视，而不仅仅是从存在的瞬间闪现中获得的快乐。"诗歌"是一种思想程序，一种强大的预期，它是由一种'他者'语言的出现所颁布的语言的强迫力量，而这种他者语言既是它内在固有的，又是重新创造出来的"②。

然而本质上作为一种力量的真理有一个内在的悖论："每一个真理都是一种力量，但与此同时，每一个真理又都是一种无能。因为真理的权限不可能是整体。"③ 真理和整体是不相容的。不管一个真理是关于什么的真理，人们绝不能说它"完整地"揭示了该事物。真理总是会遭遇到界限，这界限恰好证明了它是一种奇特的真理，而非普遍的真理。真理撞上了它自己的奇特性这块礁石，而且仅仅因为这种无能，我们才能说有某种真理存在。这个内在固有的障碍就是无法命名者。真理不可能命名无法命名者，后者只能被某种决定逼迫出来。真理本身也不能预期这种东西能否、如何、何时进入真理。"真理的一切政制都被它自身的无法命名者植根于实在之中。"④

回到诗歌与数学（算式）之间的柏拉图式的对立，二者各自的无法命名者究竟是什么呢？数学语言的特征是推理的坚实，数学推理的坚实来自一致性。一致性是数学定理的核心问题。但一个一致的理论究竟是什么理论呢？我们通常认为，一种理论的一致性意味着该理论从前提到结论可以毫无障碍地一以贯之。难道不是吗？但巴迪欧提醒我们，如此一以贯之的理论不过是一种语法上的正确陈述，什么也思考不了。真正一致的理论是这样的："如果一种理论之中存在一些不可能的陈述，那么这种理论就是

①　Alain Badiou，*Handbook of Inaesthetics*，p. 22.
②　Alain Badiou，*Handbook of Inaesthetics*，p. 23.
③　Alain Badiou，*Handbook of Inaesthetics*，p. 23.
④　Alain Badiou，*Handbook of Inaesthetics*，p. 24.

一致的。如果在一种理论之中至少存在一个在语言上'正确的'陈述，而这个陈述又不能被写进这个理论，或者这个理论不承认这个陈述为真，那么这个理论就是一致的。"① 从常识来看，这种观点几乎是难以接受的，但如果我们联系前面提及的哥德尔的不完备性定理，这种佯谬的正确性就一目了然了。因此，"数学固有的无法命名者就是语言的一致性"②。在巴迪欧看来，甚至是数学家们也还没有充分意识到不完备性定理的价值，因为一致性原理使数学拥有了思想的存在论形势，数学不仅只是一套规则。

那么诗歌的无法命名者又是什么呢？诗歌的揭示力量总是围绕着一个谜而运转，这个谜的确切意义就在于它为我们揭示了诗歌力量的实在：无能。说得更明白一些，诗歌总有它不能表达的东西。在这个意义上，真正重要的是"文字之中的神秘"。巴迪欧断言，当马拉美争辩说"诗歌之中必须始终要有神秘之谜"时，他就已经借助真理的力量，基于对诗歌揭示力量本身固有的无能之尊重，为神秘创建了一种伦理学。这种神秘就是，每一种诗歌真理都在它自己的核心深处留下了它无力呈现的东西。诗歌之效果的特征是由它证明语言本身的力量的能力来界定的。每一首诗都引进了一种力量到语言之中——那种将自我呈现者的消失永远紧扣不放的力量。或者说，通过诗性地保持其消失，这是一种把在场（presence）本身作为理念生产出来的力量。尽管如此，语言的这种力量却正好是诗歌所无法命名的事物。通过利用语言潜在的歌，利用它无限的资源，利用语言层出不穷的新颖组合，诗歌践行着这种力量。但诗歌不能固定这种无限，因为为了让语言的力量服务于保持自我呈现者的消失，诗歌所致力的正是语言的无限。"作为一种献身于在场的无限力量，语言正好是诗歌无法命名之物。语言的无限就是诗歌的力量效果所固有的无能。"③

至此我们可以稍做总结了：首先，诗歌和数学的对立不是感性和理性的对立，诗歌绝非一种无关思想的情感表达，诗歌本身就是一种思想。与此相反，认为唯有诗歌才能思想，而数学与真理反而疏远也是不正确的。其次，同为一种真理程序，一种思想政制，诗歌与数学的区别既不是隐喻的晦涩和推理的严密之间的对立，也不是形象的生动和理念的纯粹之间的对立。作为两种不同的真理程序或者思想政制，数学固有的无法命名之物

---

① Alain Badiou, *Handbook of Inaesthetics*, p. 24.
② Alain Badiou, *Handbook of Inaesthetics*, p. 26.
③ Alain Badiou, *Handbook of Inaesthetics*, p. 25.

就是语言的一致性，而诗歌固有的无法命名之物则是语言的无限力量。因此，在思考这两种同中有异、异中有同的真理程序时，哲学必须充分把握二者的固有的悖论——既要根据它们精确表达真理的力量，也要根据它们内在的无能。由于"数学固有的无法命名之物就是语言的一致性"，所以哲学绝不可能拥有一个完全反思的基础：任何体系都有破裂点，都有某种真实的力量被减除了。无论某个真理是什么，无论该真理的力量多么强大，它都无法把这个破裂点逼迫出来。与此相应，由于"诗歌固有的无法命名之物就是语言的力量"，因此解释学也不可能有一个完全反思的基础：不管解释多么强大，解释所获得的意义永远不可能使获取意义的能力本身具有基础。换句话说，真理永远不能揭示含义的含义、意义的意义。

"非美学"还是"反美学"？

巴迪欧将既有的美学思想总结为三种图式，并尝试提出一种"非美学的"生产图式，且在此基础上对诗歌、戏剧、电影和舞蹈等艺术形式做了一种全新的理论阐释。不仅如此，根据自己的非美学理论，他还对马拉美、兰波、荷尔德林和贝克特等人的作品做了别出心裁的强力阅读，得出了许多前所未有的见解，的确值得我们高度重视。尽管如此，这种非美学最为核心的几个基本命题却是令人难以接受的。

首先，巴迪欧将诗歌的真理定义为"抵达语言之极限的在场"，"诗的唯一任务就是证明语言的力量"。也就是说，诗歌唯一要实现的真理就是语言的无限力量。根据这一定义，每一首诗的任务都是相同的，甚至每一首诗的内容都是相同的。因为它们只有一个真理，只有一个任务，那就是通过各自的努力局部实现语言的无限潜力。在这种非美学中，屈原悲痛欲绝的《离骚》和张若虚空灵缥缈的《春江花月夜》没有本质区别，歌德渊深博大的《浮士德》和马拉美迷离晦涩的《骰子一掷永远取消不了偶然》不会有根本差异。各不相同的作品虽然是由各不相同的诗人在各不相同的历史形势中创作出来的，并在各不相同的历史形势中为各不相同的读者所接受，但所有这些"各不相同"本质上都是无足轻重的，因为一切诗歌作品其实真正关心的只是语言自身的无限力量。如此一来，诗歌成了一种秘密地自言自语的东西，与作者、读者和社会完全无关了。然而具有悖论性的是，就像西西弗斯一样，即使是这个唯一的任务，它也无力完成，因为语言的无限力量恰好是诗歌所无法表达的。

其次，与上述诗歌真理观密切相关的是巴迪欧关于艺术作品的同样成问题的定义。在巴迪欧看来，一件艺术作品就是在特定形势下对局部实现的真理所做的质询，一件艺术作品乃是真理有限的片段。因此，具体的艺术作品乃是真理的局部实例（instance）或者微分点，艺术程序的这种微分点就是艺术程序的主体。换句话说：一件艺术作品就是某一无限的艺术真理在具体历史形势中得以有限实现的主体点。这一定义看上去与浪漫主义美学认为艺术作品乃是真理的道成肉身似乎一致，其实不然。根据浪漫主义美学，每一首诗都表达了独特的真理，真理就在具体的诗歌作品之中。但根据巴迪欧的非美学，艺术真理绝对不会单独出现在某一具体的艺术作品之中，艺术真理的唯一存在是诸多艺术作品。不过，巴迪欧的艺术真理也不是黑格尔的绝对理念。黑格尔的绝对理念可以在有限的事物中有限地实现，但巴迪欧的艺术真理绝不会出现在任何具体作品之中。从这个意义上说，与其说一件艺术作品是艺术真理的一个主体，不如说是艺术真理的一介臣民，而且是微不足道的臣民。真正的主体是比黑格尔的绝对理念还让人绝望的诗的真理：永远不可能实现的语言的无限。

巴迪欧的非美学是一种无与伦比的反人本主义和反历史主义美学。诗歌是具体的作者所创作的，无论是为了抒情还是言志，抑或为了欲望的升华，它都是有感而发的。读者阅读诗歌同样如此，真正的阅读一定是借他人之酒杯，浇自己之块垒。此外，无论是诗歌的创作还是接受，都不是在真空之中发生的，而是与特定的社会历史形势密切相关。因为诗歌是抗议和批判，是向往和追求，所以它是一种力量，一种改变社会的力量。诗歌真理归根结底存在于诗人或者读者通过诗歌争取那在现实之中无法获得的自由。正是在这个意义上，伊格尔顿说美学归根结底乃是政治。诗歌的真理正是应该从这些方面去求证。探索语言本身的奥秘，探索语言无穷的潜力，这样的诗歌固然有，但毕竟只是诗歌之中微不足道的一部分。况且，语言具有无限的潜力固然是一个真理，却是一个没有任何生产力量的真理。每一首具体的诗歌都是这一真理的具体证明，但几乎任何诗歌都不是为了证明这个没有生产力的真理而产生的。至于诗歌的"无法命名者"，我们要说，诗歌的确有其"无法命名者"，但诗歌所要命名的无法命名者绝不是巴迪欧所说的语言无限的力量，而是诗人激动于中但难以言喻于外的东西。为什么难以言喻？因为语言固有的无能，因为语言本质上就是有欠缺的。诗歌的"无法命名者"不是语言的无限，而是激动诗人但又让他无法言说的东西。这种东西无法命名不是因为诗人天赋不够，而是由于语言本身固有的欠缺：始终有某种东西是语言无能为力的。正是因为作者有某种不得不说又无法言说的东西，亦即某种"无法命名者"，始终在搅扰他，诗歌创作，甚至一切艺术创作才得以发生和实现。美学的核心、美学的基因就是感性经验和感性生活。释放人被囚禁的感性需要，实现人在现实生活中无法满足的感性要求，艺术的本质只能在此，艺术的真理也只能在此。真理并非必须排斥感性经验，就艺术而言，真理就是感性的真理。当巴迪欧断言诗歌语言必须融化词语的指示物时，当他以排斥感性作为其建构非美学的第一姿势时，他不仅重新落入了胡塞尔毕生批判的感性与理性、现象与本质的二元论，更重要的是，他剥夺了艺术最根本的政治潜能。美学归根结底乃是一种政治。对于巴迪欧这样一个具有强烈介入意识、以实践为取向的哲学家来说，这既让人感到遗憾，也让人感到不可思议。

四　不可能的真理

　　《艺术作品的本源》是海德格尔极为重要的一个哲学文本。在这篇论文中，为了证明只有借助艺术作品，才能真正揭示器具的器具存在，海德格尔援引了凡·高那幅著名的画作《农鞋》。这让迈耶·夏皮罗（Meyer Schapiro）大为不满，因为在他看来，凡·高画的那双鞋根本不是农妇的鞋，而是凡·高自己的鞋。为此，他在 1968 年写作了一篇针锋相对的札记《作为个人物品的静物画》。夏皮罗的批判似乎对《艺术作品的本源》施以了釜底抽薪的致命一击，并造成了一种哲学不懂艺术的诽谤性效果。德里达就是在这种形势下进入这场争论的。但他介入进来，既非为夏皮罗助威，亦非为海德格尔辩护。在德里达看来，夏皮罗的批判不仅根本没有触及海德格尔的真正问题，反而坠入了与前者相同的陷阱，而且跌得更惨。

　　作为一个伟大的哲学家，康德从来不缺少批判者，但众多批判者中最危险的也许是德里达。解构主义的根本目标乃是要颠覆以真理或本质等逻各斯为核心的形而上学，康德之所以成为德里达的批判目标，就是因为他的美学一丝不苟地服从了形而上学预设的内外区分，比如形式与实存、情感与感觉、表象与目的、配饰与作品，等等。为了证明审美的自律性，康德使用了几个毫不起眼的例证与脚注，然而在德里达出人意料的演绎下，这些处于康德文本之边沿和末梢的例证与脚注最终无一例外地颠覆了它们的前提和基础。正如德里达指出的那样，边框或配饰，纯粹切割之无，以及崇高的无限，它们一直在秘密地解构着康德看似完整的美学。

　　1956 年，拉康在其研讨班上做了《关于〈被窃的信〉的研讨会》的报告，这不仅是精神分析学中的一个关键时刻，也是文学批评中的重大事件。拉康做这个研讨报告是因为在他看来，这篇小说以一个文学文本的形式绝佳地例证了一个精神分析学的真理，即能指的移置对主体具有构成作用。时隔近 20 年，德里达以《真理的代理商》（1975）向拉康发起咄咄逼人的进攻。德里达不仅反对拉康的基本论题，而且反对拉康关于信/文字的基本性质的每一个观点。在德里达看来，拉康的论述不仅是逻各斯中心主义的，而且是菲勒斯中心主义的。德里达对拉康的指控并非同一立场上两种主张的斗争，而是两个不同立场之间的斗争。

　　福柯对真理的解构也体现在他的画论中。他曾在多处论及绘画，其中三个文本最为重要，其一是《词与物》之第一章的《宫娥》（Las Meninas），其二是《马奈和绘画客体》（Manet and the Object of Painting），其三是《这不是一只烟斗》。如果深入研究，福柯的这三个文本可以纳入一个统一的论域中加以审视，因为它们共享了一个主题：再现的崩溃。委拉斯开兹的《宫娥》预示了再现的不可能；马奈（Edouard Manet）对再现的打击则是通过摧毁古典主义绘画以透视为核心而营造的幻觉真实，从而让观者正视绘画的物质性；至于马格利特（René Magritte），则从更加深刻的基础上摧毁了词与物的强大关联，从而在哲学上对再现实施了彻底的打击。

1. 关于凡·高的鞋

　　《艺术作品的本源》来源于海德格尔在 1935 年底和 1936 年初所做的几次演讲，这几次演讲乃是当时轰动哲学界的一个重大事件。但一切伟大的思想家或者伟大的文本都不能免受批判，或者更准确地说，因其伟大，所以难免被批判：可批判性是一切伟大思想家或伟大文本的基本特征。海德格尔及其《艺术作品的本源》自不例外。海德格尔所遭受的最严厉批判也许来自德里达，但这次因为《艺术作品的本源》而生的论战并非始于德里达，而是始于迈耶·夏皮罗。1968 年，哥伦比亚大学艺术系教授夏皮罗为纪念其同事库尔特·戈尔茨坦（Kurt Goldstein）写了一篇关于海德格尔和凡·高的札记，名曰《作为个人物品的静物画》，正是在这篇札记中，夏皮罗对海德格尔发起了猛烈的攻击。① 夏皮罗的批判至少在艺术界造成了一种哲学不懂艺术的诽谤性效果，但海德格尔始终没有做出正式回应，而是保持了高傲的沉默。正是在这种形势下，德里达上场了。然而他登场既不是为了给夏皮罗助威，更不是为了替海德格尔辩护。在德里达

---

① 1994 年，九十岁高龄的夏皮罗又写了一篇札记《再论海德格尔与凡·高》，重申甚至强化了他在 1968 年关于这幅画的观点。此文收录在他最后的文集《艺术的理论与哲学》（1994）中。

看来，夏皮罗看似釜底抽薪的致命攻击其实根本没有触及海德格尔《艺术作品的本源》中的真正问题。

夏皮罗的质疑

那么《艺术作品的本源》在什么问题上刺痛了夏皮罗的神经，让他终于不能已于言呢？那就是海德格尔关于凡·高的一幅以鞋为主体的画所做的论述。在《艺术作品的本源》的第一讲"物与作品"中，为了揭示器具的器具存在究竟是什么，海德格尔就凡·高的一幅以鞋为主体的画说道：

> 要是我们只是一般地把一双农鞋设置为对象，或只是在图像中观照这双摆在那里的空空的无人使用的鞋，我们就永远不会了解真正的器具之器具存在。从凡·高的画上，我们甚至无法辨认这双鞋是放在什么地方的。除了一个不确定的空间外，这双农鞋的用处和归属只能归于无。鞋子上甚至连地里的土块或田野上的泥浆也没有粘带一点，这些东西本可以多少为我们暗示它们的用途的。只是一双农鞋，再无别的。然而——
>
> 鞋具磨损的内部那黑洞洞的敞口中，凝聚着劳动者步履的艰辛。这硬邦邦、沉甸甸的破旧农鞋里，聚集着那寒风料峭中迈动在一望无际的永远单调的田垄上的步履的坚韧和滞缓。皮革的鞋面上带着泥土的湿润与肥沃。暮色降临，这双鞋在田野小径上踽踽而行。在这鞋具里，回响着大地无声的召唤，显示着大地对成熟谷物的宁静馈赠，表征着大地在冬闲的荒芜田野里蒙眬的冬眠。这器具浸透着对面包的稳靠性无怨无艾的焦虑，以及那战胜了贫困的无言喜悦，隐含着分娩阵痛时的哆嗦、死亡逼近时的战栗。这器具属于大地，它在农妇的世界里得到保存。正是由于这种被保存的归属性，器具本身才出现在它的自持之中。①

但凡研读过《艺术作品的本源》的读者，无不为这两段将浓郁的诗情与精深的思辨融为一体的论述而动容并折服。如果说海德格尔在《语言的

① 海德格尔．艺术作品的本源//林中路．孙周兴，译．上海：上海译文出版社，1997：17．译文据英译本略有修改．Martin Heidegger, "The Origin of Work of Art", in *Off the Beaten Track*, trans. Julian Yong and Kenneth Haynes, New York: Cambridge University Press, 2002, p.14.

本质》中论证了诗与思源于自然（ereignis）① 的近邻关系，那么他在《艺术作品的本源》中，尤其是在这里，凭借非凡的才能亲自展示了诗与思的近邻关系。但正是在这里，夏皮罗提出了一个极具颠覆性的问题：凡·高的这幅画真的是一双农鞋吗？或者更准确地说，这双鞋真的属于一个农妇吗？

　　首先，夏皮罗提醒读者注意，"海德格尔教授知道，凡·高多次画过这些鞋子，但他并未指明他所说的究竟是哪一幅，仿佛不同的版本可以互换，全都呈现了同一个真理。"② 其次，根据德·拉·法耶（de la Faille）编目的凡·高的画录，夏皮罗确定凡·高总共创作了八幅以鞋为主体的画；在这些画作里，只有三幅显示了海德格尔所说的"磨损的内部那黑洞洞的敞口"这一典型特征。施展这番简单的排除法之后，夏皮罗直截了当地抛出了他的结论："它们（这三幅画）画的显然是艺术家本人的鞋子，而不是农妇的一双鞋子。"③ 他何以如此肯定呢？因为他断定这三幅画所画的鞋是凡·高在荷兰生活期间（1883 年 9 月—1885 年 11 月）所穿的鞋子。何以断定它们就是画家在荷兰时穿的鞋子呢？因为它们创作于凡·高离开荷兰逗留巴黎期间（1886—1887）。何以断定这三幅画全都作于凡·高逗留巴黎期间呢？因为其中有一幅的右下角标有"87"这个数字，而且这三幅画类似，画的都是破败的皮鞋，而非木鞋。何以皮鞋就是凡·高自己的鞋呢？因为夏皮罗有一种坚定的信念："当凡·高描绘农民的木鞋时，他赋予它们以干净、完整的形状和外表，就像他放在桌面上的其他光滑的静物对象一样：碗、瓶子等。在他后来创作的一幅画有农民的皮质拖鞋的作品里，他让拖鞋的后跟朝向观者。当他画自己的鞋时，则将它们孤零零地放在地上，并让它们似乎正面向观者，一副独特而又皱巴巴的样子，以致我们可以说它们是旧鞋子的真实写照。"④ 也就是说，凡·高的确画过农鞋，但它们都是干净的木鞋，而非皮鞋。但夏皮罗也承认，凡·高有一幅以皮鞋为主体的作品的确画的是一双农鞋，因为在 1888 年与埃米尔·伯纳德（Émile Bernard）的通信中，画家自己肯定了这个事实。不过令夏皮罗欣慰的是，这幅可以确定为农鞋的皮鞋画没有海德格尔描述的那种

---

　　① ereignis 是海德格尔后期一个非常重要的术语，汉语学界有不同的译法，在此不予讨论。将其译为"自然"是笔者的处理，但要将这个"自然"理解为一个动词，即"自然而然"。

　　② Meyer Schapiro, "The Still Life as a Personal Object", in *The Reach of Mind*, ed. Marianne L. Simmel, New York: Springer Publishing Company, 1968, p. 205.

　　③ Meyer Schapiro, "The Still Life as a Personal Object", in *The Reach of Mind*, p. 205.

　　④ Meyer Schapiro, "The Still Life as a Personal Object", in *The Reach of Mind*, p. 207.

"磨损的内部那黑洞洞的敞口"这一特征，因此铁定可以排除。

与其说是为了谨慎起见，不如说是为了给海德格尔挖个陷阱，夏皮罗在 1965 年给海德格尔写了一封信，询问他在《艺术作品的本源》中论及的凡·高的画究竟是哪一幅。海德格尔回信说，他提到的那幅画是他在 1930 年 3 月在阿姆斯特丹的展览上看到的。在得到这个回答之后，夏皮罗更是信心百倍了。据夏皮罗考证，1930 年阿姆斯特丹画展上参展的凡·高作品中只有两幅是以鞋为主体的画，其中一幅"显然"是德·拉·法耶编目的画录中的第 255 幅，即现藏阿姆斯特丹凡·高美术馆的那幅众所周知的《带鞋带的旧鞋》；另一幅作品画的则是三双并排的皮鞋，海德格尔论及的那幅画不可能是这一幅。最重要的是，这两幅画画的都是皮鞋而不是木鞋，因此不可能是农鞋。所以，"这两幅画中没有一幅，其他画中也没有一幅，能使人们理直气壮地说，凡·高的一幅鞋画表达了农妇的一双鞋的存在或本质，以及她与大自然和工作之间的关系。它们是艺术家自己的鞋，而在那以前，他主要生活在城镇和城市里"①。

海德格尔之所以要在《艺术作品的本源》中援引这幅画，是为了证明：只有借助艺术作品，我们才能真正经验到物之物性（在此也就是鞋的鞋具存在），从而洞察艺术的本质。他认为，仅仅一般地想象一双鞋，或者仅仅观看图画中的一双鞋，我们并不能真正理解鞋的鞋具存在。将一双真实的鞋放到我们面前，也不能帮助我们把握鞋的鞋具存在，因为鞋的鞋具存在只能存在于其有用性之中，只能存在于其使用过程之中。然而在鞋的实际使用过程之中，当农妇或我们将鞋穿在脚上迈步前行时，鞋的鞋具存在同样不会得到把握。何以如此？因为鞋越是真实地成其所是，农妇或我们就越是对其没有意识。《庄子·达生篇》也有相似的表述："忘足，履之适也。忘要，带之适也。知忘是非，心之适也。"只有借助艺术作品，我们才能真正经验器具的器具存在，才能真正把握是其所是的器具："艺术作品使我们懂得了鞋具是什么。倘若我们以为我们的描绘是一种主观活动，已经事先想象好了一切，然后再把它投射进画中，那就是最为糟糕的自欺了。如果说这里有什么值得起疑的地方的话，那就只有一点，即我们站在作品近处体验得太过肤浅了，对自己的经验的言说太过粗陋和简单了。但重要的是，这部作品并不像起初使人感觉的那样，仅是为了使人更好地目睹一个器具是什么。倒不如说，通过这个作品，也只有在这个作品

---

①　Meyer Schapiro，"The Still Life as a Personal Object"，in *The Reach of Mind*，p. 205.

中，器具的器具存在才专门显露出来了。"① 只有借助凡·高的这幅画，我们才能理解那双鞋的鞋具存在。然而夏皮罗认为，正是海德格尔本人误解或曲解了这幅画！因此，当他"考证"出这幅画所画的鞋子其实并非农妇的鞋时，而是画家本人的鞋，遭受这"釜底抽薪"的致命一击后，《艺术作品的本源》所构筑的宏伟大厦似乎顷刻之间便土崩瓦解了。对此，夏皮罗毫不容情地讥讽道："遗憾的是，这位哲学家其实是在自欺。从他与凡·高画作的遭遇里，他只记得农民和土地的种种联想的动人一面，而这些很少能得到画作本身的支持。它们毋宁说植根于他自己的社会观，带着他对原始与大地的强烈同情。他确实是'事先想象好了一切，然后再把它投射进画中'。在与作品的接触中，他既体验得太少，又体验得太多。"②总之，在夏皮罗看来，海德格尔完全没有揭示出这幅作品所画的鞋子的真正本质，因为他连最基本的事实都搞错了，他对这幅画所做的阐释不是真实的客观描述，而是纯粹异想天开的主观投射。

在哲学之外的话语体系中，哲学一向声名不佳。最好的评价是：虽然不无道理，但迂阔空疏，不切实际。最坏也最普遍的评价则是：自以为是的胡说八道。夏皮罗的反驳似乎再次印证了这一判断。然而，就在夏皮罗自以为铁证如山不容置疑之时，就在向来对非法入侵的哲学话语深感不满的艺术界为此欣喜若狂之时，德里达提出了两个问题：首先，夏皮罗的考证真的无懈可击吗？其次，就算海德格尔真的错了，就算那幅作品画的真的是画家自己的鞋而非农妇的鞋，夏皮罗及其同行就能理直气壮地欢呼了吗？换句话说，夏皮罗的反驳对《艺术作品的本源》的核心论题真的具有釜底抽薪的致命性吗？

关于第一个问题，德里达提醒我们注意夏皮罗的论证破绽百出：仅凭它们是皮鞋而非木鞋就能断定它们是画家自己的鞋而非农鞋吗？农民绝不会穿皮鞋吗？凡·高不是画过一双以破旧的皮鞋为主体的画吗？因为它没有"磨损的内部那黑洞洞的敞口"而被排除，就能断定其他以皮鞋为主体的画作画的全都是凡·高自己的鞋吗？凡·高一生只画了一幅以皮鞋为主体的农鞋画吗？仅凭三幅画类似而其中一幅创作于 1887 年，就能断定另外两幅也作于同一时期吗？另外两幅或其中之一绝不可能作于其他时期

---

① 海德格尔. 艺术作品的本源//林中路. 孙周兴，译. 上海：上海：上海译文出版社，1997：18. 译文据英译本略有修改。

② Meyer Schapiro, "The Still Life as a Personal Object", in *The Reach of Mind*, p. 206.

吗？凡·高在最后的阿尔时期不也画过类似的皮鞋吗？仅凭这三幅画假定的创作时期就能断定它们画的是凡·高在荷兰时期穿的鞋吗？即使它们真的作于画家逗留巴黎期间，就足以断定它们绝不可能是农鞋而只能是画家自己的鞋吗？凭什么可以断定生活在巴黎的凡·高就不会再画农鞋呢？海德格尔的回信真的证实了夏皮罗的怀疑吗？如果皮鞋与农鞋的区分不能成立，如果推定的创作时期只是一种假定，如果凡·高一生创作过多幅以皮鞋为主体的画作，那么这封回信就帮不了夏皮罗什么忙。看似严谨细密、滴水不漏的论证其实漏洞百出、不堪一击。何以如此？夏皮罗的论证究竟在什么地方出了问题？问题就出在这位专家交替使用了两种论证方法。有时他的论证求助于内在的描述：求助于所画之鞋"磨损的内部那黑洞洞的敞口"，他排除了八幅画中的五幅，对此人们自然无可非议；但当他求助于鞋的材质和形状，将所有的皮鞋排除出了农民的世界，仿佛农民只会穿木鞋时，人们就难以认同了。毕竟夏皮罗自己也不得不承认，因为凡·高的书信已经确认，其中有一幅以皮鞋为主体的画所画的正是一双农鞋。德里达认为，这种诉诸内部特征的论证是毫无价值的。首先，这是一种不充分的内部论证，皮鞋作为农鞋在当时比比皆是，在凡·高的所有作品中也并不鲜见。其次，只要是内部论证就不可能是充分的论证，从鞋画的内部特征推断它的外部归属，即将其归属到一个外在于图画的真实主体，这是毫无意义的。其荒谬程度丝毫不亚于将贾宝玉等同于曹雪芹，将拉斯柯尔尼科夫等同于陀思妥耶夫斯基。有时他的论证又求助于外部论证，求助于作画的时间。夏皮罗想让我们相信，一旦到了巴黎，凡·高就不会再画农民的鞋了，或者说他那时就只会画自己的鞋。这种假设还隐含了另一个假设：1887 年之后，当凡·高离开荷兰之后，他对农民的世界就再也不感兴趣了。然而正是在这里，德里达提出了一个让人叫绝的诛心之论，从根本上颠覆了夏皮罗将凡·高与农民截然区分的预设："这是一种双倍不可接受的断言，因为它首先假定了凡·高过去不是一个农民，那时不再是一个农民，不再能与农民发生哪怕一丁点关系，甚至他的脚趾头也和农民毫无关系。"①在夏皮罗看来，这幅画所画的不是一双农鞋，而是凡·高自己的鞋，而凡·高不是一个农民。他没有想到的是，如果荷兰时期的凡·高就是一个农民，如果凡·高终其一生都是一个农民，他的推断如何还能成

---

①　Jacques Derrida，*The Truth in Painting*，trans. Geoff Bennington and Ian Mcleod，Chicago：University of Chicago Press，1987，p. 362.

立？毕竟，谁敢断言农民就不配绘画？谁敢断言放下锄头的农民不会拿起画笔和颜料？谁敢断言农民与艺术家是绝不相容的两种身份？因此，即使凡·高画的是他自己的鞋，它们也完全有可能是农鞋，而非像夏皮罗所说的那样，是一双城市居民的鞋。故此德里达认为，当夏皮罗指出这不是农妇的一双鞋时，他可能是正确的；但当他断言这绝非一双农鞋时，他错了。

现在再来看第二个问题：就算海德格尔真的错了，他所论及的那幅作品画的真的是画家自己的鞋而非农妇的鞋，夏皮罗的反驳对《艺术作品的本源》的核心论题就真的具有釜底抽薪的致命性吗？《艺术作品的本源》的根本目的是证明"艺术的本质应该是：存在者的真理自行设置入作品"[1]。那么海德格尔认可的真理是什么呢？常人认为，真理不过就是命题与事物的符合，或者事物与命题的符合。但在海德格尔看来，这种常识之见根本没有触及真理的本质：如果事物不能如其所是地呈现出来，如果不能如其所是地是其所是，那么关于事物的命题怎么可能与事物符合呢？因此，真理的本质乃是自由，而自由的本质则是让存在者存在，即让存在者是其所是。换句话说，真理的本质就是"存在者的无蔽"。因此，当海德格尔在《艺术作品的本源》中将艺术定义为"存在者的真理自行设置入作品"时，他提醒读者不要以为这个命题意欲使"那种已经过时的观点，即那种认为艺术是现实的模仿和反映的观点卷土重来"；因为"艺术作品不是对那些时时现存手边的特殊存在者的再现。相反，它是对事物的普遍本质的再现"[2]。海德格尔这里所说的"普遍本质"并非一般意义上的抽象观念，而是他一再强调的存在者的无蔽。

海德格尔之所以要在《艺术作品的本源》中援引凡·高的那幅画，是为了证明：只有艺术才能真正使存在者的存在进入澄明的无蔽之中，因为艺术的本质就是存在者的真理自行设置入作品。因此，至关重要的是，绝不能把存在者的存在与存在者本身，像夏皮罗那样混为一谈。德里达对此具有准确的把握："事实证明，器具的器具存在不是农民的鞋，而是器具或者作为器具的鞋。这种证明所证明的是器具的器具存在，而非这种或那种器具，比如鞋子。"[3] 也就是说，海德格尔援引凡·高的画是为了揭示

---

[1]　海德格尔. 艺术作品的本源//林中路. 孙周兴，译. 上海：上海译文出版社，1997：20. 译文据英译本略有修改。

[2]　海德格尔. 艺术作品的本源//林中路. 孙周兴，译. 上海：上海译文出版社，1997：20. 译文据英译本略有修改。

[3]　Jacques Derrida, *The Truth in Painting*, p. 295.

鞋具的鞋具存在，而非考证这幅画所画的鞋究竟属于谁。因此人们没有理由期待他就这幅画本身做出描述，也没有理由批评它的准确性。夏皮罗的逻辑需要一双真实的鞋子来做支撑：这幅画模仿了它们，再现了它们，复制了它们。它们的归属乃是对一个真实或者假定真实的主体的归属，对一个具体个人的归属，这个画外之人的手足不应该裸露，他应该穿上属于他的鞋子。夏皮罗的天真之处在于他不知道，当我们面对凡·高的这幅画时，我们面对的不是一双现实的鞋，而是一幅艺术作品，即使这幅画所画的是一双鞋，那也是艺术作品中的一双鞋。诚如德里达所说："当'器具'成为一幅'作品'的主体，当作为器具的物（鞋）成为一个作为作品的物（凡·高的一幅画）所表现或再现的'主体'时，事情就变得复杂了，再也不能像夏皮罗那样轻巧而简单地予以对付。"① 当夏皮罗抱怨海德格尔没有指明他所论及的究竟是哪一幅画时，他实际要抱怨的是海德格尔没有指明他所论及的究竟是哪一双鞋。在夏皮罗看来，这种模糊或者粗心的结果就是，仿佛凡·高的这些以鞋为主体的画全都表达了"相同的真理"。德里达对此倒是欣然赞同："这个'相同的'真理可以被任何鞋画'呈现'，甚至可以被任何关于鞋的经验，乃至关于任何'器具'的经验'呈现'……这个真理具有一个'更加遥远的起源'。它不是如此这般的器具与如此这般的拥有者、使用者、持有者、佩戴者/穿戴者之间的关系的真理。器具'鞋'的归属与一个特定的主体无关，甚至与一个特定的世界无关。海德格尔所说的那种对世界和大地的归属既对城市有效，也对田野有效。"② 换句话说，即使海德格尔弄错了，即使这双鞋真的属于一个城市居民、一个工厂工人，或者移居城市的凡·高，他关于器具之器具存在、关于艺术的本质就是"存在者的真理自行设置入作品"的基本论断也不会受到任何挑战。

　　遗憾的是，夏皮罗根本不理会或者根本不能领会《艺术作品的本源》的要义，他顽固地秉承了那种艺术就是对现实的模仿和反映的过时观念，而且以为海德格尔也是在重申这种观念。所以在《作为个人物品的静物画》这篇札记中，他一开始就写道："在他的论文《艺术作品的本源》中，马丁·海德格尔解释了凡·高的一幅画，以此来图示（illustrate）艺术的本质，即真理的揭示。"③ 在《艺术作品的本源》中，海德格尔援引凡·

① Jacques Derrida, *The Truth in Painting*, p. 297.

② Jacques Derrida, *The Truth in Painting*, p. 312.

③ Meyer Schapiro, "The Still Life as a Personal Object", in *The Reach of Mind*, p. 203.

高的作品只是为了"图示"艺术的本质吗？能将海德格尔的"艺术的本质"，即"存在者的真理自行设置入作品"，简单地理解为"真理的揭示"吗？海德格尔所理解的"真理"，像夏皮罗理解的那样，仅仅是对事物的真实再现吗？当夏皮罗自以为海德格尔受到了釜底抽薪的致命一击而扬扬得意时，岂不证明了他对艺术与真理的理解尚且受制于那种过时的观念？夏皮罗指责海德格尔仓促大意，将凡·高自己的鞋误解为农妇的鞋，然而当他罔顾《艺术作品的本源》的基本要义，将海德格尔关于凡·高的两段文字从《艺术作品的本源》，甚至从后者的整个思想背景中生硬地扯出来随意发挥时，他的仓促大意其实有过之而无不及。

到此为止，如果我们以为德里达的目的是替海德格尔辩护，那么就错了。恰好相反，海德格尔和夏皮罗都是德里达的批判对象。德里达没有放过夏皮罗，不是因为后者的反驳不够严谨，而是因为在德里达看来，尽管他的文章在艺术界的确造成了哲学不懂艺术的诽谤性效果，但他扬扬自得的批判根本不具备他所期待的致命性。他对海德格尔的批判不仅完全没有触及真正的问题，反而坠入了与海德格尔相同的陷阱："可以确定的是，在海德格尔和夏皮罗之间有一种对应。双方的观点尽管存在差异，但在差异之中存在某种匹配，双方互补性的匹配构成了一个难解之谜。"① 对德里达来说，意味深长且至关重要的就是二者之间的这种对应。二者共同的症结究竟是什么呢？

凡·高的陷阱

凭借对文本裂缝的非凡洞察力，德里达一上来就抓住了两个征候式的问题：首先，海德格尔和批判海德格尔的夏皮罗凭什么不假思索就断定这是"一双"鞋？其次，当海德格尔断定这是一双"农鞋"，而且是"农妇"的一双鞋时，夏皮罗则断定它们是一双"城市居民的鞋"，而且是画家自己（一个男人）的鞋。对于鞋的拥有者的性别，夏皮罗表现出了同样的盲目。

海德格尔和夏皮罗凭什么断定凡·高画中的两只鞋是"一双"鞋？这两只鞋真的是"一双"吗？德里达提醒我们注意，没有任何证据可以证明这是一双鞋。首先，单纯从画作本身来看，它们就不是一双鞋："这两只鞋看着他们，也看着我们。它们的分离是显而易见的。鞋带已经解开，它

① Jacques Derrida, *The Truth in Painting*, p. 263.

们已被抛弃，不但脱离了主体（穿戴者、持有者或者拥有者，甚至是作者/签名者），而且它们自身也是脱离的（鞋带已经解开了）。即使它们是一双鞋，它们彼此也是相互脱离的，况且它们并不构成一双鞋。"① 其次，凡·高自己并没有把这幅画命名为"一双旧鞋"。他在给伯纳德的信中提及自己曾画过"一双旧鞋"，但他没有说过这幅画画的是一双旧鞋。德里达进而认为，即使凡·高将其命名为"一双旧鞋"那也无关紧要，不会改变这幅画实际产生的效果，即它们事实上并非一双鞋，不管这种效果是凡·高有意为之的还是无意为之的。因为仅凭标题并不能决定这幅画，标题可以通过无数而且多元决定的方式与这幅画联结或者分离。它可以成为这幅画的一部分，并且在其中扮演不止一种角色，使用不止一种修辞手法。比如，当我们使用反讽的手法时，"一双"会让人想到对偶性，但其实表示的是无偶性；同样，"无偶性"也可以更有力地表达对偶性。最后，如果我们仔细观察这幅画，我们将会发现一个更加惊人的秘密："我越是看它们，它们越是看我，它们越是不像一双旧鞋，越是像两只同样的鞋。"② 随后德里达明确指出，这不是一双鞋，而是两只左脚鞋。至于它们是来自两双不同的鞋子，还是两双相同的鞋子，抑或是凡·高将同一只左脚鞋稍做变形后并排画在了一起，那就不得而知也无关紧要了。

　　既然这两只鞋根本就不是一双鞋，为什么伟大如海德格尔者、谨慎如夏皮罗者会对此熟视无睹呢？他们的错误不是辨识的错误，而是不辨识的错误。为什么他们会不假思索地断定它们是一双鞋？"一双"鞋是什么意思？换句话说，他们不假思索的断定源于何种欲望的支配？德里达认为，这种欲望就是归还的欲望。就在海德格尔（还有夏皮罗）面对这幅画的时候，这种欲望就油然而生了。一旦海德格尔站到这幅画前，他立即就置身于这样一种情景之中：两只孤零零的鞋被放置一隅，鞋带半解，似乎已经陷入一种可悲的弃置状态。然而就在你开始凝视它们的时候，它们也开始凝视你。它们不但凝视你，还告诉你它们正在等待，一直在等待，等待某人回来，或者等待回到某人的双脚上。即使它们的拥有者或穿戴者已经溘然长逝，那也没关系，它们可以等待某人的述说，这些话语将把它们与其拥有者重新联系在一起。正如德里达所说，如果问题是要知道这些鞋或者所有的鞋将回归谁和回归什么——必须将它们归还给谁和什么，递交给谁

① Jacques Derrida, *The Truth in Painting*, p. 261.
② Jacques Derrida, *The Truth in Painting*, p. 263.

和什么，从而卸下一笔债务；如果问题是要知道它们从哪里归来，从城市里归来，还是从田野里归来；如果问题是要知道它们的弃置还能带来何种收益，它们使用价值的耗尽还能释放出何种剩余价值；如果问题是要知道这些鞋是否正受某个幽灵的困扰，或者是否正在鬼鬼祟祟地回归它自己："总而言之，我们要把这些鞋归还给谁？归还给什么？要把它们与谁、与什么重新连接起来？要让它们与谁、与什么重新对准？而且从哪里着手，又如何归还，如何重新连接？"① 如果事情的关键是要回答这些问题，那么它们就必然是一双鞋，而且只能是一双鞋："对这两只鞋的'两'所做的幽灵般的分析可以告诉我们它们是如何走的：它们是否一起走且怎样走，以及它们是否走到了那双脚且怎样走到那双脚。在第一种情况下是一起走，在第二种情况下是前往某处……为了能走，不管是一起走还是前往某处，两只鞋必须是一双。这是不可或缺的条件之一。"② 如果不是一双鞋，如果是两只左脚鞋或者两只右脚鞋，它们怎么能够一起走？怎么能够回到主人或者目的地那里？它们必须是一双鞋，还有另外一个原因："一双鞋比一只鞋，或者两只不成双的鞋更容易让人想起有用性。'双'即使不能阻止恋物癖活动，至少也能抑制它。它将事物与效用——'正常的'效用铆接起来；它能更好地保护脚，并让事物按照法则行进。也许是为了排除无用性，或者某种变态的使用，海德格尔和夏皮罗丝毫不怀疑这两只鞋的成双性。他们将其捆绑在一起，以便将其与正常效用的法则捆绑在一起。"③

　　既然它们是一双鞋，那么它们就必然有所归属；即使它们只能出现在一幅画中，它们也是在静静等待，等待人们将它们归还给农妇（海德格尔）或者凡·高（夏皮罗）。但这种要求的逻辑要反过来理解：因为它们必定或必须有所归属，所以它们必然或必须是一双鞋。然而为何它们必须要有一个确定的归属、一个命定的目的地呢？谁有权力这样规定呢？毫无疑问，只有逻各斯中心主义的形而上学才具有这样的权能！众所周知，德里达的全部哲学都致力于解构形而上学，《绘画中的真理》（*La Vérité en Peinture*）也不例外。形而上学有一种根深蒂固的信念（或者妄想）：所有的事物或者现象都有一个终极原因，穿越一个又一个现象，我们必定能

---

①　Jacques Derrida，*The Truth in Painting*，p. 263.

②　Jacques Derrida，*The Truth in Painting*，p. 263.

③　Jacques Derrida，*The Truth in Painting*，p. 263.

够找到那个最后的根据；所有的能指都有一个终极意义，追溯一个又一个的能指，我们必定能够捕获最终的所指。正是受制于这种形而上学的要求，海德格尔和夏皮罗不假思索地断定它们是一双鞋。否则它们如何能够一起走，一起前往某处？这幅画，或者这两只鞋，或者凡·高画的这两只鞋，与其说是一幅艺术作品，不如说是一个陷阱，一个远比夏皮罗为海德格尔设计的陷阱更加隐秘、更加高明的陷阱，而启动这个陷阱的机关则是深藏于我们每个人内心深处的形而上学欲望。它不仅捕获了海德格尔，而且捕获了扬扬得意的夏皮罗。当前者不假思索地说这是一双农鞋时，他就坠入了陷阱；当后者以为前者坠入了陷阱而不假思索地说这是一双城镇居民的鞋时，他也坠入了陷阱。

　　海德格尔为什么会坠入这个陷阱？他的哲学不是向来以破除形而上学为旨归吗？德里达并不否认这种判断，但正如他在《论文字学》中指出的那样，海德格尔反叛形而上学还不够彻底，甚至不如尼采彻底，因为他时时处处都念念不忘真理，念念不忘为我们揭示真理。他的全部哲学就是要把被遗忘、被遮蔽了两千多年的真理奉还给我们。夏皮罗也是如此，虽然他对真理的理解远比海德格尔要肤浅，但他揭示真理的热情丝毫不逊于前者，尤其是在他认为前者在真理问题上出了差错之时。尽管二者针锋相对，但"人们仍然可以感受到一种共同的准则，一种类似的欲望，一种相同的勤勉——总之，一种共同的兴趣，甚至是共同的债务、共享的责任。他们亏欠了绘画中的真理，绘画的真理，甚至是作为真理的绘画，再甚至是作为真理的真理"[1]。作为一个哲学家，海德格尔觉得把柏拉图以来被遮蔽的真理重新揭示出来奉还给我们是他义不容辞的责任；作为艺术研究专家，夏皮罗也觉得自己有义务为我们揭示绘画中的真理，尤其是凡·高的这幅画中的真理，因为海德格尔弄错了。更加复杂的是，夏皮罗不仅对一般的观众负有这个责任，而且对他的同事和朋友戈尔茨坦负有这个责任，因为正是由于后者的提示，他才开始注意到海德格尔的《艺术作品的本源》。但是，夏皮罗亏欠戈尔茨坦的不仅是真理，而且有道义。德里达提醒我们不要忘记，海德格尔的《艺术作品的本源》产生于 1935—1936 年的几次演讲，而 1935 年戈尔茨坦因为纳粹德国的迫害在阿姆斯特丹痛苦滞留了一年，直到 1936 年才成功流亡到美国，在哥伦比亚大学艺术系谋得一席教职，从而得到善终。联系到海德格尔与纳粹德国说不清道不明

---

[1]　Jacques Derrida，*The Truth in Painting*，p. 263.

的暧昧关系，饱受纳粹摧残的戈尔茨坦提示夏皮罗留心海德格尔的《艺术作品的本源》是否仅仅是为了真理。而夏皮罗的《作为个人物品的静物画》则是为了纪念戈尔茨坦而作的，为后者"声张正义"的动机就更加意味深长了。

总之，逻各斯中心主义的形而上学冲动不仅驱动着天真的夏皮罗，而且对不遗余力地反对形而上学的海德格尔也并未完全失效。正是这种形而上学的冲动驱使他们将这两只左脚鞋误认为一双鞋，否则它们无法回归它们的拥有者，无法回归它们的本源或目的地。由此看来，凡·高的这幅画，这幅画了两只鞋的画，就是一个绝妙的陷阱。凡·高设计这个陷阱是有意为之还是无意使然其实无关紧要，因为触发这个陷阱的机关是逻各斯中心主义的形而上学，只要观者内心深处还有这种形而上学的冲动，他就会坠入这个陷阱。正是在这个意义上，德里达说："从那一刻起，一种诱惑就会被内切到这个对象上，这是一种将它放回去，让鞋子回到某人的脚，把它们交付给主体，交付给真正的穿用者或拥有者的诱惑；而这个穿用者或拥有者以其权利而被重建，并以其正直/直立而被恢复。"①

海德格尔和夏皮罗的另一个共同错误表现在他们对鞋的拥有者的性别，或者说对鞋的性别之盲目上。为什么海德格尔不假思索地认定这是农妇的一双鞋？谈及这幅画时，有时海德格尔称之为"一双农鞋"，有时则直截了当地称之为"农妇的一双鞋"，他从来没有说它们是农夫的一双鞋。这种确信来自何处？夏皮罗看似与海德格尔针锋相对，其实他在这个问题上也与海德格尔犯了相同的错误，尽管他不认为这是一双农鞋，而是一双城市居民的鞋，但他从来没有质疑过为什么这是农妇的一双鞋，而不是农夫的一双鞋。故此德里达说："真的，对于重新联结的性别，海德格尔和夏皮罗都没有给予主题性的注意。一方不加检验地将其与农民联结起来，而且毫无警觉地从农民过渡到农妇。另一方虽然检验了这个问题，却将其与居住于城市中的画家联结起来，但也从来不问一下自己为什么它们是男人的鞋，也不问一下为什么另一方会不满足于说'农民'，而是有时甚至经常补充说'农妇'。"②

且不说夏皮罗的问题，让我们先来考察一下这双鞋为何会被海德格尔系到农妇的脚上。如果有人在此嗅出了某种暧昧的气息，那么只能说明他

---

① Jacques Derrida，*The Truth in Painting*，p. 263.
② Jacques Derrida，*The Truth in Painting*，p. 263.

对性过于敏感。事实上，海德格尔将这两只鞋归还给农妇与性无关，与恋物癖无关。无论是海德格尔还是凡·高，对鞋都没有恋物癖。海德格尔之所以不假思索地就把这两只鞋归还给农妇，首先是因为他的哲学与农民和大地具有极为密切的关系。总体而言，海德格尔对崇拜科学理性的现代社会始终持一种强烈的批判态度，这种批判深深浸透于他的一切文本之中。海德格尔认为，我们生活的世界乃是一个由相互面对的天地人神四重境域构成的，由于科学理性思维的霸权，曾经紧密相连的四重境域分崩离析了，诸神皆被驱逐，天空成了有待征服的领域，大地成了被肆意掠夺的对象，人成了可资利用的资源。海德格尔的哲学始终关注的是存在，归根结底是人的存在。在他看来，人的存在应该是一种诗意的栖居，而承载这种诗意栖居的正是大地，因为大地是一切存在者的庇护者。大地以其谦卑、坚韧、奉献和牺牲承载且庇护一切存在者。最亲近大地、最了解大地、最热爱大地的就是农民。他们终生劳作于大地：在大地上辛勤地播种，在大地上喜悦地收获；他们细心照料大地，为它施肥，为它翻耕；他们在春天唤醒大地，在夏天让其工作，在秋天让其奉献，在冬天让其安眠。他们生于大地，死后又归于大地。正是基于这种哲学，海德格尔曾坦陈："我的工作就是这样扎根于南黑森林，扎根于这里的农民几百年来未曾变化的生活的那种不可替代的大地的根基。"① 海德格尔的哲学与农村和农民具有本质性的亲和关系，而在农民之中，农妇以其无怨无悔的谦卑、坚韧、奉献和牺牲更接近于大地。农妇和大地一样，都是家园的守护者。他对农民，尤其是农妇的亲和不仅与他的哲学密切相关，而且与他个人的一则生活经验有关，这则生活逸事被他诗意地记录在他那篇著名的散文《我为什么住在乡下》中：

> 前些时候，那里的一位农妇快要去世了，她平日很爱和我聊天，告诉我许多村子里的古老传说。她的质朴无文的谈吐充满了丰富的想象。她还在使用村里许多年轻人不再熟悉很快就会失传的不少古字和习语。去年，我独自在小屋里接连住过几个星期。那阵子，这位农妇经常不顾 83 岁高龄，爬上山坡来看我。照她自己说，她一次次来，不过是想看看我是否还在这里，或者，是否有人突然把我的小屋洗劫一空。整个弥留之夜，她都在跟家人谈话。就在生命最后一刻前一个

---

① Martin Heidegger, "Why Do I Stay in The Provinces", in *Heidegger：The Man and the Thinker*, ed. Thomas Sheehan, Chicago：Precedent Publishing, 1981, p. 28.

半钟头，她还要人向那个"教授"致意。这样的记忆，胜过任何国际性报刊对据说是我的哲学思想的聪明的报道。①

有一个惊人的细节值得我们注意，即《我为什么住在乡下》正好写作于 1934 年，也就是演讲《艺术作品的本源》的前一年。有鉴于此，海德格尔在《艺术作品的本源》中将这两只鞋归还给农妇难道是偶然的吗？

然而如果我们以为，就像夏皮罗指责的那样，这纯粹是海德格尔的心理投射，那也是不公平的。他之所以不假思索地将其归还给农妇，与凡·高本人也有密切关系。凡·高本人对农村、农民和大地具有一种与海德格尔相同的亲密情感。对此，夏皮罗在《作为个人物品的静物画》中也承认"凡·高在某些方面很像农民"②。凡·高的作品很多与农村和农民有关，比如《麦田》和《麦田群鸦》，《红色的葡萄园》和《收获景象》，《割草的少年》和《夕阳下的播种者》；而且他的人物画中有很多是农妇，比如《戴白色帽子的农妇》《耕地的农妇》。在《吃马铃薯的人》这幅画中，凡·高画了五个农民，其中有三个是农妇。凡·高对农村与农民的亲近和海德格尔的哲学之间的应和是毋庸置疑的，而他那些以农妇为主体的作品显然给海德格尔留下了深刻的印象。也许正是在这两种力量的共同作用之下，海德格尔不假思索地将这幅画中的鞋归还给了农妇。

夏皮罗则不同，他真正的目的是要证明这幅画所画的是凡·高自己的鞋。为此，他不仅求助于外在的创作时间，还求助于克努特·汉姆生（Knut Hamsun）的小说《饥饿》和高更关于凡·高的一些回忆。汉姆生的小说中有这样一段文字："因为此前我还从来没有看过自己的鞋子，于是开始研究起它们的样子、它们的特征。当我轻轻移动我的脚时，又研究起它们的形状和它们破损的鞋帮。我发现它们的褶皱和白色的裂缝赋予了它们一种表情——给予了它们一种面相。我自己的一些特征迁移到了这些鞋上。它们影响了我，就像我的另一个我这个幽灵——就像我自己鲜活的一部分。"③ 夏皮罗断言这也是凡·高与其鞋子之关系的真实写照："像汉姆生一样，凡·高具有一种再现事物的独特天赋，他能以一种非凡的能力将事物的形状和特征转移到画布上去；但它们必须是那些深深打动他的事

---

① Martin Heidegger, "Why Do I Stay in The Provinces", in *Heidegger：The Man and the Thinker*, p. 29. 海德格尔. 人, 诗意地栖居：超译海德格尔. 郜元宝, 编译. 北京：北京时代华文书局, 2017：67.

② Meyer Schapiro, "The Still Life as a Personal Object", in *The Reach of Mind*, p. 207.

③ Knut Hamsun, *Hunger*, trans. G. Egerton, New York：Knopf, 1941, p. 27.

物，就当前而言，就是他自己的鞋子——这是一些与他的身体不可分割并对他敏感的自我意识来说难以忘怀的事物。它们不会因为被赋予了他的情感和关于他自己的沉思而变得不那么客观。在将他自己破旧的鞋子孤零零地搬到画布上时，他使它们面对观者。他把它们看作自画像的一部分、穿戴的一部分，借助它们，我们行走在大地上，才能安顿运动、疲乏、压力和沉重的紧张——直立的身体接触土地时的负担。"① 据此德里达不无嘲讽地认为，在夏皮罗这里，凡·高的这幅 still life 已经不是一幅"静物画"，而是凡·高本人"寂静的生命"。夏皮罗的这种确信来自何处呢？来自高更的一段叙述。据高更回忆，当他与凡·高在阿尔的"画家之家"同住时（1888 年 10 月—1888 年 12 月），"画室里有一双大大的钉有平头钉的鞋子，十分破败而且满是泥土。他把它画成了一幅令人惊叹的静物画"②。而这双鞋，据高更讲，就是凡·高到比利时矿区去传道时（1878年 12 月）所穿的鞋子。凡·高之所以没有将它们扔掉，乃是因为"它们勇敢地承受了那次长途跋涉"。可惜夏皮罗不能将海德格尔论及的那幅画与高更提及的这幅画等同起来，因为他先前已经将其确定为凡·高在荷兰时期所穿的鞋。这双鞋更像凡·高，实在太遗憾了！

交织的鞋带

那么海德格尔是如何将这两只鞋"归还"给农妇的呢？这种归还可靠吗？从凡·高的画中，我们可以看见鞋带已经解开，它们被孤零零地放置一隅，显然已经被抛弃。德里达发现，为海德格尔和夏皮罗所罔顾的不仅只有鞋的非成双性和鞋的拥有者的性别，还有至关重要的鞋带：已然解开的鞋带。为了将鞋归还给其拥有者或者穿戴者，为了将鞋稳妥地穿在其拥有者或者穿戴者的脚上，必须将鞋带牢牢系好："我们要把鞋带这个比喻讲清楚：在其回绕着穿过且再穿过事物的孔眼的过程中，从外到内，从内到外，一会儿钻出到鞋面上，一会儿又钻入鞋面下；在左右之间，贯穿左右，鞋带始终是同一根鞋带；它在有规则地穿过鞋孔的过程中，出现又消失；它使事物保证了它的聚集，借助一种结构法则，把下面与上面捆绑在一起，把里面与外面束缚在一起。"③ 正如德里达所说，鞋带是一个比喻，

---

① Meyer Schapiro，"The Still Life as a Personal Object"，in *The Reach of Mind*，p. 207.

② J. de Rotonchamp，*Paul Gauguin 1848 - 1903*，Paris：G. Crès，1925，p. 53.

③ Jacques Derrida，*The Truth in Painting*，p. 299.

它喻指的其实是能指链或者话语。正是借助鞋带，鞋与它的拥有者或者说鞋与脚联系在了一起；正是借助符号，能指与所指之间建立起了所谓的一一对应；正是借助能指链，言语与永恒的逻各斯实现了亲密无间的相互映射。总之，德里达要说的是，海德格尔在《艺术作品的本源》中运用的方法本质上就是鞋带的方法。

海德格尔有"两根鞋带"，一是器具，二是他的话语。首先他用器具这根鞋带将三种存在物编织在一起：纯然物、器具和艺术作品。大千世界无物不有，林林总总不可枚举，但无非三类：纯然物、器具和艺术作品。但海德格尔与其说是要区分这三种存在者，不如说是要将它们编织在一起，而此处用以编织的带子就是器具："器具，比如鞋具吧，作为完成了的器具，也像纯然物那样，是自持的；但它并不像花岗石块那样具有那种自生性。另一方面，器具也显示出一种与艺术作品的亲缘关系，因为器具也出自人的手工。而艺术作品由于其自足的在场却又堪与自身构形的不受任何压迫的纯然物相比较。尽管如此，我们并不把作品归入纯然物一类。我们周围的用具毫无例外的是最切近和最本真的物。于是，器具既是物，因为它被有用性所规定，但又不只是物；器具同时又是艺术作品，但又要逊色于艺术作品，因为它没有艺术作品的自足性。假如允许做一种计算性排列的话，我们可以说，器具在物和作品之间有一种独特的中间地位。"①也就是说，器具与纯然物的相同之处在于二者都是既已完成的东西；不同之处在于，器具没有纯然物的自成性，它要由人来完成。器具与作品的相同之处在于，二者都要由人来完成；但器具不具有作品的自足性，它是为人的需要而制作的。器具始终是手段，是工具，不是目的。而作品虽然需要作者的创作和读者的阅读和接受，但作品不是手段和工具，它自身就是目的。作者的创作与读者的参与是为了实现作品，而非用作品去实现其他目的。总之，当海德格尔说作品是自足的，他的意思并非说作品与人无关。然而，居间的器具能否真的将纯然物与艺术作品统一起来呢？正如德里达指出的那样，当器具成为作品的主体时，当作为器具的物（鞋）成为作为作品的物（凡·高的画）所呈现或表现的主体时，事情就变得非常复杂了。不仅复杂得让夏皮罗失败，而且其中的悖论也是海德格尔始料未及的：如果器具半是半不是艺术作品，那么在以器具为主体的艺术作品中，

---

① 海德格尔. 艺术作品的本源//林中路. 孙周兴，译. 上海：上海译文出版社，1997：13. Martin Heidegger, "The Origin of Work of Art", in *Off the Beaten Track*, p. 10.

为了如其所是地揭示器具的器具存在，该艺术作品也就只能半是半不是艺术作品。故此德里达质疑说："因此像鞋画这样的作品，为了成为一件作品，就得展示某物所欠缺的东西，它（以这些鞋）展示了它欠缺它自己，人们几乎可以说展示了它自己的欠缺。它就是这样被当作自足的吗？它就是这样完成的吗？它完成它自己了吗？"①

　　将器具置于纯然物和艺术作品之间，让器具这根鞋带在纯然物和艺术作品之间交错穿插，从而将二者联结在一起，这对海德格尔来说具有非同寻常的意义。因为他的目的就是要借助器具的这种居间性，不仅阐释器具的器具存在，而且要阐释物的物存在和作品的作品存在。既然器具居于纯然物和艺术作品之间，那么澄清了器具的器具存在，自然也就为澄清物的物存在和作品的作品存在奠定了坚实的基础。但是，敏锐的德里达在海德格尔的论证中再次发现了一处裂缝：海德格尔曾三次提到鞋子，但前两次都是与斧头和瓦罐相提并论；而当他最终求助于艺术作品时，他仅仅提及了鞋子这种器具。何以如此？仅仅是因为他所要求助的是凡·高以鞋子为主体的画吗？为何不能求助于一幅以瓦罐为主体的作品呢？难道没有以瓦罐为主体的画作吗？德里达认为，海德格尔选择凡·高这幅画值得深究："这无疑对应了一种特殊的需要，但海德格尔从来没有将其主题化。也许是因为，不像斧头和瓦罐，鞋子这种有用的器具还是一种穿戴之物，它附着于主体之身体的方式涉及了某种渊源，从这种渊源中，我们可以在这个语境中获得更多的东西。"② 说得更明确一些，海德格尔之所以最终仅仅求助于鞋子，乃是因为相较于斧头和瓦罐，鞋子与拥有者的身体的关系更加明确而且直接，斧头和瓦罐往往并不明确地归属于某人，即使归属于某人也不与其拥有者的身体直接相关。但鞋子这种器具就不一样了，鞋子始终只能是特定某人的鞋子，不会是一些人的鞋子；鞋子始终与拥有者的身体直接接触，它所包裹的是"赤裸"的脚。所以德里达说："因为它是一种有用的器具，尤其是因为它是一种穿戴之物，因此它被另一种赤裸之物的'形式'投资、栖居、赋形，而且像幽灵一样困扰着它。它与这赤裸之物（只是部分地而且暂时地）分离，它似乎正等待着与之重新绑定，被其重新占据。它似乎天生就是要与之重新绑定。"③ 当德里达说赤裸之物时，

①　Jacques Derrida, *The Truth in Painting*, p. 298.
②　Jacques Derrida, *The Truth in Painting*, pp. 296 - 297.
③　Jacques Derrida, *The Truth in Painting*, p. 303.

他其实是在讥讽海德格尔孜孜以求的真理：存在者之无蔽。

海德格尔的另一根鞋带不是别的，正是他的话语，他关于凡·高这幅画的话语，或者这幅画、这两只鞋子让他讲述的话语。为了将这两只鞋子归还到农妇的脚下，海德格尔让他的话语链像鞋带一样在画里与画外左右交错、上下翻飞、里外出没。他许诺引导我们进入这幅画本身，进入这幅画所画的鞋本身。但在这幅画内部，除了"磨损的内部那黑洞洞的敞口"之外，我们什么也得不到。如海德格尔所说，在这幅画内部，我们甚至无法辨认这双鞋被放在了什么地方。除了一个不确定的空间外，这双农鞋的用处和归属也只能归于无。鞋子上甚至连地里的土块或田野上的泥浆也没有一点。只是一双农鞋，再无别的。然而诡异的是，正是在鞋的空间、用处和归属都一无所知的情况下，海德格尔却斩钉截铁地断定了它们是一双"农鞋"。他许诺为我们径直描绘这双鞋，但是他所描绘的劳动的艰辛、步履的滞缓、田垄上料峭的寒风、大地蒙眬的冬眠、分娩时的阵痛和死亡时的战栗，所有这些都不在这幅画之内，而在这幅画之外。为了将这幅图画与其环境、将其内部世界与外部世界缝合到一起，这根鞋带进入画布然后又走出画布，再进入画布，反复穿插。但是，海德格尔完全没有考虑过这些矛盾。为了将这两只鞋归还给农妇，他让诗意的哲学话语这根鞋带在画里画外自由交错、上下翻飞、进出自如。

海德格尔不仅在画里画外随意穿插，而且在器具和艺术作品之间自由进出。当他为了阐释一切物的物存在，而企图以其居间性求助于器具时，他所求助的其实是凡·高的一幅画，一件艺术作品。当他为了阐释艺术的本质或者作品的作品存在（这是《艺术作品的本源》的根本目的）时，他所求助的其实是一双鞋、一种器具。比如，为了通向器具之器具存在，海德格尔说最保险的办法是"不用某种哲学理论，而径直去描绘一个器具"[①]。所以德里达说："求助于这幅'著名的图画'的合理性来自对器具之器具存在的追问，而非来自对艺术作品的追问。艺术作品似乎只是顺便且在事后才被提及。当海德格尔说要转向图画时，他所感兴趣的其实不是这个作品，而是器具的器具存在。"[②]　因此，海德格尔的鞋带在器具和作品之间的交错穿插同时也是在这幅画的有用与无用之间的交错穿插。他很

---

① 海德格尔. 艺术作品的本源//林中路. 孙周兴，译. 上海：上海译文出版社，1997：16. Martin Heidegger, "The Origin of Work of Art", in *Off the Beaten Track*, p. 13.

② Jacques Derrida, *The Truth in Painting*, p. 299.

清楚凡·高画了许多以鞋为主体的作品，但他并没有指明他所求助的是哪一幅。他没有提及这幅画的标题及其目录编号，他对这幅画与凡·高其他画的区别是满不在乎的。为什么他对此满不在乎？因为他其实无须求助于这幅画，这幅画对他来说是无用的。为什么无用？因为如海德格尔所说，这幅画除了"磨损的内部那黑洞洞的敞口"，再也不能告诉我们别的什么。一幅无所道说的画能有什么用呢？那么海德格尔会把这幅无用的画抛弃吗，就像抛弃无用的鞋一样，弃之如敝屣？恰好相反，他将竭力利用这幅无用的画，或者更准确地说，竭力利用这幅画的无用。他将开发这种无用，用这种无用去投机，让这种无用做出回报。这幅无用的画或者这幅画的无用能回报什么？它的第一个回报是：只有借助艺术作品，我们才能洞悉器具的器具存在。不过它最重要的回报是：艺术的本质就是存在者的真理自行将其设置入作品。

　　借助融诗与思于一体的哲学话语这根鞋带，海德格尔不仅将这两只鞋成功"归还"给了农妇，而且奇迹般地让艺术作品的本源这个庞大的问题在这些细小的鞋孔中自由进出。而夏皮罗则借助"严谨"作风，将这两只被海德格尔"弄错"了主人的鞋"正确地"归还给了它们的失主凡·高。但在德里达看来，无论是海德格尔还是夏皮罗的归还都是不可靠的：如果这两只鞋根本就不是一双鞋，而是两只左脚鞋、两只右脚鞋，或者两只一大一小根本不匹配的鞋，甚至是被画两次的同一只鞋，那么它们如何可能走到农妇或者凡·高的脚下？因为两只不成双的鞋是不属于任何人的。而二者归还鞋子的方法，或者说为鞋子寻找失主的方法则是一致的，他们都用自己的话语这根鞋带在画里画外左右交错、上下穿插、里外进出。但是，他们的手法越熟练，鞋带交织得越轻盈，他们的谬误越明显。因为解构主义的基本原理乃是：意义并不内在于能指链之中，而只是能指游戏的产物；因此意义的起源不是什么永恒的逻各斯，而是痕迹本身；意义与所指始终处于无穷的延异之中。故此德里达说："无论如何，不管它们来自哪里又回到哪里，这两只鞋绝不会平安无虞地回到某处。"①

　　在这场事关真理的游戏中，夏皮罗自以为对海德格尔给予了釜底抽薪的致命一击，他以为自己的考证严谨细密滴水不漏，而海德格尔的阐释则纯粹是一种主观投射。夏皮罗的失败不仅在于，他自认为的铁证如山的考证其实漏洞百出，以及他对《艺术作品的本源》之核心要旨的茫然无知；

---

① Jacques Derrida, *The Truth in Painting*, p. 281.

更重要的是，他对海德格尔的攻击坠入了相同的陷阱：他和海德格尔一样，不仅对画中两只鞋的非成双性毫无意识，而且对鞋的拥有者的性别，或者说对鞋的性别也毫无反思。他既没有问海德格尔为何这"一双鞋"是农妇而非农夫的鞋，也没有问过自己为何这"一双鞋"是凡·高这个男人的鞋。夏皮罗指责海德格尔的诗意阐释是一种主观投射，但他自己坚持要在鞋上看见凡·高自己的面相，何尝不是一种更加严重的主观投射？他指责海德格尔囿于形而上学的偏见，完全不懂艺术；但在德里达看来，逻各斯中心主义的形而上学对夏皮罗的支配要远远甚于对海德格尔的支配：海德格尔还只是把这两只鞋归还给一般的农妇，而非某个具体的农妇，夏皮罗则直截了当地归还给凡·高本人。他想把这幅图画中的鞋带与一双"真实的"脚紧紧系在一起。他把图画中的鞋穿到了画家的脚上，把它们生生地拽出了这幅画。

2. 配饰与边框

作为西方哲学史上的大哲学家，康德一直是后世其他大哲学家（比如黑格尔、胡塞尔和海德格尔）的路标。一方面，康德对西方哲学的贡献源于他在认识论上实现的哥白尼式的革命，即把以客体为中心、让主体围绕客体转的经验主义认识论改变为以主体为中心、让客体围绕主体转的理性主义认识论。当然，这一革命性改变的原初目的与实际效果都绝不是要让哲学从独断的形而上学走向主观唯心主义的唯意志论。另一方面，他的贡献也源于他为后来的哲学家树立了一个批判目标，他们或者批评他综合经验主义与理性主义未能成功，或者批评他未能彻底摆脱形而上学的羁绊，或者批评他空洞的形式主义的道德哲学，或者批评他自相矛盾的形式主义美学。但是，康德面临的最严峻挑战并非这些批判，真正的威胁来自德里达的解构主义。

西方哲学从本体论转向认识论并非始自康德，而是笛卡儿。但康德明确指出，认识论的关键就在于理解"认识得以可能的条件就是认识对象得以可能的条件"。他的《纯粹理性批判》（1781）和《实践理性批判》（1788）就是在这个基石上建构起来的。然而，在完成这两部里程碑式的哲学著作之后，康德马上意识到了在理论理性和实践理性之间存在着一道深渊；如果他不能在理论理性的必然和实践理性的自由之间架设起一道桥梁，那么他将无法回答他所提出的那个终极问题：人是什么？因此，在完成《实践理性批判》之后两年，垂垂老矣的康德就在一种时不我待的惶恐中仓促书写了旨在沟通前两种批判的《判断力批判》。

鉴于《判断力批判》之于康德批判哲学的重大意义，当咄咄逼人的德里达将解构主义的锋芒指向康德时，它自然就成了首当其冲的目标。因为有深渊，所以要有桥梁。但在德里达看来，《判断力批判》是一座桥吗？或者这座桥坚固吗？如果这座桥本身就有裂缝和深渊怎么办？这些致命的问题就是德里达在《绘画中的真理》（1978）中针对康德的审美判断力批判提出的。

配饰或边框

对于德里达来说，解构主义的根本目标就是要颠覆以真理或本质等逻各斯为核心的形而上学。他将这种崇奉在场的形而上学称为语音中心主义的形而上学，因为这种形而上学与西方崇尚语音贬低文字的语言学具有一种互为表里难解难分的关系："形而上学的历史，尽管千差万别，不仅自柏拉图到黑格尔（甚至包括莱布尼茨），而且不止这些人，自前苏格拉底到海德格尔，始终认定一般的真理源于逻各斯：真理的历史、真理的真理的历史，一直是文字被贬低以及文字被排斥在'充分'言说之外的历史。"[①] 为什么传统的形而上学与语音中心主义有一种难解难分的缠结关系呢？因为在德里达看来，西方哲学从苏格拉底、柏拉图、亚里士多德以来，直到卢梭、索绪尔和海德格尔，始终将言语视为逻各斯实现最充分、最完满之在场的基本媒介。在柏拉图的《斐德若篇》中，苏格拉底认为活生生的言语是呈现逻各斯的更加本原的媒介，而僵死的书面文字不过是言语的影像、记忆的毒药。亚里士多德在《解释篇》中也说"言语是心灵体验的符号，文字是言语的符号"。换言之，文字是符号的符号、能指的能指，与真理或者逻各斯隔了两层。

这种文字歧视与语音中心主义的形而上学所必须预设的一种二元对立密切相关，即内外对立：内在的逻各斯与外在的言语符号对立。形而上学坚信，内在于世界核心深处的永恒的本质、真理、根据外在于一切符号系统，超越一切符号系统，但外在的鲜活的言语可以充分表达内在的逻各斯。这种内外之别在索绪尔的语言学中表现为能指与所指的对立。他认为

---

① Jacques Derrida, *Of Grammatology*, trans. G. C. Spivak, Baltimore: The Johns Hopkins University Press, 1977, p. 3.

符号（sign）总是由能指和所指这两方面构成。所指指的是符号的概念内容，它是符号的可知方面；能指则是符号的声音形象，它是符号的可感方面。对于一个符号来说，内在的所指与外在的能指就像一片树叶的两面，二者缺一不可。换句话说，能指之内必有所指。更准确地说，借助能指，必定可以捕获所指。故此在德里达看来，"始终在自身中包含能指与所指之区分的符号概念，也属于逻各斯中心主义的派生物，而逻各斯中心主义也不过是一种言语中心主义：它主张言语与存在绝对贴近，言语与存在的意义绝对贴近，言语与意义的理想绝对贴近"①。在确立了以能指和所指的对立统一为核心的符号概念之后，索绪尔进而指出了符号系统的运作基于两个基本原则：任意性和差异性。所谓任意性是指能指与所指的关联是任意的，用某种声音去表达某种概念完全是约定俗成的；所谓差异性是指某种能指之所以能表达某种所指，完全是因为它和该语言系统中的其他能指不同。索绪尔始料未及的是，正是差异性原则内在地包含了摧毁其符号概念，甚至进而摧毁整个形而上学的基因。根据符号的差异性原则，cat之所以是 cat，是因为它不是 cap，不是 cad，不是 can，不是 car，还因为它不是 bat，不是 mat，不是 hat。人们应该又能够在什么地方停下来呢？语言中的这个区别过程完全可以无限循环地追溯下去。因此德里达认为，这一推论的必然结论便是："其结构可以解读为'能指的能指'的那种起源，在它自身的产品中，遮蔽并抹除了它自己。在那里，所指始终起能指的作用。人们确信文字的派生性影响所有的一般所指，并且始终在影响它们，也就是说，从它进入游戏之时就在影响它们。没有所指可以逃脱构成语言的指称对象的游戏，所指最终将陷入能指之手。"② 伊格尔顿对德里达的这一观点做了更为简洁的解释："意义（所指）乃是各个能指之间能够无始无终地进行下去的游戏的副产品，而不是牢牢拴在特定能指的尾巴上的概念。能指并不像镜子反映给我们一个形象那样直接交给我们一个所指：语言之中的能指层和所指层之间并不存在着和谐的一一对应。使问题更加复杂的是，能指与所指之间并没有任何固定的区别。……既然一个符号的意义取决于一个符号不是什么，那么它的意义从某种意义上说就不在它自身之内。"③ 正是在这个推论的帮助之下，

　　① Jacques Derrida, *Of Grammatology*，pp. 11 - 12.

　　② Jacques Derrida, *Of Grammatology*，p. 7.

　　③ 伊格尔顿. 二十世纪西方文学理论. 伍晓明，译. 北京：北京大学出版社，2007：125 - 126.

我们可以更准确地理解德里达的这个断语：意义并不在能指之内，意义只是能指游戏的产物，一切所指皆是能指。能指与所指的内外对立就此被彻底解构了。

然而这一切与康德的《判断力批判》究竟有何关系呢？当德里达向康德的审美判断力批判抄起解构主义的手术刀时，可供他下手的要害在哪里呢？要害就在康德的美学同样建基于形而上学预设的内外二元对立："在各种历史形式的艺术、艺术概念，或者翻译'艺术'的希腊语、拉丁语和德语词语之下，人们可以找到一个统一而赤裸的（one-and-naked）意义；就像内容一样，这个意义可以从内部充满形式，同时使它自己区别于它所充满的形式。为了思考一般艺术，人们认证了一系列对立（意义/形式、内部/外部、内容/容器、所指/能指、表征物/表征者），正是这些对立建构了对艺术作品的传统解释。人们把一般艺术当作一个事物，在这个事物之中，人们要求区分内在的意义、恒定不变者和各种外在的变式；通过这些变式，就像透过许多面纱一样，人们尽力看见或者恢复真实、完满、原本的意义：统一而赤裸的意义。"① 不独康德为然，在德里达看来，整体笼罩在形而上学之下的艺术哲学本质上就是一种以内外对立为基础的话语："现在你们必须知道你们正在谈论的东西，即什么东西内在地关涉'美'这种价值，什么东西外在于你们内在的美感。从柏拉图到黑格尔、胡塞尔，甚至海德格尔，这种永恒的要求——区分内在的或真正的美感与正在谈论的客体的环境——组织起了关于艺术、艺术的意义以及意义本身的全部哲学话语。这种要求预设了一种谈论艺术客体内外分界线的话语，也就是关于边框的话语。"②

作为美学的真正建立者，康德的审美判断力批判一丝不苟地服从了形而上学严格区分内外的基本要求。这在他分析审美判断的四个契机时得到了最为充分的展现：（1）根据质来看，审美判断的愉悦是不带利害关系的；（2）根据量来看，审美判断的愉悦是不凭借概念而普遍有效的；（3）根据目的关系来看，美是无目的的合目的性形式；（4）根据模式来看，美是不凭借概念而必然令人愉悦的东西。这四个判断契机涉及四个关键：无利害、无概念、无目的、必然性。康德认为，"为了判断某物美或不美，我们不是凭借知性把表象与客体联系起来，而是通过想象力把表象与主体的

① Jacques Derrida, *The Truth in Painting*, pp. 21 - 22.

② Jacques Derrida, *The Truth in Painting*, p. 45.

愉快或者不快的情感联系起来"①。这个命题至少有两层意义：首先，在审美判断中被联系起来的是客体的表象与主体愉快或者不快的情感，而非表象与实存的客体，客体的实存必须被排除在外。其次，联系二者的先天能力是想象力而不是知性能力。在《纯粹理性批判》中，康德严格区分了外在的现象与内在的物自身，与此相应，他在《判断力批判》中对表象与客体的实存也做了严格的区分。因为在他看来，审美判断如果涉及的不是客体的表象，而是客体的实存，那么与之相应的愉悦就必然是有利害关系的，而审美判断的第一原则就是无利害性："每个人都必须承认，关于美的判断只要混杂有丝毫的利害在内，就会是很有偏心的，而不是纯粹的鉴赏判断了。"② 为了保证审美判断的纯粹性，这种判断的对象必须是客体纯粹的表象，客体的实存必须被排除出去。然而，这只是康德美学区分内外的第一步，更重要的是他要把主观的"情感"（feeling）与客观的"感觉"（sensation）严格区分开来。康德所谓的感觉指的是"各种意义（senses）的客观表象"，而情感指的是那种"必须始终纯粹主观且绝对不能构成客体之表象的东西"③。在感觉中，表象与事物联系在一起，而在情感中，表象只与主体相关。这的确非常令人震惊，因为通常我们认为，一切情感都必定属于主观的感觉。然而康德就是这么任性，他坚信不仅"诸表象的一切关系可以是客观的，甚至诸感觉的一切关系都可以是客观的；唯有对愉快和不愉快的情感的关系不是如此，通过它完全没有标明客体中的任何东西，相反，在其中主体是像它被这表象刺激起来那样感觉着自身"④。正是基于这种区分，康德进而把情感也做了严格的内外区分：源于美的情感是最主观、最内在的，因为它与客体毫无关系；而源于利害关系的惬意与源于善的快乐都是不纯粹的，与欲望或目的有牵连，因而是外在的。总之，审美判断的对象是客体的表象而不是客体的实存，审美判断的感性只涉及主体"主观的"情感，而不涉及主体"客观的"感觉。在康德看来，凡是由利益关系引起的"客观的"愉悦都与对象的实存密切相关，从而与主体的欲望相关，因此是不纯粹的。对于这种纯之又纯的主观

① 康德．判断力批判．邓晓芒，译．北京：人民出版社，2002：37. 出自《判断力批判》的所有引文均来自邓晓芒先生的译本，但全都参照英译本略有修改。邓晓芒先生的翻译准确无误，修改只因用词习惯不同而已。

② 康德．判断力批判．邓晓芒，译．北京：人民出版社，2002：39.

③ 康德．判断力批判．邓晓芒，译．北京：人民出版社，2002：41.

④ 康德．判断力批判．邓晓芒，译．北京：人民出版社，2002：38.

愉悦，德里达不无揶揄地剖析道："这种愉悦是纯粹主观的：在审美判断中它不会指示客体的任何东西。但是它的主观性也不是一种实存，甚至与实存没有关系，它是一种反实存或非实存的主观性，出现在埋葬经验主体及其整个世界的地窖之上。"① 换句话说，只要我们还实存于这个世界，我们就绝不可能体验到康德的这种愉悦。

由此可知，康德的美学建立在严格的内外二元对立之上。为了保证审美判断的纯粹性，一方面，审美判断必须彻底排除外在的客体的实存，而仅关注内在的客体的表象；另一方面，审美判断必须彻底排除源于利害关系的惬意和源于完善的快乐，这两种快乐都掺杂了外在的感觉，而仅依赖纯粹的、不与客体发生任何关联因而内在的愉悦与不悦的情感。当然，这两种区分其实是一回事，因为如果快乐源于客体的实存而非客体的表象，那么这种快乐就必然涉及利害关系或者涉及目的关系，因而必然是不纯粹的感觉。由于第一种区分，对康德来说，审美判断真正的、纯粹的，也就是内在的对象就只能是客体的形式，而不能是客体的实存："一种单纯感觉方式的纯粹性意味着这感觉方式的一律性不被任何外来的感觉所干扰和打断，这种纯粹性仅仅属于形式。"② 这实在是个悖论，因为我们通常认为形式是外在的而内容才是内在的。

基于这种内外之别，康德认为在绘画、雕刻乃至一切造型艺术中，图案（Zeichnung）是最纯粹的形式，在音乐中，乐曲（Composition）是最纯粹的形式。也正是在这种区分中，他顺便提及了配饰：

> 颜色的魅力或者乐器惬意的音色可以加进来：但前者中的图案和后者中的乐曲才是纯粹鉴赏判断的真正对象。至于颜色和音色的纯粹性，或者它们的多样性及其对比对美似乎也有贡献，但这并不等于说，因为自身是令人惬意的，它们就增加了形式上的快乐。真正的意思毋宁是说，它们使这种形式的感知变得更加清晰、确定和完全了，此外还通过它们的魅力使表象变得生动起来，因为它们激发和保持了对对象本身的注意力。

> 甚至人们称作装饰［配饰（parergon）］的东西，也就是那些配件，那种并非作为内在的组成部分而从属于客体之完整表象的东西，也只是凭借其形式才增强了鉴赏的快乐。比如图画的边框或雕像的衣

---

① Jacques Derrida, *The Truth in Painting*, p. 46.
② 康德. 判断力批判. 邓晓芒，译. 北京：人民出版社，2002：60.

着，或者宫殿的柱廊。但配饰本身如果不参与构成美的形式，如果人们引进它就像引进金边的画框一样，只是为了借助它的魅力来博取人们对这幅画的喝彩，那么它就只是一个华丽的装饰，而有损真正的美。①

parergon（配饰）这个词语来自希腊语，由前缀 par-（旁边的，附加的）加 ergon（作品）构成。配饰就是作品旁边的、附加到作品上的东西，因此也就是外在于作品的东西。德里达业已在前文指出，区分内外之别是形而上学永恒的要求。这种要求因为日常经验变得不证自明：一杯清茶在手，我们当然可以说茶水在杯中，而手在杯外。对康德来说，作品与配饰也是内外有别的。但是，一旦我们离开日常经验，或者不在日常经验的层面上去思考这种区分，内外之别就从不证自明变得大有疑问了。比如，图画的边框、雕塑的衣着或者宫殿的柱廊，究竟是内在还是外在于图画、雕塑或宫殿？不过，这并不是德里达解构内外之别的第一步，他首先追问的是：为什么要有配饰？如果作品真的是纯粹的、完整的、内在自足的，那为什么还需要外在的配饰？"配饰内切了某种外来之物，外在于真正的领域；但这种外来之物卓越的外在性之所以能触及、摩擦、挤压边界，与边界游戏，并介入内部，只是因为内部有欠缺。它欠缺了某种东西，它欠缺了它自己。"② 作品之所以需要配饰，乃是因为作品本身有欠缺，需要配饰增补它所欠缺的东西。康德本想通过实例来证明内外之分，但在德里达看来，他的论证适得其反：非内部的、非内在的东西变成了客体的完整表象的必备成分，但它却是以一种外在的方式作为剩余物、附加物或附件而归属于客体之完整表象。这就是说，本应内在于作品的东西却外在于配饰之中，本来外在于配饰的东西却内在地属于作品。如此一来，那种不证自明的内外之别就大有疑问了。

不仅作品这个概念大有疑问，甚至配饰这个概念也大有疑问。配饰始于何处又终于何处？在图画、雕塑和建筑物中，什么东西是配饰，什么东西不是配饰？以德国画家老卢卡斯·克拉纳赫（Lucas Cranach，1472—1553）的《卢克丽霞》（*Lucretia*）为例，这幅画的配饰是什么？是那把剑尖抵着心口的短剑，还是脖子上的那条项链？对于建筑物来说，为什么教堂或者神殿的立柱是配饰，而它们所矗立其中的自然环境或者人工环

---

① 康德. 判断力批判. 邓晓芒，译. 北京：人民出版社，2002：61-62.
② Jacques Derrida, *The Truth in Painting*, p.56.

境，比如周围的其他建筑物不是配饰？这种判断的标准来自哪里？使问题更加复杂的是：在建筑物中，配饰所从属的作品并不表征任何事物，而且这作品本身就是被附加到自然中的附加物。总之，判断配饰的根据是什么？为什么图画的边框、雕塑的衣着和建筑的立柱是配饰，而其他东西不是？对此德里达回答道："不是因为它们易于分离，相反是因为它们难于分离，而且主要是因为没有它们，没有它们的准分离性（quasi-detachment），作品内在的欠缺就会出现，或者就不会出现（对欠缺而言，这两者是一回事）。使配饰成为配饰的东西并非仅仅是它们作为多余物的外在性，而是那种内在的结构性联系，后者将它们铆接到作品内在方面的欠缺。正是这种欠缺构成了作品的统一性。没有这种欠缺，作品就不需要什么配饰。作品的欠缺就是欠缺配饰，就是欠缺衣着或者立柱，尽管后者外在于作品。"①由此可见，配饰的基本特征，判断配饰的原则不在于它们的分离性，而在于它们的"准分离性"，它们看似与作品易于分离，其实难解难分。更重要的是，解构主义的真正锋芒在这段话里得到了充分的彰显：如果没有配饰，作品本身就不可能存在。也就是说，配饰不是补充了作品，而是建构了作品。配饰的基本功能不在于装饰作品，或者增强作品的魅力，而在于更为根本地建构作品。换句话说，在于区分内外。内外之别并不是先验地存在，然后配饰外在地附加上来。正是有了配饰，才有了内外之别，才有了作品和配饰的区别。

配饰的基本作用，或者说配饰的基本工作就是设定边框。配饰就是边框。正是基于这种理由，后来德里达逐渐用"边框"代替了"配饰"，至少使二者具有相同的内涵。有了边框，自然才会有内外之别：边框之内的便是纯粹的作品，根本的实体；边框之外的则是附加的配饰，额外的补充。没有边框，就没有作品，更不可能有关于艺术作品的理论。因此，"如果不掂量边框的分量并与边框有关，那么就没有任何'理论'，没有任何'实践'，没有任何'理论性实践'可以介入这个领域"②。然而我们需要始终牢记的是，虽然没有边框就没有内外之别，但有了边框，内外之别同时也被解构了。

配饰或者边框不仅使自己有别于必不可少的内部，有别于作品真正的实体，而且使自己有别于外部，有别于悬挂图画的墙面，有别于雕塑或宫

①　Jacques Derrida, *The Truth in Painting*, pp. 59 – 60.

②　Jacques Derrida, *The Truth in Painting*, p. 61.

殿矗立其中的空间，并一步步有别于整个历史、政治和经济语境。但区分内外的边框本身又在哪里呢？它既不在作品之内，也不在作品之外，因为它不是一条线，而是一个有宽度的地带。然而边框的诡异之处不仅在于它就像薛定谔的猫一样无法确定位置，还在于它的发生方式、它站出来的方式："配饰（边框）既从作品之中站出来，又从作品的环境中站出来，它就像一个人一样站在地面上。但是它站出来的方式与作品不同，后者仅仅对着一个场所站出来，边框却总是对着两个场所站出来，但无论相对于两个场所中的哪一个，它总是消失进另一个场所。相对于作为其场所的作品，它消失进墙面，并逐渐消失进一般文本。相对于作为一般文本的背景，它消失进对着一般背景站出来的作品。场所之上总有某种形式，但配饰（边框）这种形式不是以其站出来而是以其消失作为其传统规定。在它施展其最大能量的那一刻，它埋葬了自己，抹除了自己。边框作为背景的方式绝不同于环境或作品，但它的宽度也绝不同于边白这种东西。边框是一种自觉自愿地消失的东西。"① 边框在站出来的那一刻就已消失，它的出现就是它的消失，更准确地说，它以它的消失实现自己的出现，它的消失就是它的出现。这种奇异的发生方式意味着什么？意味着边框是不可见的。

　　边框为什么不可见？为什么它通过自己的消失而出现？在回答这个问题之前，我们必须超越经验主义的维度来理解德里达所说的边框，它绝不只是油画、水彩画的木质或金质边框，或者装裱一幅中国山水画、书法作品的纸质边框，甚至也不是一幅国画上的题跋。德里达所说的边框是指界定、命名一个事物的一整套话语。物成其为一物，用康德的话说，首要的条件就是要被纳入特定的范畴和概念；用巴迪欧的话说，就是要被一套话语识计为一；用海德格尔的话说，就是要被本真地言说；用德里达的话说，就是需要被设定进一个边框。当一物作为一物呈现出来时，它总是以一副天经地义的面目自然而然地出现，仿佛它本来就是如此，从来就是如此。人们忽视了一个至关重要的事实，那就是一物成其为一物，只是因为我们用了一套特殊的话语去界定它，为它设定了一个特殊的边框，而这套特殊的话语，这个特殊的边框却从来不是，也永远不可能是天经地义的。但是，为了满足特殊的利益，为了获得可靠的意义，为了特定世界的稳定，我们必须不能意识到边框的人为性，甚至最好不要意识到边框本身的

---

① Jacques Derrida, *The Truth in Painting*, p. 61.

存在。正是在这个意义上，德里达说："制造和操控了边框的东西竭尽全力以便抹除边框效果，最常用的手段就是将它无限自然化。"①边框绝不是自然的产物，而是人为的结果。人为的边框是一种诱惑，它引诱我们仅仅关注被它限定在内的东西，偶尔也让我们看看被它排斥在外的东西，至于起限定、排斥作用的边框本身则因为无限自然化而变得不可见了。

真理有赖于边框。没有边框，不仅没有内外之别，没有"真正的"客体，而且没有真理。真理就是边框自然化的产物，就是边框消失之后的到来者。真理是绝对律令，人人都必须服从。但真理至上的权力取决于边框的消失，一旦边框变得可见，真理就岌岌可危了。故此德里达说："边框本质上是建构出来的，因此是脆弱的：边框的本质或真理就是这样，如果它真的有任何本质或真理的话。但这种'真理'再也不能成为'真理'，它既不能定义边框的先验性，也不能定义边框的偶然性，它只能定义边框的设边工作（parergonality）。"②边框自我抹除的特性，它的自然性或者伪自然性与言语的透明性或伪透明性是一脉相承的。德里达在《论文字学》中对此已有十分精彩的论述："如果关于存在的思想作为这种先验所指的思想，尤其是通过言语，即词语表现出来，这绝不是偶然的。最贴近自我的那种声音被理解为能指的完全抹除：它是必然具有时间形式的纯粹自我关爱（auto-affection），并且它绝不从自身之外、从世界中或者'现实'中借用任何附属的能指，也不借用任何外在于其自发性的表达实体。这就是所指以理想而普遍的元素从自身之中将自己作为所指的概念自发产生出来的独特经验。这种表达材料的非世俗品质实现了这种理想。能指在声音中被抹去，这种体验不是通常的幻觉——因为它是真理概念本身的条件——至于它在何处产生幻觉，我们将另做说明。这种幻觉乃是真理的历史，我们不能迅速消除它。在这种体验中，词语作为能指和声音、概念和一种透明表达材料的不可分解的统一体而存在。就其无上的纯洁性而言，同时就其可能性的条件而言，这种体验乃是对'存在'的体验。"③ 正如没有哪个能指能够一劳永逸地抓住某个预设的超验所指，也没有哪个边框能一劳永逸地框定某个再也无内之物。边框之内复有边框，符号之后复有符号，无穷无尽，无限延异（difference）。这就是德里达一再提及的深

---

① Jacques Derrida, *The Truth in Painting*, p. 73.

② Jacques Derrida, *The Truth in Painting*, p. 73. 由此可知，尽管德里达与福柯彼此之间存在诸多争论，但二者对话语权力的解构仍然属于同一谱系。

③ Jacques Derrida, *Of Gramatology*, p. 3.

渊。从这个意义上说，符号就是边框。因为符号就是痕迹，所以边框也是痕迹——所指的痕迹。

但是，德里达不仅要解构康德美学的逻辑前提，而且要解构他的《判断力批判》本身。在他看来，康德由质、量、关系和模式所构成的四重契机就是他分析美的边框，而这个边框则来自《纯粹理性批判》。但纯粹理性批判是一种关于知识的逻辑批判，而判断力批判则是一种关于情感的非逻辑批判。因此，这种移植不可能没有问题。用这个来自纯粹理性批判的边框去套判断力批判，只能诉诸削足适履的暴力："边框的暴力繁殖起来。它开始于把美学理论封装进美的理论，后者又被封装进鉴赏理论，鉴赏理论又被封装进判断理论。"①康德一方面坚持逻辑判断与审美判断的不可通约性，另一方面却坚定不移地用前者去框定后者，毫不考虑这个边框是否合理，也不考虑被这个边框框定的东西时刻蔓延出来、胀破边框的威胁。事实上，从《判断力批判》的第一段开始，这个边框的困难就已经暴露无遗了。在第一页的第一个脚注之中，康德就坦陈："鉴赏是判断美的能力。但是要把一个对象称为美的，这必须由对鉴赏判断的分析来揭示。我是根据判断的逻辑功能的指引来寻找这种判断力在其反思中所筹集的那些契机的。"② 如果康德的审美判断所提供的标准依赖于这种设边工作，如果支配艺术哲学的全部价值对立的适切、严谨、纯粹和正当都依赖于这种操作，那么这些价值对立就会受制于配饰的逻辑，而配饰的逻辑远比康德的审美判断的逻辑强大得多。在康德的美学中起决定作用的反思判断作为一种普遍法则并不是自然的法则，判断主体的各种能力在反思判断中并不是和谐相处的。相反，反思判断是一种不断重复的错位，一种虽然受到管控但最终无法压抑的错位，这种错位使边框在其转角和连接的地方破裂。

解构主义的基本工作就是对各种边框展开无情的批判，但是，德里达既不幻想摧毁一切边框，进入一个纯粹的、无边框的世界，也不奢望为事物重新制作边框。边框是必不可少的，旧的边框被打破，新的边框立即就会产生。那么解构主义的工作意义何在呢？其意义就在于持续不断、坚持不懈地打破边框，因为一切边框都努力制造真理的幻觉，竭力固化世界，阻碍世界的进步。因此，不像很多人误解的那样，解构主义的工作完全不是消极的破坏，而是为了建设而破坏，或者说这种破坏本

---

① Jacques Derrida, *The Truth in Painting*, p. 69.
② 康德. 判断力批判. 邓晓芒，译. 北京：人民出版社，2002：37.

身就是一种建设。

纯粹切割之无

康德美学据以立足的内外二元对立不仅体现在形式与实存、情感与感觉的对立中，还同样鲜明地表现在形式与概念、形式与目的的对立中。他将快乐分为三种：源于美的快乐、源于惬意的快乐和源于完善的快乐。源于美的快乐是最纯粹的愉悦，是真正的审美情感。源于惬意的快乐满足的是感官的享受，是最不纯粹的快乐。源于完善的快乐固然是一种高级体验，但它和事物的目的直接相关——完善的本质就在于物充分实现了本身的目的，从而和事物的概念密切相关，因此与此相关的判断必然不是审美的/感性的判断，而是一种逻辑判断。所以康德审美判断的第三个契机是："美是一个对象的合目的性形式，只要对这形式的感知无需一个目的表象。"①在为这一概括所加的脚注中，康德举了一个例子："比如一朵郁金香，它被当作美的，是因为人们在感知它时遇到了某种合目的性，但我们在判断它时却不会联系到任何目的。"

康德区分了两种合目的性：一是主观的合目的性，即形式的合目的性，也就是无目的的合目的性；二是客观的合目的性，即现实的合目的性。客观的合目的性可以是外在的，即客体的有用性，也可以是内在的，即完善性。客观的合目的性，无论是内在的还是外在的，都不能作为审美判断的根据。只有主观的合目的性，即无目的的合目的性才能作为审美判断的根据："必须有合目的性，必须有规定了方向的运动，否则就不会有美。但这个方向（它所引起的目的）必须缺失。没有合目的性，就没有美。但是如果目的想要规定它，同样也不会有美。"②

对康德来说，美就是无目的的合目的性形式。一方面，对象的形式表象必须满足合目的性，另一方面对这形式的感知绝对不能涉及对象的目的。"野生的"郁金香能完美地满足这两个条件。花园里的郁金香是美的，但还不够美，美得不够纯粹。因为既然它被种在花园里，那么它多少与某种外在的目的相关：满足主人爱美的癖好，甚至有可能被主人为了获利而出售。因此，最美的郁金香必须是野生的，野生的郁金香才是最自然的，

---

① 康德. 判断力批判. 邓晓芒，译. 北京：人民出版社，2002：72. "无目的的合目的性"在英文中一般译为 purposiveness without a purpose，但为了与法语对应，德里达在法语原版《绘画中的真理》中将其译为 finalité sans fin，与此对应的英译则是 finality without end。

② Jacques Derrida, *The Truth in Painting*, p. 87.

排除一切客观的合目的性。与郁金香有关的一切事物，与美的形式有关的一切事物，似乎是根据某个目的而组织起来的。与之相关的一切似乎被规定了目的，仿佛是要符合某种设计一样，但是在这种瞄准目的的过程中，目的被删除了。目的绝不能出现在视野之中，绝不能被看见，它必须消失。康德必须坚持这一点：割断了目的的事物之所以美，仅仅因为它所容纳的一切都竭力抑制了目的。只有这种绝对的中断、绝对的切割才能引发美的情感。如果目的切割得不干净，如果没有纯粹切割之无（the sans of the pure cut），就不会有美。

为了解释不纯粹的切割，在前文提及的那个脚注中，康德将古墓中出土的一些打孔的石器与郁金香做了对比：这些石器的形状清楚地显示了某种合目的性，而且这些目的也是我们所未知的；但这些石器并不能因此被称为美的，因为尽管我们不知道它们的目的，但我们已经清楚地意识到了它们有某种目的。可是在判断一朵郁金香美时，我们无须也根本不会意识到它的合目的性。郁金香的目的切割得纯粹而彻底，因此它是美的。打孔的石器尽管漂亮，却不能说是美的，因为它的目的切割得不纯粹不彻底，它的目的与它还保持着一种藕断丝连的关系。故此德里达说："因此能解释美的正是这个无；不是合目的性，也不是目的，不是欠缺目的，也不是目的之欠缺，而是纯粹切割渐渐进入了无，是无目的的合目的性之无。"①

美的关键就在于这个无，亦即关于目的之无知识（nonknowledge）。事物要成为美的事物，其目的就绝不能出现在视域之中，目的必须欠缺。但是对美的事物来说，这一欠缺绝不会剥夺走任何东西，不会剥夺它的任何构成成分。相反，正是这一欠缺将事物建构为美的事物、完整而和谐的事物。从这个意义上说，这种无就不是一种欠缺，反而是美之为美的必备成分。纯粹切割之无不是欠缺，不欠缺任何东西。作品之为作品，取决于标记了某种欠缺的配饰，美的事物之为美，取决于纯粹切割之无。二者的共同之处是它们的是其所是有赖于它们的非其所是，它们的完整有赖于它们的欠缺。

根据切割是否纯粹，康德将美分为自由美（pulchritudo vaga）和依附美（pulchritudo adhaerens）："前者不以任何有关对象应当是什么的概念为前提；后者则以这样一个概念及按照这个概念的对象完善性为前提。"②

① Jacques Derrida, *The Truth in Painting*, p. 89.
② 康德. 判断力批判. 邓晓芒，译. 北京：人民出版社，2002：65.

因此，自由意味着无所依附，意味着一物之美独立自在；自由意味着概念或目的之分离，意味着美之为美不受任何概念或目的的决定；自由意味着超然，既超然于外在的有用性，也超然于内在的完善性。对此德里达引申道："唯有自由美能够引发纯粹美，它是一种不确定的浪游，没有界限，它向着它的日出之处延伸，但又砍断了这个方向，不过并没有绝对失去这个方向。它不会在其目的地到达它自己。"① 相反，因为无纯粹切割，依附美与其概念或目的还有牵连。不管这种牵连多么微弱，概念或者目的始终与它保持着若有若无的关系。

　　因为纯粹切割之无，自由美仅仅指向"这一个"事物，与它的概念或目的概无关系；因为无纯粹之切割，依附美始终与概念或目的藕断丝连。自由美的事物为它自己而美：它的美与一切事物无关，与它的概念无关，与它的理想无关，与它的种类无关，也与观照者的欲望无关。它无所表征，无所意指，无所再现，因为它不是一个能指。当我们说自由美的事物完满自足时，这就是我们真正要说的意思。然而古墓中出土的打孔的石器则不然，它们是有所意指的，因此它们是一些能指。既然美就是无目的的合目的性，既然美的基本条件就是纯粹切割之无，既然美的事物绝不可能是能指，那么能指与美便是不相容的东西。故此德里达说："能指，即使是没有所指的能指，可以做一切事情，但唯独不能成为美的事物。从能指出发，人们能解释一切事物，但美除外。至少这就是将康德和索绪尔的郁金香封装起来的东西。"②

　　然而纯粹切割之无再次使配饰处于一种尴尬的境地：配饰究竟只是一种附属品，还是完满自足的自由美？如果它真的只能是附加的装饰，那么它就绝不可能是美的，因为美的根本特质就是完满自足。但是，康德始终主张配饰只应通过其"形式"而非"魅力"来起作用，后者会对真正的美造成破坏。也就是说，真正的配饰应该具有自由美的品格："所以希腊式的线条、边框或墙纸的叶饰等，没有什么内在的意义，它们什么都不表现——没有任何客体受到概念的规定，是一些自由美。我们还可以把音乐中（无主题）的随想曲，甚至所有无词的音乐都归入此类。"③ 一方面，配饰只是外在的附属品，只为服务于作品而存在；另一方面，配饰又是独

---

① Jacques Derrida, *The Truth in Painting*, p. 93.
② Jacques Derrida, *The Truth in Painting*, p. 95.
③ 康德. 判断力批判. 邓晓芒，译. 北京：人民出版社，2002：65.

立自足的自由美，什么都不表现。康德无法统一这两种截然对立的观点。

郁金香当然是自由美的典范，但并非没有条件。康德说，除了植物学家，没有人知道这朵花究竟是什么；他知道这朵花是这种植物的繁殖器官，但当他对它进行审美判断时，他也不会考虑这一自然目的。一旦他把郁金香纳入自然目的的循环中，将它与其生物功能和目的联系起来，他就不会从中感知到美。只有当郁金香的受胎作用被切割掉，只有经受这干净利落的一刀，它才能是美的。借助德里达的解构/解释，我们看到了康德美学与精神分析学具有某种惊人的相似之处：目的之于美，正如菲勒斯（phallus）之于主体，二者都仰赖某种欠缺来成全自己。主体要成为主体，就必须接受象征意义上的阉割，只有当他在象征维度上欠缺了菲勒斯时，他才能成为一个正常的主体；事物要成为美的事物，其目的必须被干脆利落地切割。正因如此，在"the sans of the pure cut"这个短语中，凭借读音相近，德里达将 sans（无）与 sang（血）联系了起来。因此，具有自由美之属性的事物是完满自足的。但是，它的完满自足恰好源于它的欠缺：欠缺目的。也就是说，因为它欠缺目的，所以它无所欠缺。具有依附美之属性的事物则相反，因为它不欠缺目的，所以它有所依赖，不全不粹。完满者因欠缺而完满，欠缺者因完满而欠缺。荀子云"不全不粹之不足以为美也"。康德无疑对此深表赞同。然而谁是全者粹者，谁是不全不粹者？

康德的审美判断处处需要一种"the sans of the pure cut"，即目的之被彻底切割，彻底的无目的。但正如德里达质疑的那样，尽管目的必须无，但合目的性却必须有，因此"无目的的合目的性"本身岂非已经暗示了纯粹切割之不可能？因此，"the sans of the pure cut"既表示"纯粹切割之无"，也表示完全相反的意思："无纯粹之切割"，即美的事物与其目的不可能有彻底的切割。即使是在自由美中，事物与其目的也始终具有某种特殊的关系："人们在边框（配饰）中看不到任何意义之存在，其中没有任何东西是规定了目的或者可以规定目的的。但是这里还是有一种指意活动和再现活动：叶饰、纯音乐性的即兴曲，无主题或无组织的音乐似乎意味着什么，或者展现了什么，它们具有倾向于某种目的的形式。但是这种倾向、这种媒介性、这种方向性被彻底的一击打断了。它必须被打断：这种纯粹、彻底的打断解放了美。凭借这种打断，无组织（the *sans*-text）和无主题（the *sans*-theme）以非关系（nonrelation）的方式和目的联系了起来。"[1] 这

---

① 　Jacques Derrida, *The Truth in Painting*, p. 98. 译文略有改动。

就是说，在自由美中，即使指向目的的方向被彻底清除，迈向目的的过程被彻底打断，事物与目的也不可能绝对没有关系，而是具有一种非关系的关系。康德处处强调纯粹切割之无，但这个"无"处处诡变为无纯粹切割之"无"。

　　自由美与依附美，哪一种才能有美的理想？依照康德前面展示的逻辑，答案似乎必然是自由美，但他的回答是："必须为之寻求一个理想的那种美，必定不是什么流动的美，而是由一个有关客观合目的性的概念固定了的美，因而必定不属于一个完全纯粹的鉴赏判断的客体，而属于一个部分智性化了的鉴赏判断的客体。"①这个回答令人吃惊。根据康德前面的逻辑，美的理想，也就是美的典范、最纯粹的美，理应只能源于纯粹切割之无，只能存在于自由美之中。这一自我解构的回答源于康德对美的理想的独特理解："美的理想意指一个与某一理念完全吻合的单一存在物的表象。"② 这就是说，他所理解的美的理想或典范，并不是最无目的的合目的性形式，恰好相反，而是与某一理念完全吻合的表象。理想或典范是绝不可能离开概念或理念的，不借助概念或理念，人们绝不可能得到什么理想或典范。因此，在美的理想或典范中，"无目的的合目的性"是绝不可能的。正因如此，康德说美的理想只能在依附美中找到。我们当然可以赞同这一解释，但康德无法解释他为什么要突然从前面的逻辑转换到现在的推论，因为不管怎么说，美的理想或典范必然意味着最纯粹的美。

　　美的理想不仅只能在依附美中找到，甚至也只能在人类身上找到。康德认为，我们不仅不能为一朵花、一只鸟、一片风景这样的自由美确定一个美的理想，甚至也不可能为一个花园、一栋建筑这样的依附美确定一个美的理想。我们不可能知道一朵最美的郁金香、一只最美的天堂鸟应该是什么模样，也不可能知道一栋最美的教堂、一个最美的花园应该是什么结构，但是我们知道最美的人应该是什么模样。康德说："只有那在自身之中拥有自己实存的目的的存在，只有那能够凭借理性自己规定自己的目的的人类，或者尽管他不得不从外部感知中获取目的，却能够将其与本质而普遍的目的加以比较，并进而审美地评判它们与这些本质而普遍的目的之一致；因此，世间一切存在者中，只有这样的存在者才能树立美的理想，唯有人类在其人格中，作为理智者，才能树立完美的理想。"③ 也许有人

---

① 康德. 判断力批判. 邓晓芒，译. 北京：人民出版社，2002：69.
② 康德. 判断力批判. 邓晓芒，译. 北京：人民出版社，2002：68.
③ 康德. 判断力批判. 邓晓芒，译. 北京：人民出版社，2002：69.

会反驳说，和花、鸟、建筑一样，要形成一个关于人的美的理想也是不可能的。这个反驳固然有力，但它的力量依赖于康德原先的逻辑：美是无目的的合目的性形式。然而这已经不是康德现在讨论美的理想的逻辑。当他将美的理想与理念密切关联起来，并进而主张只有人类才能有美的理想时，康德讨论的美或美的理想已经根本不是人外表的形式而是内心的道德："美的理想只有在人的身上才能找到。在此，理想就在于表达道德。没有道德，这个对象就不会受到普遍而积极的喜欢。"① 至此，我们终于明白为什么只有在人身上才能期待美的理想：我们永远不知道最美的郁金香、最美的教堂应该是什么样，但我们绝对知道最美的人应该是什么样，因为评判人之美的尺度不是变化万千的外形，而是确凿不移的道德律。

　　将依附美置于自由美之上，将美的理想定位于人类，将美从形式转换到道德，仅仅从"审美判断力批判"这一部分来看，这些自我解构的逆反是无法得到充分说明的，它们的理由要到第二部分"目的论判断力批判"中才能找到。不管康德如何解释，这些逆反所造成的断裂都是无法弥补的，因为他确实没有任何令人信服的逻辑来支持这些逆反。在德里达看来，唯一能解释这些逆反的就是康德根深蒂固的人类中心主义："第三批判以一种根本性的方式依赖于一种实用主义的人类学，依赖于一种反思性的人本主义。这种在其司法机构和形式机构中均得到确认的人类逻各斯学依赖，以其内容沉重地压在审美判断所谓的纯粹演绎上。"②

　　给康德的美学制造困难的不仅有配饰和郁金香，马也是一个麻烦制造者。在讨论自由美和依附美时，他把一些鸟类（鹦鹉、蜂鸟和天堂鸟）和海洋贝类列入自由美，把人、马和建筑列入依附美。把建筑列入依附美，这无可非议；把人列入依附美，诚如上文所揭示的那样，是因为人的美必须根据内在的道德而非外在的形式来判断。那么为什么要把马也列入依附美呢？马和鹦鹉、蜂鸟、天堂鸟一样，不都是自然的动物吗？康德明确宣布两种客观的合目的性——外在的有用性和内在的完善性，都不能作为审美判断的根据。郁金香和天堂鸟被列入自由美，表明与之相关的审美判断既不涉及它们的有用性，也与它们必须是什么无关。康德将马列入依附美，则表明关于马的审美判断必须根据马是什么。人无法知道最美的郁金香或者天堂鸟应该长什么模样，但人清楚地知道最美的马应该长什么模

---

① 康德. 判断力批判. 邓晓芒，译. 北京：人民出版社，2002：71－72.

② Jacques Derrida, *The Truth in Painting*, p. 108.

样。人何以能知道？因为人清楚地知道他需要马为他做什么，最能满足他
需要的马应该长成什么样。人的需要就是马的目的。马的完善性与它的有
用性是一回事，最有用的马就是最完善的马，最完善的马就是最有用的
马：内外之别不攻自破了。所以德里达说，当康德将马和人与建筑一起列
入依附美时，不仅他的人类中心主义暴露无遗，而且再次解构了他一贯要
求且坚信的内外之别："人们应该能够忽略马的内在的合目的性，并将其
当作野生的、自由的自然美。但康德所不能忽略的正是它的外在合目的
性。他正是在它的外在合目的性中识别出了它的内在的合目的性：马是为
人而存在的，它服务于人，并被人仅仅根据其依附美而感知。这就是它内
在的目标：外在的有用性。"① 人不能离开他的目的来思考自己，人的美
不能离开他的道德目的。马也是一样，唯一不同的是，人为自己树立目
的，而马的目的必须由人来确定，因为人是万物的目的。人之美与马之美
的前提不是纯粹切割之无，而是无纯粹之切割。

无限的崇高

康德将崇高与美一起放在审美判断力批判中加以讨论，因为他认为二
者具有某些根本性的共性：首先，二者都是令人喜欢的；其次，二者的判
断依据都既不是感觉的规定性判断，也不是逻辑的规定性判断，而是反思
性的判断。但是崇高与美的区别也是显而易见的。首先，美涉及对象的形
式，这形式在于限制；而崇高只能在无形式的对象上看到，只要这个无形
式的对象能让人联想到无限制的总体。其次，二者激发的愉悦是不同的：
与美相关的愉悦直接带有一种促进生命的情感，它是积极的、游戏的；与
崇高相关的愉悦则是间接产生的，通过对生命力的强烈阻碍以及随之而来
的生命力的瞬间爆发而实现，因此它是消极的、严肃的。但二者最重要的
区别在于：美涉及的是无目的的合目的性，崇高涉及的是反目的的反目的
性（counter-finality）。崇高的无形式对我们的判断力而言是反目的的，
与我们的表现力是不相适合的，对我们的想象力而言是强暴性的。

什么是崇高？康德说："我们把那绝对的大的东西称为崇高。"② 所谓
绝对的大，就是无与伦比、无可衡量的大，就是内容胀破了形式，就是无
形式。只有在胀破发生之处，才有崇高。崇高就是与之相比一切都显得小

---

① Jacques Derrida, *The Truth in Painting*, p. 107.
② 康德. 判断力批判. 邓晓芒，译. 北京：人民出版社，2002：86.

的东西。因此，我们不可能在人为的艺术作品里找到崇高，因为它不管多么巨大，比如埃及的金字塔、中国的万里长城、罗马的圣彼得大教堂，都仍然是有形式的、可以衡量的。那么我们是否可以在原始的自然界中，比如在高耸入云的雪山中或浩瀚无边的大海中，找到崇高之物呢？康德对此也是否定的："如果我们不单是把某物称为大，而且把完全地、绝对地在一切意图中超出一切比较称之为大，也就是称之为崇高，那么我们马上就会看出：我们不允许在该物之外去为它寻求任何与之相适合的尺度，而只能在它里面去寻求这种尺度。这是一种仅仅和它自身相等的大小。所以由此推断，崇高不该在自然物之中，而只能在我们的理念之中去寻找。"①这就是说，任何一种人工作品或者自然对象都不可能被称为崇高。真正至大无外、无形式、崇高的东西只能是我们内心的理念。既然如此，为什么我们还把金字塔、长城、圣彼得大教堂或者浩瀚的海洋、高耸的雪山称为崇高的呢？因为这些并非真正绝对大的东西在我们的心中激发出了至大无限的理念。

　　有限的东西怎么能够表现无限的理念呢？正是通过它们的有限性或者不适合性："真正的崇高不能包含在任何的感性形式之中，而只针对理性的理念：这些理念虽然不可能有与之相适合的任何表现，却正是通过这种可以在感性上表现出来的不适合性而被激发出来，并召唤到内心中来。"②康德认为人具有两种先天的想象力，即领会（apprehension）和统摄（comprehension）。领会可以无限进行，但统摄却有一个最大限度。理性对一切事物，包括那些永远也不可能被完全领会的事物都有一种总体性要求，亦即要求将其统摄进一个直观形式中。当这种先天的统摄能力遭遇到困难时，当它面临某种它无法统摄的事物，即至大无限的理念时，主体会深感沮丧，但正是这种沮丧让主体意识到在其内心之中存在着一种至大无限的理念，并油然而生出一种崇高的情感。但是，这还只是产生崇高情感的一方面，崇高情感的产生还需要一个客观因素，即一个庞大的（colossal）事物。但我们千万要注意的是，崇高的不是这个庞大的事物。这个庞大的事物必须庞大，否则它不可能激发出我们内心深处的崇高。但与绝对大的理念相比，这个庞大的事物还不够大："如果一个概念对于一切表象来说都几乎太大，那么庞大就是这个概念之表象的唯一名称；由于客体的直观

---

　　①　康德. 判断力批判. 邓晓芒，译. 北京：人民出版社，2002：88.
　　②　康德. 判断力批判. 邓晓芒，译. 北京：人民出版社，2002：83.

对于我们的领会能力来说几乎太大，通过概念的表象去表现概念这个目的就难以实现了。"① 与这个庞大的事物相比，理念还是"太大"了。庞大的事物之表象这个边框或形式尽管庞大，但还是装不下与之相比"太大"的理念。正是这种不适合激发了崇高的情感，因为它让主体意识到相比庞大的事物，内心之中的某种理念更加宏大。这就是崇高。

　　然而这和德里达的解构主义有何关系呢？当德里达讨论康德的崇高时，他最关注的不再是康德将审美分析的中心从无目的的合目的性形式转换到反目的的反目的性理念，而是从中敏锐地发现了康德对逻各斯中心主义的自我解构，因为他从无限的理念与有限的表象之间看出了和所指与能指一致的关系。德里达说："内容（即无限的理念，它处于所指的位置，并且不能被符号化）摧毁了能指或表现者。它只能通过在它的表达之中标示出表达的毁灭才能表达自己。它把自称能够抗击自己的无限性以自我度量的能指打得粉碎。说得更准确一些，形式，赋形活动，通过这种活动所表达、解释或阐释的东西被摧毁了。"随后，他再次强调指出："我们必须理解崇高，因为它是在唯一的绝对实体中，在被表现的内容中发现的。换句话说，要从表现的被表现者（the presented of the presentation）而非被表现者的表现（the presentation of the presented）开始。如果这里有某种不充分，我们将以一种与能指和所指几无差别的符码指出，这种崇高的不充分必须基于多的那一面而非少的那一面来加以思考，也就是基于所指的无限而非能指的有限来加以思考。"② 在德里达看来，康德的崇高美学既充分暴露了他的逻各斯中心主义的形而上学——绝对的至大、真正的崇高在于内在的理念，同时也暴露了这种形而上学的解构——没有任何形式能充分包含这样的内容，没有任何边框能完全包含这种理念，没有任何能指能完美地表达这种所指。更进一步的推论必然是：这种理念、这种所指是一种虚构的产物。叶秀山对康德的美学有这样一种判断：康德认为，在理论理性统辖的知识领域，事物自身是不可知的（可知的只能是现象），因为它不能成为表象显现出来；在实践理性统辖的道德领域，事物自身也不显现，因为它根本不具有直观的时空形式；只有在审美领域，事物自身才能通过想象力显现出来。③ 如果这个判断是正确的，那么康德在崇高的分

---

① 康德. 判断力批判. 邓晓芒，译. 北京：人民出版社，2002：91.
② Jacques Derrida, *The Truth in Painting*, p. 133.
③ 叶秀山，王树人. 西方哲学史：第 1 卷. 南京：江苏人民出版社，2004.

析中已经事与愿违地解构了这一初衷。

康德的美学建立在严格的内外之别上，比如形式与实存、感觉与情感、配饰与作品、表象与概念、表象与目的、自由美与依附美、美与崇高，等等。然而他由此出发的所有论述最终几乎都无一例外地颠覆了它们的前提和基础。正如德里达指出的那样，这些裂缝产生的根本原因在于，他的美学根本就不是一个独立自足的体系，它只是连接《纯粹理性批判》和《实践理性批判》的一个过渡环节。《判断力批判》本身就是另外两大批判的配饰，反过来它们也是它的边框。即使仅以《判断力批判》本身而论，第一部分的"审美判断力批判"又只是第二部分"目的论判断力批判"的配饰。审美分析处处都必须削足适履地去适应目的论分析的边框，判断力批判处处都必须削足适履地去适应纯粹理性批判和实践理性批判的边框。因此，边框的暴力无处不在，切割的鲜血四处横飞。康德的美学不仅直接影响了黑格尔和席勒，即使在其批判者如胡塞尔和海德格尔那里也具有不可忽略的参照价值，直到今天，仍然是美学理论中的基本话语。他的美学中的诸多矛盾，前人早有揭示和批判，但这些批判都不如德里达来得彻底。但是，德里达并不认为是他解构了康德的美学，而是康德的美学一直在自我解构，他只不过把康德的自我解构向我们详细指示出来而已。

3. 关于《被窃的信》

理论界向来是一个充满激烈争论的领域，20 世纪的理论界尤其如此。布莱希特和卢卡奇的现代主义与现实主义之争，哈贝马斯和福柯的权力理论与交往理性之争，德里达与伽达默尔的解释与解构之争，以及德里达与拉康围绕《被窃的信》的争论等，这些都是 20 世纪理论征程中的重大事件。本部分所要探讨的正是德里达针对拉康的《关于〈被窃的信〉的研讨会》所做的抗辩。1956 年，拉康在其研讨班上汇报了他的《关于〈被窃的信〉的研讨会》，这不仅是精神分析学领域中的一个关键时刻，更是文学批评领域中的重大事件。时隔近 20 年之后，当德里达以《真理的代理商》（1975）向彼时如日中天的拉康发起咄咄逼人的进攻时，人们发现通往"真理"的道路迷雾重重。面对德里达毫不留情的批判，一向尖刻犀利的拉康却出人意料地保持了沉默，不做一字回应，或者说拉康不屑一顾的沉默正是对德里达的回应？

关于这场"争论"（严格说来，其实不能算是争论，因为拉康没有做出回应），美国学者芭芭拉·约翰逊（Barbara Johnson）和爱琳·哈维（Irene Harvey）曾有专文评述。约翰逊的立场位于拉康这一边，她认为德里达对拉康的批评几乎在每一点上都重复了他指控拉康的"罪行"；哈维则更加中立一些，她以"范例的结构"为切入点，同时对德里达和拉康提出了批评。哈维认为，拉康以《被窃的信》为范例阐述自己的真理，而德里达以拉康的论述为范例阐述自己的真理，但二者都没有对范例的结构做出必要的反思：将某物 A 当作某物 B 的范例既意味着将 A 当作 B 的符号，也意味着将 A 当作 B 的一个特例。德里达与拉康关于《被窃的信》的争论就来源于这两种意味之间的错位理解。但是，关于《被窃的信》，拉康的研讨报告的真正主题是什么？对这些主题，德里达为什么如此不满？而他批判的根据又是什么？

能指的决定作用

《被窃的信》是爱伦·坡的"杜宾三部曲"中的最后一篇（另外两篇是《毛格街血案》和《玛丽·罗热疑案》），小说主要由两个窃信场景构成。拉康以精神分析学的术语将第一个场景称为"原初场景"，这个场景发生在王室内廷：一位贵夫人收到了一封密信，在她尚未将信妥善放置之前，一位贵人走了进来。这封信的内容不能让贵人知道，否则贵夫人的名誉与安全将严重受损。随后部长也进来了。贵夫人故作镇静地将信放到桌上，让有字迹的一面朝下。贵夫人的举动没有引起贵人的注意，但是没有逃过部长的眼睛。部长以他一贯的精明与老练处理完日常事务之后，从口袋里掏出一封外表与贵夫人的信相似的信（碰巧有这样一封信），假装阅读一番后也把它放到桌上。在说了几句无关紧要的话之后，部长公然在贵夫人的眼皮底下将她的那封信装进了自己的口袋，然后扬长而去；贵夫人眼睁睁地看着这一切却无计可施。

贵夫人当然想夺回那封信，于是她秘密命令警察厅长趁部长外出之际前去搜索他的办公室。警察们虽然没有掘地三尺，但也确实搜遍了部长办公室中的每一个角落，然而一无所获，不得已警察厅长只好求助于神探杜宾。杜宾前往拜访部长，部长知道他的来意，于是假装漫不经心地接见了他。杜宾虚与委蛇地和部长聊了起来，同时若无其事地审视房中的一切。当他透过有色眼镜发现壁炉架上插在破旧纸板夹中间的一页旧笺时，他知道那就是自己要找的信。于是他起身告辞，但故意留下了自己的鼻烟匣。

第二个窃信场景：第二天，杜宾借口来取自己"忘记"的鼻烟匣。通过雇人在部长宅邸外制造一起小小的喧嚣以吸引其注意，杜宾以一封事先精心伪造好的信替换了贵夫人的那封信。值得注意的是，杜宾在自己伪造的那封信中写有一句出自法国戏剧家克雷比荣（Prosper Jolyot de Crébillon）的台词，作为自己的签名——部长不会认不出他的笔迹。将来当部长觉得有必要利用这封信时，那时他会读到杜宾引自克雷比荣的《阿特柔斯》中的这句话："如此毒计，阿特柔斯若罪有应得，提埃斯特斯当罪有应得。"

这篇小说的确有趣，但似乎也就仅此而已。可别具慧眼的拉康发现，对于精神分析学的一个真理来说，这篇小说实在是一个完美的寓言："我之所以决定在今天，通过一个故事证明主体从能指的旅程中所接受的决定作用，为你们阐明一个真理，原因就在于此。这个真理可以从我们正在研究的弗洛伊德的思想中的一个环节中抽取出来，这个真理就是：对主体来说，象征秩序具有构成作用。"[1] 拉康的《关于〈被窃的信〉的研讨会》就是要借这个寓言去阐释这个"真理"。

就这篇小说而言，能指（信）的旅程是如何具体决定主体（它的持有人）的呢？小说中的主体有贵人、贵夫人、部长、警察厅长和杜宾，拉康将这些主体分为三类。第一类主体什么也没有看到：先是贵人，然后是警察厅长。第二类主体看见第一类主体什么也没有看见，因此误以为隐藏了自己要隐藏的东西：先是贵夫人，然后是部长。第三类主体看见谁都可以拿走那件必须隐藏但又无处隐藏的东西：先是部长，然后是杜宾。在此我们可以发现，信/文字对主体的决定作用就表现在，任何持有信的主体，或者更准确地说，任何被信持有的主体，都必然表现出某种特定的盲目。也就是说，随着信在主体间流转，"盲目"便在相应的主体身上"自动重复"。这个故事是中国寓言"螳螂捕蝉，黄雀在后"的爱伦·坡式版本，如果拉康知道这个中国寓言，想必他不会用鸵鸟政策来比拟它。但是这里并非完全没有疑问：根据这一真理，当杜宾持有信或者被信持有之后，他也应该表现出特定的盲目，那么他将对什么盲目呢？什么是他必然视而不见的呢？在此拉康没有展开任何论述或者推测，然而意味深长的是，素来以在他人文本之中发现矛盾与歧异见长的解构主义大师德里达竟然也忽略了这个有利的把柄。一旦被信持有之后，杜宾会对什么盲目呢？"如此毒计，阿特柔斯若罪有应得，提埃斯特斯当罪有应得。"当杜宾将写有这句

---

① Jacques Lacan，"Seminar on 'The Purloined Letter'"，in *Écrits*，p. 7.

引语的那封精心伪造的信放在部长原来放置信的位置之后，他也被那封被窃的信持有或者占有了，尽管他转手就将那封信交给了警察厅长，或者说让它回归了它固有的路线；当然，我们甚至也可以说，他也被自己伪造的信持有或者占有了。现在，杜宾将会对什么视而不见？或者我们可以换一种提问：现在，杜宾将期待看见什么？因为他的盲目就来自他的关注。显然，他期待见证部长出丑和毁灭的那一刻：夺回信的贵夫人面对部长的威胁将寸步不让，但自以为抓住了贵夫人把柄的部长将有恃无恐；当对质的那一刻到来时，部长将拿出这封信，但那时他将读到的是："如此毒计，阿特柔斯若罪有应得，提埃斯特斯当罪有应得。"而且，他不会认不出是谁给他留下了这句话。这就是杜宾期待的，他将在想象中见证这戏剧性的一刻，即使他不能在这一刻身临其境。但是，这一刻真的会来临吗？杜宾真的能在这预想的时刻体验那令他战栗的复仇的快感吗？对此，拉康深表怀疑。"那么，在部长与其命运约会的时刻，等候他的就是这个吗？杜宾向我们保证说就是这个，但我们也学会了不再轻信他的花招……但如果他（部长）像作者所说的那样真的是一个赌徒，他会在摊牌之前最后检查一下他的牌，并在看清自己的牌后及时离开，以免出丑。"[1] 这就是说，杜宾期待的那一刻不会到来。部长在与贵夫人摊牌之前，一定会检查他的牌；当他发现是杜宾将信窃取之后，他一定会采取报复行动，但可怜的杜宾这时还在期待那想象的胜利，对即将来临的毁灭性打击视而不见。信的持有者都认为持有这封信会让自己处于一个有利地位，"其实这是一个绝对虚弱的位置"。这就是杜宾被信持有之后的盲目，虽然拉康没有明确指出这一点，甚至没有在合适的地方指出这一点，至少他以一种迂回的方式为我们给出了暗示。

　　信在主体间的流转就这样决定了主体，谁持有它或者被它持有，谁就必然变得盲目。难道不是吗？但是，拉康说的是"主体从能指的旅程中所接受的决定作用"。那么"信"就是"能指"吗？或者"信"就是"能指"的隐喻？"信"为什么能隐喻"能指"？而拉康的"能指"又是什么？

　　作为一篇侦探小说，《被窃的信》的最奇妙之处就在于小说并没有告诉我们这究竟是一封什么信，也就是说，信的内容从来没有得到揭示。不仅信的内容，甚至连信的外观也被小说的作者刻意隐瞒了。在警察厅长拜访杜宾时，后者问他是否知道那封信的样子，对此小说接下去写道："'可

---

① Jacques Lacan, "Seminar on 'The Purloined Letter'", in *Écrits*, p. 30.

不！'——说着，警察厅长就掏出一本备忘录，宣读那份失落的文件里面的详细样子，尤其是这封信的外表，他讲得特别详细。他详细念完这篇说明，就告辞了去，神态沮丧，我可从没见过这位一向愉快的先生这么沮丧的。"①约翰逊注意到了这个意味深长的细节，按照常理，小说在此应该直接引用警察厅长的描述，把信的样子详细揭示出来，但奇怪的是，它把相关的描述省略了。不但信的内容，甚至连信的样子以及发信人，我们都一无所知。然而拉康关于这篇小说的研究正是基于这种空白之上，不是说信的内容必须被隐藏起来，而是说它实际上无关紧要；甚至可以说，正因为它的内容无关紧要才使它特别适合拉康的需要。

　　有两个理由促使拉康将信视为能指的隐喻：首先，在英语中，letter除了表示"信"，还表示"字母、文字"。这一点并非文字游戏，更非无关紧要。其次，最重要的是，信的内容从未得到揭示，但这毫不影响它对被它持有的那些主体的决定作用，正是这一点使得拉康将其视为能指的隐喻。那么拉康所说的能指究竟是什么呢？能指作为一个重要术语进入批评话语要归功于索绪尔，他认为符号总是由所指和能指这两方面构成的；所指指的是符号的概念内容，而能指则是符号的声音形象；对于一个符号来说，所指与能指就像一片树叶的两面，二者缺一不可。拉康从索绪尔那里借用了能指这个概念，但为它赋予了一个精神分析学的全新解释："能指就是为另一个能指表征主体（主语）的东西。"② 从逻辑学来说，这与其说是一个关于能指的定义，不如说是一个丑闻，因为我们几乎不能从这个陈述中得到任何明确的信息。但是，这个貌似丑闻的陈述具有十分重大的理论价值：如果能指就是为另一个能指表征主体（主语）的东西，或者说，如果能指的功能就是为另一个能指表征主体（主语），那么由此而来的结论必然是——能指之中一无所有。比如，如果我们要用能指 A 去表征某个主体（主语），那么我们需要借助能指 B，为了表征能指 B 表征的主体（主语），我们又需要借助能指 C，如此等等，以至无穷。由此可以进一步推论：如果能指之中一无所有，那么像索绪尔断定的那种与能指一一对应的所指根本就不存在，也就是说，一切所指其实都是能指。听上去这的确有些让人震惊，但拉康关于能指的这一定义的必然结论就是这个，

---

①　坡 . 爱伦 • 坡短篇小说集 . 陈良廷，徐汝椿，马爱农，译 . 北京：人民文学出版社，2015.

②　Jacques Lacan, *The Seminar of Jacques Lacan：The Four Fundamental Concepts of Psychoanalysis*，p. 207.

而这正是德里达以延异为核心的解构主义哲学不容撼动的基石。① 如果能指无需内在固有的所指，就能为另一个能指表征主体（主语），那么这不正是《被窃的信》所隐喻的真理吗？爱伦·坡的这篇小说中的信不正是无需其内容就决定了它的那些持有人？"弗洛伊德在我所评论的那个文本中教导我们的就是主体遵循象征/符号的路线。但这里所阐明的东西更加引人注目：不仅是这个主体，而且是这些主体都被捕获进了他们的交互主体性之中。他们排成一队，比绵羊更温驯，在意指链经过他们的那一刻塑造了他们自己的存在。"②

真理的边框

这就是拉康这次研讨报告的基本主题，一切似乎顺理成章。然而，就在我们为精神分析学的真理在一个文学文本中找到了不谋而合的证明而欣喜之际，德里达同样惊喜地发现这是一个新的，足以与柏拉图、卢梭、海德格尔等价的解剖对象，值得他尽情挥舞解构主义的手术刀大展身手。在德里达看来，拉康与其说是真理的揭示者，不如说是真理的代理商。"真理的代理商"③，这就是德里达反驳拉康的论文的标题，谁能不从这个标题中立即感受到那种揶揄的口吻？拉康言之凿凿地说他要借《被窃的信》为我们阐明一个真理，甚至断言："让我们切记，正是真理使一切小说的存在得以可能。"④ 当此之时，德里达再也不能无动于衷了。世间最令德里达深恶痛绝的莫过于"真理"了，他对"真理"反感到近乎过敏的程度。在他看来，一切以真理为旨归的话语都是逻各斯中心主义的，而作为超越的所指的形形色色的逻各斯不仅在能指链的无限延续中被无限延异（延迟和差异），而且归根结底是被虚构出来的。虽然拉康和海德格尔一样，一向被视为拆毁形而上学圣殿的大师，但在德里达看来，对"真理"的迷恋证明他们仍然尚未彻底挣脱形而上学的羁绊。德里达的论文从一番言近而旨远的序曲开始，随后他便以一种欲抑先扬的方式表明了自己对拉康这篇研讨报告的判断："虽然拉康对所谓的文学文本从来没有直接的语

---

① 尽管德里达从来不承认他的解构主义受惠于拉康，但学理上的一致以及二者学术活动的交集，似乎可以证明这一点。

② Jacques Lacan, "Seminar on 'The Purloined Letter'", in *Écrits*, p. 21.

③ 德里达这篇论文的标题 "Le Facteur de la Vérité" 中的 Facteur 有两个意思：邮递员和代理商。

④ Jacques Lacan, "Seminar on 'The Purloined Letter'", in *Écrits*, p. 7.

义学的兴趣，虽然就我所知'神秘'从来不曾介入他的话语，在他的文字中，能指的逻辑打乱了天真的语义学主义，而一般的文本问题从来没有在其文字中停止运作。而且拉康的'风格'就是要永远阻止人们在文字之外得出任何可以离析的内容，任何毫不含糊、可以决定的意义。但是在《关于〈被窃的信〉的研讨会》中，情况完全是另外一种面貌。至少看上去是这样。"① 然而就拉康的这篇研讨报告而言，正如前文所论证的那样，他的主题难道不是圆满自洽的吗？ 德里达解构主义的手术刀将从哪里下手呢？ ——从阐释框架下手。

如前文所述，拉康从《被窃的信》中提取出两个场景，这两个场景分别由两个三元组合构成：第一个场景由贵人-贵夫人-部长构成，第二个场景由警察厅长-部长-杜宾构成。德里达认为，这种以三元组合为参考框架的解释策略一开始就错了，因为它毫无反思地排除了一个至关重要的元素：叙述者。在德里达看来，正确的阐释框架不应该是三元组合，而应该是四元组合，因为《被窃的信》是一篇虚构的小说，从始至终是由那个作为杜宾的好友、以第一人称"我"出现的叙述者叙述出来的，因此故事是以两个四元组合为基础而展开的：第一个场景由贵人-贵夫人-部长-叙述者构成，第二个场景由警察厅长-部长-杜宾-叙述者构成。拉康为什么会忘记叙述者？ 因为他忘记了他所分析的只是一个故事，因为他迫切希望为我们供应一个真理。德里达认为，拉康将叙述者排除在外，表明他不自觉地将这个虚构的故事当作了一个真实的事件，他没有看到文学虚构对精神分析学知识具有一种永远不断更新的抵抗。然而，这种遗忘和排除绝不是无关紧要的小事："这当然是一个关于信、关于能指的偷窃和置换的故事。但这篇研讨报告处理的只是这个故事的内容，只是它无可非议的历史，只是在其记叙之中得到讲述的东西，只是叙述内在的、被叙述的方面，而非叙述本身。这篇研讨报告对信中的能指的代理所产生的兴趣是如此之强，以致它接触伊始，就为爱伦·坡的小说建构了与其文字（writing）、能指和叙述形式相对立的示范性的内容、意义和被书写物（the written）。"② 因此，对德里达来说，拉康对叙述者的忽略或者排除并不是一个单纯的技

① Jacques Derrida, "The Purveyor of Truth", in *The Purloined Poe : Lacan, Derrida, and Psychoanalytic Reading*, ed. John P. Muller and William J. Richardson, Baltimore: The Johns Hopkins University Press, 1987, p.176.

② Jacques Derrida, "The Purveyor of Truth", in *The Purloined Poe : Lacan, Derrida, and Psychoanalytic Reading*, p.179.

术问题，在这种忽略或者排除的背后具有更加深刻的形而上学渊源，那就是逻各斯中心主义。正如德里达在他的《论文字学》中剖析的那样，逻各斯中心主义总是与语音中心主义难解难分：先验的逻各斯作为超越的所指是外在于能指的，但以鲜活的语音为手段的言语最终能够如其所是地再现它，也就是说，让它充分、完满地在场。为此德里达认为，一切专注于言语的所指、意义或者内容，忽视或者无视言语的游戏性质和播撒功能，相信言语能够捕捉、再现这样的所指、意义或者内容的话语都是逻各斯中心主义的，因而也必然是语音中心主义的。因此，德里达从拉康基于三元组合的阐释框架断定他的这篇研讨报告是语音中心主义的。

拉康忽略了叙述者吗？在其研讨报告的第一页他就明确指出："要是没有在这个故事中扮演了某个角色的人物从其观点出发对每一场景所做的叙述，这出戏中就没有什么是可以看见、可以听见的。"他尤为强调第一幕场景与叙述者之间的关系："事实是，如果我们仅仅把这次对话当作一个汇报，那么它的逼真性就有赖于精确性的保证了。但只要我们能展示它的程序，这次汇报就将比它乍看上去更富有成果；如果我们将全部注意力集中于第一幕场景的叙述，我们将会看到这一点。因为这个场景到达我们时所通过的双重甚至三重过滤器并非仅仅是偶然安排的结果，这三重过滤便是：杜宾密友（下文称为故事的叙述者）的叙述，这个叙述者叙述了警察厅长向杜宾所做的说明，而这个说明则是贵夫人向警察厅长做出的关于信的描述。"① 如果我们以此判定拉康没有忽略叙述者，那么也许不是德里达误解了拉康，而是我们误解了德里达。在德里达看来，是否排除了叙述者不能单纯从拉康是否注意到叙述者的叙述来判定，而是要根据他是否意识到叙述者的叙述对文本意义产生的延异效果来判定。在以上两处论及叙述的时候，拉康强调的都是叙述使人物与事件"可以看见、可以听见"，强调叙述的"逼真性"和"精确性"。在德里达看来，这种对叙述的强调与对叙述的排除本质上是一致的；与其说它们证明了拉康对叙述者的关注，不如说它们证明了拉康对叙述者的排除。故此德里达说："在某个既定的时刻，人们也许相信拉康将把（叙述者的）叙述纳入考虑，把嬉戏与文本之中的文字场景之复杂结构考虑进去，把叙述者的奇妙位置考虑进去。然而它刚刚一被瞥见，分析性的破译就把这个位置给排除了、取消了，或者更准确地说，它让叙述者控制了这种发挥取消作用的排除，这种

---

① Jacques Lacan, "Seminar on 'The Purloined Letter'", in *Écrits*, pp. 7, 11.

排除把整篇研讨报告改变成了一个迷恋内容的分析。"①

在德里达看来，对于一个文本的解释来说，是否考虑到叙述者是一个至关重要的问题。如果排除叙述者，我们就会不假思索地将文本讲述的内容当作不容置疑的事实加以接受，并进而接受其中蕴含的"真理"。为什么大多数文学文本都会隐藏其叙述者，或者使其与作者融合，或者干脆采取一种全知叙事，原因就在于此：因为无论采取以上哪一种策略，都会给读者制造一种身临其境的幻觉，仿佛文本所讲述的事件自动在读者面前真实地展开。但是，如果我们发现——这并非一件容易之事——所有的文学文本都必须借助某个叙述者的叙述才能实现，那么文本制造的那种幻觉的"真实"就有破灭之虞了，因为这让我们明白文本讲述的内容只是某个具有特殊（意识形态）立场的人物的"话语"而非"事实"。因此，是否将叙述者考虑在内就绝不只是文本阐释中的一个技术问题，而是事关解释的方法论问题。叙述者不仅仅给文学文本提供了一个特殊的视角，更重要的是，它为文本安装了一个边框（frame）。然而让事情变得更加复杂的是，《被窃的信》不是只有一个边框，而是有几重边框：诚如德里达所言，除了叙述者这个边框，我们还不应忘记，这个文学文本还是爱伦·坡"杜宾三部曲"之一，这就是说，后者也是这个文本的又一边框。此外，小说开始时引用了塞涅卡的一句格言——"没有比过分机灵更可恨的了"，结尾又引用了克雷比荣的《阿特柔斯》中的那句台词，这些都会把这个文本牵引到一些更远的文本，这些文本同样也是这篇小说的边框。德里达说："这里有一个装框、定界和划界的问题，如果我们想弄清虚构的效果，就必须非常细致地分析这个问题。拉康对此不置一词，他从这个虚构的文本内部抽取出所谓的普通叙述，从而排除了这个虚构的文本。这个操作因为这个事实变得非常容易了：叙述没有胜过这个名曰'被窃的信'的小说/虚构。但它是一个虚构。在故事的周围有一个边框，尽管它是不可见的，但也是不可简化的。"②

然而"边框"是什么意思呢？它与它所框定的事物是什么关系呢？一般而言，我们习惯于认为边框的作用在于框定某些特殊的事物，将框里与框外的事物隔离开，从而让我们专注于后者。但是，为什么我们会将注意力集中到框内的事物而无视框外的事物呢？因为"边框"的基本作用不仅

---

① Jacques Derrida, "The Purveyor of Truth", in *The Purloined Poe：Lacan，Derrida，and Psychoanalytic Reading*，p. 179.

② Jacques Derrida, "The Purveyor of Truth", in *The Purloined Poe：Lacan，Derrida，and Psychoanalytic Reading*，p. 180.

是包容、呈现框内的事物，而且要排除、遮蔽框外的事物；或者更准确地说，正是通过排除和遮蔽框外的事物，我们才会关注、呈现框内的事物。德里达认为，边框是形而上学的重要工具，为事物装框是形而上学的基本策略。因此，与常识相反，德里达认为，如果我们不想继续做形而上学的囚徒，被形而上学装进框里，那么我们必须重塑边框的基本功能：与其让它为我们的视域定界，不如让它指引我们的视野越界。也就是说，一旦我们发现边框的存在，我们就应该向框外出发。对德里达来说，边框颠覆了内外之分，而且边框之外复为边框，以至无穷。拉康为什么能够为我们供应真理？据德里达看来，根本原因就在于他排除了这篇小说的边框，从而将文本所叙述的内容当作一个事实不加批判地接受了下来；如果他能发现这个文本被装进了一个特殊的边框，而且边框之外复有边框，那么就会洞察这个文本的意义不可决定，其指引将无穷无尽，最终不可把握。所以德里达说："这里（在拉康的研讨报告中）缺少了对边框、签名和副饰（parergon）这个问题的阐释。这一欠缺使得能指场景被重建为所指，书写/文字被重建为被书写物，文本被重建为话语，甚至更准确地说，被重建为'主体间的'对话。"[1]

德里达坚决反对拉康以三元组合为基本结构来阐释这篇小说，不仅因为他认为拉康排除了叙述者，而且不无反讽的是，还因为他根据后者的镜像理论发现小说中的部长和杜宾都不仅各自有一个镜像的他者，而且他们自身还是两个人物的合体。小说告诉我们，部长还有一个兄弟，两人都很有才华，但这不是最主要的，最主要的是部长本身就具有双重身份：他既是一个数学家，又是一个诗人。正是作为诗人，他才挫败了警察厅长；后者愚蠢地认为诗人都是"笨蛋"。至于杜宾，他与叙述者"我"互为镜像。"杜宾三部曲"中的第一部《毛格街血案》详细介绍了二者相识的经过："我们初次见面是在蒙玛特尔街一家冷僻的图书馆里。两人凑巧都在找寻同一部珍贵的奇书，交往就此逐渐密切起来。……最后终于谈妥，我在巴黎盘桓期间，跟他住在一起；我的经济情况多少比他富裕，他同意由我出钱在市郊圣日耳曼区租下一幢年久失修的公馆。这座房子地处偏僻，式样古怪，摇摇欲坠，相传是凶宅，荒废已久；我们对这种迷信并不深究，径自把屋子布置得正巧配合两人共有的那种古怪的消沉情绪。"[2]不仅如此，

---

① Jacques Derrida, "The Purveyor of Truth", in *The Purloined Poe：Lacan, Derrida, and Psychoanalytic Reading*, p. 180.

② 坡. 爱伦·坡哥特小说集. 肖明翰，译. 成都：四川人民出版社，2005：121.

和部长一样，杜宾也具有双重身份："眼看他这么副心情，我不由得时常默想着有关双重的心的古老学说，心里不断玩味着兼具丰富想象力和解决能力的杜宾。"① 因此，杜宾与部长不仅不是单独的个人，而且是一体二人，甚至是一体四人。"如果这两个双体之间的双重关系包含并笼罩了整个所谓的象征空间，溢出并模仿它，无休止地毁灭和打乱它，那么想象和象征之间的对立，尤其是这种对立隐含的等级秩序，其适当性就很有限了。也就是说，如果人们根据这个文字现场的平方来测度它，其适当性就很有限了。"②

拉康为什么对杜宾和部长的镜像他者视而不见呢？为什么对叙述者的介入不置一词呢？为什么要选择这种基于三元组合的结构作为其解释策略呢？除了形而上学的诱惑之外，德里达认为精神分析学本身也难逃干系。在《真理的代理商》中，德里达劈头便写道："据说精神分析被发现了。当人们以为自己发现了它时，其实是精神分析自己发现了自己。当它发现某物时，其实它发现的是自己。"③ 据他看来，精神分析学要做的事情并不是将自己的真理或者法则应用到其他文本，尤其是文学文本，而是要在其他文本中发现自己的真理和法则，从而自我印证。所以他才会尖刻地说：当精神分析有所发现时，它发现的其实是它自己。故此德里达断定，拉康之所以粗暴地将三元组合作为其解释的关键，这是父-母-子三角形的俄狄浦斯结构蛊惑的结果："他（叙述者）构成了一个代理，一个'方位'，凭借这个方位，经过杜宾这个中介，这个三角形保持住了一个得到非常确定、充分投资的关系。以这种暴力方式为其装框，为了只看到俄狄浦斯结构而将被叙述的角色从第四方砍掉，凭借这些措施，人们也许回避了某种复杂情况，也许是回避了俄狄浦斯结构的复杂情况，人们宣布在文字现场发现了俄狄浦斯结构。"④

被窃的信与被窃的菲勒斯

但是，这个结论只是一种断言，要让人信服，德里达需要论证。他是

① 坡·爱伦·坡哥特小说集. 肖明翰，译. 成都：四川人民出版社，2005：122.

② Jacques Derrida，"The Purveyor of Truth"，in *The Purloined Poe：Lacan，Derrida，and Psychoanalytic Reading*，p. 203.

③ Jacques Derrida，"The Purveyor of Truth"，in *The Purloined Poe：Lacan，Derrida，and Psychoanalytic Reading*，p. 173.

④ Jacques Derrida，"The Purveyor of Truth"，in *The Purloined Poe：Lacan，Derrida，and Psychoanalytic Reading*，p. 181.

如何论证的呢？他将信（letter）等同于菲勒斯（phallus）。或者更准确地说，他断定拉康将信和菲勒斯等同了起来。但是，拉康不是一再强调信的意义是不可确定的吗？

　　拉康的主题有一个基本前提，那就是信的内容始终没有得到揭示，或者说无须揭示。但在德里达看来，这是完全不能成立的。首先，正如警察厅长提醒我们的那样，任何人都知道这封信包含了足够多的内容，足以使贵夫人这个身居高位的人的荣誉受到影响，甚至使她的安全受到威胁。其次，尽管拉康一方面宣称我们对这封信的发信人及其内容一无所知，但另一方面他也不得不承认，无论这是一封情书，还是一封事关密谋的信，一封告密信、指示信或者求救信，我们唯一能够确信的是，贵夫人不能让贵人或者其他人知道这件事。"因此，不管贵夫人对这封信采取什么行动，事实都是：这封信是一个契约的象征，即使它的收信人不为这个合约承担责任，这封信的存在也把她投进了一条符号链，而这条符号链与构成她之忠诚的符号链是异质的。它与她的忠诚是水火不容的，这一点已经为这个事实所证明：她不能合法地公开拥有这封信，为了拥有这封信，贵夫人只能借助其隐私权；而隐私权是建立在荣誉的基础之上的，但这种拥有恰好冒犯了这种荣誉。"① 德里达据此认为，"无论是哪一种可能的假设，这封信的信息都必然包含了对一个'誓言'的背叛……就这封信的意义这个主题而言，对其无知或者对其漠然都只是暂时的、可能性极小的。谁都知道它的意义，谁都对它的意义全神贯注，从这篇研讨报告的作者开始。如果它真的没有明确的意义，那么没有人会担心别人会把什么意义强加给他/她，贵夫人是这样，部长也是这样。所有人，从部长开始，包括拉康，中经杜宾，都确信这封信其实已经说了它所说的东西：对一个契约的背叛。而它所说的东西也是'一个契约的象征'，否则不会有什么'被抛弃'的信：先是被部长抛弃，然后被杜宾抛弃，最后被拉康抛弃。他们全都验证了这封信、这封'正确的'信的内容。他们全都做了警察厅长做过的事：在支付了酬金之后，当他从杜宾的手上接过这封信时，他检查了它的要旨。"②

　　德里达认为，拉康表面上宣称我们对信的意义一无所知，其实一开始就将其意义与至关重要的菲勒斯等同了起来。但是拉康在其研讨报告中从未提及菲勒斯，更没有直接将信视为菲勒斯的隐喻，德里达何以能够提出

---

　　① Jacques Lacan, "Seminar on 'The Purloined Letter'", in *Écrits*, p. 19.

　　② Jacques Derrida, "The Purveyor of Truth", in *The Purloined Poe：Lacan*, *Derrida*, *and Psychoanalytic Reading*，p. 211. 译文略有修改。

这种主张呢？拉康的《关于〈被窃的信〉的研讨会》中有哪些论述可以证明他将信与菲勒斯等同了起来呢？对此，德里达基本上采取了一种反证法：如果拉康不是将信视为菲勒斯的隐喻，那么他关于信的以下三种主张就是不可理解的。

（1）信的位置的古怪性；

（2）信的"不可分割性"或者"不可毁灭性"；

（3）"信总是会抵达其目的地"。

严格地说，拉康这篇研讨报告的真正晦涩难解之处，其实并非在于它的基本主题，而是在于他关于以上三方面的晦涩论述。对这些论述没有一个基本把握，就不能算是读懂了拉康的这篇研讨报告。

首先让我们来看第一种主张：信的位置的古怪性。警察厅长带人逐个房间搜查了部长的整个宅邸，每个房间都花了七个晚上。他们检查了所有的家具、所有的墙面和地板。所有抽屉都被拉开，所有桌面都被揭开，所有家具的接缝都被仔细查看，所有书本都被逐页翻检，镜子、窗帘、床单、地毯的夹层都被搜查。他们用探针检查了坐垫，用高倍显微镜检查了所有桌椅的横档，用精度极高的量尺测量了每本书的厚度。他们甚至将房屋表面分为若干区间，一寸一寸地细致检查。总之，一切可能的藏匿地点都无一遗漏地得到了搜查，但一无所获。毫无疑问的是，信的确就在房间里，但为什么警察们掘地三尺仍然一无所获呢？难道这封信会"无化"不成？问题的关键就是信的位置，或者更准确地说，就是信与位置的关系："显然，文字/这封信（the letter）的确与位置有一些古怪的关系……我得说这些关系是非同寻常的，因为这些关系正是能指与位置之间的关系。"①

信的确就在他们巨细无遗地搜索过的房间内，它之所以逃脱了他们的搜查，诚如拉康所说，完全是因为他们不知道，一封信的最佳藏匿地点不是某个经验性的物理空间，无论这个空间多么绝密，而是某个非经验性的符号空间。故此拉康说："这些搜查者对现实具有一种冥顽不化的观念，以致他们无法看见他们的搜查会将它转变为其对象——他们本来可以凭借这种特征将这个对象与其他所有事物区别开来。无疑这对他们是要求过高了，不是因为他们缺乏洞察力，而是因为我们缺乏洞察力。因为他们的愚蠢既非个别人的愚蠢，亦非集体的愚蠢；这种愚蠢的根源是主体性。这是现实主义者的愚蠢，现实主义者毫不犹豫地认为，没有什么东西是可以真

---

① 　Jacques Lacan, "Seminar on 'The Purloined Letter'", in *Écrits*, p. 16.

正藏匿起来的，即使这封信被一只手推到这个世界的天涯海角，另一只手也可以将其找回；而且他们认为被藏匿起来的东西无非是不在其位之物，这就像图书馆中一册被误放位置的书一样。即使这本书就在毗邻的书架上，或者就在旁边的狭槽中，它也是被藏在了那里，不管它在那里多么显眼。"① 现实主义的警察厅长认为，因为藏匿的本质就是使某物"不在其位"，所以他们一开始就把信通常所处的位置排除了；但"不在其位"的某物既然是一物，就必定"另在某处"，所以他们把全部精力都集中在了所谓的隐秘之处。从现实主义的观点来看，的确没有什么东西能够被真正隐藏起来，前提是所要藏匿的东西是一种物质性的东西。然而，如果所要藏匿的东西不是一种物质性的东西，而是一种真正不在其位的东西呢？什么东西能够真正不在其位呢？对此拉康回答说："严格说来，只有那种能改变位置的东西，也就是说，只有那种符号性的东西，才能不在其位。实在之物，不管我们如何改变它，它总是且始终在其位置上；它牢牢地粘在其鞋底上，没有什么东西能够将其从鞋底赶走。"② 部长并没有为了给这封信寻找一个绝密的隐藏地点而煞费苦心。首先，他只是将信封做了一番小小的改变：在原来的信封上，印章小而红，印的是 S 家族的公爵纹章，收信人是某位王室成员，字迹刚劲豪放。在改变后的信封上，印章大而黑，印的是 D 字，收信人写的是部长的名字，字体娟秀纤细。然后，他仍然把这封信放在通常放置信件的位置上。仅仅通过这两道程序，部长就使这封信既在其位——它仍然在一个信封里，在通常放置信件的位置，又不在其位——它被改变成了另一封信。因此，它被成功地隐藏起来了。部长之所以做到这一点，是因为他知道信本质上是文字或者能指。正是在这个意义上，拉康说："因为能指是存在（being）独一无二的单位，而能指就其本质而言不是别的，仅表示缺席（absence）的符号。因此，我们不能像说其他事物那样说这封被窃的信必定在哪里或者不在哪里，而只能说，与别的事物不同，它在但又不在它所在的地方，无论它去哪里。"③

　　letter 是什么？它既是"信"，又是"文字"。在拉康看来，与其说被窃的是一封"信"，不如说是一封"文字"。拉康绝不是在玩文字游戏，他甚至不是在隐喻的意义上谈论"信"和"文字"的关系。既然那封信是由

---

① Jacques Lacan, "Seminar on 'The Purloined Letter'", in *Écrits*, p. 17.

② Jacques Lacan, "Seminar on 'The Purloined Letter'", in *Écrits*, p. 17.

③ Jacques Lacan, "Seminar on 'The Purloined Letter'", in *Écrits*, p. 17.

一些文字写成的，那么部长窃取的当然就是一封"文字"。文字是什么？文字是一物吗？正如海德格尔在《语言的本质》中指出的那样，文字绝非一物，因此我们绝不可能说文字在哪里或者不在哪里。和海德格尔一样，当拉康说只有文字才能"不在其位"时，他的意思不是说，文字本来应该在某处，但现在不在那里。他的意思是说，文字绝不可能像实在之物那样有某个位置。关键是要知道，部长要藏匿的并不是一封信，而是一些文字，一些能指。在这场隐藏—寻找游戏中，部长取得了完胜。他的取胜之道在于他让那封信/文字"隐身"了。信/文字之所以能隐身，乃是因为它不是实在之物，它没有"位置"。无论文字出现在哪里，如拉康所说，它都既在又不在它所在的地方。部长之所以能藏匿起这封信，警察厅长之所以找不到这封信，尽管它在他们的手中被多次翻动，就是因为它就像文字一样，既在又不在它所出现的地方。

从上述论证可知，拉康之所以花费大量笔墨来讨论信与其位置的古怪关系，目的仍然是将信与文字，进而将信与能指接通，从而为其基本主题服务。那么德里达何以能在信的位置这个问题上认为拉康将其等同于菲勒斯呢？关于部长隐藏/放置信件的位置，拉康这样描述说："瞧！在壁炉立柱的中间，那个东西就在那里，只要劫持者伸伸手，立刻就唾手可得……他是从壁炉架的上边拿到它——像波德莱尔翻译的那样，还是从下边拿到它——像原文所说的那样，这个问题不会有损来自厨房的推论。"[1] 这段叙述似乎并没有什么特殊之处，但德里达不仅敏锐地从中嗅出了某种暧昧的气息，而且发现拉康隐瞒了一桩债务："果真无害吗？相反，在这篇研讨报告内部，这种损害是不可弥补的：如果是在壁炉的台面上，这封信就不可能'在壁炉立柱的中间'，'在壁炉的两腿之间'……为什么要将这个问题贬低到厨房，就像贬低到外屋一样？为什么要将回答这个问题的那个妇女贬低为厨师？"[2] 德里达在此想说的是，拉康对信的位置所做的描述已经暗示了信其实就是菲勒斯的象征，不然它不会那么"碰巧"出现在菲勒斯固有的位置上。因此，问题并不像拉康所说的那样，信被放在壁炉的台面上或台面下无关紧要。此外，德里达还发现，拉康将信视为缺失的菲勒斯的象征乃是受到了另一位精神分析学家玛丽·波拿巴的启发，尽管他不

---

① Jacques Lacan，"Seminar on 'The Purloined Letter'"，in *Écrits*，p. 26.

② Jacques Derrida，"The Purveyor of Truth"，in *The Purloined Poe：Lacan，Derrida，and Psychoanalytic Reading*，p. 189.

仅没有感谢后者，还将她的观点贬低为"来自厨房的推论"。德里达进而认为，拉康若非将信视为缺失的菲勒斯的象征，他不可能推论信对部长所发生的"女性化"作用："从部长那种漠不关心的做派，比如假装无精打采，到把自己打扮得似乎倦于谈话，再到那种氛围——这个'家具哲学'的作者知道如何从那些不可触摸的细节中捕捉到这种氛围——这一切似乎合谋起来，以致当他出现时，就使得这个最男人的要人逐渐渗出最古怪的女人气息。"① 信不仅是贵夫人缺失的菲勒斯，在部长窃取了它之后，它也变成了部长缺失的菲勒斯，并在某些特定的时刻为部长赋予了一种特别的女性气质。杜宾也不例外，当他拿到这封信后，他本可以用一页白纸替换它，但他没有这样做，而是怒气冲冲地以一句引语为自己签名——部长不会不认识他的笔迹。拉康敏锐地嗅出了这种歇斯底里的愤怒的"女性"特征："由于杜宾所在的位置，他之所以不能不对以这种方式发问的他产生一种明显女性化的狂怒，原因就在于此。对那个曾经让我们领教过这种狂怒的人来说，这个高明之士——在他的身上，诗人的创造性和数学家的严谨，与花花公子的无动于衷和骗子的优雅结合在了一起——突然变成了真正可怕的恶魔，借用他自己的话说，则是'一个没有道德顾忌的天才'。"② 在这篇研讨报告中，拉康从来没有提及菲勒斯，当他论述部长和杜宾被信持有之后表现出的女性化特征时，他的直接目的是证明能指对主体的决定作用。但是，德里达的引申（将信引申为菲勒斯）也并非没有道理，也许这的确就是拉康想说而未说的话。

　　其次我们来看第二种主张：信的"不可分割性"或者"不可毁灭性"。在论及信的位置的古怪性时，拉康非常突兀地抛出了一句话："我所强调的首先是能指的物质性（materiality），这种物质性在许多方面非同寻常，首先就是它不可分割。将一封信撕成碎片，它仍然是一封信。"③ 拉康一方面强调能指的物质性，但同时又说能指因此是不可毁灭的。这句话似乎自相矛盾：常识告诉我们，物质性的东西都是可以分割的，只有观念性的东西才不可分割。对此我们只能说，拉康为"物质性"赋予了一种独特的含义。此外，为什么一封信被撕成碎片之后还是一封信？当我们收到一封恐吓信、绝交信、诽谤信时，我们完全可以将其撕成碎片，甚至将其付之

---

①　Jacques Lacan, "Seminar on 'The Purloined Letter'", in *Écrits*, p. 25.
②　Jacques Lacan, "Seminar on 'The Purloined Letter'", in *Écrits*, p. 29.
③　Jacques Lacan, "Seminar on 'The Purloined Letter'", in *Écrits*, p. 16.

一炬。当此之时，这封信还是一封信吗？既然如此，拉康的这一命题的真意究竟何在呢？关键在于如何理解 letter，当我们在这个语境中遇到这个词语时，也许我们必须时刻铭记它既表示"信"，也表示"文字"。因此，上述引文中的第二句就应该读作："将一个字撕成碎片，它仍然是一个字。"正因如此，拉康接下来才会说："但至于 letter 本身，不管我们在哪个意义上使用它，字母、书信或者成就了作家、学者的文字，我们一般会说必须严格按照文字（à la lettre）去理解人们所说的一切，会说邮局里有你一封信（a letter），或者甚至会说你精通文字（letters）[博学有文]——但人们从来不说某处有（一笔）文字（de la lettre），不管是在什么语境中，甚至在指迟到的邮件时也不这么说。因为能指是存在独一无二的单位，而能指就其本质而言不是别的，仅表示某种缺席的符号。"①

显然，当拉康论及 letter 时，他所指的其实不是信，而是文字。我们可以把一封信撕成碎片，把一本书化为纸浆，把一本字典焚为灰烬，但无法以此消灭文字。因为文字与其说表示的是事物，不如说是事物的缺席。在此，德里达再次为拉康做了引申：如果文字表示的是事物的缺席，那么这个缺席的事物不是别的，正是菲勒斯。"在这个意义上，阉割/真理就是碎片化的对立面，就是碎片化的解药：从这个地方缺失的东西在阉割中有一个固定的、核心的位置，这个东西是任何其他事物都不能替代的。某物从其位置上缺失了，但是这个欠缺永远不会从那里缺失。由于阉割，菲勒斯总是保持在它的位置上，保持在我们以上谈论的这个超越的拓扑结构中。在阉割中，菲勒斯是不可分割的，因此也是不可毁灭的，就像那封就位的信。正因如此，对于这种受限制的秩序，对于这种固有的传播来说，那个有目的但从未得到证明的预设，即信的物质性就在于其不可分割性，乃是不可或缺的。"②

最后我们来看拉康给我们提出的第三种主张："正如我告诉你们的那样，发送者以一种颠倒的形式从接收者那里接收他自己的信息。这封'被窃的信'，不，这封'苦难中的信'，意味着一封信总是会抵达其目的地。"③ 这个断言其实包含了两个命题：其一，"发送者以一种颠倒的形式从接收者那里接收他自己的信息"；其二，"一封信总是会抵达其目的

---

① Jacques Lacan, "Seminar on 'The Purloined Letter'", in *Écrits*, p. 17.

② Jacques Derrida, "The Purveyor of Truth", in *The Purloined Poe: Lacan, Derrida, and Psychoanalytic Reading*, pp. 184－185.

③ Jacques Lacan, "Seminar on 'The Purloined Letter'", in *Écrits*, p. 30.

地"。而且，这两者之间有什么逻辑关系吗？如果没有，他不可能将它们放在一起，如果有，那又是一种什么样的逻辑关系？拉康以一种近乎水到渠成的方式在这篇研讨报告的最后提出这个结论，但我们似乎无法从前文中找到导出这两个结论的论证。他就这么突兀地将其强加给我们，斩钉截铁而且戛然而止。

发送者以一种颠倒的形式从接收者那里接收自己的信息，这难道不是与我们的常识背道而驰吗？倘若果真如此，那么谁是真正的发送者，谁是真正的接收者？发送者才是接收者，接收者才是发送者吗？也许我们应该暂时脱离一下目前的语境，专心致志地从拉康的精神分析学去寻找答案。信息的发送与接收，实质上就是一个交流问题。大多数现代语言学为我们提供的交流理论都具备两个基本特征：首先，强调信息发送者的意向性，而且是意识层面的意向性；其次，基本上将交流看作一个从发送者到接收者的单向过程。但是，从精神分析学的实践来看，这两个基本特征都是成问题的。首先，言语的意向性还包含超越意识意向的无意识意向；其次，说话人的信息不仅指向听话人，也指向自己。正是在这个意义上，拉康说："在人类的言语中，发送者同时也是接收者。"[1] 将这两种基本特征结合起来考虑，我们就会发现，发送者的信息在无意识的维度上是指向自己的，因此也是发送者自己所不知道的。

发送者如何才能接收/理解自己发出的信息呢？要回答这个问题，我们还必须首先弄清楚话语的意义得以实现的条件。我们业已知道，拉康的语言学理论与索绪尔大有不同：在索绪尔那里，能指与所指是符号的两个基本元素，它们有机地统一在一起，但索绪尔更强调所指的优越性。拉康则强调能指的优越性，所指只是能指的效果。不仅如此，他还强调能指与所指的分离性和对抗性：所指一旦被能指生产出来，同时也就开始在能指下不停地滑脱。为了暂时阻止所指滑脱，并创造某种意义或者意义幻象，就必须在某些缝合点（points de capiton）上将能指与所指扭结起来。言语链在共时维度中的缝合点就是隐喻，而在历时维度中的缝合点则是标点/停顿。回到我们上面提出的问题，发送者要理解自己发出的信息，就历时维度而言，他必须让接收者为他的话语打上标点。所谓发送者必须以一种颠倒的形式从接收者那里接收自己的信息就是这个意思。对此，我们可以母婴关系和分析者与被分析者的关系来证明。在母婴关系中，尤其是对尚

---

① Jacques Lacan, *The Seminar of Jacques Lacan：The Psychoses*, p. 24.

未学会说话的婴儿来说，他只能以一种原始的哭喊来表达自己的需要，他的哭喊究竟表达的是饥饿、寒冷、燥热，还是疼痛或者恐惧，他自己也无从知道（他还不会说话），但是母亲会以一种特殊的方式安慰他，从而以一种颠倒的方式为他的哭喊赋予意义。在精神分析实践中更是如此：分析者经常以一种出人意料的方式为被分析者的话语加标点，从而以一种反转的方式改变被分析者的意思，从而让后者突然明白他实际所说的多于他所意识到的。分析者的标点可以通过重复被分析者的话语，但略加改变来实施。比如，当被分析者说"tu es ma mère"（you are my mother）时，分析者可以略加变音指出他也许实际想说的是"tuer ma mère"（to kill my mother）。分析者也可以打断被分析者的话语，或者对其报以沉默，或者干脆结束本次会谈，以此来为后者的话语加标点，从而提示后者他所说的话也许具有别的意思。

信息的发送者需要以一种颠倒的方式从接收者那里去接收自己的信息，这不仅只是发生在精神分析治疗中的事情，其实人类的一切交流都具有这种特征。在20世纪50年代中期，这一理论经常出现在拉康的研讨班上，因此他在《关于〈被窃的信〉的研讨会》中再次提及这一理论但又没有展开，也就不难理解了。但是，"一封信总是会抵达其目的地"又该如何解释呢？难道拉康不知道每个邮局里总是存在大量无人接收的信吗？难道他不知道总是有很多信会莫名其妙地丢失吗？难道仅仅因为借助杜宾的帮助贵夫人重新夺回被窃的信这个特殊而且虚构的个例，拉康就足以断言"一封信总是会抵达其目的地"？显然，拉康不是在讨论邮政服务的理想状态，也不是在武断地宣扬一种目的论。信最终到达了它的原初目的地贵夫人那里，拉康的确就是由此得出上述那个几乎令人难以忍受的结论的。他不是不知道这封信完全有可能无法到达贵夫人那里，他不是不知道这只是一篇小说。因此，如果我们相信他没有神经错乱，那么这个命题就必然是一个隐喻。然而，它隐喻了一个什么"真理"呢？

"一封信总是会抵达其目的地"。信是什么？什么东西能算是一封信？难道只有装进信封、写下收发人姓名和地址并盖上邮戳或者印章的文字才能算是一封信？无意间说出的一句话不也是一封信？一个口误、一句玩笑、一个梦、一个症状不也是一封信？它们没有被"封"起来吗？如果"封"的意思不仅是精美或普通的纸质的信封，如果它还意味着加密、阻止和压抑，那么不易理解的玩笑、口误、梦和症状不也是被加密"封"起来了吗？"一封信"的目的地必须是别人吗？不是有很多人为自己写信吗？

经常在我们身上发生的口误、玩笑、梦和症状不就是发送给我们自己的信吗？发送者以一种颠倒的形式从接收者那里接收他自己的信息；一封信总是会抵达其目的地。如果我们同意这些判断，而且注意到了这两句话之间的因果关系，那么我们必定会逐渐领悟拉康的意思。首先，"一封信"，一份被封装、加密的文字，必定有待接收，必定自有其目的地，即使它的目的地或者接收者是发送者自己。其次，只要有人接收，它就抵达了其目的地。因为它的目的地不是既已规定的某人，凡是它所到达的地方都是它的目的地。最后，它一定会抵达其目的地，不管接收者是否知道它所传达的信息；即使接收者以为自己不知道，其实他也是知道的，因为，就像弗洛伊德指出的那样，他不知道自己知道。信总是会抵达其目的地，就像被压抑的东西一定会回来。

然而德里达并不这样认为，他一如既往、坚定不移地将其理解为拉康"不可救药"的菲勒斯中心主义（phallogocentrism）的必然推论："拉康带领我们回到了真理，回到了一个不可能失落的真理。他把这封信带回来了，以此表明这封信带领自己经过一个固有的旅程之后回到了它固有的地方；而且，正如他公然指出的那样，让他感兴趣的正是这个目的地，作为命运的目的地。能指在信中自有其位置，而信在它固有的地方重新发现了它固有的意义。一种特定的再据有和特定的再拉直将重建固有之物、位置、意义和真理，尽管这些东西由于一时的弯路或者无法投递而远离它们自己。……固有的地方，这是最为重要的东西。这封信有一个发行之地，也有一个目的地。这个地方不是一个主体，而是一个洞，主体就是在这个欠缺的基础上被建构起来的。这个洞的外形是可以确定的，而且它磁化了弯路构成的整个旅程，这条弯路从空洞到空洞，从空洞到它自己，且因此有了一种循环形式。我们正在讨论的其实是一个受到管控的循环，它组织了一个从弯路到空洞的回归。一个卓越的（超验的）再据有和一个卓越的（超验的）再拉直完成了一个真正的契约。"① 不管绕行了多少弯路，这些弯路终究会被拉直；不管偏离接收者多么久远，它终究会被重新据有。总而言之，它终归会回到它固有的目的地。为什么？不是因为它具有百折不挠的毅力，也不是因为它仰仗了神灵的保佑，而是因为，拉康将信判定为菲勒斯，贵夫人（一个女人）欠缺的菲勒斯；它被阉割了，所以它一定要

---

① Jacques Derrida, "The Purveyor of Truth", in *The Purloined Poe*: *Lacan*, *Derrida*, *and Psychoanalytic Reading*, pp. 181 - 182.

回去，那是它固有的地方，是它本来的家园。源于尘土的，必将归于尘土。这也是菲勒斯的命运。故此德里达说："这个固有的地方，就是阉割之地：女人就是欠缺阴茎之地，就是菲勒斯的真理，也就是阉割的真理。这封被窃的信的真理就是真理，它的意义就是意义，它的法律就是法律，就是真理在逻各斯中与它自身的契约。"① 因此，在德里达看来，让这封信回归其固有的路线，就等于纠正一次偏航，矫正一次脱轨。与拉康针锋相对，德里达以同样斩钉截铁的态度断言："正是信的不可分割性在冒险，并催发了航程，但它不会保证它能回归，不会保证有任何东西会得到保存：一封信总是不会抵达其目的地，从这种可能性属于其结构的那一刻起，人们就能够说它绝不会真的抵达，当它真的抵达时，它的不抵达其目的地的性能就开始用一种永恒的漂移来折磨它。"②

更具颠覆性的是，德里达认为"被窃的信"指的其实不是贵夫人的那封信，而是整个这篇小说，而这篇小说又是"杜宾三部曲"这个更大文本中的文本，"杜宾三部曲"又是爱伦·坡众多文本中的文本，爱伦·坡的全部文本又是其他文本中的一部分，如此以至无穷。因此，它的意义必将由于这种无限的指引而不可确定："'被窃的信'乃是作为一个文本而运作，这个文本逃避每一个可以确定的目的地；正是在它叙述信的到达之时，它就生产或者毋宁说通过自我溯源诱导了这种不可确定性。正是在它假称的东西，即先于文字写定的东西，因为自身的原因而自我分离之际和之地，它假装有所述说，让人们相信'一封信总是会抵达其目的地'——真实可靠、完整无缺、未被分裂的目的地。其实是为了再次跳到另一边去。"③

在论及能指的移置对主体的决定作用时，拉康敏锐地指出杜宾也未能幸免。正如小说表明的那样，他之所以介入这个案件，与丰厚的酬金密切相关。更重要的是，他与部长曾经在维也纳结下仇怨。正因如此，当他成功拿回那封信之后，也就是被那封信据有之后，他身不由己地表现出了"女性的狂怒"。但是，在德里达看来，当拉康将这篇小说作为一个真实的

---

① Jacques Derrida, "The Purveyor of Truth", in *The Purloined Poe : Lacan, Derrida, and Psychoanalytic Reading*, p. 183.

② Jacques Derrida, "The Purveyor of Truth", in *The Purloined Poe : Lacan, Derrida, and Psychoanalytic Reading*, p. 201.

③ Jacques Derrida, "The Purveyor of Truth", in *The Purloined Poe : Lacan, Derrida, and Psychoanalytic Reading*, p. 204.

话语而非虚构的文本来对待时，他没有看见他所说的那个"普通叙述者"，即小说中第一人称的"我"——杜宾的密友，其实完全不"普通"。因为我们在"杜宾三部曲"中的第一部《毛格街血案》中可以发现，"我"之所以与杜宾一见如故，那是因为他们都在寻找"一部珍贵的奇书"；更重要的是，为了更方便倾听杜宾的故事和奇思妙想，"我"让杜宾搬到自己租赁的一栋房子里免费居住。也就是说，"我"出钱换取杜宾的"文字"。"我"与杜宾的这些利益关系导致我们不可能将"我"视为一个"普通"叙述者，不可能将其叙述视为客观的事实。不仅如此，德里达进而认为，在能指的移置过程中未能幸免的人还包括拉康自己，因为拉康迫切希望从这篇小说/文字中为我们提供一个真理，为此，拉康窃取了爱伦·坡的"文字"。部长从贵夫人那里窃信是为了权力，杜宾从部长那里窃信是为了金钱和报仇，"我"从杜宾那里窃信/文字是为了得到故事和幻想，而拉康从爱伦·坡那里窃信/文字则是为了"真理"。他们全都深陷其中，不能自拔。如此看来，真正超然事外、客观中立的就只有德里达了。果真如此吗？正如约翰逊指出的那样，当德里达指责拉康为了向我们"兜售"真理而窃取了爱伦·坡的"文字"时，其实他自己也因为与拉康的"恩怨"而窃取了后者的"文字"。

我们曾经在前文指出，拉康的语言学是对索绪尔语言学的颠覆，因为他令人信服地揭示了能指与所指之间并不存在一一对应关系，所指最终只是能指的效果，而且这种效果一旦产生就会漂移，除非凭借历时性的停顿或者共时性的隐喻，能指和所指暂时扭结起来，制造一种意义幻觉，否则任何意义都是不可能的。这一认识萌芽于1953年发表的《精神分析学中的言语和语言的作用和领域》，在1957年发表的《无意识之中的文字实例》中得到详尽的表述。德里达的解构主义思想的核心在于揭示或者主张超验的逻各斯（一切被奉为真理或本质的东西）乃是形而上学的虚构，而这一哲学的基石则是意义在能指链中的无限延异（延迟和差异）。德里达哲学的核心不在于指出作为绝对他者的逻各斯是不可抵达的，而是要表明一切逻各斯都是言语预设的幻象。从这种极为原则性的比较中，我们可知德里达的哲学与拉康的哲学在本质上是相通的。但是，与承认海德格尔对他的影响和启迪不同，德里达在其著作中从未提及拉康的贡献，更绝口不提拉康对自己的启发，这当然让拉康十分不满。拉康曾多次在其著作中含蓄地谴责"某人"窃取了他的思想。在1969年出版的波因特（Point）版的《文集》"声明"中，他明确指责德里达剽窃他的思想："我所恰如其分地

称作文字实例的东西要早于任何文字学。"① 面对拉康的指责，德里达在
《立场》（1972）第一部分"符号学与文字学"的尾注中予以回应："在我
迄今出版的文本中，我的确完全没有参照过拉康。我这样做是完全合理
的，不仅因为拉康那种以攫取为形式或为目的的欺凌。在我的《论文字
学》（1967）出版之后，拉康就大量制造这种欺凌，或者直接，或者间接，
或者在私下里，或者公开地在他的研讨班上，甚至在他的每一个文本中。
从 1967 年以来，我倒是提醒自己读他的研讨报告。"② 然而，面对拉康的
欺凌，终究不是通过一个尾注就能够解气的，到了 1975 年，忍无可忍的
德里达终于写作并在《诗学》第 21 期发表了他的论文《真理的代理商》。

德里达的《论文字学》是否真的如他所说没有受拉康启发，这是值得
怀疑的。尽管拉康的《文集》1966 年才结集出版，但收入其中的《无意
识之中的文字实例》（1957）等文章要比德里达的《论文字学》早整整 10
年，而且考虑到拉康当时如日中天的影响力，德里达即使真的如他所说没
有读过拉康的著作，至少也应该对拉康的思想有所了解。当然，笔者的目
的不是要为这桩公案做个了断，而是为了表明，正如杜宾与部长之间有未
了的恩怨，德里达与拉康也是如此。这样看来，《真理的代理商》就绝不
可能超然事外。为了报复拉康对自己的欺凌，德里达也开始窃取拉康的
"文字"予以反击。正如约翰逊指出的那样，当德里达指责拉康忽视《被
窃的信》的叙述边框，并竭力强调这个边框的重要性时，其实他真正的目
的就是要把拉康装进自己设定的边框里，也就是说，他要"陷害"拉康。
我们不能忽视，边框（frame）还有一个意思就是"陷害"，也就是汉语中
的"构陷"：建构一个框，然后把你装进去。

但是，笔者探究这桩学术公案的目的既非要站在拉康的立场反驳德里
达，也非站在德里达的立场反驳拉康。在精神分析学的维度内，拉康的命
题完全能够自圆其说；在解构主义的维度内，德里达的逻辑同样圆满自
洽。拉康完全将《被窃的信》当作一个寓言来解读，而德里达反对任何寓
言式解读。因此他们之间的争论并非同一个立场上两种主张的斗争，而是
两个不同立场之间的斗争，因此无所谓孰对孰错。德里达因为与拉康的个
人恩怨而卷入这场争论，这个事实也无损《真理的代理商》的价值。正如

---

① John P. Muller, William J. Richardson, *The Purloined Poe : Lacan, Derrida, and Psychoanalytic Reading*, p. 220.

② Jacques Derrida, *Positions*, trans. Alan Bass, Chicago: University of Chicago Press, 1982, p. 107.

拉康"窃取"爱伦·坡的文字揭示了一个精神分析学理论，德里达也"窃取"拉康的文字揭示了一个解构主义理论。问题的关键既非个人之间的恩怨，也非"窃取"行为本身，而是通过这场论争，让我们对主体的命运和能指的本质在对立的两极上同时获得了远比从前深刻的认识。

4. 再现的崩溃

　　20 世纪的法国哲学有一个饶有兴味的现象，那就是这一时代的哲学家已不像他们的前辈，他们在构筑自己的话语体系时似乎更加偏爱艺术而非文学，更准确地说，更加偏爱的是绘画而非戏剧或者诗歌。这种偏好在梅洛-庞蒂、福柯、德里达、德勒兹和鲍德里亚身上表现得非常明显。对于其他哲学家的艺术批评，本部分暂不置评，目前只打算探讨一下福柯对艺术的介入。福柯的艺术批评集中体现在三个文本之中：其一是 1966 年出版的《词与物》① 中的第一章《宫娥》，讨论的是西班牙画家委拉斯开兹的《宫娥》。其二是写作于 1968 年的《这不是一只烟斗》，在此他分析了比利时画家马格利特的《形象的背叛》（*The Treachery of Image*）和《双重神秘》（*The Two Mysteries*）等系列作品。其三是 1971 年在突尼斯的演讲《马奈和绘画客体》②，在此他阐释了法国画家马奈的系列作品。深入考察，我们认为福柯的这三个艺术批评文本之间具有一种内在的逻辑，可以放到"再现的崩溃"这个统一的论域中加以讨论。③

---

　　① *Les Mots et les choses* 的英文本就是 *The Order of Things*（《词与物》）。福柯更喜欢这本著作的英文名。

　　② 《马奈和绘画客体》由马修·巴尔（Matthew Barr）直接从福柯的讲演稿翻译为英文出版，相应的法语原文似乎迄今尚未出版。

　　③ 在西方学术界，克莱尔·科尔布鲁克（Claire Colebrook）虽然曾以"反再现"为关键词，将福柯的哲学纳入反逻各斯中心主义的解构主义阵营并做了深入的研究，但此书纯粹是一部关于哲学的著作；除了非常简略地提及福柯对《宫娥》的论述，作者完全没有论及福柯对马奈和马格利特的分析。参见：Claire Colebrook，*Philosophy and Post-Structuralist Theory*，Edinburgh：Edinburgh University Press，2005. 加里·夏皮罗（Gary Shapiro）对福柯的《宫娥》做了深入的视觉分析，但他没有明确提出"反再现"这一主题，福柯对马奈和马格利特的论述，他所论甚略，更没有将这三个文本统一起来加以考察。参见：Gary Shapiro，*Archaeologies of Vision：Foucault and Nietzsche on Seeing and Saying*，Chicago：University of Chicago Press，2003. 真正将这三个文本统一在"再现的崩溃"这个主题之下加以综合论述的第一人可能是国内学者汪民安。不过汪民安的文章在论证其主题时与福柯具体的艺术分析保持了一种比较疏远的距离。参见：汪民安. "再现"的解体模式：福柯论绘画. 文艺研究，2015（4）.

正如福柯在《马奈和绘画客体》中坦陈的那样，他不是作为一个艺术批评家，更不是作为一个马奈研究专家去谈论马奈，他对委拉斯开兹的《宫娥》和马格利特的相关画作的介入也是如此。也就是说，他是作为一个非典型哲学家介入艺术批评的，他在这些绘画作品中所要挖掘的不是绘画的语言、技术或历史，而是不同时代的知识型在历史转换中暴露的征候和遗留的痕迹。福柯认为，虽然《宫娥》（1656）是古典时代之初的作品，而古典时代的知识型又是再现，但它已经预示了再现的崩溃，预示了人的诞生。至于马奈，作为现代绘画的真正奠基人，则摧毁了古典绘画凭借透视、设光和明暗所营造的幻觉真实，将绘画打回原形，还原为一个物体、一个由观者观照的对象，而非一面映照真实的透明的镜子。作为一个超现实主义画家，马格利特的作品则淋漓尽致地演绎了他为摧毁再现而做的更深层次的哲学努力，亦即彻底切断词与物之间几乎牢不可破的形而上学联系。在福柯看来，马格利特的卓越之处就在于他以其特殊的艺术手段全神贯注于阻止、解构和拆除人这种语言的存在者固有的一种天性，也就是不可遏止地要将词与物，或者图画与事物，也就是能指与所指关联起来的强大惯性。

作为一种征候的《宫娥》

委拉斯开兹的《宫娥》创作于 1656 年，长久以来便被视为西方艺术史中的杰作，巴洛克画家卢卡·吉奥达诺（Luca Giordano）称它表现了"绘画的神学"，而英国皇家艺术学院的院长劳伦斯（Thomas Lawrence）爵士则称颂它表现了"艺术的真正哲学"。毕加索、超现实主义画家萨尔瓦多·达利（Salvador Dali）、波普艺术之父理查德·汉密尔顿（Richard Hamilton）和美国摄影艺术家乔-彼得·威特金（Joel-Peter Witkin）都曾创作过同题作品。虽然这些艺术评论家和画家都以各自的方式向这幅作品致敬，但这幅画在 20 世纪大放异彩则要归功于福柯这位非典型哲学家，因为正是他将《宫娥》投射进了哲学领域。那么福柯认为这幅画的非凡之处究竟在哪呢？

传统的艺术批评认为，《宫娥》的非凡之处，也是它的成功之处，就在于它惟妙惟肖地再现了画家作画的场景，也就是说，它再现了再现。但是，《宫娥》真的像人们宣称的那样再现了再现吗？福柯要质疑的恰恰是这一点。在福柯看来，以再现为核心的古典知识型有一种固有而且坚定的信心，那就是坚信符号，不管是语言符号还是图像符号，能够如其所是地再现作者或者画家所欲再现的事物。但是，如果《宫娥》真的像吉奥达诺和劳伦斯所宣称的那样，展现了"绘画的神学"或"艺术的真正哲学"，也就是说，再现了画家作画的场景，再现了再现，那么它必须回答两个至关重要的问题：首先，它再现了什么，再现了谁？其次，谁是再现者，谁在再现？

我们先来看第一个问题：委拉斯开兹在《宫娥》中再现了什么？或者说，这幅画的基本再现对象是谁？表面上看，这幅画再现了画家创作场景中的一切：一个个身份不同的人物，一张张各具特征的面孔，一道道彼此交错的凝视，一幅幅朦胧模糊的画像，甚至还有一只恹恹欲睡旁若无人的狗。但是福柯提醒说，如果仔细观察，我们会发现这幅画欠缺了一样至关重要的东西：画家究竟画的是什么？如果这幅画真的如实再现了画家的创作场景，那么它首先应该向我们呈现的就是画家所描绘的事物，但是，这个至关重要的东西在这幅画中却付之阙如。画面前景中最左边有一个巨大的画架，但它背对着观者，所以我们看不见画家正在画的是什么。① 也许有人会说，既然这幅画名叫《宫娥》，那么它的再现对象自然就是宫娥。然而这恰好是最不可能的事情。宫娥不仅没有成为此画再现对象的历史可能性，而且我们要知道，这幅画最初并不叫《宫娥》，甚至没有一个确定的名字。直到 1843 年，它才获得现在这个名称。② 那么是居于画面正中间的公主吗？从画面本身来看，这种推测难以成立，因为公主及其侍从全都背对着画家，所以画家描绘的主体不可能是她。公主应该是一个闯入者，所以才会有左侧的宫女赶紧向她奉上茶点，右侧的宫女赶紧向她行礼。既然居于正中而且地位高贵的公主都不是画家描绘的对象，那么画中的其他人就更不可能是描绘的对象了。画家描绘的是他自己吗？这种推测不无道理，但也有难以克服的矛盾，因为除非借助一面与之正对的镜子，否则他无法观察自己，更无法描绘自己。不过福柯注意到，这幅画背景之中后墙之上的那面镜子也许为我们提供了一些暗示：虽然镜中的人物面目模糊，但仍然可以辨认出是一男一女，他们就是西班牙国王费利佩四世及其王后玛丽亚·安娜。③ 或许他们才是画家所描绘的对象。

---

① 乔治·库布勒（George Kubler）从光学原理考证镜子反映的不是画外空间中的人物，而是画架上画家正在绘制的图像。参见：George Kubler, "The Mirror in Las Meninas", *Art Bulletin*, 1985, No. 67, p. 316.

② Gary Shapiro, "Seeing and Saying: Foucault's Ekphrasis of Las Meninas", in *Archaeologies of Vision: Foucault and Nietzsche on Seeing and Saying*, p. 245.《宫娥》的主角绝不可能是"宫娥"，这一偶合的事实难道不正暗示了福柯论述这幅画的深意：词与物的分离。

③ 乔治·库布勒认为，福柯所谓的镜子其实不是一面镜子，而是一幅画，因为费利佩四世和王后玛丽亚·安娜从来没有一起作为模特被描画。参见：George Kubler, "The Mirror in Las Meninas", *Art Bulletin*, p. 316.

　　福柯的意思并不是说画家借助镜子巧妙地暗示了再现对象，他真正想说的是，画家借助镜子含蓄地表明，这幅画的再现对象并不在这幅画本身之中，而是在它之外。将《宫娥》与扬·凡·艾克（Jan Van Eyck）的《阿尔诺芬尼夫妇像》（Arnolfini Portrait，1434）进行比较，这一点就一目了然了。对此福柯指出："事实上，对这幅画本身所再现的一切事物，这面镜子什么也没有显示。它呆若木鸡的凝视向前伸出了这幅画，进入一个必然不可见的区域，这个区域正是它的外在的面孔；它向前伸出画面，以便捕捉那被安排在这个不可见的空间之中的人物。这面镜子没有围住那些可见的人物，而是径直穿过整个再现场所，无视这个场所之中的一切，意欲让那居于所有人的视域之外的事物变得可见。不过它以这种方式克服的不可见并不是那种被隐藏的不可见：它并不围绕任何障碍前进，也没有扭曲任何视点，它致力于那因为图画的结构和其作为绘画的存在物而不可见的事物。"① 当福柯指出镜子提示了画家所描绘的对象不在作品之中而在另一个画外空间时，他真正想说的意思是：《宫娥》隐喻了图画并不能真正再现它所欲再现的事物。

　　画中的镜子提示了另外一个空间的存在，这个空间就位于《宫娥》这幅画的正对面，画家所描绘的对象就位于这个不可见的空间之中。画中的所有人物，除了向公主奉上茶点的宫女、中景右边的那个修女与前景最右边的那个侏儒之外，所有人的目光都投向画外，并在画外空间的某一个点相交。这个点就是镜中的两个人物，也就是国王夫妇实际占据的地点。然而，使问题变得更加复杂的是，这个地点既是国王夫妇占据的地点，也是观者占据的地点，还是画家本人占据的地点："因为在这里发生着三重凝视的重叠：模特的凝视，因为他们正在被描画；观者的凝视，因为他正在注视这幅画；以及画家的凝视，因为他正在创作他的画。这三种'观察'功能在画外的一个位点会聚。也就是说，相对于被再现的事物，这是一个想象的位点，但也是一个真实的位点，因为它是使再现得以可能的出发点。"② 作为画家的描绘对象，国王夫妇是不可见的，不仅因为他们不在这幅绘画之中，还因为他们占据的位置也是观者和画家的位置，时时刻刻都有被篡夺的可能，但篡夺这一位置的观者和画家本身也是变化无常、不可确定的。所以福柯说："（画中的）画家正在观察一个位置，这个位置的

① Michel Foucault，*The Order of Things*，London：Routledge，2002，p. 8.
② Michel Foucault，*The Order of Things*，p. 16.

内容、形式、面孔和身份，无时无刻不在变化。"① 篡夺这个位置的观者，一旦站到这个位置，他立刻也就变得不可见了。因此福柯说："一旦画家的双眼将观者安置到自己的凝视范围之内，它们就抓住了他，强迫他进入这幅图画；它们为他安排下一个既享有特权又无法逃避的地点，从他那里征收光彩熠熠的可见贡品，并将其投射到画中那不可见的画布的表面。他看见自己的不可见性对画家变得可见，并被转换成一个他自己永远不可见的形象。"② 这个位置也是画家的位置，只因他能占据这个位置，这幅画才得以产生。但是，站在这个位置的画家绝不可能出现在这幅画中，因为他绝不可能既在画外，又在画中。画家所要再现的对象就在这个画外的位置上，但究竟是谁占据了这个位置却始终难以确定。正是在这个意义上，福柯说："镜子的慷慨也许是虚假的，也许它隐藏的东西等于甚至多于它揭示的东西。"③ 总之，不管画家所要再现的对象是谁，他都是不可见的。

作为一幅再现再现的图画，这幅画不仅没有告诉我们画家所要再现的对象是谁，也没有告诉我们谁在再现，谁在绘画。福柯提醒我们注意，画中的画家既是画家，又不是画家，他和画中的其他人物一样，只是画中的一个人物而已。画中这个手持画笔和颜料板的人的确是委拉斯开兹，但不是正在画这幅画的委拉斯开兹，不管他画的究竟是谁。因为如果他正在作画，他应该被斜立的巨大画架遮蔽，不可能被我们看见。我们看见的是凝固在一个确定的瞬间的人物，此刻他刚刚后退了一步，已经从画布前移开。正如福柯所说："他暗黑的躯干与明亮的面庞正介于可见与不可见之间；他从那面我们无法看见的画布中探出身子，进入我们的凝视之中；但是，片刻之后，当他向右再迈一步，从我们的凝视之中消失，那时他将恰好站到他正在描绘的画布之前。他将进入那个区域，在那里，他那被短暂忽视的作品将再次对他显现，挣脱阴影，不再沉默。似乎画家不可能既被我们在这幅表现了他的画中看见，同时他还能看见他正在描绘的东西。他站在两种无法兼容的可见性的门槛上。"④ 也就是说，当委拉斯开兹作画时，我们是看不见他的，而当我们看见他时，他已然不是作画过程之中的画家。

然而这些并非问题的全部要害。当福柯质疑这幅画没有或者不能再现

---

① Michel Foucault, *The Order of Things*, p. 5.
② Michel Foucault, *The Order of Things*, pp. 5 – 6.
③ Michel Foucault, *The Order of Things*, p. 16.
④ Michel Foucault, *The Order of Things*, p. 4.

时，他其实是希望我们思考再现固有的不可能性。所谓再现，就是将事物以表象（不管是图形表象还是符号表象）的方式如其所是地重新呈现。再现的神话需要三个条件：首先，再现的媒介必须是透明的，不管这媒介是语言符号还是图形符号；事物透过这媒介就像光透过透明的玻璃，如其所是地被我们的眼睛捕获。其次，再现对象必须被置于一种绝对的凝视之下，必须绝对被观看、被叙述而不能观看和叙述。最后，再现意味着必须要有一位绝对只观看而不被观看、只叙述而不被叙述的神秘的存在，神一般的存在——不管我们把这个存在叫作作者还是画家，而且这个绝对的观看者或者叙述者不仅不能被观看或叙述，甚至还不能被意识到。一旦再现的媒介失去了透明性，一旦再现对象开始观看和叙述，一旦神秘且神似的再现者开始被观看和被叙述，再现的神话就土崩瓦解了。福柯认为，《宫娥》就是这种崩溃的征兆。

委拉斯开兹在《宫娥》之中对透视、光影和明暗驾轻就熟的处理，表明他对图形符号的透明性依然抱有信心。至于绝对的观看者和绝对的被观看者，那就不然了。说得更直截了当一些，《宫娥》解构了绝对的观看者和绝对的被观看者。从直观的视觉经验来说，《宫娥》给人的第一印象乃是：这是一幅关于凝视的图画。的确，这幅画让人首先注意到的不是画家所再现的人物，而是这些人物的凝视。加上镜中那两个模糊的影像，画中共有 11 个人和一只狗。除了那只狗什么也不看之外，其余所有的人物都正处于凝视之中。尤其是画面正中的公主、左边气宇轩昂的画家、前景右边年老的侏儒、中景右边靠墙站立的男仆、后景门框之中的侍卫以及镜中那两个模糊的身影，这 7 个人全都凝视着画外的某个位置。不过，当他们凝视着画外的某个位置时，处于这个位置上的人也正在凝视着他们。也就是说，他们处于一种交互凝视之中。对此福柯说："但是这个问题立刻变成了一个双倍问题：镜中反映的面孔也是凝视这一镜像的面孔；画中这些人物所凝视的这两个人物也正凝视着他们。整幅画正向外凝视着某个场景，但对这个场景来说，这整幅画本身也是一个场景。"① 一言以蔽之，交互凝视使得绝对的观看者和绝对的被观看者变得不可能，任何观看者同时也被观看，任何被观看者同时也在观看：观看者与被观看者卷入了一场永无止境的交换之中。

《宫娥》上演了一场凝视的盛宴，其中不仅有凝视的交换，而且有凝

---

① Michel Foucault, *The Order of Things*, p. 15.

视的会聚：画家、国王和观者，三者的凝视在一个既虚拟又真实的画外位置重叠。让问题变得更加复杂的是，这种会聚同时又是一种分散：虽然这三种凝视会聚到一点，但这个位置可以由三个人物分享：最左边的画家，再现的生产者；背景正中的镜中人，再现的对象；后门的侍卫，这个再现场景的观看者。在这幅画中，既会聚又分散的凝视让我们不仅无法确定画家的再现对象究竟是谁：是公主，是国王夫妇，还是画家自己？而且无法确定展现在我们面前的画面究竟再现了谁看到的场景：是画家看到的，是国王/模特看到的，还是作为观者的侍卫看到的？既会聚又分散的凝视动摇甚至瓦解了再现的可靠性，所有的确定性都土崩瓦解了。

福柯对《宫娥》做了深入细致的分析，但要真正把握他的主旨，我们就必须回答一个问题：为什么他把关于这幅画的分析放到《词与物》的开端？显然，若非《宫娥》以艺术的方式表达了他在这部著作中所要表达的主旨，他绝对不会这样做。对于这本书的主旨，德赖弗斯（Hubert L. Dreyfus）与拉比诺（Paul Rabinow）在其《超越结构主义与解释学》①中做了非常深入的研究，足以成为我们理解福柯的指南。在《词与物》中，福柯表达了这样一种认识：从13世纪到现在的西方历史可以分为三个时代，13—16世纪是文艺复兴时代，17—19世纪初期是古典时代，19世纪之后，西方社会进入现代时代。每一个时代有每一个时代的知识型，文艺复兴时代的知识型以相似（resemblance）为基本原则，古典时代的知识型以再现（representation）为基本原则，现代时代的知识型以人的诞生（the birth of man）为基本原则。福柯将分析的重点放在了以再现为核心的古典时代，从劳动、生命和语言三个方面具体阐述了古典时代事物的秩序（order of things）是如何根据再现这个基本原则组织起来的。福柯指出，古典时代的人们相信：世界或者事物的秩序是自在的，即使不是出自上帝的安排，至少也与人无关；语言是一种透明的媒介，仅仅是表达事物之秩序的工具；因此，人仅仅是事物之秩序的揭示者和知识的阐释者，而非事物之秩序的组织者和知识的生产者。一言以蔽之，古典时代的知识的基本追求就是再现事物自在的秩序，在这个时代，人还没有诞生。也就是说，人类还没有认识到，一切知识、真理和意义，也就是事物的

---

① Hubert L. Dreyfus, Paul Rabinow, *Michel Foucault：Beyond Structuralism and Hermeneutics*, Chicago：University of Chicago Press, 1983. 中译本见：德赖弗斯，拉比诺. 超越结构主义与解释学. 张建超，张静，译. 北京：光明日报出版社，1992.

秩序，其实根本不是自在给定的，而是由人生产出来的。事物的秩序源于各种各样的知识、真理和意义，人按照这些知识、真理和意义将事物组织成一个有条不紊的秩序。这个秩序被安置在哪里呢？它被安置在一个先验的工作台上。人看见了事物的秩序，但看不见安置这个秩序的工作台，看不见这工作台其实也是被人设计出来的；人看见了事物的秩序，但看不见安排这一秩序的人。

要让再现得以可能，要让秩序不证自明，其必要前提就是不能让人看见构建这个秩序的人；一旦让人发现秩序其实是由具有特定意识形态和利益追求的人构建出来的，那个被构建出来的秩序的自在性和自明性立刻就崩溃了。就绘画而言，就是不能让人看见那个安排其视觉秩序的人，也就是画家，画家就是那个只能看但不能被看的人。一旦画家也被人观看，他作为绝对主体的权威性和真理性立刻就土崩瓦解了。为了得到自在的秩序，为了得到纯粹的再现，构建秩序的人和创作图画的人必须被省略，绝对不能出现。正是在这个意义上，福柯说："在委拉斯开兹的这幅画中，也许在某种程度上还存在着古典再现的再现，存在着由它向我们展现的那种空间定义。的确，在此再现从各个方面着手再现它自身，包括那些人物形象，那些观看它的眼睛，那些由它显现的面孔，那些因它而生的姿势。但是，在发生于我们面前的散布中，这种散布既是聚集又是分散，从任何一个方面都扣人心弦地显示出，存在着一个本质性的空隙：它的基础必须消失——与它类似的那个人，仅仅将其视为一个相似物的那个人，必须消失。这个主体被省略了。当它终于从妨碍它的关系中解放出来时，再现就能够作为纯粹的再现出现了。"[1] 福柯的意思是说，古典时代坚信的再现以再现者的缺席为必不可少的前提，但这种再现其实并非纯粹的再现；只有当那些阻止再现者呈现的关系消失，从而让再现者解放出来时，纯粹的再现才会实现。当然，这是绝不可能的。一方面，再现者不能被看见，另一方面，秩序本身或者被观看的对象也不能或不应成为观看的主体，因为一旦他们开始观看，他们就不再只是一个自在自明的对象，而是成为一个积极主动的主体。总之，福柯认为，《宫娥》之所以能作为"绘画的神学"或者"艺术的真正哲学"，不是因为它再现了再现，恰好相反，是因为它再现了再现的不可能：因为它既不能再现那再现对象，也不能再现那再现

---

① Michel Foucault, *The Order of Things*, p. 18. 从上下文来看，"与它类似的那个人，仅仅将其视为一个相似物的那个人，必须消失"指的是同一个人，就是作为画家的委拉斯开兹。

者。如果"纯粹的"再现要求再现者必须隐匿，绝不能被意识到，那么这幅画因为借助镜子暗示了再现者的存在，从而使得纯粹的再现变得不可能。如果"纯粹的"再现要求再现那再现者，那么这幅画以隐喻的方式暗示了那再现者只能以缺席的方式存在，因此也不能称其为"纯粹的"再现。

马奈和绘画客体的诞生

　　虽然马奈从来没有参加过印象主义画派的活动，也从来不认为自己是一个印象主义画家，但谈及马奈，人们往往称颂他是印象主义绘画的创始人，因为他的确以其创作对这一画派产生了重大影响。不过福柯认为，马奈不仅是印象主义画派的创始人，他还是 20 世纪所有西方现代绘画的创始人。因为他是文艺复兴以来，第一个与绘画空间的物质性游戏的人。福柯指出："15 世纪以来，西方绘画之中有一个传统，那就是尽力让观者忘记，尽力掩盖或者回避一个事实：绘画只是被置放或者书写在某一空间片段之上的东西，这个空间片段可以是一面墙，比如在壁画中，也可以是一块木板、一张画布，甚至是一张纸。因此，它尽力让观者忘记绘画依赖于这个矩形的二维平面；画家创造的空间依赖于这个物质性的空间，但这个被再现的空间在某种意义上否定了它所依赖的空间。正是以这种方式，从 15 世纪以来，绘画一直尽力再现三维空间，虽然它所依赖的只是一个二维的平面。"①

　　如果说委拉斯开兹的《宫娥》还只是以一种症状的方式预示了再现的不可能，那么马奈的全部艺术努力就在于通过打击再现揭示绘画的物质性。马奈揭示了一个显而易见但人们又熟视无睹的事实：面对一幅图画时，人们其实并不知道那是一幅图画。听起来这似乎不仅荒谬，而且有损我们的自尊：面对一幅绘画作品，谁不知道那是一幅图画呢？不过马奈并没有发疯，执迷不悟的倒是对此感到诧异的我们。面对达·芬奇的《蒙娜丽莎》，我们看见的是一个露着神秘微笑的女人；面对拉斐尔的《西斯廷圣母》，我们看见的是玛利亚的圣洁和慈爱；面对提香的《乌尔比诺的维纳斯》，我们看见的是典雅庄重但也并非完全不食人间烟火的爱与美之神；面对德拉克洛瓦的《自由引导人民》，我们看见的是人民对自由的向往和对专制的愤怒；面对安格尔的《泉》，我们看见的是一个恬静纯洁而又庄严肃穆的少女；面对米勒的《晚钟》，我们看见了大地上劳作的农民的艰

① Michel Foucault, *Manet and the Object of Painting*, trans. Matthew Barr, London: Tate Publishing, 2009, p. 29.

辛与虔诚。图画总是凭借其固有的表象性使观者不由自主地出离图画，而将其指引到图示的事物。我们看见了图画图示的一切，甚至背后更多的东西，唯独看不见这是一幅图画。我们看见了每幅图画再现的事物，唯独看不见再现这些事物的图画本身。在我们面前，在我们眼中，图画还不是一个客体。

虽然我们无视了这个不言而喻的事实，但也不必为此羞愧。因为我们的盲目并非源于无知和幼稚，而是源于 15 世纪以来绘画艺术中日趋成熟的透视法为观者制造了一种几乎无法超越的幻觉真实，这种幻觉般的真实使得观者不由自主且不可遏止地冲向图画所再现的事物，从而彻底遗忘了再现事物的图画本身。艺术批评家尼古拉斯·伯瑞奥德（Nicolas Bourriaud）说："如果福柯的目的是阐明各种机构和实践中的未思之物，那么马奈的目的则是从绘画的物质性出发再造绘画。绘画的物质性被 15 世纪以来就位的意识形态策略小心谨慎地隐蔽了起来，而这种意识形态策略建立在单眼透视和写实风景画营造的幻觉之上。"① 破除再现的确不是马奈的直接目的，他的目的是要人们关注绘画的物质性。但是，当他为此致力于破除透视法营造的幻觉真实时，他的确对再现实施了沉重的打击。在古典时代，不仅人还没有诞生，绘画客体也还没有诞生。

要再造绘画，就必须彻底破除绘画艺术对那种幻觉真实的追求，为此就必须破除透视法。福柯认为，正是基于这一目的，马奈从画面空间、设光和观者的位置三个方面对文艺复兴以来以如实再现为根本目标的古典艺术进行了大胆的破拆。

对马奈在画面空间上的突破，福柯选择了 8 幅作品予以分析，它们分别是：《土伊勒里宫花园音乐会》（*Music in the Tuileries*，1862）、《枪决墨西哥皇帝马克西米连》（*The Execution of Maximilien*，1867）、《波尔多港》（*The Port of Bordeaux*，1871）、《圣拉扎尔车站》（*Saint-Lazare Station*，1872—1873）、《巴黎歌剧院的假面舞会》（*The Masked Ball at the Opera*，1873—1874）、《阿让特伊》（*Argenteuil*，1874）、《在温室里》（*In the Greenhouse*，1879）、《酒馆女招待》（*The Waitress*，1879）。这 8 幅创作于 19 世纪六七十年代的作品虽然题材各异，但在画面空间的处理上却表现出一种越来越强烈的共性，那就是巧妙地利用画面之中的景物

---

① Nicolas Bourriaud，"Manet and the Birth of the Viewer"，in *Manet and the Object of Painting*，p. 14.

构成纵横坐标轴以压缩景深，破除三维的立体画面空间，尽量将画面还原为一个二维的平面空间。这是摧毁透视法所营造的那种幻觉真实的有力手段。这种手法在《土伊勒里宫花园音乐会》中已经初露端倪，越到后来马奈越是得心应手。比如在《阿让特伊》中，画面最左边那根粗壮的桅杆和画中这两个人物坐着的那根横板以及男子横放在大腿上的手杖，以最不经意的方式构成了一个将画面平面化的纵横坐标轴。在《圣拉扎尔车站》中，女子和小孩后面那个由纵横铁条焊接而成的栅栏本身就是一个纵横坐标轴。除了在画面中设计含蓄的平面坐标轴，马奈还采用了另外一种技法将画面空间二维化，那就是直接封锁背景，彻底取消作品的景深。他经常将这两种技法结合起来使用。比如在《枪决墨西哥皇帝马克西米连》中，封锁背景的是一面围墙；在《圣拉扎尔车站》中，封锁背景的是火车喷发的一团白雾；在《巴黎歌剧院的假面舞会》中，封锁背景的是建筑物本身宽大的横梁；在《在温室里》，封锁背景的则是浓密的植物。因为封锁了背景，取消了景深，所以三维的立体空间变得更加不可能了。

　　除了压平画面空间，马奈还在设光上做了全新而大胆的尝试，以便破除透视效果。为此，福柯分析了马奈的 4 幅作品：《草地上的午餐》(Luncheon on the Grass，1863)、《奥林匹亚》(Olympia，1863)、《吹笛少年》(The Fifer，1866) 和《阳台》(Balcony，1868—1869)。比如在《吹笛少年》中，他干脆直截了当清除了一切背景。不仅吹笛少年背后根本就没有空间，而且吹笛少年本身也不在任何空间之中。因为除了这个少年本身，这幅画什么也没有展示，我们根本不知道他置身何处。然而，这并不是福柯关注这幅画的主要原因，他感兴趣的是画家在这幅画中处理光的方式。在传统的古典主义绘画中，除了画家创作时画布实际承受的光，为了追求三维的立体效果，画家通常还会为画面设计内在的光。这种内在光源要么直接出现在画面之内，表现为日光、月光或者烛光；要么位于画面之外，借助一扇窗或一道门来表示，或者根据阴影的分布来暗示光源的位置。因为古典主义绘画追求真实的立体造型，所以光可以来自画面的左右上下，唯独不会以垂直角度从正面直射画面。"但是，在此正好相反，这里绝对没有来自上面或者下面的光，或者来自画布之外的光；毋宁说所有的光都来自画布之外，但绝对以垂直的方式直射画布。"① 在这幅画中，我们只看到两处阴影：其一在吹笛少年右手掌心，其二在他向前斜伸的左

---

① Michel Foucault, *Manet and the Object of Painting*, p. 58.

脚后面。只有来自正面的光才会形成且仅仅形成这两个阴影。马奈放弃为
这幅画设计内在的光源，也就是放弃了对三维立体效果的追求。他让光从
正面直射画布，这不仅最大限度地消除了阴影，而且使人物的各个部分之
间失去了明暗变化，从而最终营造出一个相当平面化的形象。

　　马奈摧毁透视效果的第三种手段是让观者的位置变得不确定。为此福
柯最后分析了马奈最后的作品《福列斯-贝热尔酒吧间》（*A Bar at the
Folies-Bergere*，1881—1882）。画面中安置了一面镜子，这在古典主义绘
画中并不稀奇，但如果我们将其与法国新古典主义画家安格尔的《奥松维
尔伯爵夫人》（*Portrait of Countess d'Haussonville*，1845）进行比较，
就会发现这是一幅非常奇怪的作品。最明显也最容易被人忽视的一个区别
是，在安格尔的《奥松维尔伯爵夫人》以及其他同类题材的古典主义作品
中，镜子一般只是背景之中的一部分，但在马奈的这幅画中，镜子覆盖了
整个背景。借助这面巨大的镜子，就像在《枪决墨西哥皇帝马克西米连》
中借助一面墙，马奈封锁了作品的空间。这面镜子不仅封锁了女侍者背后
的空间，同样也封锁了她前面的空间，因为镜子虽然也映照了许多人物，
但我们什么也看不清。这种双重封锁彻底取消了作品的深度。和《吹笛少
年》与《阳台》等前述几幅画一样，在这幅画中，光也是从正面垂直照射
画面。不同之处在于，这束光既来自作品之外，又来自作品之内——我们
从镜中发现女侍者前面的两根立柱上各有一盏灯。

　　不过这些都不足为奇。根据基本光学原理，镜前的一切事物都应该出
现在镜中。但在这幅画中，情况并非如此。比如，镜前吧台上的酒瓶就比
镜中的酒瓶多。不过最大的扭曲还是女侍者本人：女侍者实际站立在画面
正中，也就是在镜子正中，而且画面的光源来自正前方，观者的视点也在
正前方，按理她的镜像也应该位于镜子正中，但在此我们发现她的镜像却
出现在镜子的右边。如果观者或画家真的想看到她位于镜子右边的背影，
那么显然他就必须移到镜子右边的前方。"显然，画家不可能移动到右边
去，因为他所看见的不是这个女孩的侧面，而是在从对面看她。要想从这
个位置画出这个女孩的身体，他必须处于她的正对面；但是为了画出她在
临近右边的背影，他就必须站在这里（右边）。因此，画家成功或者毋宁
说同时占据（观者随后也被邀请去占据）了两个不相容的位置：一个在这
儿，一个在那儿。"① 还有一个奇怪的现象：在镜子的右上角有一个男人
的模糊影像，他离女侍者的背影是十分近，似乎在和她说话。然而正如福

---

① Michel Foucault，*Manet and the Object of Painting*，pp. 75 - 76.

柯指出的那样，如果有人如此近距离地站在女侍者的面前和她说话，那么在女孩的脸上、白皙的脖子上，以及大理石面的吧台上，应该会留下某些阴影。"但是，什么也没有：光从正面全景照射过来，没有遇到任何障碍，照射着女孩的全部身体和大理石台面。如果这里（镜子的右上角）要有这个影像（一个男人的头像），那么那里（镜子的右前方）就必须有一个人。但是，如果要让光线这样照射过来（直接照射女孩的脸和大理石台面），那么那里就不能有人。因此，除了中心与右边的不一致，我们还得到了在场与不在场的不一致。"① 此外，有人认为镜中的男人就是画家自己。如果这种推测成立，仅就镜像而言，正和女孩说话的画家应该是俯视着她，俯视着整个吧台。倘若果真如此，那么大理石台面与镜像之间的距离应该比较大，但事实上两者之间的距离看上去非常小。这就证明真正呈现在我们眼前的这个场景并非源自一个俯视，而是源自一个仰视，观者/画家与女孩似乎处于同一高度，甚至略低于女孩。"因此你们会得到三种不兼容：画家必须在这里，但也必须在那里；他必须在这里安置一个人，但又绝不能在这里安置任何人；这里有一个俯视的凝视，但又是一个仰视的凝视。"② 这三种不兼容使得观者不可能拥有一个确定而稳定的位置，这幅画的根本特性就在于此，它的魅力与它引起不适的原因也在于此。古典主义绘画总是会为画家和观者安排一个确定而且稳定的位置，画面就是从这个位置被观看的。然而在这幅画中，不仅画家的位置难以确定，观者的位置也难以确定。这幅画似乎创造了一个空间，我们既可以在这个空间前面移动，也可以围绕它走来走去。

正是因为在画面空间、设光和观者的位置这三方面进行了全新的尝试，马奈使得观者在面对他的作品时再也不能顺利地"出离"画面本身而直接"奔赴"它所再现的事物，而是不得不停下来大费周折地打量和思量这个奇怪的东西。绘画作品再也不是一个仅仅再现事物且因此可以弃之不顾的媒介，而是有史以来第一次作为一个客体诞生了。不过福柯也承认："当然马奈并没有发明非再现的绘画，因为在他这里一切事物都还是再现性的，但他就画面的基本物质元素制造了一种表象游戏。因此，如果你们愿意的话，他发明了'图画-客体''绘画-客体'。如果最终有一天我们能够根除再现本身，并让空间与其纯粹的特性、与其物质性的特性自由嬉

---

① Michel Foucault, *Manet and the Object of Painting*, pp. 76 – 77.

② Michel Foucault, *Manet and the Object of Painting*, p. 78.

戏，那么毫无疑问，这是一个根本条件。"①

马格利特：这不是一只烟斗

为了让人们意识到图画就是图画，马奈对以透视为核心的再现发起了猛烈的攻击。在他的笔下，再也没有古典主义那种栩栩如生的幻觉般的真实。他的作品让习惯并陶醉于真实的观者感到困惑，甚至感到严重不适，以致观者不得不思考这个问题：画家为什么要这么画？并在这种思考中回到图画本身。不过诚如福柯所说，马奈为摧毁再现创造了条件，但他并没有发明非再现的绘画，因为在他这里一切事物都还是再现性的。也就是说，虽然马奈让人们发现了图画这一客体，但他的图画仍然是关于某物的图画；在他这里，甚至在后来的印象主义画派中，从图画到事物的流程只是受到了迟滞，而远非阻断。彻底摧毁再现的任务，要等待马格利特来完成。

与其他画家不同，马格利特对哲学具有浓厚的兴趣，非常熟悉黑格尔、海德格尔和萨特的思想。他不喜欢别人称他为画家，更喜欢人们称他为思想家。② 他自认为是一个借助绘画思考的哲学家，正是这种对哲学的热爱使他在去世前一年发现了福柯。1966 年福柯的《词与物》出版，仅仅是这个书名就深深吸引了他，因为词与物的关系，或者说如何切断词与物的关系正是他毕生关心的问题。为此，他在 1966 年 5 月 23 日和 6 月 4 日给福柯写了两封信阐述自己阅读《词与物》的感想，并在 1929 年创作的那幅《形象的背叛》③ 的基础上又画了一幅以烟斗为题材的作品，名之曰《双重神秘》。至于福柯，则在 1968 年，也就是马格利特去世后一年写作了《这不是一只烟斗》这个文本，深入讨论了马格利特的系列作品。

《形象的背叛》画了一只惟妙惟肖的烟斗，但非常令人困惑的是，画家在下面写了这么一句话：这不是一只烟斗。《双重神秘》画了两只大小悬殊但形式相同的烟斗④，大的似乎飘浮在空中，又或者出现在一面巨大的幕布上，总之，其空间没有任何坐标。小的出现在一个画架上，画架则立在一间屋子的地板上。与前者相同的是，在小的烟斗的下面仍然是那句

---

① Michel Foucault，*Manet and the Object of Painting*，p. 79.
② Suzi Gablik，*Magritte*，Greenwich：New York Graphic Society，1971.
③ 马格利特创作《形象的背叛》是在 1929 年，福柯误记为 1926 年。
④ 《双重神秘》有两个版本，一个是彩色油画，一个是黑白素描。油画版的两只烟斗除了大小不同，颜色也有差异。素描版的两只烟斗除了大小不同，其余一模一样。福柯看到的应该是素描版。

话：这不是一只烟斗。明明是一只烟斗，可画家偏要说这不是一只烟斗。如果这不是一只烟斗，那么它是什么？难道画家想说的是：这不是一只真的烟斗，而是一只画出来的烟斗？抑或，这不是一只烟斗，而是一幅关于烟斗的画？如果我们这么想，我们就错了，因为这种理解会把马格利特与马奈等同起来。然而马格利特不是马奈，他并不打算像马奈那样让观者回到图画本身。他认为自己是一个哲学家，一个用画笔思考的哲学家。因此，他的作品就是他的思想。他希望观者关注的，既不是图画所再现的事物——像古典时代的画家，也不是再现事物的图画本身——像马奈和其他现代画家，而是图画所隐喻的思想：思想才是马格利特艺术作品的真正主题。我们还要指出的是，马格利特的大部分作品，至少是他成熟之后的作品，有一个共享的主题：词与物的分离。

但是，要切断语言与事物的关系即便不是不可能的，也是非常困难的。因为在欧洲两千多年来的思想传统中，逻各斯中心主义的形而上学坚信语言与事物具有本质的同一性：事物只能在语言之中存在，语言必定能够把握事物。坚持语言与事物的一致其实就是坚持言说与观看的一致：观看之中必有言语的确认，言说的目的则是如其所是地再现。[①] 福柯认为，词与物的这种一致性在拼合文图（calligram）中得到了最充分的表现。福柯说："拼合文图戏谑地渴望抹除我们的字母文明的古老对立：既展示又命名，既描画又述说，既重现又表达，既模仿又符号化，既观看又阅读。"[②] 这就使文本与图形实现了最紧密的联系。在《词与物》中，福柯毫不含糊地抨击了这种信念："但语言与绘画的关系是一种无限的关系。在遭遇可见物之际，不是词语不够完美，也不是它们不可克服地不足胜任。二者谁都不能换算为对方：我们不可能充分言说我们看见的事物；我们看见的事物绝不会栖居于我们的言说。我们也不可能借助形象、隐喻或明喻展示我们要言说的事物；它们实现其辉煌的空间不是我们的眼睛所利用的空间，而是语句前后相继的元素所界定的空间。"[③] 毫无疑问，福柯

---

① 在西方形而上学中，观看与言说的一致是一个十分庞大的问题，限于篇幅，笔者在此不拟深究，只是假定读者对此已有充分的理解。

② Michel Foucault, *This Is Not A Pipe*, trans. James Harkness, Berkeley: University of California Press, 1983, p. 21.

③ Michel Foucault, *The Order of Things*, p. 10. 值得注意的是，加里·夏皮罗在《视觉考古学》（*Archaeologies of Vision*）中以一种含蓄的方式指出，当福柯在《词与物》中信心满满地为我们描述《宫娥》这幅画时，其实他已经在无意识中背弃了词与物分离的原则，因为他自认他关于这幅画的描述（ekphrasis）能够与这幅画本身吻合。

关于词与物之关系的这种理解让马格利特深表赞同。不仅马格利特在福柯的文本中找到了共鸣，反之亦然。当福柯为纪念马格利特而深入探讨他的作品时，他断定《形象的背叛》和《双重神秘》就是合二为一的图文被拆开之后的拼合文图。

作为现代语言学的奠基人，索绪尔依然秉承了语言与事物一致的形而上学信念，因为他坚信符号必定由能指与所指构成，符号之有二者，正如树叶之有两面。一言以蔽之，能指之中必有所指。他正确地揭示了语言符号的两个基本原则：能指与所指的关系是任意的，所指是能指相互区分的消极结果。然而正是这两个基本原则给他带来了始料未及的后果：如果能指与所指的关系是任意的，如果所指是能指消极区分的结果，那么结论必然是，所指不可能在能指之中。因此，不管索绪尔的主观意愿如何，他客观上拆解了能指与所指的关系，摧毁了词与物的联系。从这个意义上说，他其实是解构主义大师德里达和福柯的先行者。马格利特要做的事情本质上与索绪尔并无不同：他也要切断词与物的关系。唯一不同的是，索绪尔是在无意中实施了这项操作，而马格利特则是有意为之。

马格利特并不是西方美术史中想要切断词与物之关系的第一人，比他年长二三十岁的康定斯基（Wassily Kandinsky）和蒙德里安（Piet Mondrian）早已开始致力于这一工作。他们的作品以其极度抽象性给基于相似的古典绘画实施了沉重的打击，让面对绘画作品习惯于确认"这是某物"的观者感到不知所措。抽象主义绘画要打击的终极目标是词与物的关系，但它是通过直接打击相似来实现这一目标的。为什么要借助打击相似来切断词与物的关系呢？因为观看之中潜伏的言语确认活动乃是基于相似而发生的。所以福柯说："长期支配西方绘画的第二个原则假定了相似和确认再现联系是一回事。让一个事物相似于某个物体（或者其他事物），这本身就足以让一个陈述偷偷溜进纯粹的绘画游戏——这是一个显而易见、陈腐平庸、重复了千百次但仍然沉默不语的事实。"[1]说得更清楚一点，一切以相似为基础，追求再现事物的绘画必然都会诉诸一种沉默但顽强的言语确认活动："这幅画画的是某物。"

马格利特与康定斯基等抽象主义画家并无本质差异，他们的目的都是切断词与物的关系。不过，他们使用的手法截然相反。康定斯基等人的手法是借助高度抽象化让图画彻底失去具象性，让观者无法辨认画家画的究

---

[1]　Michel Foucault，*This Is Not A Pipe*，p. 34.

竟与什么相似，从而挫败观者的言语确认行为。但马格利特则反其道而行之，他打击再现不是诉诸抽象化，他并不排除图画的具象性；但是在他的作品中，观者可以发现相似，却无法确认。用福柯的话说就是："以一种至高无上而又独一无二的姿势，康定斯基解除了相似和确认之间的古老等价性，从而将绘画从二者那里解放出来。马格利特则通过打断二者继续前进：他打断了连接二者的纽带，在二者之间建立了不平等；他使一方脱离另一方进入游戏，保留了源于绘画的相似，但排除了近于话语的确认——他追求尽可能地贴近相似的无限连续，但切除了任何试图道明与何物相似的确认。"① 当我们说某物与某物相似时，总是为后者赋予了一种更加本原更加本质的地位。也就是说，相似总是内含了某种确认。马格利特要做的事情就是排除确认但保留相似。福柯将这种排除了确认的相似（resemblance）称为类似（similitude）。借助词典，我们无法区分这两个词语，它们的区别是福柯自己赋予的。他在《这不是一只烟斗》中对此做了清楚的解释："相似具有一个'模型'，一个本原元素；后者不仅定制了那些源自它的越来越不忠实的摹本，而且为它们安排了等级秩序。相似预设了一个起规定和分类作用的原始参照。类似之物则在一个既无开端也无终点的序列中发展，这个序列既可以按这个方向进行，也可以按那个方向进行；类似之物没有等级秩序要服从，它们从细微差异中的细微差异扩散。相似服务于再现，后者支配着它；类似服务于重复，后者在它里面漫游。相似使自己基于一个它必须返回而且必须揭示的模型；类似则使仿像（simulacrum）得以流通，而仿像就是类似物之间无限而且可逆的关系。"②

马格利特并不排除绘画的具象性，但又能切断词与物的关系，根本原因就在于他的具象性是一种排除了确认的类似，一种没有本原、无限扩散的类似。比如他的《再现》（*Representation*，1962）：这幅画看似精确地描绘了一场足球比赛的某个瞬间，但只要我们留心审视，立刻就会发现它的非同寻常之处。画面只有一个统一的视点，但实际上是由两部分构成的：右边部分约占画面的三分之二，左边部分约占画面的三分之一。右边画面视野比较开阔，左边画面却被收束在一个由矮墙和栏杆构成的方框之中。由于画面前景中的矮墙从左至右横贯整个画面，再加上中间那根立柱的遮挡，画面左右两部分的草坪仿佛是同一个草坪的不同部分，仿佛左右

---

① Michel Foucault, *This Is Not A Pipe*, p. 43.
② Michel Foucault, *This Is Not A Pipe*, p. 44.

两边的运动员是同一场比赛中占据不同位置的参与者。但如果我们仔细观察，便会发现其实左右两边的画面展现的是同一个场景。不仅草坪和运动员相同，连球场后面的房屋、树木和远山，甚至天上的云层都一模一样，唯一不同的只是大小比例。左边场景类似右边场景，右边场景类似左边场景；也许左边场景是右边场景的缩小，但也许右边场景是左边场景的放大。总之，我们无法确定谁是本原，谁相似于谁，二者只有类似关系。马格利特在《自然的魅力》（*The Natural Grace*，1963）、《大火》（*Conflagration*，1943）、《诱惑者》（*The Seducer*，1953）和《卧室里的哲学》（*The Philosophy in Bedroom*，1962）等作品中都使用了这种手法。在《自然的魅力》中，我们不知道是海雕相似于那种植物，还是那种植物相似于海雕；在《大火》中，我们不知道是树相似于树叶，还是树叶相似于树；在《诱惑者》中，我们不知道是船相似于海浪，还是海浪相似于船；在《卧室里的哲学》中，我们不知道是裙子相似于身体，还是身体相似于裙子。①

最后让我们随福柯一起回到马格利特的《双重神秘》，看他如何围绕类似与确认阐释或者发扬后者的寓意。这幅画的确强烈地展示了相似性：不仅所画的烟斗与真实的烟斗非常相似，而且书写的那句题词也与对这一书写题词的描画非常相似。不过福柯认为，不管这些东西是彼此矛盾的，还是并行不悖的，它们事实上已经取消了内在的相似，并逐渐勾画出了一个"开放的"类似之网。如果我们想要确定这幅画的意义，那就必须确定究竟是谁在"这不是一只烟斗"这个陈述中说话。不过这正是一个无法完成的任务，因为我们至少可以得到七个话语。第一，这句话可能出自那只画架上的烟斗：你们在此看见的东西其实并非像你们相信的那样是一只烟斗，它只是一幅与上面那只烟斗（不管真假）极为类似的画。第二，它也可能出自上面那只烟斗：你们在此看见的这只烟斗，没有一个确定的空间，没有一个固定的基础，既不在画布之上，也不在书页之上，它怎么可能是一只烟斗呢？不要上当：它只是一个朦胧的类似物，不指涉任何东西。第三，它可能出自这句题词本身：这些构成它的字母——你们看见并

---

① 马格利特消除确认还采用了另外一种手法：将图画与它所再现的事物混淆起来。他让作品为观者呈现一个场景，让观者以为那是实景，但借助一些不起眼的细节，最终观者会发现那其实只是一幅画，根本不是什么实景，甚至与实景根本没有关系。他的《转移》（*Décalcomanie*，1966）和《人类的境况》（*La Condition humaine*，1933）就运用了这一手法。不过这一手法（类似但其实不是）与《再现》等作品的手法是有差异的，所以在此不予深究。

读出的字母，怎么能说这些字母是一只烟斗呢？它们与其命名的烟斗完全不是一回事。它们只是一些曲线，只和它们自己相似，绝不可能替代它们所描述的事物。第四，它也可能出自画架上的烟斗和这句题词这二者的结合：词语的命名力量和图画的展示力量指控上面那只烟斗，那个抽象的幽灵无权称自己为烟斗，因为它漂泊不定的存在使它既无声又不可见。第五，它也可能出自因为相互类似而联合的两只烟斗：这个由字母或者词语构成的陈述无权称自己是一只烟斗，因为符号与符号指称的事物不可能相似。第六，它也可能出自这句题词与上面那个烟斗的联合，因为这二者都来自别处，一个是能够传达真理的话语，另一个则像物自体这个幽灵，它们才是最高的真实。第七，这句题词也可能来自画中的那幅画，也就是那个小画架或者小黑板，而它正在对这两只烟斗说话：这两只烟斗都不是烟斗，而是模仿烟斗的文本；而它们所模仿的烟斗可能本身就是对另一只烟斗的模仿，它们是烟斗的仿像。一个陈述之中包含七个话语，这就足以摧毁相似囚禁类似的堡垒："从此类似就被恢复了——它从自己身上展开，又卷起自己。它不再是为了指涉别的事物而从画布出发指向外面的指针。它开创了一项转移游戏，这些转移在图画的布局中奔跑、增生、扩散和呼应，但绝不会确认和再现任何事物。"①

继委拉斯开兹的《宫娥》之后，福柯相继讨论了马格利特和马奈的作品。不论是最初的《词与物》，还是后来的《这不是一只烟斗》和《马奈和绘画客体》，虽然它们各自具有不同的产生背景，但它们的确共享了一个主题：再现的崩溃。如果说委拉斯开兹借助《宫娥》以一种症状的方式预言了再现的不可能，那么马奈则自觉承担起了摧毁再现的艰巨任务。他的目的是让人们留意绘画的物质性现实，将绘画本身作为对象，回到绘画本身，为此他采用了一系列崭新的手法摧毁了文艺复兴以来的古典绘画以透视为根本的幻觉真实。② 但是，马奈仅仅在视觉经验的层面上实现了他的目的，他还不能从哲学上彻底拔除绘画对再现的追求，这个任务要留待马格利特来完成。作为一个借绘画来思考的哲学家，马格利特超越马奈的地方在于，他已经不满足于回到绘画，而是要从根本上切断词与物的关系，从而彻底摧毁再现。正是词与物之间的顽固联系为绘画的再现性提供

---

① Michel Foucault, *This Is Not A Pipe*, p. 48.

② 就此而论，马奈与俄国形式主义者和英美新批评诸家本质上是一致的：前者在绘画领域让观者回到绘画本身，后者在文学领域让读者回到文本本身。

了强大但隐蔽的哲学支持，因为在绘画的观看活动之中始终伴随着一种言语确认活动。所以，要摧毁再现就必须摧毁词与物的关系。马格利特在福柯的《词与物》中感受到了共鸣与应和，而福柯也在他的作品中发现了自己想要表达的思想：再现的不可能。作为一个哲学家，福柯在涉及绘画时感兴趣的并不是一幅画具体说了什么，他也不会轻信图画为我们再现了什么，因为如其所是的再现根本就不可能。他感兴趣的是，一幅画为我们生产了什么，以及它让哪些事物在分配物体、空间和言说方式的社会机器中难以被看见。因此，对福柯来说，再现既不是一个艺术问题，也不是一个技术问题，而是一个事关事物之秩序的生产问题。再现是进行社会性的区分、排除、同化和控制等诸多程序中必不可少的一部分，甚至就是这些社会程序的结果。如其所是的客观再现只是一个神话，再现只是各种社会操作合力的结果，它不仅区分主要与次要、中心与边缘，而且决定可见与不可见。福柯要做的就是揭示绘画采取了何种策略使哪些事物可见，哪些事物不可见。① 此外值得指出的是，福柯在马格利特的作品中发现的无限的类似，没有本原的类似，其实与德里达的延异也是一脉相通。从这个意义上说，索绪尔、马格利特、福柯和德里达虽然术业不同，但在某种程度上都有一个共同的目标。

---

① Nicolas Bourriaud, "Manet and the Birth of the Viewer", in *Manet and the Object of Painting*, p.13.

参考文献

Alain Badiou, *Being and Event*, trans. Oliver Feltham, New York: Continuum International Publishing Group, 2006.

Alain Badiou, *Conditions*, trans. Steven Corcoran, New York: Continuum International Publishing Group, 2009.

Alain Badiou, *Handbook of Inaesthetics*, trans. Alberto Toscano, Stanford: Stanford University Press, 2004.

Alexandre Kojève, *Introduction to the Reading of Hegel*, ed. Allan Bloom, trans. James H. Nichols, Ithaca: Cornell University Press, 1980.

Allesia Ricciardi, *The Ends of Mourning: Psychoanalysis, Literature, Film*, Stanford: Stanford University Press, 2003.

Anika Lemaire, *Jacques Lacan*, trans. David Macey, London: Routledge & Kegan Paul, 1977.

Anika Lemaire, *Jacques Lacan*, trans. David Macey, London: Routledge & Kegan Paul, 1981.

Aristotle, *Physics*, trans. Robin Waterfield, New York: Oxford University Press, 1996.

Bruce Fink, *The Lacanian Subject: Between Language and Jouissance*, Princeton: Princeton University Press, 1996.

Carl Jung, "The Structure of the Unconscious", *Collected Works*, vol. 7, trans. R. F. C. Hull, Princeton: Princeton University Press, 1972.

Christopher Norris, *Badiou's Being and Event: A Reader's Guide*, New York: Continuum International Publishing Group, 2009.

Claude Levi-Strauss, *The Elementary Structures of Kinship*, Boston: Beacon Press, 1971.

David Morris, *The Sense of Space*, Albany: State University of

New York Press, 2004.

Edith Wyschogrod, *Emmanuel Levinas: The Problem of Ethical Metaphysics*, The Hague: Martinus Nijhoff Publishers, 1974.

Edmund Husserl, *Ideas: General Introduction to Pure Phenomenology*, tans. F. Kersten, Boston: Martinus Nijhoff Publishers, 1982.

Edmund Husserl, *On the Phenomenology of the Consciousness of Internal Time*, trans. John Barnett Brough, Boston: Kluwer Academic Publishers, 1991.

Edmund Husserl, *The Idea of Phenomenology*, tans. Lee Hardy, Boston: Kluwer Academic Publishers, 1999.

Emmanuel Levinas, *Autrement qu' être ou au-delà de l'essence*, La Haye: Martinus Nijhoff Publishers, 1974.

Emmanuel Levinas, *Collected Philosophical Papers*, trans. Alphonso Lingis, Pittsburgh: Duquesne University Press, 1998.

Emmanuel Levinas, *Existence and Existents*, trans. Alphonso Lingis, Boston: Martinus Nijhoff Publishers, 1978.

Emmanuel Levinas, *God, Death, and Time*, trans. Bettina Bergo, Stanford: Stanford University Press, 2000.

Emmanuel Levinas, *Otherwise than Being or Beyond Essence*, trans. Alphonso Lingis, Pittsburgh: Duquesne University Press, 1999.

Emmanuel Levinas, *Time and the Other*, trans. Richard A. Cohen, Pittsburgh: Duquesne University Press, 1987.

Emmanuel Levinas, *Totality and Infinity*, trans. Alphonso Lingis, Pittsburgh: Duquesne University Press, 1969.

Francois Roustang, *The Lacanian Delusion*, trans. Greg Sims, New York: Oxford University Press, 1990.

Fredric Jameson, "Beyond the Cave: Demystifying The Ideology of Modernism", in *The Ideologies of Theory*, London: Verso Press, 2009.

Gary Shapiro, *Archaeologies of Vision: Foucault and Nietzsche on Seeing and Saying*, Chicago: University of Chicago Press, 2003.

George Kubler, "The Mirror in Las Meninas", *Art Bulletin*, 1985, No. 67.

Gilles Deleuze, Felix Guattari, *Anti-Oedipus: Capitalism and Schizo-*

phrenia，trans. Robert Hurley, Mark Seem, and Helen R. Lane, Minneapolis: University of Minnesota Press，1983.

Hubert L. Dreyfus, Paul Rabinow, *Michel Foucault: Beyond Structuralism and Hermeneutics*，Chicago: University of Chicago Press，1982.

Jacques Derrida，"The Purveyor of Truth"，in *The Purloined Poe: Lacan, Derrida, and Psychoanalytic Reading*，ed. John P. Muller and William J. Richardson，Baltimore: The Johns Hopkins University Press，1987.

Jacques Derrida，*Of Grammatology*，trans. G. C. Spivak, Baltimore: The Johns Hopkins University Press，1977.

Jacques Derrida，*The Post Card: From Socrates to Freud and Beyond*，trans. Alan Bass, Chicago: University of Chicago Press，1987.

Jacques Derrida，*Truth in Painting*，trans. Geoff Bennington and Ian Mcleod, Chicago: University of Chicago Press，1987.

Jacques Lacan，*Écrits*，trans. Bruce Fink, New York: W. W. Norton & Company，2006.

Jean Laplanche, Serge Leclaire，"The Unconscious: A Psychoanalytic Study"，trans. Patrick Coleman, *Yale French Studies*，1972，No. 48.

Joseph J. Kockelmans，*Heidegger's "Being and Time"*，Boston: University Press of America，1989.

Juan-David Nasio，*Five Lessons On the Psychoanalytic Theory of Jacques Lacan*，New York: State University of New York Press，1998.

Judith Butler，*The Psychic Life of Power*，Stanford: Stanford University Press，1997.

Louis Althusser，*Lenin and Philosophy and Other Essays*，trans. Ben Brewster, New York: Monthly Review Press，1971.

Martin Heidegger，*Being and Time*，trans. Joan Stambaugh, Albany: State University of New York Press，2010.

Martin Heidegger，"Why Do I Stay in The Provinces"，in *Heidegger: The Man and The Thinker*，ed. Thomas Sheehan, Chicago: Precedent Publishing，1981.

Martin Heidegger，*Pathmarks*，ed. William McNeill, Cambridge: Cambridge University Press，1998.

Martin Heidegger，*Poetry, Language, Thought*，trans. Albert Hofstadter, New York: Happer Perennial, 1975.

Martin Heidegger, *The Concept of Time*, trans. William McNeill, Hoboken: Blackwell Publishing Ltd, 1992.

Maurice Merleau-Ponty, *Phenomenology of Perception*, London: Routledge Press, 2002.

Maurice Merleau-Ponty, *Phenomenology of Perception*, London: Routledge Press, 2012.

Maurice Merleau-Ponty, *Phénoménologie de la perception*, Paris: Gallimard, 1976.

Meyer Schapiro, "The Still Life as a Personal Object", in *The Reach of Mind*, ed. Marianne L. Simmel, New York: Springer Publishing Company, 1968.

Michel Foucault, "Intellectuals and Power", in *Language, Counter-Memory, Practice: Selected Eassays and Interviews*, ed. D. F. Bouchard, Ithaca: Cornell University Press, 1980.

Michel Foucault, "The Subject and Power", in *Michel Foucault: Beyond Structuralisn and Hermeneutics*, ed. Hubert L. Dreyfus and Paul Rabinow, Chicago: University of Chicago Press, 1983.

Michel Foucault, "Truth and Power", in *The Foucault Reader*, ed. Paul Rabinow, New York: Pantheon Books, 1984.

Michel Foucault, *Archaeology of Knowledge*, New York: Vintage Books, 1982.

Michel Foucault, *Discipline and Punish*, trans. Alan Sheridan, New York: Vintage Books, 1995.

Michel Foucault, *History of Sexuality*, trans. Robert Hurley, New York: Pantheon Books, 1978.

Michel Foucault, *Manet and the Object of Painting*, trans. Matthew Barr, London: Tate Publishing, 2009.

Michel Foucault, *The Order of Things*, London: Routledge, 2002.

Michel Foucault, *This Is Not A Pipe*, trans. James Harkness, Berkeley: University of California Press, 1983.

Plato, "Symposium", trans. Alexander Nehamas and Paul Woodruff, in *Complete Works*, ed. John M. Cooper, Indianapolis: Hackett Publishing Company，1997.

Roman Jakobson，"Two Aspects of Language and Two Types of Aphasic Disturbances"，in *Selected Writings：Word and Language*，Berlin：De Gruyter Mouton，1971.

J. de Rotonchamp，*Paul Gauguin 1848 - 1903*，Paris：G. Crès，1925.

Scott L. Marratto，*The Intercorporeal Self*，Albany：State University of New York Press，2012.

Serge Lecalire，"La réalité du désir"，in *Écrits pour la psychanalyse*，Paris：Editions du Seuil，1998.

Seth Benardete，*Plato's "Symposium"*，Chicago：University of Chicago Press，2001.

Sigmund Freud，"From the History of An Infantile Neurosis"，in *The Standard Edition of the Complete Psychological Works of Sigmund Freud*，vol. 17，London：Hogarth Press，1981.

Sigmund Freud，"Project for a Scientific Psychology"，in *The Standard Edition of the Complete Psychological Works of Sigmund Freud*，vol. 1，London：Hogarth Press，1981.

Sigmund Freud，"The Ego and the Id"，in *The Standard Edition of the Complete Psychological Works of Sigmund Freud*，vol. 19，London：Hogarth Press，1981.

Sigmund Freud，"The Neuro-Psychoses of Defence"，in *The Standard Edition of the Complete Psychological Works of Sigmund Freud*，vol. 3，London：Hogarth Press，1981.

Sigmund Freud，"The Unconscious"，in *The Standard Edition of the Complete Psychological Works of Sigmund Freud*，vol. 14，London：Hogarth Press，1981.

Sigmund Freud，*The Interpretation of Dreams*，trans. James Strachey，New York：Basic Books，2010.

Slavoj Žižek，*The Sublime Object of Ideology*，London：Verso Press，1989.

Slavoj Žižek，*The Ticklish Subject*，London：Verso Press，2000.

St. Augustine，*The Confessions of St. Augustine*，trans. John K. Ryan，New York：Image Books，1960.

Stephen Priest，*Merleau-Ponty*，London：Routledge，1998.

Suzi Gablik，*Magritte*，Greenwich：New York Graphic Society，1971.

艾士薇．阿兰·巴迪欧的"非美学"思想研究．武汉：武汉大学出版社，2014.

柏拉图．柏拉图的《会饮》．刘小枫，译．北京：华夏出版社，2003.

常培杰．拯救表象：阿多诺艺术批评观念研究．北京：人民出版社，2020.

陈剑澜．缺席与偶在．北京：北京时代华文书局，2015.

郭军．乔伊斯：叙述他的民族．北京：外语教学与研究出版社，2010.

海德格尔．存在与时间．陈嘉映，王庆节，译．2版．北京：生活·读书·新知三联书店，1999.

海德格尔．路标．孙周兴，译．北京：商务印书馆，2000.

海德格尔．艺术作品的本源//林中路．孙周兴，译．上海：上海译文出版社，2008.

黄作．不思之说：拉康主体理论研究．北京：人民出版社，2005.

黄作．漂浮的能指：拉康与当代法国哲学．北京：人民出版社，2018.

姜宇辉．德勒兹身体美学研究．上海：华东师范大学出版社，2007.

康德．纯粹理性批判．邓晓芒，译．北京：人民出版社，2004.

康德．判断力批判．邓晓芒，译．北京：人民出版社，2002.

拉康．雅克·拉康研讨班七：精神分析的伦理学．卢毅，译，北京：商务印书馆，2021.

李科林．德勒兹的哲学剧场．北京：商务印书馆，2022.

列维纳斯．时间与他者．王嘉军，译．武汉：长江文艺出版社，2020.

列维纳斯．总体与无限．朱刚，译．北京：北京大学出版社，2016.

刘小枫．海德格尔与中国．上海：华东师范大学出版社，2017.

刘小枫．西学断章．上海：华东师范大学出版社，2016.

刘旭光．艺术与真理．北京：商务印书馆，2020.

娄林．诗艺与政治．北京：华夏出版社，2013.

马克思．资本论：第3卷．北京：人民出版社，2004.

马里庸．还原与给予．方向红，译．上海：上海译文出版社，2009.

尼采．扎拉图斯特拉如是说．娄林，译．上海：华东师范大学出版社，2022.

欧阳谦．20世纪西方人学思想导论．北京：中国人民大学出版社，

2002.

坡．爱伦·坡哥特小说集．肖明翰，译．成都：四川人民出版社，2005.

饶静．中心与迷宫：诺思洛普·弗莱的神话阐释研究．北京：人民出版社，2017.

莎士比亚．哈姆雷特//莎士比亚全集：卷九．朱生豪，译．北京：人民文学出版社，1988.

莎士比亚．麦克白//莎士比亚全集：卷八．朱生豪，译．北京：人民文学出版社，1988.

孙柏．寻找多数：社会文化语境中的戏剧批评．北京：中国戏剧出版社，2015.

孙周兴．存在与超越：海德格尔与西哲汉译问题．上海：复旦大学出版社，2013.

陀思妥耶夫斯基．白痴．南江，译．北京：人民文学出版社，2019.

王恒．时间性：自身与他者：从胡塞尔、海德格尔到列维纳斯．南京：江苏人民出版社，2008.

王嘉军．存在、异在与他者．上海：上海社会科学院出版社，2019.

汪民安．尼采与身体．北京：北京大学出版社，2008.

吴琼．雅克·拉康：阅读你的症状．北京：中国人民大学出版社，2011.

杨大春．感性的诗学：梅洛-庞蒂与法国哲学主流．北京：人民出版社，2005.

杨慧林．意义．北京：北京大学出版社，2013.

叶秀山，王树人．西方哲学史．南京：江苏人民出版社，2004.

伊格尔顿．二十世纪西方文学理论．伍晓明，译．北京：北京大学出版社，2007.

张旭．上帝死了，神学何为?．北京：中国人民大学出版社，2010.

张旭．礼物．北京：北京大学出版社，2013.

张颖．存在主义时代的理论与艺术．北京：文化艺术出版社，2020.

张颖．意义与视觉：梅洛-庞蒂美学及其他．北京：北京时代华文书局，2017.

张永清．现象学与西方现代美学基本问题．北京：人民出版社，2011.

朱国华．权力的文化逻辑．上海：上海三联书店，2004.

图书在版编目（CIP）数据

书写与追问：争论中的当代法国哲学 / 马元龙著.
北京：中国人民大学出版社，2025. 3. --（国家社科基
金后期资助项目）. -- ISBN 978-7-300-33547-6

Ⅰ. B565.5

中国国家版本馆 CIP 数据核字第 2025SE2572 号

国家社科基金后期资助项目
书写与追问：争论中的当代法国哲学
马元龙　著
Shuxie yu Zhuiwen：Zhenglunzhong de Dangdai Faguo Zhexue

出版发行	中国人民大学出版社			
社　　址	北京中关村大街 31 号		邮政编码	100080
电　　话	010 - 62511242（总编室）		010 - 62511770（质管部）	
	010 - 82501766（邮购部）		010 - 62514148（门市部）	
	010 - 62515195（发行公司）		010 - 62515275（盗版举报）	
网　　址	http://www.crup.com.cn			
经　　销	新华书店			
印　　刷	唐山玺诚印务有限公司			
开　　本	720 mm×1000 mm　1/16		版　　次	2025 年 3 月第 1 版
印　　张	20.25 插页 2		印　　次	2025 年 3 月第 1 次印刷
字　　数	336 000		定　　价	89.00 元